子どものからだと健康を守り育てる

養護教諭の教育実践の創造と希望

編
養護教諭の教育実践理論の構築研究会
藤田和也・富山芙美子・数見隆生

旬報社

はじめに

本書は、「養護教諭の教育実践理論の構築」研究会によって編まれた集団的労作である。この研究会は、養護教諭の仕事を教育実践としてとらえ、その実践のあり方（考え方や進め方）について実践的裏付けをもって追究し、それを理論構築していくことに賛同する有志（現・元養護教諭と養護教諭養成ないしは研究に携わる者二十余名）によって、二〇一八年九月に発足し、以来、数年間にわたって後述するような共同の研究的作業を積み重ねてきた。

当研究会が積み重ねてきた研究的作業の概要は次のとおりである。

1　養護教諭の実践記録の収集とそのPDF化

養護教諭の実践記録が掲載された公刊書誌*（一九八〇年代～二〇二〇年までに刊行されたもの）から該当頁をコピーしてPDF（二二四〇本余）にし、メンバー全員で共有する。

*例えば、養護教諭関係の雑誌（月刊誌や季刊誌）、同関連学会誌、同年次学会講演集、同年次集会レポート集、その他養護教諭の実践記録が掲載された単行書籍、など。

2　収集した実践記録を同種の実践内容をもつもので類別化（グルーピング）

その結果、一定の実践内容上のまとまりをもったいくつかのグループができた。それらを称して「実践ジャンル」と仮に呼ぶことにした。類別してできた実践ジャンルと実践記録の例は左記のとおり。

①保健室実践ジャンル（相談支援、保健室登校支援、特別支援、救急処置など）
②健康教育実践ジャンル（授業形式での保健指導、教科の保健学習、性教育、小集団でのからだ育てなど）
③健康診断実践ジャンル（児童生徒を対象にした健康診断や検診の教育的取り組みなど）
④保健自治活動の指導ジャンル（児童・生徒保健委員会活動やクラスでの学級保健活動など）
⑤保健の組織的取り組みジャンル（養護教諭が核となり教職員や保護者で組織的に取り組んだ活動）
⑥その他の実践ジャンル（上記①〜⑤に含まれない養護教諭の実践記録。例えば、「保健だより」実践、地域と連携した取組み、養護教諭としての自分なりの実践の全体像を描いた記録など）

なお、①保健室実践ジャンルと、②健康教育実践ジャンルは、いずれも実践記録の本数が多く、しかも実践内容の違いによってさらにいくつかに類分けが必要になり、それを小ジャンルとした。その類分けの詳細は、第2章の1と2の論稿の冒頭の説明に委ねたい。

3　養護教諭の教育実践としての豊かな質をもった実践記録の選定作業

ジャンル分けした実践記録から、さらに養護教諭の教育実践としての質を豊かにもった実践を選定するために、その選定基準を研究会の全体討議を経て、次のように設定した。

1．その実践において健康を守り育てる視点で子ども（たち）をとらえ、働きかけている。そして、それによって子ども（たち）の問題の解決や成長・発達がみられる、ないしは十分に推測できる記録。
2．その実践における子どもの実態把握や子ども理解が確かである記録。

3．子ども（たち）の意識や認識に働きかける内容や方法（話題や教材、指導の方法と進め方など）が適切（効果的）である記録。
4．その実践の組織過程（手順や段取り、連携や協働、体制づくりなど）が取組みの課題や問題のニーズ、職場やその他の条件などに即して効果的に進められている記録。

その選定作業は、一〇〇〇本を超える実践記録を読み選定する作業効率を考慮して、研究会メンバーがほぼ同数（七〜八名）になるように三グループに分かれて、実践記録の読み込みとその選定作業を分担することにした。各グループにはいずれも実践家（元・現養護教諭）と研究者とが含まれるように編成した。選定作業はそのグループ内で集団討議をしながら右の選定基準に基づいて進められた。ちなみに、この作業で選定された実践記録（すなわち、次の作業で詳細に分析検討される実践）数は次のとおりである。

①保健室実践ジャンル＝一五二本
②健康教育実践ジャンル＝一四六本
③健康診断実践＝四三本
④保健自治活動の指導ジャンル＝六一本
⑤保健の組織的取り組み（学校保健委員会の活動に絞る）**＝一二一本**
⑥その他のジャンル（「保健だより」実践他）**＝三四本**

4　優れた実践要素の抽出（書き出し）と当該ジャンルにおける共通の実践原則の析出（概念化）

各グループで、選定した実践記録を読み込み、その実践を支えている実践者の考え方や実践姿勢などを理念型の実践要素として書き出し、他方、具体的な働きかけや実践の進め方の工夫などを方法型の実践要素として書き出す作業を重ねていった。

こうした各グループでの書き出し作業の集積を元に、それぞれのグループが担当する実践ジャンルにおける実践理念や実践の進め方についての理論的整理（概念化して説明）をした覚え書きが作成され、それが定期的に開く全体会で討議に付されていった。こうした作業の集積と集団討議を経ながら各グループで担当した実践ジャンルにおける理論化に向けて整理されていったのが、本書の第2章に掲載されている諸論稿である。

ちなみに、この共同研究では、このような数多くの実践記録を読み込み、それらの実践を支えている重要な実践要素の書き出しや、それらを一般化（理論化）に向けて概念化して整理する作業を、私たちは「マス分析」と呼んでいる。

5　各実践ジャンルから選ばれた「典型実践」の集団的検討（分析・批評）

共同研究では、前項の4で行った実践ジャンルごとの「マス分析」に加えて、それぞれの実践ジャンルを代表するような典型的な実践（そのジャンルの実践として重要な実践要素を有し、養護教諭の教育実践としての示唆や教訓を豊かにもった実践）を選んで、その実践を研究会全体でトータルな分析・批評をしあう検討会を行った。私たちはこれを「典型分析」と呼んでいる。

この検討会では、当該の実践者から直に実践報告を受け、質疑応答も含めて実践内容を丁寧に理解したうえで、さらに事前に実践記録を読んだ二人のコメンテーターからの分析・批評のレポートを呼び水にして全体討論を進めた。それらに要した時間は、実践報告とその質疑で一時間、二人のコメントと全体討論で三時間ほどを要した。

この「典型分析」での実践報告とそれに対する全体討議（分析・批評）を踏まえて、その成果をまとめたのが第3章の五本の論稿である。

以上が、本書に収められた諸論稿のベースとなった共同の研究的作業の概要であるが、本書を手にされた方が、これからの各章に目を通される際には、こうした集団的な研究作業とその都度交わされた集団的論議を経て書かれた論稿であることを頭の片隅に置いて読み進めていただけると、私たちの本懐とするところである。

目次

第1章

養護教諭の歩みにおける実践づくりの動向・内実とその意義

一　教育職としての「養護」職員の出発と保健室という場の機能について

1　学校看護婦から養護訓導へ、そして戦後の養護教諭へ

明治五（一八七二）年の「学制」により始まった日本の近代公教育制度が、一応の内実〈就学の環境・条件と就学率〉が伴うのは明治三〇年前後であり、その頃になってようやく学校衛生の施策（身体検査や学校医の制度、文部省内に学校衛生課設置など）も始まるが、そうした近代学校を成り立たせる条件整備の一貫として、学校看護婦を置きはじめることになる。様々な感染症が子どもを介して広がる状況の中、とりわけトラホームの対策要員として日赤から派遣（巡回）されるようになるが、そうした中から学校嘱託の看護婦第一号（明治四一年・広瀬マス）が誕生し、それ以降あちこちに学校看護婦が置かれるようになる。派遣看護婦は、トラホームの洗眼要員であったものの、学校専属の看護婦になると、救急処置や傷病者の看護、身体検査の補助、学校内外の清潔指導、家庭訪問まで担う職業となっていった。全国に一二〇名ほど配置されるようになった大正一二（一九二三）年には文部省から「学校看護婦執務指針」が出され、校内執務では学校医の補助、校外執務では児童の家庭の疾病管理、等が示されている。こうした職種の執務が認められ、その後五年ほどで全国に一〇倍以上（約一二〇〇名）に増えていった。

こうした広がりを背景に、学校看護婦の専門誌『養護』が昭和三（一九二八）年に創刊され、学校看護婦の執務内容にかなりの質的変化が出てきた様子が覗える（杉浦守邦『養護教員の歴史』東山書房、一九七四年、八〇〜八一頁）。つまり、当時の教育概念（教授・訓練・養護）の一部であった「養護」の中心的担い手としての位置づけであり、衛生や看護だけでなく身体養護に関わる生活管理や指導への意識化もなされた。

こうした動向は一定の進捗ではあったが、その歩みは必ずしも順調であったわけではない。学校看護婦としての資格や身分・待遇等に関する明確な規定のない職種であり、多くの学校では教員より一段低い扱いを受け、様々な雑務が強いられる状況への不満が渦巻いてもいた。そうした不満が昭和四年に始まる全国学校看護婦大会に出されるようになり、それが昭和一一年からは「学校衛生婦職制促進連盟」の結成となり、校医を巻き込む強い要望運動(「職制運動」)となった(杉浦・前掲書八二〜八五頁)。そうした下からの運動と同時に、時あたかも戦時に向き合う時代(昭和六年満州事変、同一二年支那事変)でもあり、同一六年の太平洋戦争につき進む体制づくりの国民学校令により、軍部の要望とも重なる「養護―鍛錬の一体化」という健兵健民政策に組み込む職種として「養護訓導」が誕生するに至ったのだった。(数見隆生「学校看護婦から養護教諭への職制変更に至る背景に関する検討」日本教育保健研究年報八号、二〇〇一年)。

養護訓導という教育職への職種は、こうした戦時下という矛盾した時代状況の中での誕生だった。その養護訓導も戦後になって、単純に養護教諭に移行・接続されたわけではなかった。戦勝国である米国教育使節団による日本教育の「刷新」の過程で、その任に当たったＰＨＷ〈公衆衛生局〉の看護課長オルトから米国同様の以前の看護婦への回帰を求められるが、それを押し退けて養護という教育職に踏みとどまるという経緯があった(杉浦守邦『健康教室』六四六〜六四五集、二〇〇四年)。そのプロセスに教育職にこだわる重要な引き継ぎの観点があった。オルトと掛け合う中心にいた養護教諭・千葉タツは、学校看護婦・養護訓導体験者であり、様々な自身の体験や多くの仲間の苦悩による職制運動、そして先進的な取り組みをした学校看護婦や養護訓導の取り組みを知る先達としての立場から、そしてまたオルトとの交渉過程での米国のスクールナースの仕事の視察体験を踏まえ、日本の学校の実状では教育者の一員としての存在であることが適していると進言し、教育職を継続することになったという経緯があったのである(有間梨絵「戦後教育改革期における千葉タツの養護教諭論――学校保健の主体者としての養護教諭」学校保

健研究第六一巻第二号・二〇一九年参照)。

2　養護教諭という職種の苦悩時代と「職務」に関する論の追及の時代

第二次大戦後、新しい憲法と教育基本法に則った学校教育法(昭和二二年三月)によって、正式に養護教諭として身分保障される条件は整ったが、戦前の学校看護婦や養護訓導時代に体験した待遇や職務上の苦悩は、新時代の養護教諭になってもしばらくは引き続き存在していた。その苦悩は、一般教員と養護教諭はどちらも身分や名称は「教諭」でありながら、教育職(教師)として対等に見られない、一段低い職種として差別的に扱われ、様々な雑務を担わざるを得ない扱いにあった。一般教諭は「教育を司る」、養護教諭は「養護を司る」となっていて、学習指導要領には明記されていない「養護」の職務の曖昧性からくる「やっている仕事に対する無理解や協力のなさ」、「雑務のあてがわれ」等への不満(一九五〇年代の『健康教室』誌に散見される)がしばらく続くことになったのだった。そして、そうした状況(建て前は教師なのに教師扱いされない現実)は、実際行っている職務の現状がそうさせているのでないかと、「養護教諭にとっての本務とは何なのか」を自問したり、「その資質を向上させるにはどうすればいいのか」「やっている仕事に確信を持つにはどうすればいいか」が養護教諭仲間で話し合う状況が生まれた。

養護教諭は、学習指導の職種でないので、その「要領」のようなものは出されなかったが、それに変わるものとして、文部省に関与していた学校保健関係者が、養護教諭の執務を項目として保健関連の実施要領の中に示していた(『中等学校保健計画実施要領』一五項目・昭和二四年や『小学校保健計画実施要領』一六項目・昭和二六年)。そのほとんどの項目が校医や教師の任務に「協力する」「補助する」「〜の指導監督の下に……従事する」とし、職務の自立性や専門性がなく、しかもほとんどの内容が、教諭職でなくても可能なものであった。そうした自立性のない執務観が、一九七四年に出された『新学校保健法の解説』（渋谷敬三著）にまで執務一六項目として引き継がれる文部省の古い体質が残存していた。

子どもの健康課題の観点からすると、戦後しばらくの学校保健の状況は、敗戦後の戦禍による環境衛生問題や貧困と栄養不良の問題、様々な感染症対応、等の課題があり、校医の指示のもとに対応せざるを得ない問題も多かったと考えられる。そうした保健管理業務が何年もの間文部省支配下の職務観になっており、子どもの現実的課題が大きく変化する中でも現場の養護教諭の仕事を縛り、苦悩を継続させている背景にあったのだった。

そうした状況を反映し、六〇年代後半に「養護」の言葉が曖昧で理解されず、教育職としてみられないならば「保健教諭」に名称変更をさせようとの運動が、関東地区の一部の養護教員組織で起きたことがあり、ある集会で私見を聞かれたこともあった。私は、「それは単なる名称の問題でなく、養護教諭の実質的な仕事が、子どもの健康と共に成長・発達に関与する職務として認められない限り偏見はなくならないと思う」という立場での意見を表明したことを憶えている。こうした当時の文部省筋の執務観が長年続く中で、学校保健関連の研究者（例えば小倉学著『養護教諭機能の体系化』昭和四四年）や学校保健会の養護教員部会（「養護教諭の執務」一一項目・昭和三七年）が、専門性論の立場からの批判的見解や対案的執務論を提示し、現場的苦悩の課題に対応する動きもあった（藤田和也『養護教諭実践論』青木書店、一九八五年、一一頁参照）。

3　養護教諭の職務に関する執務論・専門性論の限界と実践的仕事観のめばえ

前述したように、戦後、新しく出発した学校の一職種として、養護教諭がどんな仕事をすればいいか、戸惑う状況下で、文部省筋から執務項目が提示されたことは一定の意味を持つものであったとしても、現実の仕事の多くがやりがいのない雑務の多いものであり、養護教諭を苦悩させた。そうした状況が続く中、養護教諭たちはひとり一人が、そして地域の養護教諭たちが研修会で自分たちの「本務は何か」「専門性は何か」と自問し、調査検討や議論をして模索し始めた。しかし、そうした自問や模索、話し合いは、養護教諭の職務を見直すうえで大事な一歩前進だったとはいえ、苦悩を改善していくことには繋がらないように思われた。

また、先に紹介した杉浦守邦や小倉学といった学校保健研究者が、「養護」の概念や養護教諭職の「専門性」を独自に解釈し、現場で苦悩する養護教諭を意識して、彼女らを支援し、励まし、職責を果たしてもらいたいとの意図はうかがえたが、子どもの現実課題に対する実践指針にはならなかった。つまり、こうした識者達が行った当時（一九六〇代後半から七〇代）の専門性論は、養護教諭の主要な悩みであった「自分たちは一般教師と対等に扱われない」とか「自分の仕事に確信を持てない」という不安感に対して、一定の自信を促す役割を果たしたと思われるが、養護教諭の仕事に自信を与え、納得しうる確信を与えるものには至らなかったと思うからである。なぜなら、それはやはり机上の思考による「専門性」論であり、子どもたちの現実に対応しうる仕事には至らなかったと思うからである。つまり、多くの養護教諭が現実の子どもたちの抱える健康課題に対峙し、寄り添い、支援し、課題解決を行う努力を経た事実、つまり実践的知見に基づく提起ではなかったと考える。仮説的な「専門性」論では限界性があったのではないか。

養護教諭が、現実的な子どもの健康課題に向き合い、その関わりの過程で仕事のあり方を追求し始めたのは全国に養護教諭のサークルが広がった一九七〇年前後からと推察できるが、その課題を意識した目的意識的な取り組みに対して「実践」という概念がこの頃から使われ始めたのである。「教師として見なされない」という不満感を抱いていた養護教諭が、教師たちと交流し、その教育実践から学び、子ども支援の事実を意識的に行う大事さに気づき始めたのだった。つまり、与えられた「職務」観の限界性を感じる中で、子どもの現実や課題に答えられる取り組みのためには何が大事で、どういう取り組みをどう行うべきかという「実践論」を踏まえる大事さに気づき始めたのだった。

二　戦後の経済成長と子どもの健康問題の変化——それに対応する養護教諭の実践的動向

1　子どもの健康問題の質的変化と保健室機能・養護教諭職務の実践的変化のきざし

「保健室がたんに衛生的な場であることのみが強調されたり、用のないもの立ち入り禁止式の管理的支配の保健室で、いったい子どものあるがままの実態がつかめるでしょうか。こんな疑問が私たちの仲間から出されてきました。……（中略）……教室でお客様になっている子どもたちが、保健室の常連になっていることがよくあります。また、教室ではみられないような生き生きした笑顔を保健室ではみせる子もいます。また、一見、何の問題もないようにみえる子でも、心の奥深いところに問題を持っていることが後でわかり、私たちがまったく気づかなった健康の問題を保健室で教えられることもしばしばあります。子どもたちの健康を考えるとき、非教育的な問題が非健康的な症状として表われてくることを保健室にいる私たちが体験的にみつけています。養護教諭が子どもの健康状態に取り組みながら、毎日の仕事に何をめざし、どのような願いを持って仕事をしていったらよいか、保健室を養護教諭の実際活動の場として、また、実践を確かめる場として考えています。」

これは、一九六〇年代になって日本で始めて活動を開始した東京の自主的養護教諭サークル「芽の会」発刊の冊子『私たちの養護教諭論』の別冊版（「各論1・保健室」）の冒頭に書かれている文章である。これを読むと、保健室での子どもの様子の変化、保健室という場の役割や機能、そして養護教諭の任務や子どもとの関わりに大きな変化が起きていることが想像できる。このサークルの創設が六〇年であり、月刊通信一号も同年に発刊されているが、その名称が「ヨーチン」とされたのは、「ヨーチン塗り（応急看護）だけが自分らの仕事ではない、との自戒を込めたもの」とされたように、この時期から急速に子どもたちの健康問題とその要因・背景に変化が生じてきたのである。

敗戦からの約一〇年間は貧しさによる体位・体力の低下や栄養不良による虚弱や疾病、各種感染症予防、ハエや蚊などの環境衛生問題、寄生虫やトラホーム対策、等への対応が求められたが、しばらくしての急速な経済成長により、それまでの健康問題は一気に改善された。しかし、他方でもたらされた豊かさとそうした体制・環境は、子どもたちの生活リズムや食生活、遊びや身体活動を急速に変え、また受験競争的な教育作用として進展し、子育てや人間関係等に作用し様々なストレス要因をもたらしたのだった。こうした状況の中、保健室も消毒液の匂いのする場所ではなくなり、睡眠不足等による体調不良や不定愁訴、心のストレスを抱えて何となくやってくる子らが急増し始めたのだった。

2　子どもの現実に向き合い、寄り添い、からだと生活の主体に育む仕事と保健室の開放・解放の動向

こうした子どもらの心身の健康課題が大きく変化する中で、そうした子どもらに向き合い、寄り添い、その現実をしっかりつかむこと、そしてそうした子どもらをどうしたいのかという願いを持つこと抜きに本務はできないし、雑務を排除していくこともできないということに気づき始めたのであった。

一九七二年のオイルショックをきっかけに、高度経済成長が急速に行き詰まりはじめるが、七〇年代から八〇年段階になると、それまでの負の遺産が吹き出し、子どもたちにたまった心身のストレスは、最初の頃は「保健室は

かけ込み寺」「心の居場所」「オアシス」「ホッとルーム」等とも言われたように、学校にきて「休息や癒し」を求めようと多くの子どもたちが押し寄せたが、そうした状況はやがて荒れ（暴力）やいじめ、登校拒否（不登校）や自殺にまで進展するようになっていった。そうした中、養護教諭にカウンセリングの技術や心の支援者としての資質が求められるようにもなってくる。また、生活リズムを崩して体調不良や不定愁訴で保健室にやってくる子どもが増え、「からだと生活のあり方に関する学び」を保健室で個別に、また小集団で対応する「からだの教室」としての役割に広がっていった。

こうした取り組みの変化は、子どもたちの健康問題の質的変化、つまり、感染症や急性疾患のような即対応の必要な問題から、自分の生活や行動の歪みによる慢性的な非感染性の問題に変わってきたことによるものだった。つまり、養護教諭の職務を、これまでのような看護職的な処方箋を与えることでなく、子どもたち自身に、自分の課題を自覚させ、自らその課題を克服していく主体に育てる仕事だと考えるようになり、そこに仕事の「本務」意識と「教育者性」を見出すようになったのである。

純粋な健康課題だけでなく、授業についていけずエスケープしてくる生徒、不満や存在を認めて欲しいとやってくる「つっぱり」生徒、性体験による不安をこっそり相談に来る女子生徒、家庭や教室でも居場所のない孤立した子など多様な課題を背負った子どもらが保健室にやってくるようになる状況下で、子どもらの健康課題への対応とともに人間らしい発達の支援の活動をも担うようになっていった。

そうした取り組みは、保健室機能のあり方からすると、古い閉鎖的な保健室（用のないもの立ち入り禁止式）では対応できなくなった状況のもと、その課題を受け止めるための「保健室の開放・解放」が不可避になったのだともいえる。単に保健室の門戸を、来談者用に開くというのではなく、それが子どもらの人間的解放の実質を伴う成長・発達の居場所に創造するよりなかったのである。こうして、養護教諭の仕事は解放された保健室を「基地（子どもと深くかかわり実践的活動を行う場）」にし、子ども（心身の課題）を軸として教室（担任教師）や学校全体とのつながり、また保護者も共育者としながら、子どもらの健康のケアと発達支援の課題に意図的に関わる仕事を模索し始めたのだった。

三　「実践」的取り組みによる養護教諭職種の創造と実践分野の広がり

1　「執務論」「職務論」でなく、子どもの現実に取り組む実践的事実から仕事の内実が創出される

先に述べてきたような職務構想の考え方（文部省筋のリーダーや学校保健研究者の説いた論）では、机上での雑務排除の論づくりは可能であっても、子どもの健康課題に対処しうる最善の仕事を生み出していくことは叶わなかった。養護教諭という世界に類のない職種の内実を創出していくには、その時代の状況、日本という独自の社会環境の中に生きる、しかも地域や学校、各家庭で生活する子どもの現実（健康課題）に向き合う仕事こそが実践の原点であり、その取り組みによる成果こそが職務のあり方を明示するものであり、それこそ理論化すべきだと考えられるようになってきた。

東京にいち早く誕生した養護教諭サークル・芽の会のことを先に紹介したが、その会が一〇年ほどかかって一九七〇年に発刊した冊子・『私たちの養護教諭論』は、まさに自分たちの実践を持ち寄り、議論し、その時々に「ヨーチン」（月刊通信誌）に掲載し、それを積み重ねることで作成したまさに「私たちの」「養護教諭実践論」であった。その冊子には、養護教諭が仕事をするうえでの原則（仕事を進めるうえでの欠かせない要素）として次の四つ

の観点が示された。

①どのように子どもの健康現状を捉えて、それをどのように変えたいと願ったのか。

②そのために、どのような手立てが必要であり、養護教諭としてはどう行動したらよいと考えたのか。

③そして、実践としては何をしたのか。

④その結果、子どもたちの健康の現状はどのように変わったのか。

この四つの観点に実践（仕事＝取り組み）が実践に値する条件が端的に示されている。つまり、実践といえる取り組みには、まず意図や課題意識が明確にあることが前提である。実験や研究の場合には仮設というものが前提にあるが、人間に関わる仕事、子どもの発達に関わる教育の仕事〈実践〉の場合には問題や課題に対する「願い」というものが必要である。こういう教育的発想による実践が、この養護教諭サークルから生まれ、発展したきっかけは、一九五〇年代から六〇年代にかけての教員組合の全国教研や民間の教育に関する様々な研究団体が、子どもの現実を何とかしようと取り組みはじめていた「教育実践」に養護教諭も刺激を受け、当時の子どもたちが示し始めた心身の健康課題を何とかしなければ、との強い思いで「実態からの出発」を合い言葉に取り組みを広げていったからだった。決められた所与の執務をこなすだけの任務やケガとか体調不良生徒に処置をするだけの職務観を脱していった背景には、こうした時代における教育実践からの刺激や交流があったからである。

2　養護教諭にとっての「実践」的取り組みを改めて考える

実践的な取り組みは、課題意識・願いが出発であることを先に述べた。その「問題意識を感じる心」の背後には、養護教諭としての健康観とか教育観というものが存在する。そういう教養といったものがなければ実践しようとか、したいといった意志が湧いてこない。どんな子どもに育てたいとか、どんな大人になってもらいたい、どんなからだ観や健康観を持って欲しいと言った願いが必要なのである。子ども像を描ける力量といっていいかもしれない。そうした理想と現実の中に生きる子どもたちの姿に矛盾を感じたときに問題意識が生まれ、実践的取り組みへの意志が生じるのだといえる。そして、そこから「何をどうするか」を探りはじめ、すぐれた先達や養護教諭仲間の実践から学ぼうとしたり、様々な自らの工夫が始まるのである。

ともかく、対象となる子どもの現実の把握、そこにおける課題性の明確化は、「実践を行う場合の起点であると同時に、絶えずその実践的取り組みを点検し捉え直していく場合の原点」となるものである。問題意識を明確化するということは、実践への糸口や方向性、そして対象となる子どもに対し、また一緒に対峙・共同する教師や保護者への働きかけをも引き出すことになる。先の芽の会の「養護教諭論」での原則で言うと①と②がそれに該当することであり、実践に不可欠な条件である。

課題意識を持ち、その課題解決のために行う取り組み、別の言い方をすれば目的意識的な活動ということになる。例えば、ケガをして保健室に来た子に応急処置をしたとか、発熱があってやってきた子をベッドに寝かせ看護的な対応をしたと言うことは、職務としての行為ではあるが実践とは言わない。友達とのトラブルがあって心の内を聞いてもらいたくて来室した子に、しっかり傾聴してわだかまりを低減する対応（相談活動）をしたというようなことも養護教諭としての職務ではあるけれど、それだけでは実践とは言わない。健康診断で諸検査をし、異常のあった子の保護者に対応を通知したとか、保健行事のお知らせを「保健だより」で連絡したというのも、養護教諭の仕事ではあるが実践とは言わない。そうした日常的業務も不可欠で必要なことではあるが、そうした活動だけに流されていたり、それだけで済ませてしまっていていいのか、という意識にうながされて実践的活動があるといえるだろう。保健室に来室する子の中には、頻回してやってくる子、これまでの育ちのうえで課題を感じる子、友達関係で孤立している子、よくケガや発熱する子など養護教諭として気になる子がいるであろう。そうした場合に、その子の何が発達課題なのか、どういう支援や指導をすればいいのか、と考え目的意識的な対応をすることが実践なのである。健康診断や保健だよりの取り組みでも同じである。子どもの嫌がる、面倒がる健康診断になっているとすれば、それはなぜか、どういう取り組みをすれば子どもにとって有意義な検診になるか、どうすれば子どもや保護者にとって興味ある保健だよりになるか、といった実状を変えるための工夫を凝らした取り組みこそが実践といえる。

3　養護教諭の教育実践を共有し、典型化し、理論化することの意義

一人職種の養護教諭が、多忙の中で、「実践を意識する」ということはなかなか困難な状況にある。共に語り合え、親身に相談しうる仲間が学校内にいない状況にあり、またゆったりと研修できる時間や条件も与えられていない中で、日常業務（執務）に追われる日々であれば、実践の意識化はなおさら大変である。でも、実践を意識しない限り仕事の質は変わらないし、子どもの自立的な健康や成長発達に繋がる仕事にならないことも事実である。どんなにささやかな実践でも、またうまくいかなかった実践でも、自分の自覚的に取り組んだ実践である限り、なんらかの成果や次に生きる教訓が見い出せるものである。

養護教諭個々人が学校で取り組む実践がなかなか意識しづらい状況になっていて、養護教諭仲間が自主的に集まってそうした実践を交流する機会がますますしづらいとか、意欲が湧かないという状況が進行しているが、そうしたしんどさの中でも、実践をつくり、検討しあい、共有していかない限り養護教諭という職種の創造や発展は見込めないであろう。そのことは、子どもたちの健康問題の改善や成長発達に対する寄与が危ぶまれる事態をもたら

すことになる。

一人ひとりの養護教諭が試みをし、生み出す実践の事実は、それが何らかの形で共有されることで養護教諭全体の財産となり、職種が創造されていく。今、この著作化の試みは、一九七〇年代から今日までの約五〇年間に個々の養護教諭が子どもらの健康の現実と向き合い、寄り添い、その課題解決のために取り組んできた実践事実に基づいて、その共有化のために、その成果をまとめようとする作業である。

こうした実践の検討（分析や批評）を集団的に行っていく過程で気づかされたことは、それぞれの実践の中にある現実的問題や課題とそれを子どもたちの立場に立ちきって、こうしたい、こう変えたい、との願いがあり、そのためにこんな働きかけをしたという様々な工夫が凝らされていて、それを実践の大事な要素として引き出す理論化こそが重要だということである。そういう作業によって、実践を行うための原則的なあり方とか、こういう課題にはこういう働きかけが有効なのだという典型的な実践の姿が明確になっていくのだということである。同時に、そうした実践的取り組みは、この約五〇年間に、子どもの健康課題の広がりや多様化、そして養護教諭の実践的視野や観点の広がりも伴って、実践そのもののジャンル（領域）を広げてきたのだった。これまで保健指導・保健学習といわれてきた保健教育や性教育領域の取り組みはもちろん、保健委員会活動や健康相談及び発達支援の活動、それからこれまでは保健管理の活動とみられてきた救急処置や健康診断という事業をも教育的に見直し、子どもの健康・発達に関わる実践的活動として取り組んできた。また、子どもや保護者に伝える保健だよりや保健掲示についても、単なる連絡物ではなく意識に働きかけ、人格に作用する教育的な取り組みとしての職種の質を深め広げる活動に変容してきたのである。

四　教育実践としての積み重ねによって形成されてきた実践ジャンル

1　今や日本の学校において欠かせない存在に

保健室と養護教諭は、今や日本の学校において欠かせない存在となっている。子どもたちは、休憩時間ともなると入れかわり立ちかわり保健室にやってくる。ケガをした子、何かしら体調不良を訴える子、何とはなくおしゃべりに来る子、時にはあからさまに苛立ちを表わす子、そして少し離れて何をするのでもなく様子を眺めている子、ベルが鳴ると潮が引いたようにいなくなるが、時には一人、二人と残っていたりする。こうした子たちの中には、いじめや友達関係のトラブル、授業についていけないなど、教室に居づらい子や心の内に何がしかの悩みを抱えた子、そして保健室登校の子が含まれていたりする。保健室への出入りを管理的に制限している学校でないかぎりは、これが今日のごくふつうの保健室風景であろう。子どもたちにとって、保健室は心身上の訴えを聞いてもらえ、不安や苛立ちを和らげることができ、安心と癒しの得られる空間として今日の学校に欠かせない存在となっている。

他方、管理職をはじめ、職場の教師集団にとっても養護教諭の存在は欠かせない。校長は、最近の子どもたちの様子や不意に起こりうる事故のことを考えると、養護教諭にはできるかぎり学校に居てほしいと考え、学級担任たちも、クラスの子どもの心身上のトラブルへの対応には養護教諭の支援や連携が欠かせないことを日々実感している。また、生徒指導部の教師たちは、困難を抱える生徒の問題理解や対応（相談援助、個別指導、進級、処分など）を考えるうえで、養護教諭ならではの見方やアプローチが欠かせないと感じている。そればかりではない、その学校に比較的長くいるベテラン養護教諭の中には、保健室を訪れる子どもの問題を通して、職場のあらゆる教師とつながることのできるユニークな位置を生かして、職場の連携と共同を生み出している人も少なくない。

今日の学校における保健室と養護教諭のこのような存在と役割は、決して歴史の古いものではない。本章第一節で、日本の養護教諭制度の変遷とそれに伴う養護教諭の意識変化（職務論から実践論への発想の転換）をとらえ、第二節では、戦後の日本の経済成長による地域変貌や生活の諸変化に伴う子どものたちの健康問題の質的変化と向き合いながら養護教諭としての実践を創出してきた歩みを描いているように、せいぜいこの半世紀ほどの間に、養護教諭としての教育的役割の実践的追究を通して生み出されてきたものである。

2　養護教諭が歴史の表舞台にせり上がってきた一九八〇年代

五〇年あまり前に養護教諭の方々とのお付き合いを始めた筆者の実感からすると、一九八〇年代に入った頃から養護教諭が歴史の表舞台にせり上がってきたという印象を持っている。養護教諭の実践史が一九八〇年前後で時期区分ができるかどうかについては定かではないが、少なくとも筆者の印象では、一九七〇年代までは学校における養護教諭の存在は、どちらかというと学校という舞台の裏にいて、いわば〝縁の下の力持ち〟的存在であったように思われる。確かに、一部の養護教諭の自覚的な層は（例えば「芽の会」の創設メンバーの方々のように）、すでに六〇年代初頭にサークルをつくり、その活動に刺激を受けて各地に養護教諭サークルができ、周知のように一九七一年には全国のサークル協議会（全養サ）が生まれるほどの広がりを見せるが、一般的には、学校教育全般におけるその存在と役割は、まだ十分に認識されてはいなかった。

ところが、この七〇年代の自覚的な養護教諭の方々の実践と運動の積み重ねを通して、その存在と役割がしだいに確かなものとして学校教育の内外に知られていくようになる。そしてそれが八〇年代に入って、あたかも歴史の表舞台に登場してくるように周囲の人々にその存在が目に見えるようになっていく。例えば、八〇年代に入ると養護教諭自身が自らの実践を活字にして（雑誌や単行本に）盛んに公表するようになる。この頃、筆者も養護教諭の方々の実践を何冊かの単行本にして世に送る手伝いをしたが、全養サの機関誌『保健室』が創刊されたのもこの頃（一九八五年一〇月）であった。マスコミも養護教諭の存在をはっきりと認識するようになり、テレビ報道でもその当時の養護教諭の実像を描き出すようになる。当時人気の学園ドラマ「金八先生」の第一弾は、確か八〇年代中頃の放映だったと記憶しているが、そこに登場する養護教諭像は等身大のリアリティーのある役柄であった。

もちろん、このような活字やテレビを通してだけでなく、何よりも学校に通う子どもたちの印象深い保健室体験や養護教諭との出会いを通して、保護者たちにもその存在がはっきりと認識されていったように思われる。このことは、じつは養護教諭自身の実践の質がより確かなものになっていったことを物語っているとも言える。それは、七〇年代初頭より養護教諭の方々の実践にずっと長く接してきた私自身の実感からしても、八〇年代に入った頃からの実践の質的高まりと広がりには目を見張るものがあった。筆者が接する実践は、どちらかというと目的意識をしっかりと持った、より自覚的な養護教諭の方々の（全養サや教研で実践報告される）先進的な実践が多かったが、そういう質（教育としての豊かな質）を持った実践が、ごく一般の養護教諭の方々にも広がっていったのがこの八〇年代だったと言えるように思う。

3　子どもの現実に向き合いながら新たに開拓してきた実践領域

この時期（一九八〇～一九九〇年代）に、養護教諭の方々が子どもたちの現実態（高度経済成長期を経てすっかり変貌した地域とそこでの生活様式の変化が生み出した様々な負の側面）と向き合いながら、その実態（子どもたちと職場の現実）

に即して、模索しながら創り出していった実践を筆者なりの理解で例示するならば、次のようなものがある。

●体重測定時に「からだの学習」を組む

まず上げるとすれば、この時期に急速に広がったのが、子どもたちが自分のからだについてあまりにも知らないということの実態認識から、当時、多くの学校（特に小学校）で実施されていた毎月の体重測定時に、からだについてのお話し（歯のはなし、目のはなし、骨のはなし、血のはなし等々）を組み込んで実施する実践（後にそれが「からだの学習」と呼ばれるようになる）である。

この取り組みを拡げる一つのきっかけになったのは、一九八五年一〇月に創刊された全国養護教諭サークル協議会編の季刊誌『保健室』に掲載された、庄司ひろみさんの実践記録「人間のからだってふしぎやねぇ——体重測定時の『からだのはなし』の内容づくり」であったように思う。庄司さんは実践記録の中で、この取り組みの動機とねらいを次のように記している。

「子どもたちを見て感じたことは、体のことが言えない、生活のことがきちっと人にわかるように言えないし、体の部分の名前も知らない。睡眠の時間とかテレビとかでからだを粗末にしているなぁということだった。また、すごく厚着が多く、九月になったら長ズボンの子がふえるということや、冷暖房のせいかカゼで欠席する児童が大変多いということなどだった。

毎日の体重測定をする中で、体の話をしていくことに取り組み始めたのは、こういう実態の子どもたちと表情もわかる距離で反応を見ながら話をできるということや、名前や顔を覚えるのによい機会となるなどからであった。」

ちなみに、この実践記録は八五年に書かれているが、記録にはこの取り組みを八一年から始めていることと、そのための教材づくりや指導案づくりを地域の養護教諭サークルの仲間と一緒に進めてきたことが示されている。

●「肥満児教室」「からだづくり」「からだ育て」

次いで上げることができるのは、高度経済成長を経る過程で、子どもたちのカロリー過多の食生活や運動（エネルギー消費）不足の遊びや生活様式の広がりによる肥満児の増加に伴って、肥満に悩んだり、そのため運動の苦手に困ったりしている子への相談・支援に取り組む中で、放課後の時間帯に希望する子どもたちと運動遊びに興じたり、その親御さんたちとつながりながら間食や食事内容の改善に取り組む支援をしたりする「からだづくり」や「からだ育て」に取り組む実践も生み出されていった。一九八〇年代には肥満克服に向けて養護教諭がその支援に取り組んだ実践が研究会等の実践交流の中で共有されるようになったが、その一例を紹介しておきたい。

「ＰＴＡ主催の職員歓迎会の折、ある母親から私のところへこんな相談を持ちかけてきました。『うちの娘は肥満だと言われました。女の子だし、からだにもよくないようなので、何とかやせるようにと思っているのですが、思うようにいきません。自分でも気にしているようなのですが、……中略……』

転任早々のことでしたので、まだ子どもの実態は全くつかめていませんでした。しかし、よほど悩んでの相談だろうと思い、さっそく肥満調査をしてみることにしました。その結果、肥満度二〇％以上の子どもは九名いました。当面この九名を対象児とすることにしました。」

こうしたいきさつから、対象の九人の子どもたちに「肥満について話しをしたうえで、学校でも一緒に体操をしてみないか」と誘うと、みんなが「うんやりたい。やりたい。」「いつから始めるの？」「早くやろうよ」と催促されるほどで、予想外の反応であったという。そこでさっそく職員会議に提案し、教職員全員の賛成を得て「肥満児教室」の取り組みを始めたという。その取り組みの様子については次の文献の実践記録に委ねたい。

＊「肥満児教室の挑戦」『保健室からのメッセージＰＡＲＴ１』銀河書房、一九八五年参照。

こうした八〇年代のからだづくりやからだ育ての取り組みは、その後の子どもたちの生活変化に伴って次のようなユニークな実践につながっているように思われる。

（小学校では）「**剣道やサッカー、習字、ピアノのなどのお稽古事が九時頃まで続く日が週に何回かあり、就寝時刻が一〇時を過ぎてしまう子がいます。また、家にいてもテレビやゲームで過ごし、疲れがとれないままで、朝起きるのが大変な子もいます**」。（一方、中学校では）「**周りに過剰に同調しながら、どこかに力を入れ、緊張しながら過ごしている子どもたちの疲れは極限に達し、『首が回らない』とか『肩が凝る』、『頭が締め付けられるようだ』等の訴えがありました**」。

実践者の藤田照子さんは、保健室を訪れるこうした子どもたちに、自らがいくつかの講習会やワークショップ（甲田療法の健康合宿、竹内敏晴氏のレッスン、西式健康法の講習会など）に参加して会得した体ほぐしや健康体操、足湯などを駆使して子どもたちに体験・体感させる取り組みを進めるとともに、保健委員の子どもたちがその健康体操をマスターして、参加型の劇でその効果を説明しながら全校のみんなに拡げる取り組みを展開している。

＊「子どもの疲れをほぐすには」『ぽちぽち行こうか——保健室の窓から』本の泉社、二〇一七年参照。

●基本的生活習慣の振り返りと生活リズムづくり

また、高度経済成長期における子どもたちをとりまく地域環境や生活様式の変化が子どものからだの発達にある種の歪み現象（背筋力の低下、背すじの歪み、土踏まずの未形成など）が生じていることが指摘されだしたのは一九七〇年代中頃からであったが、そうしたからだの発達の歪みを生み出している生活を振り返り、基本的生活習慣（睡眠、食事、排便、運動など）を自らとらえ直して、日本中が夜型にずれ込んだ生活を立て直すために、生活リズムづくりに取り組むことを支援する個別の指導や学校ぐるみでの取り組みに携わる実践も生み出されていったのも、この時期であった。ただ、こうした組織的取り組みは養護教諭以外の教員が中心になって取り組んだ実践も少なくなかったが、養護教諭が軸になって職場や保護者に働きかけながら取り組みを組織していった実践が数多く生み出された。八〇年代を養護教諭の現職として経験された方々のほとんどは、何らかの形でこの取り組みにかかわった経験をお持ちだと思われるが、この実践経験を通して、職場の教職員や保護者と連携したり、活動を調整したりしながら組織的な取り組みを生み出し、それを推し進めていく要領を得て、活動のコーディネーターとしての役割を果たす貴重な経験になった方も少なくなかったのではないかと思う。当時のこうした取り組みの事例は次の書籍で紹介されているので、その一端をうかがい知れる。

＊『子どもの生活をどうたて直すか』あゆみ出版、一九八三年参照。

●中学生たちの「荒れ」への対応に苦慮した「保健室閉鎖」とその解放に向けての保健室の問い直し

加えてこの時期（一九七〇年代末頃から八〇年代前半にかけて）には、中学校を中心に子どもたちの荒れた行動によって「学級崩壊」や「校内暴力」が多発し、その渦中で保健室と養護教諭が難しい局面に立たされることも少なくなかった。保健室が当時の「ツッパリ」生徒たちのたまり場となり、養護教諭がその対応に苦慮するなかで、保健室閉鎖に追い込まれるケースも生じてきた。やむなく閉鎖を経験した養護教諭にとっては、それは苦渋の選択であったが、同時にその経験は、養護教諭としての自分の役割は何か、保健室は誰のためにあるのか、を改めて自問する機会となり、職場の教職員や子どもたちとの対話を通して改めて「保健室がすべての子どもたちに開かれていなければならないとの確信を得て再開していったのであった。この荒れの経験をくぐり抜ける中で、日本中の少なくない学校（管理職や教職員）が、保健室と養護教諭の存在と役割の重要性（子どもたちの困難を受けとめ、その立ち直りや成長を支える役割をしていること）を改めて認識することになったのではないかと思う。また、養護教諭自身にとっても、子どもたちにとっての保健室の存在意味の問い直しと新たな保健室空間づくり（誰もが気軽に入って来られる「開放性」と、どんな状態の子でもあるがまま丸ごと受けとめ、親身に対応する「受容性」とを高めること）の必要性を広く共有することになったのではないだろうか。養成課程を卒業して新任で東京都の中学校に赴任して、その秋にいきなり保健室閉鎖を経験した経緯を初々しく実践記録に綴っている。

＊河村圭子「保健室閉鎖から再開へ——ツッパリたちは新米の私を悩まし鍛えた」『保健室』一光社、一九八五年一〇月参照。

●困難に見舞われている子どもと真摯に向き合い、親身な対応による困難克服と発達支援の実践像

他方で、先に触れたような生活のくずれが集中的に現れたような「荒れた」生活をする子どもたち（前出の「ツッパリ」と呼ばれた一部の中学生たちや、その彼らに暴力を振るわれたり、いじめられたりして困っている子どもたち）が頻繁に保健室を訪れ、その子どもたちの訴えや相談をていねいに聞きとりながら、一人ひとりの心に寄り添って、その子と共に問題の解決と自立の方向を探り、励まし、育てていく実践を生み出していった養護教諭も少なくなかった。なかでも、次の実践記録本は、実践者が子どもの訴えを親身になって聴くときのその誠実さと、子どもから吐露される苦悩に心から共感し、かすかに見える健気さやちょっとした頑張りに感動し、励ますことのできる人間的感性が、子どもたちの心を開かせ、「この先生には話せる」という安心感を与えているに違いないと、読み手に感銘させる実践像を描き出している。

＊富山芙美子『俺だってまっとうに生きたい——自立をめざす中学生・保健室からの報告』あゆみ出版、一九八五年参照。

●保健室での不登校・保健室登校支援の創出

一九九〇年代に入ると、八〇年代に見られた子どもたちが抱く不満やいら立ちを表出させる「荒れ」から、不登

校や保健室登校と呼ばれるような、「閉じ」の子どもたちの増加が急速に見られるようになった。不登校は、進学競争が始まる一九六〇年代の中頃から、当初「学校嫌い」「登校拒否」と呼ばれる事態が進行しはじめ、七〇年代に入るとますます増加し、長欠児の大半が「学校に行けない」「学校に行かない」不登校が占めるようになる。八〇年代に入ると、保護者に連れられてようやく登校してきた子がどうしても教室に入ることができず、「教室には行けないけど、保健室ならいける」ということで保健室登校を始めるケースが生み出されていくことになる。しかし、やむなく保健室で受け入れたとしても、その子を保健室でどのように過ごさせればいいのか。養護教諭としても未経験で見当もつかず、暗中模索しながらの対応から始まり、やがて学級担任や生活指導担当や教科担当教員などとの連携と共同、保護者との連絡や懇談、クラスの子どもたちとの交流など、支援に必要な連携と協働の支援体制づくりなどの経験（ノウハウ）が、実践の交流を通して共有されていくことになる。

＊長野県教職員組合養護教員部保健づくり・藤田和也編『教室へ行かれない子どもたちとともに』東山書房、一九九六年、数見隆生・藤田和也編『保健室登校で育つ子どもたち——その発達支援のあり方を探る』農文協、二〇〇五年参照。

以上が、主として一九八〇年代以降に養護教諭の方々が子どもの健康実態の変化に対応して生み出してきた（開拓してきた）実践ジャンルと呼ぶことができるが、もちろんこれら以外にも、第二次大戦後に米国教育使節団などの提案等を受けて生み出されてきた児童・生徒による学校保健委員会活動の指導、校務分掌の一つとしてどの学校にも設置されてきた保健部（保健指導部）の活動、あるいは、教職員代表・PTA代表・学校三師（学校医・学校歯科医・学校薬剤師）などによって構成される学校保健委員会の活動などにおいて、養護教諭が中心的役割を果たしていることは言うまでもない。

一九八〇年代からのほぼ半世紀に蓄積されてきた養護教諭の実践記録の実態からとらえた実践ジャンル

この共同研究では、一九八〇年代から二〇二〇年代にかけてのほぼ五〇年間に、養護教諭関係雑誌（月刊誌や季刊誌）、同関連学会誌、同年次学会講演集、年次研究集会のレポート集、養護教諭の実践記録が掲載された単行書籍、などにおいて公表された養護教諭の実践記録をできる限り収集し、それらをすべてPDFにして共同研の全メンバーが目を通せるようにした。この作業で収集できた（PDF化した）実践記録は一一四〇本余を数えた。これらの実践記録の集積は、この時期（一九八〇〜二〇二〇年のほぼ五〇年間）に、いわば日本中の関係紙誌（雑誌や会誌、あるいは研究冊子や書籍等）に公表されたものであるということから、ある自覚的な養護教諭層*による養護教諭実践の実態（全体像）を反映しているものと見ることができる。

*「自覚的な養護教諭層」とあえて限定的な用語を用いたのは、自らの実践を実践記録にして公表する（公刊を前提にした紙誌に掲載される）ことを念頭に置いている方々、という意味で「自覚的な層」とした。

そこで、これら一一四〇本余に目を通し、記録されている実践内容をもとに、同種の実践内容をもつものでグルーピングを行った結果、次のような類別ができた。私たちは、一応、この時期（一九八〇年代からのこの半世紀）における日本の養護教諭の実践の全体像をある程度反映したものととらえることができると考え、その類別を「養護教諭の実践ジャンル」の現状と捉えた。以下は、類別した実践ジャンルと実践記録の本数である。なお、①〜⑥に類分けしたジャンル名称と配列順は現時点では仮設であり、理論的検討の余地を残している。また、①と②のジャンルはさらに小ジャンルに類別しているが（小ジャンルについての詳細は第2章のⅠとⅡの論稿を参照されたい）、これらも収集した実践記録の実態を反映したものである。*

*収集した実践記録の実態からとらえた実践ジャンルの分類は「はじめに」の2（二〜三頁）参照。

五　養護教諭実践の蓄積から生み出されてきた実践上の原則

本章の第一、二節では、第二次大戦後における日本社会と子どもたちを取り巻く状況の変化に即して、当の養護教諭の先達たちが学校における養護教諭と保健室の存在と役割をどのように進化発展させてきたかについて整理されてきたが、そうした実践の蓄積と広がりの中で養護教諭の実践のあり方として大事にされてきた考え方が広く共有されて来ているように思われる。本節では、その要点を確かめておきたい。それらは民間の養護教諭サークルや研究会の中で、互いの実践交流と検討を通して確かめられ、共有されてきた実践姿勢であり、実践原則とも言えるものである。

1　養護教諭の仕事を教育実践として自覚する

まず一つは、養護教諭が学校で営む仕事を〝教育実践〟として自覚するということの大事さである。この言葉は、教育関係者であればごく普通に使われる言葉であり、今日では養護教諭の間でもそれを自明の言葉として受けとめ、教職員の一人として取り組んでいる自らの仕事ぶりをとらえる概念（用語）として理解している人は少なくないと思われる。ただ、ここで「自覚する」ことを強調するのには、この語に含まれる次に述べる二つの積極的意味合いを確認しておきたいからである。

実践とは

その一つは、実践という言葉のもつ積極的意味合いについてである。この語は、今では養護教諭の間でもごく普通に使われる言葉になっていて、本書でもすでに何度か使用されてきているが、じつは次のようなしっかりとした意味合いをもった言葉なのである。すなわち、実践とは、単に「実際に行う」という意味に止まらず、それが明確な目的意識をもって対象に働きかける行為であることを含意している。「目的意識をもつ」ということは、その行為が目的をもって意図的・自覚的になされることを意味し、「対象に働きかける」ということは、その行為が対象に作用してある種の変化（教育の場合は対象の発達的変化）を引き起こすことを意図し、期待していることを含意している。

もう一つ、実践という語の意味合いで明確にしておかなければならないことは、それが歴史的な時間経過のなかで社会的に営まれる行為であり、自然科学的な研究で一定の条件下で繰り返し行うことができる実験とは異なり、一回々々が繰り返しの効かない社会的実践として行われるものであることである。しかも、実践の一つひとつは他とは置き換えることのできない〝かけがえのない〟ものである。いわば、実践のもつこの一回性と非代替性が、実践的行為に対してより自覚的であることが求められるゆえんであると言える。

教育実践とは

教育実践という語を使う場合の積極的意味合いの二つめは、右で確認した「実践」概念をふまえて、改めて教育実践とは何かを説明する（再定義する）ことによって確かめたい。教育とは、端的な言い方をすれば、人間が人間に働きかける行為であり、それを通して人間を人間に育てる営みである。したがって、先に述べた実践概念をふまえれば、教育実践とは人間を育てるという意図をもって人間に働きかける行為であり、同時に、育てる対象と働きかける行為とを不断にとらえ返しながら営まれる社会的営為であるということができる。このような定義ではあまりにも抽象的に過ぎるので、これをいくつかの要素に分けて説明することにしたい。筆者は、かつてこれを次の四つに整理して説明したことがあるのでそれを再掲する。

一つは、教育実践が目的意識をもって対象に働きかける行為であるという意味では、働きかける対象（子ども）に対する成長への〝願いとねらいを明確にもつ〟ことを求めている。「この子（たち）にはこのようになってもらいたい」という願いと、そのためには「このことに気づかせる、このことを身につけさせる、あるいはこれを乗り越えさせる必要がある」というねらいをはっきりともつことである。

二つには、こうした願いやねらいをもち、対象に適切かつ効果的に働きかけるために、〝子どもを深くつかむ〟ことが必要であり、つかみながら働きかけ、働きかけながらより深くつかんでいく、その両方が相互に深まっていく過程が教育実践にほかならない。

三つには、行為を自覚するということは、働きかける自らの行為と働きかけた対象を〝不断にとらえ返す〟ことを求めている。すなわち、働きかけ方はどうであったか、子どもはそれをどう受けとめているか、あるいはそれによってどう変わったか、などについて絶えず反省的に振り返る（省察する）ことが必要である。

四つには、教育実践が繰り返しのきかない歴史的行為であるという性格から、実践を一つひとつ積み重ねながらその体験と省察をふまえて、つねに〝創造的に取り組んでいく〟ことが求められる。実践の一コマ一コマが真剣勝負であり、その経験を次に生かしながら不断に実践を創り出していくのである。

＊藤田和也『養護教諭が担う「教育」とは何か』農文協、二〇〇八年（但し、本書の文体に準じて「である調」に変更）参照。

養護教諭の教育実践としての要件

「養護教諭の教育実践」という言い方（括り方）をした場合、これまでに述べてきたような教育実践としての積極的な意味合いをもって養護教諭のすべての仕事をとらえ、またそれらを進めていくことを意味している。本書はこのような立場で編まれかつ書かれていると筆者は理解しているが、ここであえて簡潔にまとめると、養護教諭の仕事を教育実践たらしめるには、おおむね次のような要件が必要である。

①日々の養護の仕事の中に子どもを育てるという視点を据える。言い換えれば、日々の仕事の中に「教育の質」（子どもたちの発達的変化や人間的成長を促すような働きかけや配慮）を組み込みながら進める。

②子どもたち、ときには父母や保護者、職場の教職員、地域の人々への願いやねらいを明確にもって仕事を進める。

③そのために、働きかける相手（子ども、父母・保護者、職場の教職員、地域の人々）をしっかりとつかむ。つかみながら働きかけ、働きかけながらより深くつかんでいく。

④自分の仕事をつねに振り返りながら、その進め方と子どもに現れる仕事の質（その効果や影響）を確かめ、次の仕事に生かしていく（省察と創造を繰り返していく）。

⑤子どもに直接かかわり働きかける仕事だけでなく、間接的に働きかける仕事、仕事を進めるための条件づくりや体制づくり、ネットワークづくり、なども教育（発達）の視点をもって進める。

＊藤田和也『養護教諭が担う「教育」とは何か』農文協、二〇〇八年参照。

2　子どもの実態から問題の様相をつかみ、課題を明確にする

二つめの原則として、常に子どもの実態をとらえ、その実態から問題の様相をつかみ、課題を明確にすることを実践の基本に据えることである。この一見簡潔に記述された原則にも、確かめておきたいいくつかの意味合いがある。

実態把握は実践の出発点であると同時に立ち返るべき原点である

子どもの実態把握は教育実践全般の基本であるが、養護教諭の実践にとってはことさら重要な意味をもっている。養護教諭の研究会やサークルの間で、「私たちの仕事は子どもの実態から出発する」という言葉が、いわば合い言葉のように使われてきているが、この言葉が端的に表明しているように、養護教諭の仕事は子どものからだや健康の実態をとらえることから始まる。保健室にやってきた子どもに的確に対応するためには、その子がどういう問題を抱え、何を求めているのか、あるいは何が必要なのかを正確につかみ取る必要があり、これが保健室での実践の基本である。また、取り組みの過程においても、子どもの実態に照らして不断に自らの実践や取り組みを問い直し吟味する必要がある。その意味では、子どもの健康実態把握は実践の出発点であると同時に、実践が立ち返るべき原点でもある。

実態把握の要点

実態把握とは、単に子ども（たち）のからだや健康の状態というレベルの実態把握だけを意味しているのではな

い。もちろん、からだの様子や健康実態をとらえることは何よりも必要なことであるが、それだけでは教育的な働きかけの糸口や方向を的確に見定めるには十分ではない。教育的な働きかけはそのからだや健康の問題をもつ当の子ども（たち）に対してなされるものであるから、その問題の背景に子ども（たち）のどのような生活があるのか、その生活レベルの実態をつかむ必要があるし、問題を抱える子ども（たち）自身がその問題をどのように受けとめ、認識しているかの実態をつかむ必要がある。これらの実態を多面的・全体的にとらえることによって、取り組みの焦点や取り組みが射程に入れるべき範囲、働きかける際に用いるべき指導方法や教材、取り組む活動の進め方の工夫、などが見えてくるはずである。

このことを具体的な問題に即して考えてみると、例えば、喫煙していると思われる子が増えてきて、喫煙防止の指導の必要を感じているとする。そのためにどういう取り組みが必要であるかを考えるには、もっと実態をしっかりととらえようということになる。そこでまず、喫煙をしていると思われる子どもたちが学校の中にどの程度いるのかをつかむ必要がある。その広がりの程度によって取り組み方が異なってくるからである。そこで、当該学年の学級担任たちに呼びかけて観察的にその実態を探る方法も考えられるが、無記名アンケートで喫煙についての経験や意識調査をする方法も考えられる。

これらは喫煙についての実態把握である。こうした全体的な実態把握をしたうえで一斉にタバコの害について一般的な保健指導を組むことも考えられるが、もっと子どもたちの実態に合ったきめ細かな取り組みにするには、さらにその実態を詳しく深くつかむ必要がある。たとえば、喫煙している子どもたちがどのような環境（家庭環境や友達関係）のもとでタバコに接することになったのか、またどのようなときに喫煙しているのかをつかむ。あるいは、タバコを吸っていると思われる子が保健室にやってきた折にそれとなく探りを入れてみる。さらには、そうした子どもたちとの対話を通して、彼らがどのような意識で喫煙しているか、タバコについてどのような知識をもっているかなどについても探ってみる。それがつかめてくると、どのような教材を用意すると効果的か、彼らのどのような意識に揺さぶりをかけていくことが可能か、といったことが見えてくるはずである。こうした具体的で深い実態把握ができれば、子どもたちの生活や意識のより近いところに焦点を当てた、その学校独自の取り組みが工夫されていくことになる。

明確にするのは発達課題と実践課題

この項の冒頭に掲げたタイトルに「課題を明確にする」と記したが、この「課題」には次元の異なるいくつかの課題を含意している。見出しに掲げたこの実践原則は養護教諭の実践のあり方を端的に表現したものであるから、文脈上、その「課題」は養護教諭自身の実践上の課題（実践課題）をさしていると解するのは当然であるが、他方で、何らかの困難を抱えて保健室に来室した子どもへの対応や支援の場合には、その実態把握を通して、その子の問題を解決ないしは解消するうえでの課題（解決課題）や、その子がその困難を自らの力で乗り越えていくうえでの課題（発達課題）を明確にする、という意味合いも含んでいる。この三種の課題の関連を要して言えば、子どもが当面する問題の解決に向けての課題（解決課題）とその子がその問題を乗り越えていくうえでの課題（発達課題）を見極めながら、そのために必要な支援や取り組みを進めていくうえでの課題（実践課題）を明確にする、ということになる。じつは、このような個別の子どもの支援においては、この解決課題と発達課題が明確につかめないと養護教諭自身の実践課題（その子の問題解決と発達支援に向けてどのような取り組みが必要か）が明確になってこないので、個々の子どもの困難についての相談と支援におけるこの実態把握（子ども把握）は、ことさら重要な意味を持っている。

3　ケアと教育を一体にして取り組む

三つめには、養護教諭の仕事（実践）を子どもたちへの健康上の配慮や世話（ケア）と人間的な成長発達を促す働きかけ（教育）とを一体化して取り組むことの必要性を、少なくない養護教諭が意識するようになっていることである。否、今日では、その一体化する程度と様相に差はあるとしても、それを当然のこととしてとらえている養護教諭が少なくないのではないかと思われる。

守ること（ケア）と育てること（教育）、その結び合わせが養護の本質

かつて筆者は、養護教諭の「養護」の概念をめぐる理論動向、養護教諭制度の歴史的変遷、そして近年の養護教諭の実践状況、などを付き合わせて検討し、その意味内容を確かめたことがあるが、じつはその作業を通して、「養護」はケアと教育を一体化してとらえた概念であり、両者を有機的に結び合わせるところにその本質があることを説いたのであった。やや長くなるが、そのまとめの部分を次に再録しておきたい。

「養護とは、『守ること（保護＝ケア）』と『育てること（養育＝教育）』の両方の意味を合わせ持っていること、そしてそれはもともと教育的営為を表す語として用いられてきたことが確認できます。そして、それが保護（ケア）と養育（教育）の両義を含んでいるということは、養護教諭の仕事の役割や本質を理解するうえできわめて重要です。子どもの健康を守ることは、養護教諭の仕事（役割）にとって第一義的な意味を持ちますが、養護という語意はそれにとどまらず、育てる役割を果たすことも求めています。しかも、守る仕事と育てる仕事が別個にあってその両方を担うというのではなく、『守ること』と『育てること』が撚《よ》り合わされてはじめて一本の養護という仕事

になると理解する必要があります。近年、養護教諭の間で常用される『子どもの健康を守り育てる』という言い方は、その考え方を端的に表現しているように思います。

しかし、子どもの健康を守る仕事は、そのままでは育てることを必ずしも十分に保障しません。たとえば、従来の考え方からすれば、守る仕事の代表と言っていい救急処置や健康診断などは、それが周到になされればそれなりの守る機能を発揮しますが、その過程で育てるという観点での配慮や働きかけがなされなければ、育てる機能は十分に発揮されません。養護という仕事を十全に進めるためには、守る仕事のなかに育てる観点を自覚的に組み込むことが必要なのです。

このように、『守ること』と『育てること』を有機的に結び合わせるところに養護の本質があり、子どもの健康を守る仕事のなかに育てる働きかけを自覚的に組み込むところに養護教諭の仕事の特質があると言えます。この特質は、歴史的に見れば、明治末期から大正初期にかけて学校看護婦としての出発の当初から備わっていたというよりも、その後、養護訓導から養護教諭へと制度的に変遷し、役割を発展させる過程でしだいに内実化（特質化）してきたものということができます。言い換えれば、養護教諭の歴史は、守る仕事（看護）から出発して、そこに育てる営み（養育）を自覚的に組み込み、それをより確かなもの（養護）に発展させてきた歩みであったと言うことができます。」（藤田和也『養護教諭の担う「教育」とは何か』農文協、二〇〇八年）

ケアと教育と養護

近年のケアと教育の関係を問う議論のなかで、養護概念がケア概念と深く重なり合っていることに気付かされている。なかでも、アメリカの哲学者メイヤロフのケア概念は養護教諭の実践のあり方にとってとても示唆に富むものである。彼は『ケアの本質』（ミルトン・メイヤロフ著、田村真・向野宣行訳『ケアの本質』ゆみる出版、一九九六年）という書物のなかで、ケアの意味について次のような説明をしている。

「一人の人格をケアするとは、最も深い意味で、その人が成長すること、自己実現することをたすけることである」と。ケアするとは人の成長や自己実現を助けることだというのである。続いて次のようにも言う。「相手が成長し、自己実現することを助けることとしてのケアは、……中略……相互信頼と、深まり質的に変わっていく関係とを通して……成長するものなのである」と。ケアについてのこの一連の説明はじつに意味深い。それは、養護教諭が子どもたちに行っている「養い護る」行為をほぼそのまま言い当てているからである。

この重なりを確かめるためにもう少し彼の説明を引くと、彼は自分以外の人格をケアするには、「その人とその人の世界を、まるで自分がその人になったように理解できなければならない」と言い、「その人の世界がその人にとってどのようなものであるか、その人は自分自身に関してどのような見方をしているかを、いわばその人の目でもって見てとることができなければならない」と言う。この文の「その人」を「その子」に置き換えて読むと、まさに、養護教諭の方々が「子どもの目線でとらえる」とか、「子どもの立場に立ちきる」という言い方で大事にしている、子ども理解や子どもとの向き合い方の姿勢と見事に重なり合っている。

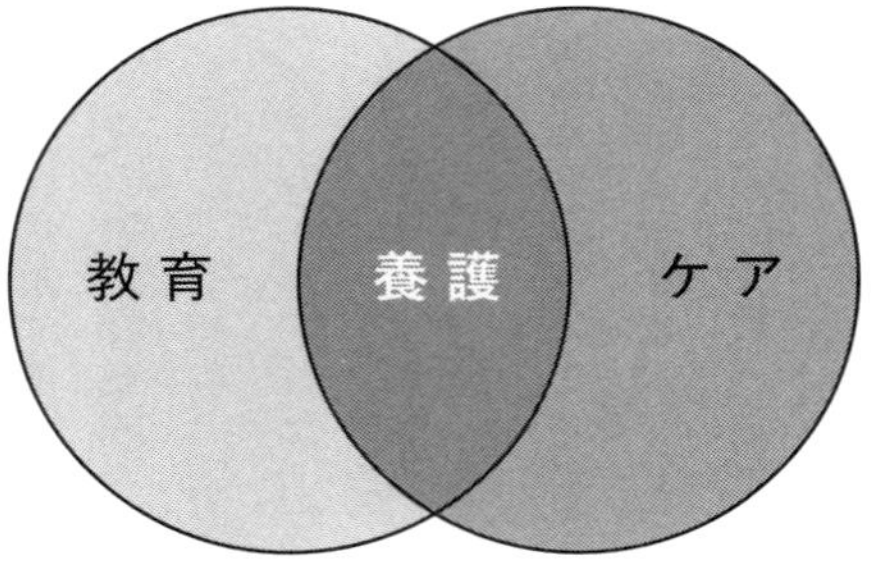

出典：藤田和也『養護教諭が担う「教育」とは何か』（農文協 2008）35頁。

さらに彼は、ケアにおける信頼と希望の重要性も説いている。ケアには「その相手が、自ら適したときに、適した方法で成長していくのを信頼することが含まれ」ており、その信頼によって得られる「〝あの人は私を信頼している〟という認識はケアされている人が、そのような信頼が正しいものだと信じ、自分自身が成長していくのだということを確信するのに、大きな力を発揮する」と言う。また、彼は「ケアを通して相手が成長していくという希望がある」とも言う。この希望は「エネルギーを発揮し、私たちの能力に活力を与えてくれる」もので、「私のケアを通じて相手が自己実現していくのを希望することなのである」とも言っている。この成長への信頼と希望をもつことは、今日の養護教諭が保健室に何らかの問題を抱えてやってくる子どもたちに接し、かかわっていくときの基本姿勢となっているものにほかならない。

ケアをこのように理解すると、養護とケアの意味合いはかなりの部分が重なり合っているということができる。そして、「ケアの相手の成長や自己実現を助ける」、「ケアの相手を理解する」、「成長への信頼と希望をもってケアする」といった要素は、そのまま「教育」にも通底しているので、ケアと養護と教育の関係（包摂関係）は前図のようになる。

六　実践から学び実践を創り出していくことの意味

1　養護教諭にとっての実践記録の特徴と意味

(1) 実践記録の特徴と学びの創出

養護教諭の実践記録の特徴をどのように捉えることができるだろうか。実践記録とは、一人の養護教諭が自身の実践を振り返り記録し、整理し、公表し発信しているものである。本書は、全一一四〇本という多くの実践記録を分析しまとめた。実践記録の多くは、養護教諭同士の学びのための発表記録や冊子、養護教諭や養護教諭志望学生、養護教諭養成等に関係する方々が読む書籍に掲載されたものであった。

実践記録には、「実践対象である子どもの実態・実態に対する養護教諭の考えや捉え方・実態から見えてきた解決したい子どもの課題・どう実践したか・実践によって子どもにどのような変容が見られたのか・子どもを取り巻く友人や教師、家族といった人的環境はどのように作用したのか・実践を振り返って実践者としてどのように考えたのか」といった多くの内容が盛り込まれていた。それゆえ、読み手にはその実践がリアルに伝わってきた。養護教諭の「何とかしたい」という課題意識と解決への意欲も描かれていた。

養護教諭の実践の対象は、児童生徒である。一人として同じ子どもはいない。ゆえに、マニュアルにそった仕事を行うのではないので、一つの実践はあくまでも一つの事例であり、学びになるのかという疑問がわくかもしれない。しかし、「一人の養護教諭の実践の記録」とは、一見、個別性の高さが浮き彫りになるように感じられるが、そこには普遍的で養護教諭みんなに共通するようなことが多く含まれていた。また、実践内容や登場する子どもの実態には、個別性が高く稀有な事例のように感じられる実践記録もあったが、それは、逆に、一般的な子どもに共通する事項や、特に課題を意識しないような通常の状況にある子どもの理解を助けることにつながった。つまり、実践記録を読み解き学ぶことは、その実践に沿って課題解決のあり方を学ぶとともに、養護教諭の実践に共通する考えの本質や子ども観、養護教諭観、教育観に気づき、読み手が自ら発見することができるような学びにもなる。

(2) 養護教諭の真の成長とその学びにおける実践記録の意味

実践記録を読み解くことによる学びについては、前述の通りである。では果たして、養護教諭として経験を重ねることで、すべての養護教諭が同じように力量形成をして成長していくことができるのだろうか。多くの方が年月を経ることで自然と力量形成ができるとは考えていないと思う。では、どのように実践を積み重ねていけば、真の成長につながるのだろうか。そのカギとなるのは、「省察」を繰り返すことである。すなわち、漫然と仕事をこなすのではなく、日々の中で、実践を振り返り、養護教諭としての考えや実践のあり方を問う「省察」が必要である。この省察の繰り返しにより、養護教諭の専門職としての真の成長が期待できる。また、実践記録を活用した学びは、その省察を促すことにおいて、とても有効である。

①養護教諭の熟達化とその学び方

養護教諭が専門職として力量形成を積み重ねていくような真の成長を「熟達化」という。一般的に専門職としての成長にはいくつかの段階がある（金井壽宏・楠美孝編『実践知』有斐閣、二〇一二年、三四〜五七頁）。専門職は、初任の時には仕事の一般的な手順やルールのような手続きの知識を学習し、それを実行する段階がある（手続き的熟達の時期）。さらに経験を積むことによって指導者なしで自律的に日々の仕事を実行できる段階に到達する（定型的熟達化）。そして、状況に応じて過去の経験や獲得したスキルが使えるようになり（適応的熟達化）、さらに、事態の予測や状況を直感的に考え判断し、難しい問題解決状況にも対応できる段階（創造的熟達化）へと成長していく。

このような成長に結びつく学び方は、①モデルとなる先輩からの学び、②子どもを含めた他者との実際のやり取りでの学び、③経験の繰り返しによりスキルや知識の蓄積をしていく学び、④経験から類似性やルールに気づいていくような学び、⑤これまでの経験や知識を用いて意味づけることによって、より難しい状況や類似した状況に活用し、見通しを持つことができるようになる学びである。

②養護教諭の成長を促す「省察」

前述のような成長に結びつく学び方を進めるためには、「省察」が重要な役割を果たしている。省察は、果たしてどのように進めていくのだろうか。一つは、行った実践そのものについて、この実践にとって大切にするべき視点は何かとか、この実践の意義や意味は何だろうかというような振り返りを行うことである。実践を振り返り、実践記録をまとめる際の記録や実践の整理の取り組みは、まさにこの振り返りそのものであり、実践記録をまとめることの意味深さでもある。もう一つは、様々な実践の成功例や失敗例から、共通することを見出して学ぶことである。例えば、子どもの成長を促しているという視点で共通する事項を確認することで実践の方向性に確信を得たり、うまくいかなかったことを活かして改善していく等で実践をブラシュアップさせていく学びである。このような振り返りによって、実践に対する洞察を深めて、経験の積み重ねで成長した自身を振り返り、今後の実践のあり方を見通すことができるようになる。これは、自己の実践における考え方を獲得したり、課題意識を持つことで、自身の将来に向けての展望を見据えることでもある。

③実践を進める中で行う「省察」の二つの視点

養護教諭の成長にとって重要な「省察」には、①実践の後に行う振り返りと、②多くの実践を包括して行う振り返りがあることについて述べてきた。

次に、実践を進める中で行う「省察」について述べていくこととする。実践を進める中での省察も二つの視点がある。一つは、子どもとのやり取りの中で、養護教諭として働きかけ、その働きかけに対する子どもの反応を見ながら、常に、省察を繰り返してどう対応していくかという方法を考えながら実践を展開していく。その際、もう一つの視点として、その方法の選択に当たって、自己の子ども観や養護教諭観、教育観等に照らしながら、これでいいのだろうかと思考しているのである。

子どもとのやり取りを通して、子どもの様子や気持ちを読み取りながら、自己の観に照らして、対応の方法を選択し行動しているということである。つまり、実践は、子どもの読み取りと養護教諭の「観」の双方から生み出されていくものなのである。養護教諭自身が自己の「観」を問い直し続けることが求められる。

④省察を促す批判的思考

様々な角度から省察について述べてきた。これら一連の省察の過程では、批判的思考が重要である。ここで言う批判的思考とは、自己の考えをも含めて論理的に意識的に吟味することを指す。つまり、省察の際、自身の考えや信念に当てはまるかどうかとか、これまでの経験にのみ依拠して考えてしまうといった偏った振り返りに陥らないように気をつけていくための思考である。自己の経験から考える直感的な思考と実践や「観」を俯瞰して考える批判的思考を合わせて省察することが必要である。その双方の思考により、新しい状況へも適応していく実践を構築する力量形成が可能となる。

⑤実践記録を書き、ディスカッションすることによる学び

次に、省察を助けるような実践記録の例を①から⑥に示す。①描写（何が起こったか?）、②感覚（何を考え感じたか?）、③評価（何がよくて、何が改善点か?）、④分析（なぜ、そのような状況になったか?）、⑤結論（何か他にできたことはないか?）、⑥行動計画（もう一度同じことが起こったら、どうするか?）。ただし、実践記録は、その実践者である養護教諭その人そのものの良さや人間性等もにじみ出てくるものであるので、あまり形式にとらわれることなく自由に養護教諭の思いをまとめることも必要であろう。

また、養護教諭同士でディスカッションすることは、省察を深め、経験年数の異なる同士が刺激を受けながら、自己に学び、他者に学ぶ時間となる。また、養護教諭同士での共感的学びの時間でもある。

(3) 養護教諭養成における実践記録からの学びの可能性

養護教諭の実践は、自律的な判断により、創造的に実践を進めていくことが求められる。そのために養成教育では、知識や技術の習得だけではなく、学んだ理論的事項から発展的に思考し、子どもの個別性や健康課題の変化に対応できるよう柔軟に実践構築を行うことのできる基盤となる力を身に付けることが求められる。すなわち、実践の枠組みを学ぶとともに、将来、養護教諭として自らの実践を省みる省察力につながる思考の基礎、実践の核となるような学生段階での自らの考え（観）を醸成していく必要がある。これらの力量形成には、学生なりに実践を読み込み分析し、解釈していく学びの過程を丹念に経て、多面的に学ぶことが有効である。そのことは養護教諭としてのアイデンティティを確かなものにし、その方向付けを図る学びの過程でもある。養成段階のこの学びは、養護教諭になってから重要といえる現職研修への意欲や意味づけを自ら形成する自己教育力の基盤ともいえる。

2 優れた実践記録を養護教諭養成の学びに活かす意義

(1) 養護教諭養成の現実

筆者の勤務する大学は、看護系大学であり、養護教諭課程は選択による特別履修である。本学では、養護教諭一種免許状取得に必要な養護に関する科目として三八単位が設定されているが、そのほとんどは看護専門教育科目の読み替えである。学校保健や養護教諭の職務に関する科目は、学生が二年次に履修する「学校保健」「養護概論」「健康相談活動」の六単位と少ない。そこで「健康相談活動」の授業では、優れた実践記録から養護教諭の子ども把握の視点や働きかけの視点を読み取り、子どもの実態や養護教諭独自のかかわり方を学ぶことで、学生が自分なりの実践観・めざす養護教諭像をもつことができるのではないかと考える。

(2)「健康相談活動」における授業作りの工夫

養護教諭の健康相談を単にカウンセリングではなく、対話を中心にかかわりながら、子どもの抱える健康、生活、学習、また発達上のつまずきの問題などの解決をめざし、それを通して子ども一人ひとりの成長発達に寄り添い、自立を支援する活動として学ばせたいと考える。そのため、「健康相談活動」の授業では、現代的な健康課題を抱える子どもに対する実践記録を用いた事例検討を行っている。実践記録は、養護教諭が子どもの実態から健康課題を掴み、支援を行う中での子どもの変容や養護教諭の支援が具体的に述べられている実践、養護教諭自身の教育観を問い直す姿勢が読み取れる実践を優れた実践記録として選定している。健康相談を日常業務（執務）に留めず、保健教育や組織活動として子どもに働きかけた内容やなぜそのように働きかけたのかを読み解き、あなただったらどう対応するのかと学生に問いかけている。

(3) 事例を通して養護教諭の相談支援を学ぶ

授業では、実践記録を読み、子どもの実態や養護教諭の思い、養護教諭の支援内容、子どもの変容をグループで意見交換をしながら整理していく。毎回の授業後に学生が記述した振り返りコメントから、様々な事例を通して養護教諭の相談支援を学んでいる様子が、次のように読み取れる。

①養護教諭の子ども把握の視点や働きかけの視点

- 「発熱クラブ」の実践から、自分にできる小さな目標を設定させることが大切だと思った。目標を小さく設定することで、「できた」と感じた生徒は前向きに変わっていった。養護教諭は一緒に目標を考え、子どもの強みを生かせる目標を設定することが必要だと学んだ。

- 喘息のある子どもの事例から、養護教諭は疾患について症状や対応、発作時の救急処置などの知識を身に付けておくことが必要だと学んだ。また、クラスの子どもたちへ説明することも必要である。一人の子どもの健康課題をクラスの課題として考え、喘息を病む真君（真君の苦しさ）に共感できる集団をつくることが大切だと思った。
- 先天性心疾患の子どもに自身の症状がなぜ起こっているのか、子どもが自分なりに理解できるように養護教諭がかかわった事例から、養護教諭は子どもを健康に生きる主体者として捉える視点が大切であると学んだ。
- 食物アレルギーの生徒への支援では、養護教諭を中心に職員で情報共有をしていくことが大切である。知識を身に付けた教職員と一緒に学校の健康を守っていくことが養護教諭の役割である。
- 腹痛で頻回来室する低学年の事例から、一緒に行動することで、子どもが今日は何があるから頑張れるという小さなきっかけをつくることが大切だと感じた。
- 不登校や登校をしぶっている子どもには、教室に入らせることよりも、その子がどうしたいのかという視点でかかわっていく必要があると考えた。

②養護教諭独自のかかわり方

- 先天性心疾患の子どもの事例から、「みんなと同じことがしたい」という子どもの思いを少しでも叶えるために、授業中に限らず、休み時間や給食時間、掃除時間、災害時の対応などを考えることは難しかった。疾患の具体的な症状によって配慮の仕方や工夫も必要である。子どもたちがその疾患と付き合って生活していけるような支援をしていくことが求められる。この子はできないと決めつけるのではなく、できることを大事にして、子どもの意思を尊重することが大切である。

・保健室登校の事例の中で「寄り添う」には色々な方法があると感じた。養護教諭は子どもたちとからだを通したかかわりをすることができるため、言葉だけでなく行動でもメッセージを伝えられることに気づいた。

・目に見えることだけでなく、子どもが抱えている背景や本当の気持ち（辛い、泣きたい）も伝えることが養護教諭にしかできないことだと思った。

・不登校やいじめの対応の前には「気づく」必要かあり、養護教諭は「気づける人」になることが大切だと知った。「気づける人」になるためには、いつもの様子を知っていることが前提のため、子どもとのちょっとしたかかわりも大切にできる養護教諭がいいなと感じた。課題は何かを探り、子ども自身が意欲をもって解決できるように、子どもと共に対応を考えることが大切である。

・感情のコントロールができなくなってしまうAさんに対して、気持ちを言葉で整理しながら受け止めている養護教諭のかかわりは、自分の気持ちに気づき、どうしてこのような行動をとってしまったのか、これからどうしていけばよいのかということを考えるきっかけになっている。打ち明けてくれたAさんの気持ちを無駄にせず、自分に向き合うチャンスを与えるかかわりが、その後のAさんの成長につながった。

・様々な背景から頻回来室するAさんとかかわる中で、無理にカラコンを外させたり、ピアスをやめさせるのではなく、笑顔で迎え入れ、カラコンが目に及ぼす影響について話したり、赤く腫れたピアスの穴を消毒するなどしていた。からだを通したかかわり方は、生徒に安心感をあたえ、生徒自身が健康に気を付ける意識付けにもなる。「あなたが大切である」ということを伝えることが大切だと思う。

・保健室登校の裕太君の性格や様子、両親が話してくれたことを専門的に捉え、今後の対応についてケース会議で裕太君自身が決めることの大切さを提案している。このようなかかわりを学び、養護教諭として専門的に考えたことを教員に伝えていくことは、裕太君がこれからの学校生活で周りの理解を得ながら自分らしく生活していくことにつながったのではないか。

③自分なりの実践観

・健康相談とは、ただ生徒の悩みを聞き、解決策を示すのではなく、生徒が自分の課題に気づき、自分で目標を設定し、少しずつ解決するなど、生徒自身の力を引き出す方法を考えることが必要なのだと感じた。生徒自身の力を引き出し、育てていくことが養護における教育につながると思う。「発熱クラブ」のような生徒同士での活動を支援したり、保健室での取組を教職員に紹介したりすることは、生徒や教職員の健康認識を養い、学校全体での生徒理解や援助につながると思った。

・健康相談は、子どもの健康の保持増進だけではなく、問題に対してどう対処するのかを子どもに教えることなど教育的な意義が含まれている。養護教諭の役割には、子どもたちが自分で自分を大切にすることができるよう守り育てるという意味が含まれている。

・保健室登校の支援で、人の心を変えることは難しいけれど、うまくいかなくても気持ちを伝え続けること、かかわり続けることは私にもできると思った。

・養護教諭として子どもを支えるためには、どのような支援の方法があるのか、いろいろな人と共有し、自ら学んでいく姿勢を大切にしたい。

(4) 優れた実践記録を養護教諭養成の学びに活かす意義

振り返りの記述から学生は、子どもの生活を観察し疾患に対する正しい知識をもつことや子どもの話を遮らず思いを丁寧に聴くことにより、健康課題の背景を捉えることの大切さを実感していることがわかる。また、子どもの意思を大切にして対応を考えること、子ども自身が課題解決に向かうようかかわること、子どものできることを段階的に取り組むことなど、子どもを主体者として育むための具体的な支援について理解している。なかでも、からだを通してかかわることや、自分のからだを大切にできるように教えることなど養護教諭独自のかかわりを通して周囲の人々と連携した支援体制をつくることにより健康課題の解決を図る支援として、養護教諭の健康相談における役割を捉えており、授業のねらいに即した学びを得ている。

優れた実践記録から学ぶ意義を、次のように実感している。

- 「実践記録」という実践の持つ生々しい現実とそれへの対応、子どもの変容する姿などを映した「実践」に触れることで、学生が養護教諭としての大切な感性や子ども観・教育観を養っていくことができる。
- 実践のなかで生じる養護教諭の悩みや葛藤、振り返りでの自省、仲間と学び合う姿を知ることで、学生は机上の整理された理論を学ぶだけでは学び得ない養護教諭独自のかかわり方を学び取ることができる。
- 学生がめざす養護教諭像を明確にし、卒業後の実践の軸をもつことができる。

（注）養護教諭養成課程における「健康相談活動の理論・健康相談活動の方法」科目のあり方を検討するために、実践記録を用いた授業を行い、授業後の課題レポートをカテゴリー化して分析し、論文化した。なお、その詳細は、「日本教育保健学会誌」（第三二号・二〇二五年三月）に掲載されているので参照いただきたい。

第2章

養護教諭が生み出した実践ジャンルにおける活動の考え方とその方法

本章には、前章の４節で紹介したように、本研究会で収集した養護教諭の実践記録（一一四〇本余）を、同種の実践内容をもつもので類別して得られた六つの実践ジャンルの実践記録を、さらに詳細な検討（教育実践として確かな質をもった実践の選定と分析）をするために、研究会が三グループに分かれて実践ジャンルを分担し、研究的作業と小集団討議を重ねた成果（論稿）が載せられている。

ちなみに、その研究的作業とは、グループ内での実践記録の読み合わせをしながら、実践記録からその実践を成り立たせている重要な実践要素を抽出する作業をいう。その実践要素は大きく二種に分けられる。一つは、その実践についての実践者の考え方や判断、あるいは実践姿勢などが読み取れる部分で、これを理念型の実践要素として集約・整理し、もう一つは、その考え方に基づいて講じられている実践上の工夫や進め方を説明している部分、これを方法型の実践要素として集約・整理した。

こうして集約整理した理念型と方法型の実践要素をもとに、それぞれのグループが担当した実践ジャンルについて、グループ内での集団討議を経て、その実践ジャンルにおける養護教諭実践のあり方（考え方と進め方）の理論的整理を行ったもの（論稿）が収められている。これらがこの半世紀ほどの間に蓄積されてきた養護教諭の教育実践に基づいた理論的整理（提起）であると、私たちは考えている。

Ⅰ　保健室実践ジャンル（保健室を実践基地にして取り組む保健活動）

保健室実践の分類

「保健室実践」とは養護教諭が保健室を中心に子どもの自立支援をめざして行う教育活動の総称である。保健室実践の内容は多様であり、実践内容には相互の関連性も見られるが、本研究では「1相談支援（保健室登校支援を含む）」「2特別支援教育」「3救急処置」「4保健室運営」の四つの小ジャンルに分類している。

保健室を基地とした養護教諭の実践はここ四〇～五〇年の間に大きな進展を遂げてきた。第二次大戦後、当時の文部省・教科調査官であった荷見秋次郎氏が示した養護教諭の職務一六項目などに則って取り組まれてきた養護教諭の仕事に対して、現場の養護教諭から養護教諭の専門性とは何かを追求する研究的な取り組みが始まり、養護教諭の仕事の視点が〝学校保健業務の遂行〟から、〝子どもを観る・子どもを健康の主体に育てる〟ことへと変化していった。保健室の運営においては〝誰もがいつでも来ていい場所〟として子ども・保護者・教職員に開放・解放され、その運営も学校ぐるみで考えるという実践が広がった。また、従来からのけがの救急処置や病気への対応、特別な支援の必要な子どもへの対応についても、救急看護的な対応の枠を超えて教育的なかかわりがめざされるようになった。健康相談活動においても子どもの発達にかかわることや人格（人間）形成にかかわるニーズがしだいに増え、さらには多くを占めるようになり、相談支援実践として取り組まれ、それは養護教諭の実践の大きな部分を占めるようになった。こうした保健室を基地とした実践の領域を「保健室実践」ジャンルとして位置づけた。

分析対象とした実践の選定

一九八〇年から二〇一九年にわたる約四〇年間の実践記録を分析してその教訓を引き出した。「保健室実践」で収集した実践記録は二九六本（うち相談支援の報告は一四五本）で、そのうち分析の対象としたのは選定基準（①健康を守り育てる視点で子どもをとらえ働きかけている、②子どもの実態把握や子ども理解が確か、③子どもの意識や認識に働きかける内容や方法が適切④実践の組織過程が適切）をもとに選定した「1相談支援（保健室登校三四本を含む）八九本」「2特別支援教育二〇本」「3救急処置七本」「4保健室運営二六本」の一五二本であった。

I－1　相談支援活動実践ジャンル

一　相談支援実践の基本的な考え方

日々、保健室を訪れる大勢の子どもたちが様々な生きにくさを抱えるなかで、成長・発達上のつまずきをそれとはなしに様々な身体の症状に託して訴えてきている。その根底には、もっと健康になりたい、もっと人間らしくまっとうに生きたいとの思いが見え隠れしている。こうした子どもたちに養護教諭は日々向き合あい対話をしながら子どもたちとともに悩み、苦しみ、喜びあいながら子どもの成長・発達のための支援をしている。こうした「相談支援」の教育活動は今、養護教諭が子どもと向き合う仕事のなかで大きな部分を占めている。

1　相談支援実践とは対話を中心に成長発達に寄り添い、自立を支援する取り組み

この間に積み上げられてきた相談支援実践とは、助言や指導を主とする狭い意味での「相談活動」や「心理的な相談活動」ではなく、養護教諭が対話（相談活動）を中心にかかわりながら子どもの抱える健康、生活、学習、また発達上のつまずきの問題などの解決をめざし、それを通して子どもの成長発達に寄り添い、自立を支援する活動である。その活動を進めるにあたっては保健室・養護教諭を中心にしながら、学校ぐるみ、保護者・地域ぐるみで取り組むことが重要である。中村好子は次のように述べている。

「保健室でのかかわり（相談支援の活動）は、虐待・発達障がいなども含め、さまざまな生きづらさを抱えた子どものつらさやしんどさをしっかりと受け止め、その訴えをていねいに聴きとるところから始まる。その子どもとの対話と応答の関係を通して、本人の思いや生活背景、どう生きていきたいかという願いを知ることができるのである。そういう意味で私たち養護教諭が行う相談活動とは、『その背景までを含めた子どもをまるごと受け止めるところから始まる』のであり、『子どもの人間らしい成長・発達』の土台を支えるものであるといえる。そのうえで子どもの成長に寄り添い、ともに歩んでいく。子どもの成長・発達とともに、養護教諭自身も成長・発達していくといえる。学級の荒れの首謀者とみられていた子どもの相談を通して丁寧にかかわる中でA君の発達課題に気づく。そしてA君のつらさに寄り添い、A君の言葉をていねいに聴き取っていくというかかわりのなかで、その内面にある思いを言語化させ、安心と信頼の関係を作りだして、A君の成長・発達を保障することにつなげていった。」【1-①-81】

中村の実践は、相談支援活動を通して荒れた子どもへ丁寧なかかわりを行うことで、子どもの抱える課題を解き

ほぐし、背景を含めて子どもを丸ごと受け止め、父母・担任と共に取り組んで子どもの人間らしい成長・発達を支えている。

また、一九八〇年代半ば以降、〝保健室登校〟の子どもへの支援に取り組む養護教諭の実践記録も多く公表されてきた。保健室登校の子どもへの支援は、まさにその子どもと対話しながら、成長発達に寄り添って、自立を支援するものであり、継続的かつ長期的なかかわりである。

なぜ養護教諭は、保健室登校の子どもを受け入れるのか。荒井益子は、チャットにのめりこんだことにより昼夜逆転生活になった小学四年生の保健室登校児について次のように述べている。

「子どもの場合、チャット仲間との交流が魅力的なものであれば、さらにそれが癒されるようなものであれば、そこにのめりこんでいくのは必定だ。つい普通の子どもたちと比較して、なぜこられないのか、なぜいい加減な生活態度なのかと思ってしまいがちだが、本人が一番気にして苦しんでいるということを忘れてはいけないと思う。担任や母親（父親）、養護教諭、他の学校職員すべてが、学校という場で子どもの成長を少しサポートしてやる。彼ら自身の足でしっかり歩めるようにである。それは誰であろうと手を結び、共同作業をしていく必要と義務がある。」【1-①-44】

と深い子ども理解を示し、さらに職員の一人として成長のサポートである共同作業をしていくことは必要であり義務であると指摘している。やっとの思いで保健室に登校した子どもは、最低限の決まりと少人数のなか、ゆったりしたペースで過ごすことにより、少しずつ元気を取り戻し、主に養護教諭と対話しながら保健室登校からの巣立ちにむかって、ゆっくりと歩んでいく。保健室登校の子どもへのかかわりは、養護教諭にとって、〝子どもに向き合う〟大事な仕事のひとつである。

2　子ども把握の視点

(1) 子どもを発達の主体ととらえる

子どもをどうとらえるかによって実践の方向性が変化するため、子どもを捉える視点を明確にすることが求められる。

中坊伸子は子どもを発達の主体としてとらえるという教育観、実践感を明確に打ち出している。「子どもの成長・発達する姿を信頼し、発達の主体としての子どもとみるという子ども観、実践観を持つことが重要である。人間としてどのように成長しているかという発達の文脈で受け止めて理解する。大人が決めた学力という単一の評価基準で、優か劣かという評価の眼差しだけで見るのではなく、構造的に把握する」【1-①-54】。さらに、「子どもたちの抱える共通の問題や発達課題を理解する視野を広げ、子どもを成育歴や家庭の状況等から深く発達の視点でとらえる。また、子どもの到達目標は人間として自立する力をつけるという発達の視点で考える」【1-①-27】。

子どもを発達の主体ととらえることで、養護教諭の仕事が大きく進展したといってよい。

(2) 子どもを丸ごととらえる（内面をとらえる、課題をとらえる、子どもの願いを含めてとらえる）

子どもを捉える視点を進化・深化させてきたことの一つは、「子どもを丸ごととらえる」ことである。「丸ごと」という場合、子どものおかれた生活の土台や生活背景、社会背景、成育歴など子どもを取り巻く環境や背景などを含むことはもちろんのこと、子どもの深いしんどさや願いを受け止め、子どもがそう行動せざるを得ない気持ちの背景や、悔しさや不安といった感情も含めて受け止める。それらを通して現在を生き、また成長発達途上である子どもがこれからをどのように生きたいと願うのか、その願いをも含めて把握することが「丸ごと把握」という概念である。そして丸ごととらえるために保健室ではあるがままを受け入れていく。そうした関わりを通して子どもは自分を愛する心や人間への信頼感を得ることができる。さらに養護教諭が、子どもに深く寄り添い、その存在を丸ごと受け入れ支援していけば、子どもは保健室という安心安全な空間のなかで受け止められることで、自己の存在を承認することができる。松村泰子は子どもを丸ごととらえる原点として次のように述べている。

「授業エスケープ、教師の指導無視と挑発、対教師暴力、……など、荒れている中学校で頻発する事件の「処理」に追われる毎日は、教職員に心身の疲労をためこませ、保健室では「からだの不調」を通して来室する生徒たちの声にこめられた『願い』を聞き取る余裕をなくしそうになる毎日となった。それでも、来室してくる生徒には、できるだけ正面から『その訴え』を聞き取ることを大切にしてきた。その子どもを見つめる原点は、…以下の5点におき、子どもが見えなくなりそうな時繰り返しくりかえし見つめなおした。①子どもの現実の姿を真正面から受けとめ、内面にある心の葛藤をつかむ。②子ども自身に、今ある自分と自分をとりまく人間関係をしっかり見つめさせ「こんなふうに生きたい」という要求を自分の言葉で語らせていく。③「君にはこんなふうな生き方をしてほしい」という願いを、子どもに語りつつ、現実をどうしたら変え得るのかということを、子どもとともに探り出す。④心構えのレベルでなく、具体的な行動を通して、今ある自分をのりこえさせる　⑤担任はもちろん、家族、クラスの子ともたちの力を最大限に集めて、その中に子どもを返していくきっかけを作りだす」【1-①-49】

(3) 構造的にとらえる

子どもの実態から問題の原因や背景を考察し、構造的に把握することが求められる。身体症状や言動の背景には、厳しい大人社会の縮図そのものが感じられる。生活の問題、家族関係、心の問題などいろいろなことを背景に、発達の節目とからみあって出ている事柄が多い。今、子どもたちの家庭破壊、健康破壊が、社会的、文化的背景のなかで深刻な問題となってきていて、教育活動そのものに困難を生じさせている状況がある。子どものおかれている背景（社会の問題）を実感としてとらえることが子どもの自立を支える実践へとつながっていく。背景にあるものを社会的、経済的、人間関係的に深くつかむことが重要である。

(4)「心とからだは表裏一体」ととらえる

子どもたちは自分の心の中の不安を言語化できない場合が多く、身体のことに託して表現する。養護教諭は身体の症状を大切にして接しながらも、心の問題としてもつかみつつ、しかもそれを身体の手当を通して対応するのである。子どもが何らかの身体症状を表した時、身体症状に寄り添い手当てをするとともにその症状が何を表しているのかを読み取ることが必要になる。養護教諭だからこそできる重要な視点である。

中野恵は次のように述べている。

「M子は頭痛、吐き気、微熱等、身体症状を伴っていることが多く、……その後も自傷行為、過呼吸症候群、解離症状などを繰り返し、身体症状はM子の心の叫びだとわかった。M子を問題行動だけで判断してみていくのではなく、発達の視点でとらえ、関わっていく必要があると思い、さらに専門機関等とも連携をとっていく必要性を感じはじめていた。保健室ではからだの症状に対して、『しんどいな、つらいな』とそのつらさに共感し、からだに触れ、さすったりマッサージをしたりしながら、ほぐしていくことにも取り組んだ。また、……自己否定感がきつく、自分を責めて追い込んでしんどくなっているM子の姿に『ありのままのM子でいいんだよ』というメッセージをいろいろな形でM子に伝えるとともに、寄り添い対応していった。また、からだに触れることを大事にして関わったことでＭ子も徐々にからだをほぐすことの気持ちよさを感じはじめ、からだの感覚を取り戻してきているように思われた。からだに触れてかかわれる養護教諭の強みだ。……Ｍ子は保健室という守られた場所でからだの感覚を取り戻し、その過程で得た安心感を土台として硬く閉じた心を開きはじめた。それまで行動や症状でしか語る術をもたなかったＭ子が、思春期の課題としての言語化をしはじめた。自分の内面を語るには、語れるほどに自分を見つめる作業が必要だが、それは大変に難しく苦しいことでもある。だからこそ、それをするには安心できる場と、見捨てずに見守ってくれる人がかかせないのだ。」【1-①-40】

症状の軽重や大小を問わず、丁寧にかかわり、症状の背景にあるものを子どもとともに探り出すということが重要である。現象に惑わされず子どもの訴えをつかむ、訴えを受け止める養護教諭のしなやかな心が必要である。多くの実践で、子どもがその症状をだすことによって大人に何をどんな苦しみを訴えようとしているのかを受け止めるしなやかな心、発達のどこにつまずきがあるのか、彼らが自分の力で課題を乗り越えるために、どんな援助が必要なのかを理解できる確かな目と力量が私達教師に求められていることが明らかにされた。身体症状の背景にある内面の葛藤を引き出し、子どもとともに乗り越えていくかかわりをすることが相談支援の取り組みではことさら求められている。同様に気にかかる行動や問題行動はヘルプサインとみてその背景にある願いやヘルプを汲み取るという視点が重要である。

3　働きかけの視点

(1) ケアと教育を一体化して働きかける

養護教諭の実践は「ケアと教育の綯い合わせ」であるといわれる。相談支援の取り組みに当たっては、まずケアの概念を中心に置き、子どもとの安心感や深い信頼感の形成のもと、育てたい子ども像への願いをもちながら、現象に惑わされず子どもの訴えをつかみ、発達の課題を見極めることが重要である。「一人の人格をケアするということは、最も深い意味で、その人が成長すること、自己実現することをたすけること（メイヤロフ）」という視点が求められている。布施谷留美子は次のように述べている。

「養護教諭は保健室において子どもに深く寄り添い、その存在をまるごと受け入れ支援していく。子どもは保健室という安全な空間のなかで受け止められることで、自己の存在を承認することができる。こうした子どもの受容と存在の承認は、養護教諭実践に欠かせないケアそのものである。そして、子どもは受け止められることに留まってはおらず、やがて自己に向き合うようになり、自己の課題に気づいていく。その過程に寄り添い、子ども自身が自己の課題と向き合い、その課題を乗り越えることができるように支援していくかかわりは、子どもの成長発達を支援する教育的なかかわりに他ならない。保健室で子どもをまるごと受け止め（ケア）、その子の課題をつかみ、教職員と共に課題を乗り越えさせる（教育）ことで、その子のみならず、その子を支える家庭やクラスの仲間、かかわる教職員をも育てている。」【1-①-88】

ケアそのものにも教育的な働きが含まれているが、子どもとともに子ども自身の課題をつかみ、課題を乗り越えさせる取り組みは教育の営みそのものである。また、子どもの発達困難の状況から社会的、経済的、人間関係的な視野、視点を見落とさない連携が求められている。

(2) 受容と傾聴・共感・理解の重要性

〈受容する〉

相談支援実践においてかかわりの第一歩は子どもを受容することである。人間関係が疎遠な現在の日本社会では、親子の関係においてさえも関係性が深まらない状況が広がっている。誰からも受け止めてもらえず存在を承認してもらえない子どもや、愛着の形成不全の子どもが多く認められ、そのことが心の発達や人格形成に大きな影響を及ぼしている。そうした子どもたちを養護教諭たちは保健室で「受容する」取り組みを始めた。保健室を子どもにとって安心・安全の場にし、どんな子もありのままに受け入れ、子どもとの信頼関係をつくり、サインを見逃さず、養護教諭の全存在をかけて受容するという実践を作り出してきた。

受容する過程では「傾聴」と「共感」「理解」がキーワードとなる。子どもの語りに深く耳を傾け子どもの抱えている思いに共感しつつ、子どもを丸ごと把握する。その過程で課題解決と成長発達支援のための取り組みの方向性を子どもとともに探り出すという相談支援の方法を作り出してきた。

海口富士江は保健室登校の子どもとのかかわりの中で次のように述べている。

「『Mちゃん、こうなるといいね。これくらいはやれなくちゃ……』と、祖母や母親がM子に話すことには、条件つきのことがよくあった。実際のM子の力から考えるとその目標はかなり高いものであり、M子はいつも背伸びが必要だった。M子が本当に出したい気持ちは、やれない自分、たじろいでしまう未熟な自分であり、期待に答えられない反発の姿として『いやだ!』を連発しているのではないか。祖母も母も、本当のありのままの自分を受け入れてくれる存在ではなかったのではないか。そうとらえ直してみると、M子の『わがまま』や『だだ』に見える行動や言動に振り回されなくなった。M子にとって今、本当に必要なもの、それは等身大の自分が出せるところ。家庭が安心できる基地でなければ、保健室にいる時が安心感を育む時間になればいい。一緒に遊んだり、お絵描きしたりの共同作業を通して、M子が成長していけるプロセスに向き合うことである」【1-①-38】

受容することはけっして〝甘やかし〟ではない。養護教諭は、ありのままの姿を受け入れてもらえる安心感がその子どもの成長へのエネルギーになるという確信を持って向き合っている。

〈傾聴・共感・理解〉

子どもにかかわるときに重要なのは「傾聴」である。「相談支援」実践において「傾聴」は重要なキーワードとなった。保健室で子どもとかかわるときの養護教諭の基本的な姿勢が子どもの話に耳を傾けよく聞くことである。話をよく聞き、子どもの抱える発達上の困難や苦しみ・喜びなどに共感しつつ、ともに解決の道を探っていくという実践の道筋が作られてきた。「傾聴」によって養護教諭は子どもの抱える問題の背景や実態、深い人間的な願いをつかむことが可能となり、他方子どもは語ることを通していやおうなしに自分の内面と対面して自分の課題を意識していく。さらに傾聴の過程で子どもの抱えるつらさに共感し、理解をするという取り組みのもとで子どもが心を開き、課題を乗り越え自立に向かっていく。澤地妙は次のような実践を報告している。教師による暴行や強制わいせつによるＰＴＳＤに苦しむ子どもに対面する中で「傾聴」が事実の吐露につながり、自立へと向かった実践である。

「体調不良を訴えてきたゆきに『どうした？　何かあったの』と問いかけたところ、しばらく黙っていたゆきが涙を流しながらゆっくりと小学校時代に担任から受けた暴力や性的被害などを話し出した。クラスのほとんどの子が何らかの理由で殴られたこと、ゆきも殴られたこと、膝の上に座らされて体を触られたことなどが、町で偶然見かけた元担任の姿にフラッシュバックがおき、体調不良が続いていたのだ。養護教諭として衝撃を感じつつ、ゆきの話にしっかりと耳を傾け、『よく話してくれたね。あなたが悪いのではないよ。小学生の子が大人にかなうはずがないもの。自分のことを責めないで。』と声をかけ続け、今の気持ちを吐き出しながら、自分の考えを整理させる対話をした。受けた体罰やわいせつな行為を吐き出すように語ることで少しずつ落ち着き、その後母親にもすべてを打ち明けられたという。保健室で過ごすうち、担任や先輩にも話を聞いてもらうことで、つらさに共感と理解をしてもらって、受け止められる体験を通して次第に自分を取り戻し、自らの力でクラス集団の中に戻っていった。」【1-①-53】

澤地はあまりの出来事に体が震えるような思いをしながら、担任、管理職、生徒指導担当などとの連携の中で子どもを支えたというが、何よりもゆきの語りに耳を傾け、そのつらさに共感しゆきへの理解を深める中でゆきが心を開き、本音を吐露することができたことが課題の解決の糸口につながっていったのである。共感し理解を深めることで自立の道が開かれていく。傾聴・共感・理解が重要な役割を果たすことが分かる。

(3) 課題を子どもと共有して取り組む

相談支援を通して子どもが成長・発達・自立していくためには、子ども自身が自分の課題と向き合うことができるかかわり方が求められる。子どもが自分の思いを整理し、考えを深めることができる対話を繰り返すことで子ども自身に自分の課題を自覚させることができる。本音を吐くことができることが課題に向きあわせる重要な一歩である。濱田純子は次のような実践を記録している。

「震災で母親を亡くしたY子は、一年生の鎮魂の日の前日、今にも涙がこぼれそうな表情で来室するとベッドで声を上げて泣き出した。背中をさすりながら泣きたいだけ泣いたらいいと促した。そんな彼女が三年生になると、少年の主張の学校代表として母親のことを書きたいと手を挙げた。数日かけて作文を完成させる中で彼女自身が気づいたことは、自分の抱える辛さは母親不在による物理的な不便さではなく母親の優しいまなざしと暖かな手のひらから伝わる安心感の喪失だった。生前、母親はありのままの自分を受け止めてくれていたという気づきと、父親の全力のサポートを理解していることで、学校でも持てる力を発揮できている」【1-①-85】

「泣きたいだけ泣いたらいい」と養護教諭に寄り添ってもらい心を癒されたことで子どもは抱えていた悲しみを、心の内側にある本音を吐くことができた。そして、抱えていた悲しみと苦しみのおおもとにあった亡き母親への思いを少年の主張という公の場で披露する作文へと昇華させていく中で生きる力を取り戻すという成長を遂げている。子どもが本音を吐くことができて自分の内面を見つめ課題に気づき、養護教諭と共有するなかで課題を乗り越える行動を起こし、成長していったことが分かる。

(4) 子ども同士のつなぎと、育ちあいを支援する

相談活動は子どもと養護教諭の個別の関係だけでなく、子どもたち同士を結びあわせる活動へも広げられている。保健室という場で養護教諭の相談支援を受けながら、同時に保健室に来室するほかの子どもとのかかわりを通して人間関係を結びつつ自立へと向かう実践や、養護教諭が同じ課題を抱えている子ども同士を意図的に結び合わせることで、子どもに内在している能力を引き出すという実践がなされてきている。友人関係の構築がしやすいような小グループ内でのかかわりの場面を設定することなど意図的に子どもを育む体制やきっかけを創出する取り組みが実践されてきた。子ども同士の関わりをうまく利用して子どもを育てることができる。児玉君江は次のように述べている。

「T子は受験の焦燥感から〝学業の芳しからざるもの食うべからず〟という自分の掟を作って痩せ始め、それを発見した養護教諭によって計画的な指導が始められた。養護教諭がなぜ拒食になったのか聞いたところ『言葉ではうまく説明できません。拒食を経験しない人には到底理解してもらえないと思います。』との言葉が返ってきて、経験者同士なら共感しあえるという視点をT子から示された。そこで定期健康診断時に発見された痩せ症の生徒とグループで話し合わせることにした。……グループメンバーは次第に打ち解け、お互いに自分のやせ方や症状、達成感やその喜びについて話し、食べて体重を増やす必要があること、自力で月経がはじまるまでは頑張ろうということを確認しあった。その中でT子は『集まりに出席するようになれば、お互いが自分の痩せ症を語るようになる。そこには自分の苦しみをわかってもらえるというより、そのことを体で感じた者への尊敬にも似たある種の人格への帰属感がある。経験者と一体感を味わうことによって自ら作った自虐的な戒律から解放される。……共感しあえるものの発見が治療の方向に作用する』と語った。このグループでの取り組みは共感の場としての効果を上げ、

生徒たちに内在している様々な能力を引き出す作用を果たした。それによって生徒たちは次つぎに自力で恢復していった。」【1-①-11】

保健室では意図的に、集団との関わり、友人との関わりをつくり、さらには同じ課題を持った子ども同士をつなぎ合わせて、育ちあいを支援している。これらの取り組みは保健室だからこそ、養護教諭の相談支援実践だからこそ実現できるものである。

4　相談支援実践を通して育む力

相談支援実践は子どもを育てる教育の活動であることを自覚しながら実践が進められてきている。相談支援を通して子どもに育む力は何かが意図的に追求されてきた。

(1) 愛着・自己肯定感・自立の力

相談支援の実践を通して子どもに育てるものは、一つは愛着形成であり、それを通して自己肯定感と自信を育み自立へ向けての力をつけることである。養護教諭との関わりの中で愛着形成の育ち直しをする。受容し寄り添い、存在の承認と愛着形成をするだけで回復していくという実践事例も多い。佐々木彩華は「**養護教諭が根気よく関わり、幼少期の愛着形成の育ち直しのような関係性を作りながら、子どもの成長を支えた**」【1-①-65】とのべ、林まり子は「**十分甘えた上で、大人から離れて自立し、自分自身が大人になっていく。だから遠慮せずに思いっきり甘えて下さい**」【1-①-17】と子どもに呼びかけている。養護教諭とのかかわりの中で愛着形成が進み自立へ向けての力が蓄えられていく。子どもを承認し、褒め、成功体験を積み重ねていく中で自己肯定感を育むことができる。

保健室登校の事例で考えてみると、かかえている発達課題のつまずきがクリアされなければ教室復帰は難しい。管理職や学級担任は、保健室登校を緊急避難的なものと考える傾向がある。「保健室に来られるようになったから、次は教室に来てみないか」と性急に教室復帰させようとすることが多い。しかし、養護教諭はそうではない。教室復帰を目先の目標とせず、「自立」という課題に向けて、長期的に支援しようとするところに特徴がある。後藤奈穂美は次のように述べている。

「私の思いを職員会議で全職員の前で話をした。『保健室登校の子らを教室に戻したい気持ちはあります。でも、私の気持ちより保健室登校の生徒らの気持ちがまず大切だと思うのです。気持ちが不安定な子らです。卒業までに教室復帰を目標にさせたら、返ってまた不安定になってしまうかもしれません。私の願いは保健室登校の子らが「自立」することです――』反論する教師はいなかった。またA男やB男の担任は私の思いを理解してくださった。全職員を前に思いを話してから、私自身も焦りが少なくなった。教室復帰より、卒業までに保健室でできることは『安心感』を与え、彼らはいつか『自立』することを信じてあげたいと感じたのである。」【1-①-47】

このように、子ども自身が課題を自覚し、自分で乗り越えられるように、決して焦らず、子どものペースを守って自立を促し、自立することで保健室を巣立つことができるよう、かかわりを続けるのである。

(2) 「関係性をつくる」力

相談活動の中で、養護教諭との関係を通して人間関係づくりを学び直し、コミュニケーション能力を育てることが重要である。佐々木彩華は**「養護教諭との関係の中で、安心してありのままの自分を表出しながら、母親から学べなかった人との関係づくりを学び直している」【1-①-65】**と述べている。養護教諭とのかかわりを通して、安心感の中で人間関係の作り方が学び取られていく。

(3) 意思決定できる力

問題の解決の過程において子どもに考えさせて意思決定できる力を育てることが必要である。富山芙美子は『妊娠』という危機的な状況の中でも本人の思い、考え、行動を尊重し優先させた」【1-①-39】として最終的には本人や家族との話し合い、合意、本人の決意を尊重することを通して課題を解決したという。本人が意思決定できるということが自立への重要な力になる。自己決定を支えることで自立を支援するということである。課題の大小や軽重を問わず、本人に考えさせることや意志決定できるようにすることが相談支援の中で育てる力の一つである。

(4)「仲間とともに、仲間の中で、社会で生きていく力」

保健室を訪れる子どもは他者に向かってヘルプサインを出せないことが多い。人は支えあって生きていること、必要な時にはヘルプサインを出していいことを教え、その力を育むことが重要である。富山は「大人にヘルプサインを出すこと、出していいことを教える（大人への信頼、人は支え合って生きている）」「主体的に生きていく自立への個別支援として、子どもたちのヘルプを求める権利を保障していくこと、人間関係のあり方、命の大切さについてより深く学ばせる必要がある。保健室でより深く子どもをうけとめ、子どもたちのヘルプを求める権利を保障していくことが大切である」【1-①-39】と述べている。

(5) からだや生活、病気についての認識を持って、自分で健康管理ができる力

相談支援の活動の中で子どもが自分自身の健康管理ができる力をつけていくことは大きな課題である。意図的、意識的に自分のからだを見つめさせ、どのような取り組みをしたらよいのかを考えさせ自らの力で課題を乗り越え

させていく力を育むことである。坪田恭子は「**疾病を持っている子どもに単に症状緩和だけを目的にかかわるのではなく、子どもに生活を振り返るような個別の保健指導に発展させた対応を行った**」【1-①-7】として、単に医療的な側面からの相談支援だけではなく健康認識を育み、生活全体にかかわって健康を取り戻していく働きかけを行っている。養護教諭ならではの取り組みとして重要である。

(6) 健康の問題をみんなの課題として考えられる力

子どもたちが「みんなでみんなの健康管理ができるように」という力を育む指導が実践されてきた。新谷一枝は心疾患を持つ子どもとのかかわりの中で次のような実践を展開した。

「**心疾患を持った子どもYを友人たちの支えで駅伝大会に参加させた取り組みの中で、『練習中にYに少しでも苦しい様子が見えたらすぐやめさせる。みんなでみんなの健康管理ができるように』と話し合う。『Y君には自分のペースで走ることを指導』し、結果として見事に完走した**」【1-①-8】

子どもたちが仲間の健康を守りあうという力をつけることを意図的に仕組んでいる。相談活動の中で育む健康認識は単に科学的な知識・認識にとどまらない。生き方や人間関係のあり方などとかかわって知識・認識が学び取られていくことが重要である。

5　子どもの発達保障と自立を進める「道筋」と「手法」の進化・発展

(1) 養護教諭自身が実践的に創り出した「健康相談」の理論的な解明

「健康相談」の取り組みについて、初めて理論的な提起が行われたのは、一九七〇年発行養護教諭サークル「東京芽の会」の『私たちの養護教諭論』：各論「健康相談」であり、現在の「相談支援実践」につながる基礎的な考え方が次のように提起された。

a．子どもの健康、生活についてできるだけ詳しく状況を知ること
b．きっかけを見逃さず、経過を大切にすること
c．問題解決のために何が役立つのか、見きわめること
d．仕事を進めるうえでの必要な技術・条件を充実し創造的に取り組める力量を高めること
e．失敗も成功も含めて、実践を第一に大切にしてゆくこと

(2)「健康相談」から「相談支援実践」へ

右記で述べられている事柄を手掛かりにこの四〇～五〇年の実践が取り組まれてきたといえるが、実践を積み重ねる中で狭い意味での「健康相談」の活動から「対話（相談活動）を中心にかかわりながら子どもの抱える健康、生活、学習、また発達上のつまずきの問題などの解決をめざし、それを通して子どもの成長発達に寄り添い、自立を支援する活動＝「相談支援実践」へと発展させてきた。その道筋と手法について、多くの実践を基に次のようにまとめることができる。

①子どもの成長発達に寄り添い自立を支援する道筋

自立を支援する道筋としては、次のようにまとめられる。

a. 実態から出発する（問題の背景を構造的にとらえる、子どもを丸ごととらえるなど）

b. 健康課題・発達課題を子どもとともに把握する

c. 子どもに働きかける（ケアと教育の統合、科学的な心とからだの学び、子どもの集団的な力を組織する）

d. 教職員や父母・地域の力を組織する

e. 行政等への働きかけ

以上のa～eを総合的に行うことである。

片山好子は「道筋」が見える実践を次のように展開している。

「糖尿病を抱えて不適応状況を起こしているOさんに対して病気への思いや家族の問題などをていねいに聴きとるなかで、Oさん自身が病気を受け入れられていないことが課題であると考え、さらに訴えの裏にある『本当はみんなと仲良くしたい』『もっと大切にされたい』という願いに気づいていく。背景にあるものを丁寧に探って把握し、問題解決に向けて本人が病気を正しく理解して受容できるよう支援し、あわせてクラスの子ども全員にも病気への理解を深めるための授業実践も行いながら支援することで自立を支えていった。Oさんにていねいにかかわり、病気を抱えるOさんのつらさにしっかりと耳を傾けたことで、Oさんはすべてを病気のせいにして逃げている自分に気づき、病気を受け入れ、血糖値をコントロールしてみんなと一緒にがんばっていこうと動き始めることができたのだと思う」【1-①-87】

この実践では子どもの事実と実態から出発し、問題の背景を構造的にとらえ、子どもの課題と子どもの願いをつかむところまでを含めた子どもを丸ごととらえるという視点が貫かれている。さらに子ども自身が自分の課題を自覚して向き合うようになり（健康課題・発達課題を子どもとともに把握する）、本人もクラスの仲間もともに病気について学びあうことを通して（子どもに働きかける→ケアと教育の統合、科学的な心とからだの学び、子どもの集団的な力を組織する）、また担任との協働により授業が実施される（教職員や父母・地域の力を組織する）という過程を経て子どもの自立を支える実践となったことが読み取れる。相談支援実践において子どもの成長・発達・自立を進める道筋が明らかにされ、こうした教訓が共有されて実践が広がり、相談支援実践をより深め教育としての内実を創り出している。

②子どもの成長発達に寄り添い自立を支援する手法

自立を支援する手法としては、次のようにまとめられる。

a. 子どもを主体にして
b. 子どもの中に発達課題を見つけ
c. 子どもの「健康に生きたい」という欲求を引き出し
d. 子ども自身と子ども集団の力を組織していきながら
e. 子どもを取り巻く大人の力を組織し
f. 子どもの中に健康に生きる力を育てる

松村泰子は保健室登校の子どもとのかかわりの中でその「手法」を次のように展開している。

『複雑な生い立ちを背負って荒れ、保健室登校となったT子に保健室でしかやれないことに挑戦させてみよう。それを通してT子が持っているすばらしさを本人に実感させ自分を愛する心を呼び戻し、人間への信頼を実感してほしい』と考え、『過去にT子が書き溜めてきた詩や文（シナリオ）**を文集にまとめ上げることを提案。自我の育ちが弱いT子を励ましつつ寄り添いついに文集を二巻仕上げ、親しい教師に配って読んでもらう中で、次第に落ち着**

き遅刻もなくなっていった。また、T子の書いたミュージカルのシナリオをもとに音楽教師が作曲してクラスの子どもたち全員と聞きあい、感動を分け合った。この取り組みを通して、何かを仕上げたという実感をT子は初めて持った。『T子のしんどさは、〝私も楽しく、自信をもってしっかり生きたい〟という願いだったのではないか』。『この取り組みの過程では、専門家や担任との連携で子どもの内面の把握と発達課題を把握し、子どもを深く受け止めることを大事にしながら、長い目で見て成長を見守ろうと職員全体でかかわってきた。そして子どもの願いを実現させるための取り組みを子どもに提案して、一つ一つをやり遂げさせる中で、自分への自信と人間への信頼を深めさせて、成長を支援してきた。』【1－①－36】

子どもが自分の力で育っていくことに信頼を寄せ、人間への信頼感を取り戻させていくために、子どもと正面から向き合い、T子を主体にして、T子の中に課題を見つけ、T子の「健康に生きたい」「人間らしく生きたい」という欲求を引き出し、T子自身に課題を乗り越える力を育みながら、クラスの子ども集団の力を組織しつつ、T子を取り巻く大人の力を組織し、T子の中に健康に生きる力を育てるというみごとな働きかけの手法を読み取ることができる。

二　相談支援実践の方法と工夫

この半世紀の実践記録を読み解く中で、相談支援の方法についても、実践上の工夫や方法を引き出すことができ、実践の役に立つ、優れた内容を読み取ることができた。

1　子どもの実態を把握する

相談支援に取り組むうえで重要なことは子ども把握である。子ども把握の視点である「丸ごととらえる」「『心とからだは表裏一体』ととらえる」を念頭において対話における次のような方法で子ども把握をしている。

(1) 観察する、傾聴する、身体症状に着目する

保健室では観察する、傾聴する、身体症状に着目することによって子ども把握をすることが肝要である。

藤田照子は次のように述べている。

「注意深く本人の様子を見、話しを聴き、身体症状に応じた対応をする。また、コミュニケーション能力が育っていない、友だちとの十分な信頼関係ができていないなど子どもの具体的な姿をつかむ、子どもの様子をよく観察しその現象をよく考える。目に見えた表面的な現象に振り回されない。教育活動における観察から多面的に児童の実態把握をする。」【1－①－75】

また、相談支援においては子どもの表す言動の意味を的確に把握することが求められる。問題行動はヘルプのサインと受け止めることで、新たな気づきがある。実践者の雪は、次のように述べて、言動の意味を考えることでそうせざるを得なかったMへの理解を深めている。

「リストカットを繰り返す行為は、私の苦しみに気づいてほしいというMの表現だったと思う。しかしこの時の私は、『自分のからだを大切にしてほしい』と言ってリストカットをやめさせることばかり考えていた。今思えば、リストカットをやめさせることは、保健室で自分の気持ちの表現をやめさせるのと同じだったのではないかと感じ

る。切る、切らないにこだわるのではなく、Mがどんなメッセージを発しているのか読み取ることが大切だった」【1－①－67】

(2) 子どもの声をからだで受けとめる、からだで感じ取る

養護教諭の実践の特徴は何といっても子どものからだに触れることができるということである。藤田照子は次のように述べている。

「聴き取り、問いかけ、語りかけに加えてからだを通しての対話が大事だ。からだを通しての対話とは、子どもの声をからだで受けとめる、からだで感じ取ることである。子どもは見極めをしている。『生きた人間として向き合ってくれるか』『私の身になって聞いてくれるか』と。耳を澄まし、子どもの声を受け止められるからだでありたい。」【1－①－51】

(3) 保護者へ働きかける

保護者へ働きかけることで細やかな実態把握を行い、的確な配慮と内面への働きかけに活かす取り組みが行われてきた。保護者懇談会の日程を利用して父母との面談でも子ども把握をしている内村紀子は、次のように述べている。

「保護者との面談で、長期間にわたる闘病生活の中で過保護や妥協、あきらめなど子どもの自立を妨げる依存的な親子関係があること、子どもの疾病に対する認識が希薄なことなどをつかみ、日常の教育活動でのこまかい配慮や内面的な働きかけがやりやすくなった。」【1－①－5】

2　自立を支援する

(1) 子どもを受容する　信頼関係を築く

どんな子もありのままを受け止め安心感を伝えることが重要である。子どものつらさによりそい、ありのままの姿を肯定するという取り組みが求められる。そのためには養護教諭が何でも話せる相手になることが必要である。子どもは聞いてもらえることでありのままの自分をさらけ出すことができ、安心感を得るとともに自分の課題に気づいていくことができるからである。

佐々木彩華は次のように述べている。

「保健室での対応は子どもをしっかりと受け止めるところから始める。甘やかすことではない。悪いことをしたら真剣に叱るが、存在を否定することは決してしない。ここにいてもいいんだよという安心感を大切にし、今ならどこまで頑張れるか、本人と向き合って一緒に考えていく。」【1－①－65】

子どもを受容し肯定することで子どもに安心感を与え、一緒に考えることで信頼関係を築こうとしている。

熊沢富美江は養護教諭の全存在をかけて受容するという姿勢を示している。

「中学生たちは自分の心の中の不安を言語化できないが、体のことに託して表現する。子どもの話を、全存在をかけて聞こうと思っている。心を虚心にして、子どもの言葉の一言ひとことを吸い取り紙がインクを吸い取るように受けとめたい。」【1－①－31】

(2) 子どもの内面を把握し、課題を明確にする

内面をつかむには、本音と素直な気持ちを引き出すことが必要である。話をよく聞くことで本音が吐露される。

聞き手の養護教諭が子どもの心の機微を捉え、タイミングをのがさず、子どもの心に一歩踏み込んで声をかけてみる働きかけも求められる。富山芙美子は、次のように述べている。

「顔色が悪く、強い腹痛を訴え、極端にイライラしている様子に『何かあったんじゃないの。どうしたの』ときりこんでみたところ、彼にフラれたと思った日からヤケッパチになって、周囲の男子と次々にセックスしたことがわかった。A子は妊娠への不安な思いを重く抱えていたのだ。しかも、性と愛やからだにかかわる基本的なことについてほとんど知らないというA子の姿が浮かび上がってきた。」【1-①-39】

対話の中で機を逃さず鋭く切り込むことで、子どもに本音を語らせ、事実をつかみ、課題を明確にしている。

さらに布施谷留美子は課題意識を持ってかかわることでより鮮明に課題把握につながると述べている。

「課題は何なのかをつかんでいないと、その先の支援の方向が見えてこないことから、その子が問題行動や症状として表す現象の裏で、本当は何を願っているのかをつかむ必要がある。そのためには、その子との信頼関係を築き、その子の存在をまるごと受け止める深いケアとともに、課題を意識しながらかかわり見極めていくことが必要である。」【1-①-88】

(3) 子ども自身に課題と向き合わせ自分の課題として認識させる

子どもが自分自身を見つめ、振り返ることができる問いかけと寄り添いが求められる。高山みつるは、対話や子どもとの交換日記で次のように働きかけている。

「付き合っているB男の名前を腕に彫ったA子に、『B男はこのいれずみをみて、喜んだの?』『優しさって何だろう……A子はどう思う?』『「女は黙っていろ」って言われて何か言った?』と問いかけていった。A子とB男の関係の不平等さに気づかせ、『自分の意見をちゃんと言い合える関係でなければならない』という男女のあり方も考えさせた。さらに、将来のこと、自分の性格のこと、人生のことを語り合い、ふたりで本を読んで話し合ったりする中で、A子はしっかり自分と向き合うようになって、B男に自分の言いたいことを言って、別れた。」【1-①-4】

子どもは問いかけられることで、その時の場面や相手と自分の言動、自分の思いを振り返ることになり、ついには自分の本音に行き着き、自分の課題に気づいていく。内面を言語化・対象化できるよう支援することで子どもに多くの発達的な変容が起きている。

(4) 子どもの成長・発達の力を引き出す働きかけ

①養護教諭としての願いを持ち子どもとともに課題に向き合う

相談支援実践において子どもの成長・発達に寄り添い自立を支援するためには、養護教諭としての願いを持ち子どもとともに課題に向き合う取り組みが必要である。布施谷は次のように述べている。

「保健室で受け止められ、気持ちを聞きとってもらうことで、子どもは自分自身を見つめられるようになり、自分の押し込めていた感情『本当は自分はどうありたいのか』(=発達欲求)に気づき、自分自身の問題に向き合っていく」。「子ども自身が自分の発達要求に気付くこと、養護教諭が子どもへの願い(こう育ってほしいという願い)を持つこと、子どもとともに課題に向き合う姿勢を示すことが子どもの発達的な行動を引き出す」「養護教諭の願いがしっかりもてていると、課題に対してこう働きかけていきたいといった、将来を見越した支援の方向が見えてくる。」【1-①-88】

②継続的、安定的に関わる

発達途上にある子どもへの相談支援活動は、単発の取り組みで終わることは少ない。時間をかけて子どもが育っていく過程でこそ変容を作り出すことができる。そのためには、継続的、安定的にじっくり関わり続けることが求められる。我那覇美智子は場面緘黙の子どもとのかかわりの中で

「しゃべらないし給食を一口も食べないKさんと、保健室で給食を食べることになったが、給食は食べられずボロボロと涙を落とす日が続いた。気持ちがつかめない、どうしたらいいのだろうと悩み、手紙と交換日記を書くことを提案したものの、『教室へ行ってみんなと食べられるといいね。友達できないよ』と書くと、またKちゃんの目から涙が落ちた。『焦ってはだめなんだ。時間をかけてかかわっていこう』と長期戦を覚悟した。Kさんのペースを守りながら手紙での交流を続けると心の内を少しずつ吐き出し「死にたい」と書いてきた。体育が苦手で逃げていると感じた時は、一緒になって坂上がりの練習をし、できた時には大声でふたりで泣いた。」【1－①－21】

と述べている。子どもの状況を見極めて継続的、安定的に、またスモールステップを踏むことが必要である。

③子どもの意思を支え、発達課題を乗り越えさせる働きかけをする

学校生活の中で子どもの意思が尊重される機会は少ないといってよい。そのことが子どもを無意識のうちに抑え込みその成長を妨げることにつながることも多い。相談支援で重要なのは子どものかすかな意思表示を拾い上げ、本人の意思決定を尊重する関わりである。そのような関わりのなかで、子どもが心を開き、発達的な変容を遂げていく。

皐月は、急激に痩せてきて摂食障害が疑われるMへの働きかけで、次のように述べている。

「養護教諭の私にできることは、Mが休みたいといえば休ませてあげ、帰りたいと言えば帰らせてあげることだった。自分で決めやっと言えた『帰りたい』『自転車では帰りたくない（お母さんに迎えにきてほしい）』という言葉をいつも受け止めてあげようと思った。その中で『食べられるじゃないのと、おかあさんに思われそうで怖いから食べない』と本心が吐露された」【1－①－84】

本音を吐くことができてその後の回復につながっていった。

④子どもの特徴に合った方法でのコミュニケーションを多様な方法で準備する

子どもとの関わりを深めていくためにはその子どもに合った方法でのコミュニケーションが求められる。

鳥谷幸代はその子に最適なツールを探すことが重要であると述べている。

「A男の興味のあるものは地図。さっそく地図パズルを購入し、友達も含めてやらせてみる。県名の漢字が読めることに友人たちが驚き、A男を認めるようになった。その子どもの様子を観察し、関わりの契機やその子の興味を探ることが重要」【1-①-48】

片山好子は学校の枠組みに当てはめるのではなく、その子どもにあった取り組みが必要であるという。

「Dさんの内面（母親との愛着形成が十分ではない）**を理解し、ぬいぐるみを持参しての登校を許した。結果、解決が進むにつれてぬいぐるみが小さくなり、Dさんの心のバロメータとなった」【1-①-69】**

「ぬいぐるみを持ち込む」というような現状の学校生活の規則では普通には認められない事柄を教職員間で合意するには、その子どもの成長発達にとって必要な事柄が何であるのかについての深い共通理解を創り出すことが求められる。あわせて保健室でかかわっている子どもについて養護教諭が日常的に子どもの現状や、子どもが乗り超える課題について情報を共有する取り組みが欠かせない。現状の学校の「枠組み」が子どもの成長発達を支えるものになっているか、の検討も求められる。

⑤困っている子どもへの親身な対応と支援を行う

真矢めぐみはネグレクト傾向にある子どもに向き合った時の取り組みを次のように述べている。

「Aが『おなかが空いてしんどい』と訴えたので補食した。身長や体重の推移グラフを作成し、発育モニタリングも続けた。髪や体の汚れがひどくて臭う程になると保健室では、髪や体の洗い方を教えながら洗い、洋服を洗濯した。放課後学校で『自立活動』と称した清潔指導の時間を持つことにした」【1-①-71】

実践の中で困っている子どもへの親身な対応や、ネグレクト傾向の子どもに親身な関わりを行い、日常生活の仕方を教え、子どもの自立を促す援助と必要な生活の指導や教育を行っている。こうした指導援助を通して子どもが大人への信頼を深め、生活の仕方を身に着け、自立へと向かっている。

3　からだの事実から取り組み、自立を支える

(1) からだのことを入り口にアプローチする

子どもは様々な訴えをからだの症状に託して保健室に持ち込んでくる。したがってまずはからだの状態を把握することが優先される。宮城県小学校養護教諭は、次のような実践を報告している。

「アトピー性皮膚炎がひどくて体育時に保健室待機となったAに、この時間を利用して汗を洗ったり爪をきったりしようと働きかけると、身を硬くして、自分のからだに触れられることを警戒していることや、おしゃべりのなかの継母と生母の話から辛い生い立ちや家庭崩壊がうかがい知れたが、まずは、アトピー性皮膚炎の手当てが早く行えるよう、父親に根気強く働きかけた」【1-①-41】

背景に実父による暴力やネグレクトなどを抱えていたが、優先したのはからだの観察と受診に向けての働きかけだった。校長、養護教諭、担任が一丸となって受診につなげている。からだの事実から子どもとの関わりを深め、からだをいたわる声掛けで関係を築いていく。からだから子どもをみていくことが、私たちの仕事の原点だといえ

る。

(2) 丁寧なからだへのケアと指導を行う

梅木智恵は特に心身症などへの対応で「来室してきた時は、良く聞くこと、からだの症状で、気になる時には「病気の記録」を書かせる。……心身症の指導では体への働きかけを大事にする」【1-①-35】と述べている。自分のからだを大切にするための支援の重要性が分かる。

あわせて、子どもが抱えているからだの課題への保健指導・学習などを行い、自分をゆっくり見つめなおさせることが重要である。大由里玲子は妊娠の可能性のある子どもに対して「愛と性について学習させ、見つめさせ、考えさせる。愛し合うとはどういうことか、避妊を言い出しあえる人間関係づくりとは」【1-①-29】を指導した。からだの事実から取り組み、抱えている内面の事実をも把握し、自立へ向けての保健指導・からだの学習へとつなげるという取り組みの道筋が重要である。

(3) 身体的な触れ合いをともなうコミュニケーションづくりをする

身体的な触れ合いをともなうコミュニケーションづくりをすることよって、子どもは安心感を得て、心を開くようになる。中野恵は、次のように述べている。

「気持が悪いといえば背中をさすり、イライラしている時は手のツボをマッサージしたりしながら、訴えている身体症状にからだにふれることを大事にして関わってきた。気が付けばM子は自分から『肩もんで』『腰、マッサージして』と求めるようになり、徐々にからだをほぐすことの気持ちよさを感じ始め、からだの感覚を取り戻してきているように思われた。保健室という守られた場所でからだの感覚を取り戻し、その過程で得た安心感を土台として硬く閉じた心を開き始めた。それまで行動や症状でしか語る術をもたなかったM子が、思春期の課題としての言語化をし始めた」【1-①-40】

人が人を育てる場である学校は、人の心と人肌のぬくもりが伝わるところでありたい。

4 家族・保護者を支援する

相談支援活動では保護者との連携と支援が欠かせない。保護者との連携がかなえば、多様な支援が可能になる。

(1) 保護者と連携し、支援するための基本的な進め方

①保護者を支援することは子どもを支援すること

中坊伸子は保護者への支援と子どもの関係について次のように指摘している。

「苦しんでいる保護者を支える、保護者の心の安定を図ることは、子どもの負担を軽くすることに繋がる。今までの子育てのありようを責めない。そして子どもの現実を保護者と共有しないと援助方法が限定される」【1-①-54】

②保護者とのかかわりを深め、安心感で子育てへの自信と意欲を高める

保護者支援においても安心感の形成をベースに置くことが重要である。梅木智恵は心身症・いじめ・不登校傾向の子どもの支援を通して、次のように述べている。

「保護者とのかかわりを深めていく（安心感・子育てへの自信と意欲）。担任と一緒に家庭訪問にいく、電話で情報交換するなどいろんなかかわりができる。『家庭教育学級』で、他のお母さん方と『からだと心の健康』を学習す

る中で、客観的に子どもを見られるようになり、母も子も安定していった。」【1-①-35】

保護者との関りにおいても、安心感と子育てへの自信と意欲を高める支援をすることの重要性と、母親と連携することで母子ともに安心感を持つことができることを指摘している。

③家庭と学校でめざす子ども像や課題を共有する

家庭・保護者・母親との連携において重要なのは目指す子ども像や課題を共有することである。保護者の子育てには様々な考え方があることは自明のことであるが、どのような子どもに育てたいか、何が課題なのかをともに探ることが必要である。菊池美奈子は母親の拠り所になりながら、課題の共有をめざした。

「母親との話し合いの中でTの姿が見えてきた。Tが動き回る、気性が激しくすぐキレる、その背景には両親の離婚と再婚があり、義父は真っ当に育つように脅して育てるやり方で、Tはいつも殴られていた。母親自身、拠り所を求めていたようで、話し合いをきっかけに何かと保健室を訪れるようになった。母親との親子関係の修復を図り、問題を共有し合う話し合いの場を作ることを当面の課題においた。」【1-①-42】

また、保護者と課題を共有することで課題の解決に向かうことができる。林まり子は思春期の揺れを理解できず、適切なかかわりを持てない保護者に対して**「思春期とはどんな時期かを知ってほしい、親の子どもへの愛情表現の大切さを知ってほしい、今、親がR子を支えてやらないと心身ともに落ち込んでしまう」【1-①-17】**と保護者に働きかけ続けたという。

④家族関係を見極め、家族関係の修復をめざす

家族関係を見極め、その修復を働きかけることで子どもの問題解決に迫ることができる。このことは学校（養護教諭）が家族の問題に全面的に介入することではない。あくまでも対象の子どもの問題解決と自立をめざして家族の問題を一緒に考え解決しようとすることである。中島勝代は、次の実践を報告している。

「家族関係と生い立ち、友達関係から、家庭内での心の交流が永年できていないこと、幼いころからの養育方針が他者とのトラブルを避けることが最優先で、対人関係のトレーニングができていないこと、家事を全くさせない等、生活者としての自立ができていないことをつかんだ。そこで母親にT子とのかかわり方を、『テレビを消して話をしてほしい。スキンシップをしてほしい。家事をやらせてほしい』と具体的に頼んだところ、担任から『今回のことがきっかけになって親と子の対話が増え、親が子の内面的なことに関心を持つようになってきた。子の親に対する視線が柔らかくなったように思う』と知らされた」【1-①-3】

家庭内や母親だけの力では解決の道をつかみにくい。養護教諭や担任がかかわることで解決の道が開かれていく。

⑤同じ課題を抱える家族をつなぐ

片山好子は「不登校の子の親から、『よその家ではどうしているのか……』という声があったことから『不登校の親の会』を始めた。子育てに自信を無くしている者同士が語り合い、孤独になることを防ぐ」【1-①-69】という取り組みの中で家族同士をつなぎ、その支えあいを支援している。

(2) 母親の苦悩を理解し、母親が子育ての主体者になれるよう支援する

母親が子育ての多くを背負っている現状から、母親との連携の在り方は特に重要である。母親の苦悩を理解すること、家庭の様子を理解し具体的な対応の提案により母子関係の育みを支援する、母親が子育ての主体者になれるよう支援するなど、母親への支援・連携で母親の変容を作り出すことが重要である。

母親と子どもとの問題が疑われるとき、学校で静観していては解決につながらない。積極的にアプローチすることが必要である。真矢めぐみは、次のように働きかけている。

「ネグレクトの傾向がある母親とのケース会では、『一緒に力を合わせて子育てをするチームメンバーであること』を確認し、学校でのAさんの様子を話し合うだけでなく、母が困っていることについても話し合いたいと伝えると、母はとても嬉しそうで学校関係者と話をすることについても気が楽になったようだった。その後も子育ての様子や困っていることを聞く機会をつくり新たなニーズを把握して、ヘルパーを利用して家庭内の環境改善へとつなげた。」【1−①−71】

子どもがつまずいて問題を抱えた時、母親がわが子の子育ての問題として引きとることができないなど、様々な理由で母親が子育ての主体になれないという状況がある。富山芙美子は実践で次のように述べている。

「A子の母親が、A子の妊娠についてはA子自身の責任だとして一方的に子どもの責任を追及する姿勢を示したことに対して、中学生であるA子が一人で責任を取り切れるものではなく、親が一緒に負ってこそ解決できるという毅然とした考えを述べ、最終的に母親の理解を得た。多くの人々との協働で妊娠の課題解決をして、親子の関係性が深まり、また、母親自身の子ども観、子育て（教育）観を醸成していくチャンスとすることができた」【1−①−39】

川井幸子は、

「保健室登校の我が子を毎日送ってくる母親に、子どもとのかかわり方を保健室で自ら示し、また母親にも子どもに対して積極的に働きかけることを促して次第に子どもとのかかわりを深めさせた。また働きながらの子育ての困難さに寄り添いながらそのかかわり方を教えている。その結果、母親自ら働き方を変えるなど親子の関係をつなぎ直している」【1−①−86】

川井の実践は母親が自ら子育ての主体者になっていくことで子どもとの関係が深まり子どもの成長・発達を促すと同時に、母親の生き方をも変えていく力となっている。働きながら子育てをする母親の苦難への深い共感と、子育てと労働観をどのように母親が自分の内に打ち立てていくか、そこにどのように養護教諭がかかわれるか深く問われる実践であり、多くを学ぶことができる（川井実践は第4章1に分析を掲載）。

富山は「親への支援が必要。特に労働規制緩和の中で苦しみ、子育ての矛盾が集中している母親への支援を中心のひとつと位置付けることが重要」【1-①-89】と述べている。

5　子どもの課題解決のため組織的に取り組む

(1) 学校内の組織づくり・連携を進める

相談支援活動における取り組みは、教職員・保護者と有機的につながる中で実現する。学校内の組織づくり・連携においては、養護教諭の孤軍奮闘ではなく、つながれる担任・教職員を一人また一人と増やし、組織づくり・学校づくりにつなげていくことが求められている。子どもの問題解決には子どものことを教職員みんなで知り理解し、学校ぐるみで取り組むことが重要である。

①子どもの実態を共有し、取り組みの課題を明確にする

連携づくりの基本は子どもの実態や情報を共有し、取り組みの課題を明確にすることである。布施谷は「その子の課題を見極め、教育課題を中心に据えて組織的に支援をすすめていく。養護教諭がその子の課題を明確につかんでいることで、その課題にどう働きかけていくのか、そのために誰とどうつながっていくのか、主体的に進めてい

くことができる」【1-①-88】と述べ、課題を明確にすることの重要性を指摘している。

②教職員を巻き込む仕掛け・仕組みを戦略的に仕込んでいく

教職員の理解を深め、ともに取り組む体制を作るには、教職員を巻き込む仕掛けや仕組みを作ることがその入口となる。まずは養護教諭の視点を教職員に提起することである。南部多摩江は次のように述べている。

「養護教諭が意図的に保健室での子どもの実態と養護教諭としての子どものとらえ方の観点を出してきた。子どもの本質をつかみ、その子どもに迫るような指導をするためには、学校現場に現象的に現れてきた問題を、子どもの生活実態や子どもの内面の育ち方（認識の状況）と結んでとらえなければならない。常から子どもをどうとらえるかを意識し、養護教諭としての子どものとらえ方の観点を出していったことで学校ぐるみで、子どもの問題を出し合い、どう子どもをとらえるかを鍛錬し合って、子ども理解を深めている」【1-①-10】

養護教諭の視点を学年へ・学校全体へ提起することの重要性が分かる。佐々木彩華は「子どもは学校の中で全職員から理解されなければ、その子どもにとって安心できる学校にはならない」【1-①-65】と述べて、教職員との連携こそが必要であり、重要であることを明らかにしている。

③教職員間で秘密を共有できる連携づくりをする

教職員との連携の中で難しいことの一つは子どもの問題の秘密保持をいかに行うかということである。大人が子どもと関わるスタンスについて考察できることが連携を深める。「秘密を共有できる関係をつくるには、大人側が子どもの気持ちや行動を察知する感覚をみがき、子どもの気持ちを大切にしてあげることが不可欠」【1-①-68】（中学校養護教諭）と指摘されている。教職員間で秘密を共有することが可能になることで子どもの問題解決が一層進む実践を養護教諭たちは創り出してきた。養護教諭だけに打ち明けられた子どもの秘密の問題であっても教職員で共有することでより良い解決に向かうことがたくさんある。富山芙美子は「学校内の連携において、『知っていて知らないふりの指導』を提案してきた。このことは、指導を直接的に行う養護教諭に安心感をもたらし、また、養護教諭が独善的な指導にならないメリットがある」【1-①-39】と述べている。教職員で秘密を共有しつつ子どもを全職員で見守り、指導に活かすというこの方法は重要である。

④支援のための組織を立ち上げる（チーム会議を組織し機能させる）

連携を進めるうえでさらに重要なのは、子どもの問題解決のための組織を立ち上げることである。この間の実践の中では〝ケース会議〟の立ち上げという実践が多くなされてきた。チーム会議の取り組みを先進的に実践した中坊伸子は、「連携とは子どものサインをしっかりと受け止めて、発達の文脈で子どもの課題をとらえて、集団で発達を援助していくためのシステム作りであり、『チーム会議』という事例検討会を立ち上げて集団で子どもを支える取り組みを展開することができる。そしてそれぞれの組織・専門家が、何ができるかを考え、主体的な姿勢で連携（実践観）するのである。また情報の共有と守秘義務のなかで、それぞれが手持ちのピースを出し合い、力を合わせてそのピースを組み立てながら、子ども理解の議論を重視（実践観）する」と述べている。そして、さらに『内部または外部との連携によるチーム力』が、子どもの発達を支え、また、チーム力を大切にする学校運営は教師間の信頼関係を構築し、教師の内発エネルギーを触発し、やる気を支える」【1-①-54】と述べている。連携とチーム力に注目したい。

中坊の取り組んだチーム会議の骨子は次のようである。

a．子どもの問題を「チーム」を作って取り組むように組織する

b．子どもの到達目標は自立する力であることを共通認識する
c．チーム会議で取り組みを組織化する、臨機応変に
d．チーム会議を機能させる
e．「チーム会議」による子ども理解と支援の方向が発達の課題に即している
f．「チーム会議」で役割を担い、教師の確かな目を育てる
g．「チーム会議」の成果をまとめ、課題を引き出す
h．連繋チームの一員としての養護教諭の役割は整える・励ます・つなぐ

中坊の実践に学んで相談支援の活動をケース会議やチーム会議として組織的に取り組む実践が増え、いくつかの教訓が明らかにされてきた。一つはケース会議のあり方を明確にするということである。真矢は「ケース会議で①『実態を共有し』②その事態がなぜ起きているのかという『見立て』をおこない　③いつまでに／誰が／何をするのかという『対応策が具体的』に決まるので、各人の取り組むべきこと・取り組んだ後どうだったか振り返るポイントが明確になる」。また、「つい〝課題面〟にばかり目が向いていたが、課題を解決していくために関係者の〝強み〟や〝良さ〟をどう活用していくか話し合うようになった。取り組みを、具体的かつスモールステップで計画・評価するケース会は、関わる者にとって『元気が出るケース会』となった。『情報交換』で終わらない。『具体的ですぐにできそうな』手立てを示す『元気が出るケース会』」【1-①-71】にしていると述べている。また、多くの実践の中ではさまざまな形態のケース会議が組織されている。校内ケース会、連携ケース会、保護者ケース会、当人ケース会、小中合同ケース会などの組織である。それぞれのケースの実態や、学校の実態に即してケース会議を組織し、機能させることの必要性が明らかにされている。

(2) 学校外での組織づくり・連携

相談支援活動において学校内だけで解決することが難しい事例は多い。専門機関につなげつつ、養護教諭として、教職員集団としてできる支援と援助を行うことが求められる。専門機関の専門的な機能を活用できると、子どもを見る目がより的確に、そして深く多面的になることも実感されている。多領域の専門家の知恵と力を活用する術を養護教諭・教職員集団は持つ必要がある。

①専門機関等と連携する

専門家や専門的な機関の力が必要と判断されるケースの場合、保護者との連携の中で専門機関につなげる必要がある。中村好子は「問題行動があり、落ち着かない子と見られていた子どもに発達特性がありそうと判断して専門機関につなぎ、児童福祉センターの診療科と精神科の医師にもつながり、診断を受けることができた。両親もペアレントトレーニングを受けることになったことで子どもを家庭、学校、専門機関の連携の中で見ていくことができるようになった」【1-①-8】という。専門的な機関（スクールカウンセラー、病院等）との連携の重要性が述べられている。

②学校の枠を超えて支援する

私たち養護教諭は、子どもたちの成長発達を長いスパンでみているため、その支援も長期にわたることがあり、子どもが卒業してからもかかわりを持つことがある。湯田温子は「家庭環境に困難を抱える子どもが多い学校で、担任やSSW、養護教諭、学童、学校医などと連携しながら、丹念な家庭訪問や衛生指導など、現実に生きていくために必要な課題に取り組んだ」「社会人となった今も、養護教諭として関わり続けている。いつも必要とされて

いたので結果的に支援をし続けていた」【1-①-57】と述べて、時には学校の枠を超えた支援が必要なケースもあることを明らかにしている。

③制度や環境を含む包括的な視点での連携をする

子どもの問題は背景に家庭や社会の問題を抱えている。宮城県小学校養護教諭は次のように述べている。

「Aのからだに出ているアトピーの背景に、現実の厳しい社会を生きる大人の大変さが浮き彫りにされた。Aは、親の生活や社会の現実に翻弄されて生きていた。複雑な親子関係だけでなく、虐待・貧困という家庭崩壊の問題を抱えた子に学校がどこまでかかわれるのか。学校でできること、できないことを明らかにして、できないことはどこに繋げばよいか。医療的課題を抱えているAのような子の場合は、『教育、医療、福祉』の三者の視点で見て、どのように連携していけばいいのかとても重い課題であった。」【1-①-41】

子どもの問題の背景にある大人の生活の厳しさ、大人社会のひずみをマクロな視点で捉えている。そのうえで医療・虐待・貧困に対する支援体制を創るために、制度や環境を含む包括的な視点で「教育・医療・福祉」の連携の必要性を指摘している。

Ⅰ-2　特別支援教育ジャンル

一　特別支援教育実践の基本的な考え方

文部科学省の示す特別支援教育は法改正に伴い、特別な支援を必要とする幼児児童生徒が在籍する全ての学校において実施されるものとなった。共生社会の形成に向けた「インクルーシブ教育システム」は、障害のあるものと障害のないものが共に学ぶ仕組みである。同じ場で共に学ぶことを追求するとともに、個別の教育的ニーズのある幼児児童生徒に対して、自立と社会参加を見据えて、その時点で教育的ニーズに最も的確に応える指導を提供できる、多様で柔軟な仕組みを整備することが求められている。本項「特別支援教育」実践は、「相談支援」実践と重なる点も多いが、疾患や障害のある子どもの支援としてその特徴を述べる。

1　疾患や障害のある子どもへの支援の考え方

特別支援教育は、法改正に伴い教育現場での体制は大きく変化してきた。しかし、養護教諭は法改正等に先行して創造的に実践を展開しており、一九八〇年代の実践からすでに「子ども一人ひとりの教育的ニーズに応える発達支援」という実践観が読み取れた。就学に関する改正や発達障害者支援法の施行などの政策的動向は、養護教諭の実践の拠り所となり、養護教諭の特別支援教育観をより明確にしていったことが推察される。

(1) 疾患や障害を特別視せず子どものありのままの姿として受け止める

松尾裕子は、特別支援教育が条件整備の不十分なまま取り組みが急かされる中で、保健室がその役割の場のひとつとして連携を大事に取り組んだ実践を報告している。

「疲れから保健室で休養したAさんは『パニックになるから薬を飲んでいる。がーっと強く言われた時とか、いやなことを言われた時は勉強したくなくなって他の所に行ったり、遊んだりしたくなる。』と語った。遊びを大事にしてクラス集団とのコミュニケーションを図りながら、本人が何をしたいかというところから行動を見て、そこから本人が自分で決めて取り組むことを校内支援チームで合意した。その結果、Aさんは自分が尊重されていると敏感に感じ取り、自分の心とからだで動きはじめ、快さを体得していった。」【1-②-13】

松尾は、Aさんの思いを丁寧に聞きとり、Aさん理解を深めるなかで、障害を治そうとするのではなくそのまま受け止め支援していくことの大切さを重視している。

(2) 個々の子どもの特性に合った支援を探る

養護教諭は子どもたちの日常生活を観察するなかで子どもの困り感に気づき、子どもに合った支援を探っている。中安茂代は、次のように実践を展開している。

「高機能自閉症のT君は、感覚のナイーブさ、アンバランスさがあり、なれないことや初めてのことに強く不安を感じ、急な変更がきかない。T君が健康診断や学習に参加することができるように『どうやったらやれるのか』と子どもの特性に合った支援を探り、健康診断の具体的な取り組みとして掲示と保健便りの工夫、事前指導を行い、納得したT君も検査を受けることができた。また、運動会ではボックスステップが踏めるようになる取り組みを子

どもや教職員をも巻き込んで保健室で行い、T君のやる気を引き出し成功させた。」【1－②－20】

中安は、特別な教育的ニーズを必要とする子どもに対して通常の学級での教育は、子どもが教育活動に合わせることを強いるのか、教育活動がそれぞれのニーズに合わせていくのかを省察し、個々の子どもの特性に合った支援こそが成長を促すことを実感している。

(3) 生活管理としての支援に留めず教育の保障のための支援であるという認識をもつ

疾患のある子どもは、学校生活において活動参加に制限を受けることが多くみられる。児玉智子は、次のように実践を展開している。

「体育祭リレー選手に選出された後に『学校生活管理指導表』の指導区分がDであることが判明したため、学校としてリレー参加を認めないと言い渡した。友也君にとって養護教諭は、当初、運動参加を認めてくれない敵対者であった。また、内緒で剣道部に所属していることは、友也君と学校が主治医との関係において信頼を損なう行為であり主治医に対して申し訳ない気持ちでいることを正直に話した。養護教諭が医師の診察に同席し、剣道部に入部し活動していること、中学時まではリレー選手として参加していたが高校では中止させ本人を悩ませたことなどを説明したことで、部活の剣道については形の稽古と試合形式の練習にとどめるという主治医の一筆が加えられた。制限はあるが、剣道部の部活が正式に認められ本人の希望を叶えることができた。」【1－②－12】

児玉は、できないことにとらわれるのではなく、できることを大切に積み上げることの重要さを次のように述べている。「自分の健康を願う多くの人に支えられることで病気を受け入れ自分の身体を守る力が子どもの中で育つということをこの実践で学んだ。」

(4) 子どもとのかかわりを通して多様性を認め合う集団作りをする

田根真木の実践からは、子どもが多様な人とかかわるきっかけを作ることで、相手のことも自分のことも尊重できる共生社会の実現をめざす視点が次のようにうかがえた。

「先天性心疾患により、身体的配慮を必要とするYUIさんの車椅子の介助は原則として母親が行うという教育委員会からの規定（縛り）により、母親と外部ボランティアによる介助が中心だった。ちょっとした移動でも外部ボランティアにやってもらう状況に周囲の生徒は違和感をもち、そばにいる自分たちが何もしなくていいのかという疑問と居心地の悪さから、ボランティアの存在が人間関係の希薄さの象徴のように思えた。『YUIさんの周囲にいる私たちが自然な形で介助できないだろうか。』『縛り』を超えるため、校内での介助体制を立ち上げた。多様な人と出会うこと、他者を理解すること、心で感じること、その積み重ねの上に「めざす力」は育つという実感を得た。生活の中で働く確かな力として育てていくため、この実感を練り上げかたちにしながら、生徒たちに伝えていくことが今の課題である。」【1-②-15】

2 働きかけの視点

本項では、子どもの成長発達に寄り添い、自立を支援する養護教諭の働きかけの視点を述べる。

(1) 子どもの健康状態や特性を捉える

池ノ上洋子と大塚睦子は、子どもの健康状態を把握するために、次のように実践を展開している。

「重度障害児（脳水腫・モヤモヤ病）I君の危機的状況を捉えた理由は、顔色が悪く、目がトロンとしているからだった。一日のうちほとんどは眠っていて摂取カロリーが少ないと判断されること、手足が冷たく血液循環の不良をきたしていると考えられること、そしてなによりも急変悪化を直感的に感じさせたのは体温だった。36.7度は発熱していると察知し、咳もあったことから呼吸機能の異変が予想され、緊急医療を受けるように勧め、居住地の開業医に電話による依頼とさらに経過を詳細に記した添書を作成し格別の配慮を依頼した。」【1-②-1】

池ノ上と大塚は、疾患の特徴や経過、見逃してはならないポイントを明らかにし、健康管理の方針を提示している。さらに子どもの健康状態を丁寧に観察し、記録を分析している。子どもの重篤な状況に気づき、いのちを守る実践こそ、危機的状況を回避させる「力」となっている。

岩城裕子は、次のように子どもの特性を捉え、理解を深めている。

「教室の飛び出しやパニック等で集団不適応を呈していたA君と過ごすうちに『命令や指示が嫌い』『次のことに移る時、切り替えに時間がかかる』『やりたいことをしてからなら要求を受け入れられる』ということがわかってきた。」【1-②-4】

岩城は実践を通して、子どもを見る時は、行動の一面だけを捉えず、背景にあるものも含めてまるごと捉えることの大切さ、そして捉えた事実を発達のものさしにおきかえて見ること、子どもの目線に合わせて一緒に取り組むことの大切さに気づいている。

(2) 子どもを肯定的に受け止め発達欲求を引き出す

三浦美幸は、子どもの表情や行動を丁寧に観察し、どんな意味をもつのか推察することで、子どもの発達欲求を引き出している。

「医療的ケアの必要なSさんの様子から、大泣きはするが、痰が口からあふれ出た時、とてもうれしい笑顔が出ることがある。『頑張ったね。』と担任や母親に褒められた時のSさんは声を上げる。気持ちよくなりたい、褒めてもらいたいという強い発達要求を感じた。」【1-②-21】

(3) 子どもの抱えている辛さを受け止める

疾患のある子どもへの働きかけを通して新開奏恵は、「葛藤や疎外感を抱えながら生活する子どもと共に養護教諭自身も悩み揺れ動きながら、その心理を共感的に捉え、様々な困難さを共に乗り越える存在であることが大切だ。」と述べている。【1-②-29】

ドリーは、子どもの辛さに寄り添い続け、子どもの訴えを否定せず最後まで聴く姿勢を貫いている。

「A男は、教師らに強い口調で指導されたことをきっかけに、一部の教師に反抗的、挑戦的態度をとるようになった。彼の主張は、極端で激しく、発達障害が疑われた。養護教諭として、A男を保健室で受け入れ、安心できる居場所にしたいと考えたが、担任や生徒指導担当者に認められず悔しい思いをしながらも、三年間寄り添い続けた。学校の中に、居場所も信頼できる教師も見つけられず、中学校を恨み、荒れていくA男を見捨てることはできなかった。ルールを守れないのも、不登校も、生徒から発信されたサインと捉えることができる。『みんなと同じにできない』『苦しい』『生きづらい』と親や教師に発したサインだ。批判し叱るだけでなく、話を聴き、辛さに寄り添い、教師としてどんな援助ができるか考えるべきではないか。」【1-②-27】

(4) 子どもを取り巻く周囲の人へ働きかけ支援体制を構築する

文月空は、発達において課題のある子どもたちに手探りの支援を始める。養護教諭仲間に相談することを契機に勉強会を発足し、医師ともつながった。このつながりにより、教員のみならず、医療関係者との連携、ネットワークを進め、学習交流した。【1-②-11】

三浦美幸は、医療的ケアの必要な子どもを一人で抱え込んでいた母親の支援について次のように報告している。

「家族支援とは障害のある子どもの家族のケア能力を高めることと考え、母親とともに保健福祉の分野での精力的バックアップを得ることや、医療的ケアボランティアの受け入れなどを通して子どもの成長・発達を支えた。教育では補えない保健福祉分野での精力的バックアップは心強い。Sさんの送迎が役場の福祉課も動き始まった。ヘルパーなど福祉関係の人の手を借りることを受け入れたことは、母親の負担軽減だけでなくSさんにも自立に向けた大きな一歩となった。」【1-②-21】

三浦は、親と子どもに向けた直接的な支援と保健師や行政・福祉等の関係機関に繋ぐ間接的支援の両方が相互になされることの重要性を提言している。また、新開奏恵は、現時点での子どもや保護者のニーズの解決に留めず、疾患の予後を見通したうえで多職種と連携した支援体制を創っていくことを課題として挙げている。【1-②-29】

3　「特別支援教育」実践を通して育む力

特別な支援の必要な子どもの発達はとてもゆるやかであるため、養護教諭には長期的な視野をもって、子どものペースを大切にしながらかかわることが求められる。第2章Ⅰ-1では、「相談支援」実践を通して子どもに育む六つの力を挙げている。本項では、そのなかから、「特別支援教育」実践を通して子どもに育む二つの力について述べる。

(1) 意思決定できる力

疾患のある子どもの支援は、保健管理・安全管理・危機管理が最優先され、教師主導の管理が行われがちであるため、子どもの意思（意向）が置き去りにされる場合がある。田根真木は、病弱で車椅子を使用しているＹＵＩさんの支援を通して次のように反省的に述べている。

「本校では学校祭の閉祭式に全校生徒がステージに上がり踊ることが伝統になっている。例年通りほぼ全員がステージに上がった時、生徒会長が座っていたＹＵ－さんのそばに来て一緒に行かないかと促したところ、彼女はゆっくり階段をのぼり、ステージに上がって、他の生徒と同様に楽しそうに手を叩いてダンスに参加していた。本人にとっては特別なことではないのかもしれないが、教員側にとっては『ほとんど何もできない』というそれまでの認識を大きく変えるものだった。常に特別参加でしかなかった彼女が、皆と一体感を味わえたささやかなドラマだった。大人たちが管理や責任問題に目を奪われすぎて、彼女を安全な籠の中に閉じ込め、友たちと関係を作る機会を奪っていた。本人が考え、意思を表示させるようにしていかなければならない。」【1-②-15】

(2) からだや生活、病気についての認識を持って、自分で健康管理ができる力

子どもが自己管理できるようになるためには、子ども自身が疾患について正しく理解することが必要である。名倉真理子や新開奏恵は、次のように述べる。

「発作時の対応内容、対応の意味、発作時に苦しくなる体の仕組みなどの保健指導を行った。喘息日記による指導も加え、本人が病気をわかり、自分で発作がコントロールできるような力をつけるための支援を行った。喘息をコントロールできるようになり、自信がついて生き方が積極的になっていった。」【1-②-2】

「健康管理については、大人の指示に従うのではなく、様々な選択肢を提案したり、方法を一緒に考えたりするなかで、自己決定を支え、子どもの自立を支援することが大切である。」【1-②-29】

疾患のある子どもが通常学級に在籍する場合は自立活動の時間は設定されない。養護教諭には、「ケアと教育の統合・科学的な心とからだの学び・子どもの集団的な力を組織すること」（第2章Ⅰ-1）を相談支援の中に意図的に組み込むことが求められる。

二　特別支援教育実践の方法と工夫

1　子どもの実態把握の方法

子どもへのきめ細かな支援のためには、子どものヘルプサインに気づくことが起点となる。子どもの困り感を的確に捉え、丹念に実態把握をする次の二つの方法について述べる。

(1) 子どもの生活を観察する

生活の場面を観察したり、教室に出向き意図的にかかわったりすることを通して、ヘルプサインや困り感を捉えることができる。山本浩子や澤田理沙は次のように述べている。

「欠席や健康異常が続く子どもだけではなく、教室でフードをかぶって授業を受けている、授業中に横向きに座っているなどの状況や些細な理由で保健室にケアを求めて来室する場合など、多くのサインを見い出すことが可

能だ。」【1-②-14】

「アレルギー疾患のT児の欠席が除去食の日と重なることが気になり、給食時間の様子を見に行った。T児に給食で気になることはないかと尋ねると『除去食を食べた後に食器をいつどこに返せばいいのかわからない。』とぼそぼそと小さな声で言った。担任には聞けずに困っていた。」【1-②-28】

生活場面でのリアルな子どもの姿を見たり、生の声を聞いたりすることは、支援の一歩となる。さらに、新開奏恵は、授業や生活動作を活動の積み重ねとしてとらえ、子どもの日常生活動作による体調変化をアセスメントするなど、身体症状の観察を工夫している。【1-②-29】

(2) 保健調査や健康相談を基に身体症状を把握する

生徒の健康実態を早期に把握するため、浅見喜代美や児玉智子は次のような手立てを講じている。

「健康相談を全生徒に実施する。血圧を測り、既往歴・体調確認、学校生活について聞き取った。生徒一人ひとりのことを把握し、かかわりが継続することにつながった。」【1-②-22】

「入学式当日に提出された健康に関する記録の保護者記入欄で学校生活で配慮を必要とする生徒をリストアップして、その程度や内容に応じて管理職、教科担当者へ知らせ早期に必要な情報が必要なところにつながっていくように留意している。」【1-②-12】

2 自立を支え、自己管理に導く取り組み

子どもの健康課題解決に向けた取り組みを行い、自己管理に導くための重要な実践要素を次のように整理した。

(1) 子どもの行動を肯定的に捉え、一対一の信頼関係を築く

疾患や障害のある子どもの行動は、周囲から否定的に捉えられていることが多いため、行動のみに捕らわれず、気持ちを汲み取ることを大切にしたい。

「些細なことで激高し、傲慢な態度をとるA男だが、心の中は脆く弱々しい印象を受けた。ちょっと注意されただけで心がぐらぐらと揺れ、不安定な気持ちになるが、それを見せないように虚勢を張り、強がっているように見えた。彼を支えていくには、受容し、褒め、自己肯定感を高めていくことが必要ではないかと感じた。頭ごなしに叱れば逆上するため、プライドを傷つけないように穏やかに諭すように伝えた。」【1-②-27】

子どものそうせざるを得ない気持ちに共感し、安心感を伝えることが重要である。

(2) 子どもの疾患や特性に合わせた手立てを講じ対処法を学ばせる

子ども自身が生涯にわたり自己管理する力をつけることをめざした様々な工夫が報告されている。喘息の経過、発作の程度、薬の使用、病院受診、天候等を記録することで自分のからだの状態がわかるように喘息日記をつける【1-②-2】、朝の自立訓練の時間に、呼吸がしやすくなる体操や胸郭を広げる体操、排痰のしやすい体位を学ばせ生活に生かす【1-②-21】がなされている。任海園子は、体重増加量を水の重さで実感できるように工夫し、体重増加への課題意識を引き出し、腹筋やダンベル、エアロビクスなどで興味をひきながら身体的問題への改善につながるよう働きかけている。【1-②-7】

また、浅見喜代美は、対人関係を築く力をつけるために、次のような工夫を行っている。

「時間割と学校生活の見通しを持てるよう、一緒に週間予定表を作成し、事前に予測できる不安を取り除くこと

を試みた。私自身、パニックの対応よりもパニックを起こさせない手立てが必要なこと、手がかりひとつで行動がスムーズになることを知った。すぐに教員のところに走るのでなく、いったん立ち止まり落ち着かせるために、起こった事実、自分の気持ち、どうしたいかをフローチャートに記入させた。」【1-②-22】

これらの工夫により自信を得た子どもが、疾患の自己管理や自分の気持ちを言葉で伝えられるようになっている。

3 子どもを取り巻く環境の整備

子どもたちが生活するうえで、周囲の子どもたちの理解と施設設備の改善は欠かせない。

(1) 共に生きる関係を周囲の子どもたちとつくる

周囲の子どもたちの理解を広げるために、子どもの興味のあること、好きなことを通して、周りの子どもたちとのかかわりをつくる工夫をしている。切手に興味をもち、保健室や廊下のあちこちにポストを備え付け、他の子どもたちが書いてくれた手紙を配達【1-②-5】、学校祭の時期になると、いろいろな課題をもっている生徒はクラスから浮き、保健室にたまってくる。教室に返すにも居場所がないので、有志を集めてモザイク画に挑戦させ活動の場をつくった【1-②-22】など、かかわり合いを生み出す活動の場とし、周囲の子どもを巻き込んで一緒に育てることにつなげている。

また、松尾裕子は、保護者から、クラスの子どもたちにAさんの特性について説明してほしいという申し出を受け、担任と一緒に授業を行った。周囲の子どもたちの理解は、Aさんの発達的な変容につながっている。

「周囲の児童にAさんの苦手なところやしんどくなるわけを脳機能から話していき、Aさんに自分のことを語って

もらった。子どもたちから優しい感想が寄せられ、Aさんの落ち着きと努力が見られるようになった。」【1-②-13】

(2) 子どもの状況に応じた学校環境を提案する

田根真木は、子どもの状況に配慮した環境整備を行い、活動参加をひろげ、発達の保障につなげている。「特別教室への渡り廊下の窓ガラスをペアガラスに切り替え、普段使用する玄関を車椅子が利用しやすいスライド式ドアに変更など、施設・設備は徐々に充実していった。同級生たちは昼休みになると二階の図書館にも気軽に行くが、本人は誰かにおぶってもらわなければ二階に上がることはできない。昇降機によって、YUIさんには自分の意思で行動できる選択肢が生まれた。それまでは、昇降機は階段を上がるための『道具』としてしかみていなかったが、必要とする人が身近にいたおかげで、からだが不自由な人たちの内にある「自分の意思で自由に動きたい。」というメッセージを代弁するものとして受け止めるべきではないかと思うようになった。」【1-②-15】

4　保護者を支える働きかけ

相談支援活動では、保護者との連携や保護者支援は欠かせない。保護者に積極的にかかわり信頼関係を構築し、情報を共有して適切な支援を行うことが重要である。

(1) 保護者と情報を共有し信頼関係を構築する

学校での子どもの病態の変化や生活の様子を保護者に伝えることはとても重要である。仲村千賀子は、難病児童の顔がムーンフェイス状になった時や校内に感染症が発生した時などに母親に連絡し、相談をしている。【1-②

−30】

また、田中なつみは、母親が気づいた、怒りっぽくなったり、乱暴になったりするという状況について、主治医の話では発作の前兆症状かもしれないということで、家庭や教室でF男の様子を丁寧に交流し合うようにした【1−②−9】など、保護者と情報を共有することで信頼関係を築いている。

(2) 保護者の負担を軽減する

家庭生活での介護や学校への付き添いなど負担を抱える保護者の状況について、田根真木は次のように述べている。

「母親は移動教室がある場合、授業の始まりと終わりなど必要な時間帯に来て介助を行っている。母親は地元の社会福祉協議会に支援を求め、PTA役員なども動いたことから、町内に住む数名の人がボランティアとして活動してくれることになった。」【1−②−15】

三浦美幸は、母親の「もっと眠りたい。なぜ私たち親子だけがこのような負担を強いられるのか」という言葉から、気持ちを聴きとることだけで心に寄り添っていると思っていたと、自分を反省した。ショートサービスを利用することで、少しでも母の気分転換や楽しみ、体を休める時間をつくることなど負担軽減のための対策を働きかけている。【1−②−21】

5 子どもの課題解決のための組織的な取り組み

「特別支援教育」実践では、校内連携に留めず、専門機関と連携し、医療や保健・福祉の視点から組織的に取り組むことによる課題解決が期待される。

(1) 子ども理解のための情報を発信し共有する

毎日の雑談や終礼時・生徒指導委員会・職員会議など、様々な場面を活用して情報交換を行っている。所朱美は、ヘルス通信を作成し、不登校生徒の様子や来室生徒の様子、SCの活動、研修会の案内、保健室からみた全校の子どもの様子を発信し、情報共有に努めた。【1-②-16】

山本浩子は、情報を発信する際の留意点を次のように述べている。

「『子どもの言動から読みとった不安や思い』『保護者の願い』『子どもとの直接対話から得た子どもの気持ち』などを会議で話すように心がけている。担任の特性から、できるだけ担任が受け入れられるように配慮しつつ、全体へ伝える努力を続けている。」【1-②-14】

(2) 子どもの健康実態を専門機関（主治医）に伝え学校生活での支援内容を確認する

疾患や障害のある子どもの支援では、日常的に相談できる専門医をもつことが必要である。早瀬尚子は学校医と連携して次のような支援を行った。

「脳性麻痺で全介助の必要な翔くんの胃瘻など医療的ケアを普通校で行うことは制度上困難であった。制約の多い中、学校医と連携して水分補給を行うなど、取りうる手立てを考え支援を行った。」【1-②-19】

保護者や医療機関との連携を密に取り、最適なケアを行うことは、子どもの健康状態の改善や学校生活の質の向上につながる。

(3) 多職種を繋ぎ支援体制を構築する

連携づくりの基本は子どもの実態や情報を共有し、取り組みの課題を明確にすることである。そのため、連携における養護教諭の役割は、単に連絡や調整ではなく、養護教諭の視点を提起し、支援者間で子ども理解を深め、子どもの発達を支援していくための体制づくりに繋ぐことである。

松尾裕子は、チーム会議で大切にしたい視点として次のように述べている。

「専門家を含めた拡大チーム会議でAさんについて学び合った。養護教諭として大切にしてきたことは、まずAさんを受け止め理解していくこと、そして両親の思いや苦悩に心寄せていくこと、教職員の学び合いを深め協同性を作っていきたいとの思いで取り組んだ。」【1-②-13】

また、高橋富美子は、**「対象の的確な理解を周囲の人と共有できる時、支援の連携が取れ、行動の連携が取れていく。」【1-②-6】**と、連携の決め手は子ども理解の深さであることを指摘している。

Ⅰ－3　救急処置ジャンル

一　学校における「救急処置」実践の基本的な考え方

1　学校看護婦の誕生と学校における救急処置の意義

養護教諭の前身である学校看護婦は、学制（明治五年）をはじめとする日本の教育が欧米の教育行政を参考にしながら発足したのとは異なり、トラコーマの蔓延という子どもの危機的な健康状態に対して「洗眼業務」を行うというように、子どもの身体症状の実態から必要に迫られて誕生したものであった。当時の学校看護婦は学校医の補助であり自律的な判断は任されていなかった。しかし、その後、今日までに養護教諭は実践を積み重ね専門職として発展してきた。

これまでの養護教諭の実践は、社会の変化の中で生じている不登校やいじめ等、様々な課題をその時々の子どもが身体症状を呈して保健室に来室することを大事にして自律的に創造的に展開させてきた。保健室実践は子どもの健康・教育課題の変化の中で拡大変化しており、その保健室実践の入り口は救急処置である場合が多い。保健室での救急処置は、身体に手を当てて安心させながら問診や検診を行う等、痛みや不調に寄り添いながら行う。それゆえ、前項で論じている「相談支援実践」においても「特別支援教育実践」においても、身体症状への対応は実践の重要な柱であった。養護教諭の専門職化の過程では、学校救急看護の機能を出発点として人間形成の教育の機能へと広がっていく。

一方、学校における救急処置は、救急車要請を必要とする緊急度の高い症例から、簡単な処置で教室復帰が可能な軽微な症例まで広範囲にわたり、いずれにおいても学校における救急処置の重要な意義がある。生命にかかわるような症例は、子どもの命を守り、子どもの権利である生命権を守ることになるし、軽微な症例への対応では、早期に教室復帰したり、対応のプロセスでの保健指導で子どもの学習権を守ることになる。

また、救急処置時に子どもは身体症状とともに心の不調も訴えることも多い。繰り返されるその様態から、継続的に相談支援実践へと移行していくことになる。このようなことを鑑みながら、本項の救急処置実践では、身体症状への対応を主軸とした実践事例から論じていく。

2 養護教諭や教職員の「命を守る」という考え方が核である救急処置

(1) 全教職員が「子どもの命を預かっているという自覚」をもった教育活動

子どもがけがをしたり体調不良を呈するのは、学校における教育活動全般で発生することであり、教育活動では予期せぬことも生じる。救急処置は「命を守る」という重要な使命があり、養護教諭だけが行うのではなく、教職員が協働し一丸となって行うことが必要である。これらについて、救命救急を行い救急搬送したが命を救うことができなかった突然死の吉岡裕子の実践事例や、頭部打撲への初期対応の不手際により生命の危険に陥ることになった神奈川県の養護教諭の事例、食物アレルギーがあることの情報を得ていたにもかかわらず、家庭科の調理実習でアナフィラキシーショックを起こした森由子の事例では、次のように述べている。

「突然死の出来事を経験し、学校は子どもの「いのち」を預かっていることをあらためて意識した。」【1-③-3】。

「子どもたちの安全やいのちに関わることは最優先の教育課題にして教育の核にしていかなければという思いを強くした。」【1-③-1】「子どもの健康情報の共通理解だけでなく、教師集団の意識の変革も必要だと痛感しています。」【1-③-7】

学校は、最優先の教育課題として「子どもの命を預かっているという自覚」を持つことが、救急処置の核となる。それを真に実現するためには、養護教諭が教職員の意識改革への働きかけを行うことも重要である。

(2) 全教職員の連携で行う迅速で適切な救急処置対応

万一の場合の救急処置では全職員が連携し、迅速に適切な救急処置を行い、医療機関へ搬送する必要がある。その際、正常性バイアスに陥ることなく最悪の事態を想定した判断が必要である。食物アレルギーにより救急搬送した木下いずみや吉岡裕子の実践事例では次のように述べている。

「『アナフィラキシーの事故』を通して学んだことは、教職員は子どもの命を預かっているという自覚のもとに『本気の連携』を作り、迅速な対応ができるようにすることである。」【1-③-6】「職員室に連絡が入ると、ただ事ではないと察した教職員が現場に駆け付けていた。養護学校で救命救急の経験のある教員と二人で心臓マッサージと人工呼吸を続けた。養護教諭が到着した時に動ける教職員がたくさんいたことは重要だ。」【1-③-3】

3 学校における事故防止に向けた実践の考え方

事故防止や安全指導をしていても事故は起こりうるという高い危機意識を持ち、事故防止の意識を忘れてはならない。また、発生した事故について、即座に教職員間で共通理解をはかり、それを教訓に具体的に教育活動の実際に合わせて、事故防止に向けた改善策を立て全職員で実施するように働きかける。

急いで校庭に出ようとした子どもが昇降口のガラス戸を勢いよく押してガラス戸に手を突っ込み右拇指挫傷・神経切断した子どもへの対応をした並木房子は、事故発生の翌日以降に次のような実践を行っていた。

「翌日、一緒にいた子どもたちから事故の時の状況を聞きました。休み時間、校庭にあるサッカーゴールは使うための奪い合いがあり、早く行ってサッカーゴールを使ってサッカーをしたいということでの飛び出しだったのです。早速、この事実を生徒指導部会で話し合いました。低学年の子どもも使いたがっているということなので、曜日を決め学年別に割り振りしました。このルールを徹底させ、ルールが定着するまで先生方も昼休みに校庭に出て子どもたちの様子をみたり、一緒に遊んだりしました。大きなけがや事故につながる遊びをしたときは、必ず全職員に担任から直接報告があります。このことはとても大切なことだと思います。些細なことでも職員の話題にする習慣があれば、日常的に注意を払うことができ、それは、大きな事故を防ぐことになると思うからです。」【1-③-4】

4　救急処置で健康認識を育て身体の主体者を育てるという考え方

(1) 救急処置の場は子どもの健康認識や身体の主体者を育てる教育機会

救急処置の場は、子どもが健康認識や自己管理能力を身に付け身体の主体者として育つ機会と捉える。けがをしたり体調不良である今だからこそ子どもは自分自身の身体や健康生活を振り返ることができる。もちろん、体調が思わしくない時は、安楽な姿勢・症状の緩和・休養・安寧を最優先とするが、処置のみで完結するのではなく、常に子どもの学びのチャンスであることを念頭に子どもの実態等に合わせて保健指導を展開する考えを持って対応することが重要である。山内英子は次のように言っている。

「保健室では、入ってくるなり生徒は『先生、けがして痛い……』と言います。それに対して養護教諭から『……生きている証拠ね。痛みを感じてよかったね』という会話から始まることがあります。何をしてけがをしたのか、どうしてほしいのか、相談があるのか、そこから対応をスタートさせなければなりません。しかし、生徒自らが目的を持って保健室を訪れることは養護教諭にとって絶好の保健指導のチャンスと思っています。」【1-③-2】

(2) 救急処置過程における養護教諭の対応力や指導力の重要性

救急処置の対応や保健指導の過程では、子どもとのやり取りを通して、子ども自身が「けが（体調不良）は自分の身体で起きていることを自覚し、その身体症状を把握し言語化したり、原因を振り返りながら、けが（体調不良）への具体的な対処法を学び、実践し、子ども自身が自分で健康を取り戻すことができるよう働きかける。その対応・指導過程を通して、将来にわたる自己管理能力を育てることである。このような救急処置の対応・指導過程に対する考えを持ちながら子どもとのやり取りのできる力が求められる。救急処置において日常的に心掛けている対応を高校の養護教諭の山内英子は次のように言っている。

「けがが発生した場合はその原因を生徒と指導教員と共に、その場で考える。傷病発生時に、受傷時の状況を生徒が自分で話すことや来室前に『まず、自分でできることは何かを考えさせる』取り組みをする。緊急性が少ないけがの場合に生徒がけがの予防やけがの判断ができるように指導する。医療機関の受診が必要な時は、病院選択の方法や医師に相談する内容、発生時の状況や負傷について話す内容を考えさせる。」【1-③-1】

山内は救急処置の対応で養護教諭が先導するように対応するのではなく、生徒とのやり取りを通して生徒が身体の主体者となり、将来にわたっての自己管理能力を身につけていくようなかかわりを重視している。

二　学校における救急処置実践の方法の工夫や視点

1　子どもの命を守るために機能する救急処置体制づくりの工夫とその視点

⑴ 子どもの命を守る救急処置体制とその見直し

年度初めの職員会議で救急処置体制を提案し、教職員全体で共通理解をはかる。体制の立案では教育活動の具体的な場面を想定し実際に機能する救急処置体制づくりが肝要である。具体的には、重大事故発生時に全教職員が協力して救急車を要請すること、自動体外式除細動器の使用、心肺蘇生のための環境整備等を迅速なものにすることや、食物アレルギーや基礎疾患を有し配慮が必要な子どもの情報共有等を盛り込む。また、ヒヤリ・ハット事例や事故の教訓を活かして具体的な救急処置体制の見直しを日常的に行い事故防止につなげる。突然死を経験した吉岡裕子・頭部打撲の事故を経験した神奈川県の養護教諭は次のように述べている。

「突然死や急変はいつでもどの子にも起こりうるという前提で救急体制を整え対応できる準備が必要だ。全職員がＡＥＤを使え、救急車要請ができるようにする。」【1-③-3】。「救急処置体制について例年四月にプリントを配り、型通りの説明で流していた自分の至らなさに子どもの命を預かる者として非常に悔やまれる。けがをしっかりイメージした対応の仕方の具体的な説明が必要だ。事故対応を教訓に救急処置体制を見直し教職員で共通理解を行った。その際、事故の概略を伝えながら行うと、予想以上に具体的で前向きな話し合いができた。そこで確認したのは、保護者や医師の意見、子どもの様子を教訓とした事故対応、救急車要請の時期、加害者がいる場合の即座の管理職の対応、事故の際の子どもへの指導等であった。」【1-③-1】

(2) 子どもの命を守るために必要な事前の実態調査に基づく救急処置体制づくり

学校の教育活動で特に注意が必要な疾患の特徴や、疾病を持っている子どもの特性に合わせて対応できるよう調査や面接で実態把握を行う。そのうえで、組織的に具体的な対応計画と救急体制を整える。計画立案にあたっては子どもや保護者も含めた人々が協働で立案することが望ましい。そのことは、子どもを含めて事故防止に向けた当事者性を醸成することにつながる。森由子・木下いづみは、次のように述べている。

「全校生徒に『食物アレルギー調査』をし、給食の対応が必要な場合は『対応実施申請書』の提出をしていただく。さらに、管理職・栄養教諭・養護教諭・保護者で面談を行い、結果をもとに『食物アレルギー個人調査票』を作成し全職員で確認している。」【1-③-7】「食物アレルギーの連絡を受けてはいなかった小四の児童が、給食後、アレルギー症状で急変。救急車要請をして搬送した。検査の結果、キウイフルーツ等のアレルゲンが特定されエピペンが処方された。緊急時のエピペン使用の校内体制を整え使用方法も周知した。また、母親、担任、栄養士、養護教諭の話し合いで給食は完全除去食とした。一か月後、別の児童も軽症の食物アレルギーを起こした。二件のいずれもが、事前の情報はなかったことから家庭からの情報を待っていては事故防止が難しいと考え、食物アレルギー調査を実施。その上で、要注意の子どもの場合は、保護者から『医師の指示書』と『除去食の実施願い』を提出してもらい、面談も行った。これらの対策は、常に見直しをし、改善を加えていっている。」【1-③-6】

2 迅速で適切な救急処置を行うための対応過程の工夫とその視点

学校における救急処置は、緊急性の高い症例から軽微な症例まで広範囲にわたる。ここでは、それらを網羅した対応過程について述べることとする。

【判断】においては、まず来室した瞬間に、即座にその緊急度を判断するための観察を行う。また、同時に子どもが受け入れられたと感じられるように、目を合わせて表情を見ることも大切である。そして、バイタルサインの確認や身体症状の検診を行う。その際、これまでの既往症や学級での様子等の先行情報も活用する。そのうえで、問診・検診により医療機関での受診の必要性の有無、保健室での処置と経過観察でよいかなどを判断する。判断は重症化することを想定することも重要である。吉岡裕子・木下いずみは次のように言う。

「まずは、バイタルサインのチェック、身体症状を観察し、救急車要請の必要性を察知する。」【1-③-3】。**「判断では、重症化することを想定する。特に食物アレルギーが疑われた場合、急変を見越して判断していく。」【1-③-6】**

保健室の問診・検診では、的確な判断のため、傷病発生時（受傷時）の状況や症状について詳しく聞くことが重要である。ただし、根ほり、葉ほり聞かれることを嫌がっている様子を見せた場合は、いったんは、最低限の質問にする。詳細な問診が子どものニーズに合致していないというサインを受け止めることが重要で、問診しきれないことは、観察しながら判断することもできる。また、来室の多さ等、思わぬことがけがや症状を訴えることの阻害要因となることもあるので、子どもの発達段階や性格等も配慮する必要がある。

「小四の児童が転倒により頭部を強打。学級担任の指示で保健室に来た。しかし、パニックを起こしている子どもとそれに対応する様子を見て、すぐに教室に戻ってしまった。のちにこの時のことを振り返り、児童は、『保健室の先生はいたけど、大勢の人がいてぼくのけがどころではないと思った』と話している。教室に戻り、『大丈夫だって。たいしたことないって言われた』と答えた。しかし、この児童はその後、下校途中に歩道で倒れてしまった。」【1-③-1】

学校の救急処置は、実に多様な状況の中で行われ、また、子どもも多様である。保健室での対応だけでなく、時に、時間経過の中で養護教諭と教員同士で子どもを観察しながら情報交換をすることが必要な場合もある。

【処置対応】においては、①即座に心肺蘇生等の命を守るような救急処置を行い、教職員が連携し、一刻も早い救急搬送を行う。その際、目撃したりけがにかかわる等した子どもへの配慮も忘れてはならない。②保健室で悪化を防止する適切な処置のうえで医療機関へつなぐ場合は、迅速に医療機関につなぐ。③軽微と思われる症例では処置のうえ、その後の経過観察が重要。子どもが処置後に自己管理できるかの判断も必要である。

「命の危険に対して即座の処置を行う。現場に駆け付けた。脈もないし、自発呼吸もない。『心臓マッサージと人工呼吸をします。救急車を呼んでください』と叫んだ。すでに異常事態を察した教員が救急車を要請していた。」【1-③-3】「処置の上、医療機関へつなぐ場合は、悪化防止の適切な処置を行い直ちに医療機関へ搬送する。靭帯損傷等の受診では、『アイシング』が重要で、この処置は医師からも評価されている。症状が軽微な場合は処置の上、経過観察し、受診の必要があるか、生徒が自己管理していけるか、保健室で再度確認して対応を決める。不安を感じた時は我慢しないで来室するように指導する。」【1-③-2】

【事後の対応】においては、大事故や加害被害の関係でのけがでは、早急な管理職による保護者対応が必須で救急処置体制に盛り込むことが望まれる。継続的な治療となった場合、部活の教員の指導への強い思いを理解したうえで、医師による運動中止の指示や過度な運動で障害が発生しないように等、未然防止に向け養護教諭の視点で働きかけることも重要である。

「大きな事故や加害者がいるような事故の場合は、校長（教頭）と担任ができるだけ事故当日に訪問し、見舞うことが重要であった。」【1-③-1】「部活動顧問は、以前は部活休止日を設けることはけがにつながると難色を示していたが、過度な部活による疲労が原因と思われる来室状況を説明し、休止日を入れる必要性を繰り返し言い続けました。今は健康を維持するためには休養が大切であるという認識が定着しています。」【1-③-2】

授業においても同様の視点が必要である。例えば、彫刻刀を使用する図画工作の授業で切り傷が多く出るような場合は、発生状況を教員と共有しけが防止のための彫刻刀の使い方を指導する等の対応が求められる。

3　学校における事故防止の対応

(1) 日常的な教員間の情報交換による事故の未然防止

子どもの安全や学校事故事例について教職員で事故原因の共有を行う。事故が発生した場合だけではなく、危険な遊び等のような未然防止につながることも含めて日常的に気軽に話題にし、教職員間で共有した事故発生要因から具体的に事故の未然防止につながる環境づくりの工夫をする。並木房子は次のように言っている。

「本校では、子どもが大きなけがをした時や、事故につながるような危険な遊びをした時には、必ず全職員に担任から直接報告がある。日頃からささいなことでも話題にする習慣があれば、日常的に注意を払うことができ、それは大きな事故を防ぐことができる。」【1-③-5】

(2) 事故発生時の要因等を教訓とした具体的な改善策

事故発生時には振り返りをし、発生要因をもとに具体的な改善をはかる。事故には至らなかったが、発生の恐れがある場合も同様に改善策を講じる。教職員間で話し合った方策は、子どもに徹底するよう協働で指導する。時には、事故防止のルールづくりをしたり、子どもの運動能力等も考慮した指導を工夫する。また、教職員の当事者性を持った危機管理意識と対応力を高める必要がある。

「休み時間のサッカーゴールの取り合いで、急いで校庭に出ることでけがをしたことを教訓に、先を争うことの

ないようにサッカーゴールの使い方についてルールを決め、徹底していくように対応した。」【1－③－5】

「食物アレルギーの子どもへの対応が煩雑になってきていた折、除去食の取り違えがおきた。たまたま担任が気づき事なきを得た。また卵の完全除去食の児童が給食のケーキの配膳の列に並んだのに栄養士が気づいてストップをかけることがあった。このような事故を防止するため体制を見直した。配膳の誤り防止のため調理と配膳時に栄養士が確認し、名札を付ける。まずは当該児童に除去食を渡してから全員に配膳する。担任は食事中、食事後に子どもの観察をする等の方策を考え実践した。」【1－③－7】

(3) 当事者である子ども自身に考えさせる事故防止策の効果

事故原因の確認では、事故の時に居合わせた子どもや当時者から状況を聞いて明確にし、未然防止につなげる。時には当事者である子ども自身に考えさせ、子どもの声を聞きながら子どもの視点での防止策を練る。子どもの視点は、現実に即し事故防止に直結するような具体策であり有効である。子ども自身が防止策を考えることで、事故防止への意識が高まるとともに、生徒同士で教え合い高めあうようになっていく。また、必要に応じて事故防止に向けて保護者へ説明し理解を得る取り組みを行うことも必要である。

「中学の体育祭の練習中の大けがを受け、けが予防をより効果的なものにするため、『競技別におきやすいけがと予防法を生徒に考えさせる』こととした。実際に競技を行ったことのある二、三年生は、細かい点に気づいて実際に即してまとめることができた。例えばリレーでおこりやすいけがは、カーブのところ。そこは、滑りやすいというようなことが出てくる。わかりきっている内容と思うのだが、生徒はあまり意識しておらず紙面に出すことで頭に残り意識するようだった。百足競争では、『足をつないでいる縄の所は靴下を厚くする』等の対策を参考にする生徒が増えた。けがをした一年生に、二、三年生がアドバイスする姿も見られて頼もしかった。ウォーミングアッ

プやケガ対策のストレッチ法の意見も入れて保健だよりを作成した。」【1-③-5】

⑷ 事故防止に向けた対応における配慮

事故防止のみを優先し、管理面だけが重視され、配慮が必要な子どもの教育活動の禁止事項が増えてしまう場合がある。配慮が必要な子どもの声を聞きながら、子どもの真の成長のためにどうあるべきか、疾病とともに自律的に生きていく自己管理能力を身に着ける教育的な観点を忘れてはならない。

「除去食を行うことは子どもにとってかなりの精神的負担になる。このことを心に留め、除去する期間がいたずらに長期化しないように、定期的に検査を受けてもらう。その上で、担任、栄養士・保護者を交えて『成長期の子どもに友達と違うメニューを出すことがどんな影響があるか？』等を担任の実感で語ってもらっている。」【1-③-6】「食物アレルギーの生徒に修学旅行中の別メニューや、万一のエピペン等の対応準備を説明した。すると、生徒から『別メニューではみんなと離れて一人で食べることになるのではないか』という疑問が出された。一緒のテーブルで食事ができることを伝えるとホッとしていた。」【1-③-7】

4 救急処置対応の場は子どもの健康認識を育てるチャンス

⑴ 救急処置対応の場を健康認識を育てるチャンスと捉えた保健指導

軽微な症状の場合は、子ども自身に来室前に自分でできる初期対応（水で洗う・冷やす等）について考えさせながら学ばせていく。回復に向けて自身ができる処置や日常生活での注意点についても、子どもの実態に合わせて指導していく。また、けがの処置の根拠と治癒過程について理解させ、自分自身の身体でおきていることを自覚させ言語化できるようにしていく。それらの過程は、子どもの自己管理能力を引き出すことになる。その際、一方的な知識の押し付けではなく子どもとのやり取りを通した指導を行う。身体でおきていることの自覚と体感、知識が合致して納得することで健康認識が生まれ健康行動をおこすことができるのである。そのことは、医療機関の受診で、自らけがの説明ができることにもなる。次の事例のように、けがの経験から自己の身体の主体性が育つことにもなる。

「健康な生活を送るよう、ひいては健康な体をつくるように健康認識を育てることは大変重要なテーマである。けがの予防や手当て・自己管理、睡眠・休養、食事、心の問題等、健康認識のポイントは様々ある。その中で緊急な『けがの対処』は、まさに健康認識を育てる絶好のチャンスだ。生徒一人ひとりに理解を促し行動できるような指導はどうあればよいか、生徒とかかわりながら考えてきた。緊急性が少ない場合、けがをしたら直ちに受診ではなく、『自分でできることは何か』『どんなことに注意する必要があるか』『受診の判断は?』を学ぶ絶好の機会。このことは不要な不安を取り除くことにもなる。」【1-③-2】

(2) 子どものニーズと教員のニーズの根拠を持った選択

教職員に対して養護教諭が専門的なアドバイスをするだけでなく、教育活動を進めるにあたり、生徒のニーズも考え、根拠を持った選択ができるように働きかける。

「運動が盛んな本校は早く部活に復帰したいという生徒のニーズが強く、『けがの回復』を待ちながら『運動の力の維持』『部活動への早期復帰』が課題である。そのようなニーズを大事にしながらも、生徒の将来を見据えた対応が重要。部活動の教員の方針も大事にしながら、養護教諭として生徒の身体の発達やケガの状況を説明し、生徒と指導教員の双方が根拠を持って考えて選択できるようにかかわることも必要である。」【1-③-2】

5　重大事故後の心のケアと対応による子どもの心への配慮

(1)　重大事故後における心のケアの重要性

死亡事故や子どもの自死等の重大事故が発生した場合は、教職員がスクールカウンセラー（ＳＣ）等の専門職と連携し、事故直後から子どもの心のケアを行うことが必須である。まずは、全体指導により事故後に起こりうる急性ストレス反応ついて、子どもと保護者の双方へ指導し予防的に対応する。同時に、出来事に直面する等で特にケアの必要な子どもへは、保護者との情報交換も含めて早急に個別の対応を行う。また、子どもの喪の作業にも寄り添う。「死」に対して混乱する気持ちにふたをせず、子どもとともに教師も「死」を語ることはその事故を乗り越えていくために必要である。丁寧な健康観察や保護者との情報交換を行い、子どもを見守りながら、心のケアのあり方についての根拠を持ってかかわり続けることが求められる。その点で次のような実践事例は教訓的である。

「事故直後、教育委員会からＳＣが派遣され『これから一か月位は、心が落ち着かない状態が続く。何らかのストレス反応が出て当たり前。感情をしっかり出させてあげ、否定せずに受け止めるという姿勢で接していくことが大切』というアドバイスをいただいた。全職員で共通理解し、全家庭へ子どもに表れるストレス反応例や心のケアについての文書を配布した。Ｗさんの学級担任は、『先生も、信じられず、悲しい出来事に混乱している』と素直に語り、『大きなことがあったのだから、心と体がびっくりして当たり前。いつもと違う自分になったり、体調不良になったりしても、おかしいことではないよ』と優しく説明していた。出来事の翌日、全校児童と教職員で、火葬場へ行くＷさんを乗せた車に黙祷をささげた。二日後には、全校での追悼集会で校長から出来事の事実が伝えられた。児童達は感情をしっかり出し涙した。子ども達には、ストレス反応がいろいろな形で出た。担任は保護者と丁寧に情報交換し私も常に気を配った。学校では不調を訴えることはなかったが、家では頭痛が続いたり、反対に、何事もなかっ

たかのようにゲームに没頭する等、いつもと違う子どもの様子について保護者からの相談があった。」【1-③-3】

⑵ 心的外傷後ストレス障害の調査とその対応

事故発生の一か月後にＰＴＳＤの調査でハイリスク者の把握を行い、対応することが必要である。全体に対しても、継続的な子どもの観察と対応も必要といえる。

「突然死から一か月後に、子どもたちにＰＴＳＤの症状が出ていないか、四年生以上の保護者を対象に調査をした。結果、対応の必要な児童はいなかった。しかし、クラスメートたちは、集中力の低下、疲れている等の項目が他の学年に比べて多かった。それでも、直後の混乱を乗り越えて、一か月かけて出来事を整理している様子だった。調査結果から、『学校としては引き続き心の状態に気を付けていくようにすること』とした。」【1-③-3】

6　養護教諭の自己研鑽による力量形成

養護教諭自身が自己の救急処置実践を振り返りながらまとめることで、よかった点や改善点に気づくことができる。また、養護教諭同士での学び合いで、自分だけの振り返りでは見えなかったところが見え、視野が広がり、ブラッシュアップしていくことができ、養護教諭としての使命感や意欲がさらに高まる。

Ⅰ-4　保健運営ジャンル

一　保健室運営の基本的な考え方

保健室実践の最後には、このジャンルの定義でもある「保健室」のあり方について述べる。保健室運営のジャンルで検討した実践記録は、一九八三年から二〇一六年に書かれたものである。八〇年代の「保健室閉鎖」を経た時代においても、保健室の存在意義が問われ、閉鎖に追い込まれる学校があった。ここで検討した記録は、養護教諭が「開かれた保健室づくり」のために奮闘した軌跡である。

八〇年代の子どもたちは、様々に生きにくさや成長発達における疑問、大人への不満、学びや人間関係のつまずきを抱えていた。友好恵は中学校における生徒の「荒れ」の実態を次のように述べている。

「喫煙、飲酒、無免許運転、夜間徘徊、性行為、染髪、ピアスなどの生徒指導上の問題を抱えていた。教師の威圧的な指導や体罰もあり、生徒も保護者もそれが学校の秩序を守っていく上での厳しさと受けとめていた（中略）一九九九年度は、前述の問題行動に加え、いじめ暴力、暴言、授業エスケープ、授業妨害を抱え、学校は生徒へどう向き合えばよいのか悩み、対応に苦慮する日々が続いた。問題行動を繰り返す生徒が組織化し、徒党を組んで傍若無人に暴れ回り、学校を支配した。教師の指示は通らず、些細なことから生徒と教師が衝突する場面が続発した。学校内は、生徒同士の荒れた言葉遣いはもとより、教師に対しても『死ね』『殺してやる』等の暴言、常習的な喫煙、飲食、校舎内外にゴミが散乱するなど、危機的な状況にあった。」【1-④-14】

1 「開かれた保健室づくり」という視点

八〇年代の学校では、社会構造の変化とその歪みをありありと映した子どもたちの「荒れ」が顕在化していた。子どもたちは保健室（養護教諭）を求め、メディアは保健室を「学校のオアシス」「駆け込み寺」と呼んだ。子どもたちが保健室に溜まることは、安全管理のうえで「保健室閉鎖」を余儀なくした。「保健室閉鎖」は当時の新聞記事にもなり「荒れ」の象徴となった。養護教諭は、保健室を「開放」「解放」するために、保健室は誰のための場所なのか、どのようなルールを設けるべきか、という運営のあり方について思案していた。河村圭子は、保健室は養護教諭の仕事の本質が現れると考え、保健室のあり方を次のように捉えた。

「学校の状況が保健室を閉鎖しなければならないほど大変ならば、どうして保健室に生徒が群れてくるのか、どうすれば保健室の正常な機能が果たせるか、全教員がとりくむ姿勢がないと、閉めたからといって解決できる問題ではないと思う。保健室はただの『室』ではなく、養護教諭の仕事の本質であるのだという訴えや、保健室の子どもたちの状況を丹念に知らせて行くことによって、職員の保健室に対する意識を少しずつ変えながら自分自身が成長していきたいと思った。」【1-④-2】

養護教諭は、子どもたちの事実と向き合い、保健室・養護教諭の役割について探究し「開かれた保健室づくり」に向けて尽力した。

2　保健室のあり方を考える視点

保健室運営の方針は、決まりきった設置基準や効率的な経営ではなく、養護教諭が子どもたちや教職員の現実と向き合うなかで具体的なものになっていく。

(1) 子どもの実態から保健室のあり方を考える

養護教諭は、日々の子どもたちの姿を通して、自分の仕事や教育観が見えてくる。海口富士江は「その子どもにとってどういう保健室空間になることが必要なのか考えながら働きかけてきたように思う」と述べる【1−④−18】。また、岡西知実は「人間の行動には必ず何らかの意味があり、なんとなくやって来る生徒たちも何かを求め、訴えている」と捉え、保健室の役割を明確にしていた。

「保健室では、心身の健康を守る事のできる逞しさを育てると同時に、ありのままの自分自身と向かい合い、自立への過程を援助する。それと並行して、担任や学年はもとより、全職員が『生徒一人一人が生き生き出来る場、学習に集中出来る場を保障する』という共通認識をもって取り組んで行かなければならないと痛感している。」【1−④−7】

(2) 子どもと教職員の声から保健室のあり方を考える

子どもたちの心情や困難さ、課題、家庭環境、友人関係、生活習慣、健康状態が、保健室のあり方に変化をもたらす。友好恵は、生徒と教職員にアンケートをとることで保健室運営の現状を可視化していった。

「保健室の在り方を考えるために、生徒・職員に行ったアンケートと保健室閉鎖から、今の保健室と私という養護教諭への課題及び学校が抱える課題が明確にされた。このことは、学校の中の保健室が生徒や職員にとってどうあるべきかを考える契機となった。（中略）生徒の思いをていねいに聴くことを大切にすることは必要だが、生徒達に寄り添いすぎて、担任や他の職員の思いを受け入れていなかったのではないかと気づかされた。そして、保健室での生徒の状況が職員に伝わっていないことがわかり、なによりも、私自身が生徒を中心として、職員とつながっていなかったことをつきつけられた。」【1-④-14】

友好は生徒と職員の声を聴くことを通して、保健室のあり方や保健室の役割を明確にすること、保健室でみる生徒の様子を表出した問題行動だけでなく生徒の願いや思いを一緒に、教職員・保護者・地域に向けて発信し続けることの必要性を見出した。日々子どもたちが保健室で過ごす意味を考え、保健室で取り組む実践を想定し、試行錯誤をしていく中で保健室の空間が形作られていく。

3　教育的な空間としての保健室づくり

養護教諭は保健室を教育的な空間として運営している。保健室実践は、ケガや病気など身体を入り口としながらも、単に処置や休憩の場ではなく、子どもの抱える健康や生活、学習、つまずきなどの包括的な問題解決を目指している。一人ひとりの成長発達に寄り添って問題解決する過程において、子どもの発達を保障し、自立を支援することが重要である。

⑴ 子どもの課題解決を支え発達を保障する

保健室は、安心・安全の基地であり、発達を保障する場所である。子どもたちは、自分を表現したり、他者と新たな人間関係を構築したりして、自らのアイデンティティを紡いでいく。海口富士江は保健室登校の子どもたちと向き合う中で、「安心空間」を前提とした「発達空間」としての保健室づくりを行なっていた。

「保健室では、教室とはちがって個々の子どもの状況に応じてこの学びを創り出していくことができる。その子どものかかえている困難や課題を見極めながら、個々のケースにあったかかわりを準備しなくてはならない。子どもが行動的になっていく前提として、保健室が子どもと親が生きづらさを安心して語れる安心空間になっていることが必要であり、保健室が安心感を育むことができる居場所になっているかどうか、養護教諭の教育観、保健室観が問われている。（中略）『保健室は居場所づくり』という言葉に込められていることは、保健室が発達空間として、ツールとしての機能の意味を含んでいるものであり、それを日常的にどう意識していくかによって実践の質と内容も変わってくる。」【1-④-18】

(2) 子どもをエンパワメントして自立を支援する

自立を支援するというのは、子どもたちを癒しや受容といったケアの受け手とみなすだけではなく、子どもたちを発達の主体者としてエンパワメントすることである。海口富士江は、保健室での子どもへのかかわりを、居場所づくりの段階、子どもの能動性を引き出す段階、子どもが発達主体となっていくような段階、自治と共同を学んでいく段階と、自立への道のりを分けて力を育てていくプロセスを整理している。

「保健室で養護教論は一人一人の子どもを受け止めていくことと同時に、その子どもと周りにいる子どもとの交流もつくり出している。また、委員会活動という自治活動を通して、全校に働きかける活動もつくり出している。（中略）その子どもにとってどういう保健室空間になることが必要なのか考えながら働きかけてきたように思う。個と個、個と集団というように、その子に仲間との出会いの場をつくりながら、自分は一人ではない他者（仲

間）とつながりあっている存在なのだという自己認識を育て、自己成長に向かうエネルギーを引き出してくることになった。」【1－④－18】

子どもが保健室に信頼を寄せ、自らの内面を開いて問題を乗り越え自立へと向かうためには、彼らの思いを受け止め、成長を見守ってくれる人がいると感じてもらえること、子どもとの繋がりを作り「信頼の糸を繋ぐ」ことが必要である。保健室は、養護教諭の信念によって何色にも変化する教育的な空間である。

二 「保健室運営」の方法と工夫

1 子どもの実態把握の方法

保健室運営の出発点は、養護教諭が、子どもたちの実態と向き合い、そこから子どもたちへの願いを持ち、保健室のあり方を考えることである。

(1) 子どもを受容する

保健室のあり方は子どもたちの実態を捉えることからはじまる。その大前提となるのが、子どもたちへの受容的なかかわりである。養護教諭が子どもを受容することで、はじめて子どもたちの現実や本音が見えてくる。子どもたちの実態をつかむためには、養護教諭が子どもたちのありのままの姿を受容する構えが必要である。小森あけみは「どんなことでも一旦受け入れる」と表現している。

「①保健室を求めてくる生徒はどんなことでも一旦受け入れてみよう。（中略）②心の垣根を取り除くことができ、本音が表面に出せるようにしていこう。③心の奥にあるわだかまりを自分で吐き出すことができるようになり、そこからちゃんと自分の思いを主張できる力を身につけるための手助けをしよう。そのためにちゃんと聞く耳を持とうと考えた。④保健室での取り組みを全職員が理解するための働きかけをしよう。」【1-④-11】

「子どもを受容する」とは子どもの声を聴くことである。それは単に傾聴するという行為ではなく、発言には表れていない子どもたちの背景を捉えていこうとする実践姿勢を指す。さらに子どもたちのありのままの現実を受容することは、子どもたちの生活や保護者をも理解していくことである。海口富士江は、保健室登校の子どもと向き合う中で子どもへの実践姿勢と保護者の受容を次のように述べる。

「保健室登校をしている子どもに日々向き合いながら、その子のかかえている困難や課題を理解し、その子が何を周りに求めているのか、言葉として表出されない心の声を聴きとり、今必要なかかわりとは何をすることなのか、一人一人の状況に応じて子どもと一緒に探していくことではないかと考えるようになってきた。（中略）保健室登校の子どもとかかわることは、その子どもだけでなくその親ともかかわらざるをえない。教室に入れない。登校できない状況にいたった経緯をたどっていけば、その子どもがこれまでどういう育ち方をしてきたのかという家族の中でのかかわり、どういう物語をこれまでつくってきたかという家族の問題にいきつくことが多いからである。子どもを通して保護者にかかわることで、これまでの子育ての中で弱かった点や家族の問題に気づくことがあるが、原因探しをするのではなく、まずは現実の子どもの姿、親の生活のありのままを受け止めていくことである。」【1-④-18】

⑵ 実態をつかむ

子どもの来室が、単純なケガや疲れなどの訴えに思われても、その訴えを、より広く構造的に捉える視点が重要である。高田百合乃は、「丸ごとつかむ」という受容的な実践姿勢から、富山芙美子は、子どもたちの困難さを生活背景や社会問題の視点から、子どもたちの「言葉や行動にかくれている」背景をつかむ「努力」によって保健室づくりを進めていった。

「養護教諭の職務とは一体何なのかと思い悩む日々が続いたが、ある先生との出会いによって私は道が開けたかのように感じた。六月末、初めてお会いした際にその先生は『養護教諭の職務は子どもの健康を守り育てること』だと教えて下さった。また、『子どもの心をとらえるには、子どもの背景を含めて丸ごとつかんでやること。一人の子どもの命さえも大切にできなければ、全校の子どもの命など大切にできるわけがない』などと語ってくださる先生は養護教諭としての誇りが満ちあふれているようだった。それからの私は、生徒の言葉や行動にかくれている背景をできるだけつかみ、受けとめるよう努力した。この子の家庭環境や家族構成は、生育歴は、学力は、担任との関係は、学級の中での位置は、とそれらをつかみながら生徒たちと関わっていこう。そこから保健室経営を始めることにした。」【1-④-3】

「からだの問題としてはアルバイトによる過労と生活の崩れからくる問題が大きい。格差と貧困が広がり、奨学金も少なく、学費も生活費も自分で賄う学生が多い。アルバイトは必然的に深夜労働となり、睡眠時間が四～五時間で過労死寸前という学生が多数いる。加えて低賃金のためダブルワーク・トリプルワークで、睡眠も食事もきちんと摂れないまま、健康を損なって行く。さらに、性産業へと巻き込まれていくことで心もからだも深く傷をおっていく学生の問題もある。背景には、アタッチメントの未形成、自己決定・自己責任を貫く新自由主義社会の問題、格差社会と貧困の増大、人間らしい生活の崩壊、青年に職場と希望を与えない日本の社会の問題が見える。」【1-④-20】

このような視点は、子どもに課題を認識させ、支援していく際の鍵となる。たとえば「早寝早起き朝ごはん」を指導したとしても、実現できない家庭環境や保護者の労働状況があるかもしれない。個人の生活を個人の責任に帰すのではなく、家庭環境や社会構造まで想像して実態をつかむことが大切である。

海口は、保護者との会話から「テープをひっきりなしに切る音は、『テープを無駄にしている音』としか聞こえなかったが、母親からG男のいらだった気持ちの表れだったことを教えられ、G男の示す行動の奥にある気持ちを知ることができた。」【1-④-18】と子どもの内面についての気づきを得た。

また、子どもの思考を整理するためにノートに想いを綴らせたり、絵を描かせたりして、子どもたちに多様な自己内対話と表現方法を提示するという柔軟な実践方法が見られた。

2 「開かれた保健室づくり」の方法

子どもたちの実態を捉え、子どもたちが保健室で過ごす意味を考え、保健室づくりについての考えを明確にする必要がある。

(1) 保健室のあり方を考える

飯塚百合子は、「どのような保健室にしたいのか」ということを子どもたちに伝えるためにメッセージを発信した。「保健室は、みんなの部屋だから、怪我や病気の時しか入れない場所じゃなくて、相談や悩みごとがある時でも、何んとなく来たくなった時でも利用していいんだよ」そんなメッセージを子どもたちに送りながら、誰でも、いつでも来ていい場所としての位置づけから始めなくてはならなかった。（中略）教室でも子どもの訴えに対し、自分の体としてとらえられる、決められる大事な場面として対応して欲しいという願いや、体感の育成をめざして自立

への働きかけについてなど保健室の願いを伝えたいと思った。」【1-④-8】

富山芙美子は、子どもたちが保健室を求めて来室する意味を考え次のように述べている。

「心に課題を持つ学生がなぜカウンセラー室などよりも保健室に向かうのか。それは心を病む大本に発達のしそびれや育ちそびれがあるからであり、医療的な要求よりは発達的な要求だからではないかと考えられる。養護教諭の行うケアと教育の本質は発達支援であり、そうした働きかけがいま求められているのではないか。」【1-④-20】

増田純子は、複数配置の学校において、互いの考えを出し合い、保健室のあり方や養護教諭の実践姿勢を探究することで保健室づくりの方針を明確にしていった。

「日々の保健室での対応一つひとつの歩調を合わせるためには、まず、二人の子ども観・養護教諭観・保健室観を出し合うことが必要となる。(中略)しかし、日々の対応一つひとつは、それだけでは食い違いが出てくる。同じ歩調で、対応するために、具体的には、保健室へ来室する子ども一人ひとりへの対応を『今の対応は良かったか?』『どうして、その対応をしたか?』と率直に検討しあったり『今は、○○さんは、特に支えが必要な時期かもしれないから、焦らずに関わろう』と、率直検討にしあったりと、二人のものにしていくよう努力を重ねた。」【1-④-17】

(2) 子どもに働きかける

ケアと教育を展開する場としての保健室づくりは、子どもたちへの働きかけを通して行われる。子どもたちと養護教諭の相互作用がそのまま保健室の空間を形づくっていく。富山芙美子は、来室する子どもが「心の安心安全の基地」を求めていると捉え「徹底した受容と傾聴、共感関係の形成」によって発達や自立に向かう基盤を形成すると述べる。

「事例のように保健室に来室する多くの学生の要求は、心の安心安全の基地・心のよりどころ・心の開放の場を得ることを求めているように思われる。アタッチメント形成の要求である。保健室における徹底した受容と傾聴、共感関係の形成のなかで、課題を持つ学生に本音を語らせ、心を開放させるという取り組みは安心・安全感を学生の心の中に作り出す。このことによってまずは学生の心が癒やされて行く。そして自分が傾聴されるに値する存在であるという認識を学生の中に作り出すことによって自己の存在感や自己肯定感を獲得することができ、発達的な変化を作り出してゆく基礎ができる。こうした中で自傷行為がなくなり、自分自身を見つめ始めることができていった。このことはケアであり即教育であるといえる。」【1-④-20】

高田百合乃は、受容と共感による実践を積み重ねる中で保健室がつくられていったことを記録している。

「子供の痛みに共感し、どんどん子供の中に入っていくと、子供は信じられないくらい素直な表情を見せてきた。（中略）そのうち、ラポートのとれる生徒が一人、二人と増えていき、グループの生徒たちにとっては、保健室は相談できる場所、心が落ち着く場所というイメージが多少定着してきた。（中略）また、自分たちが大切にされているという安心感があるため他の来室者に対しても気配りができるようになった。」【1-④-3】

このように、子どもたちのアタッチメントを形成して保健室（養護教諭）がいつでも安心できる居場所となること、子どもの発達の要求を引き出すこと、子どもに自らの課題を把握させること、保健教育を行うこと、などの働きかけを通して、ケアと教育の場としての保健室が形成されていく。

(3) 周囲の子どもたちに働きかける

養護教諭が働きかける対象は、一人ひとりの子どもたちだけではなく、周囲の子どもたち（集団）に及ぶ。海口富士江は、保健室で子どもの自立支援や自治活動を展開した。保健室が人間関係を紡ぐ空間として機能するのは、養護教諭が意図的に委員会活動や保健室登校の自立支援を展開しているからである。

「保健室で養護教諭は一人一人の子どもを受け止めていくことと同時に、その子どもと周りにいる子どもとの交流もつくり出している。また、委員会活動という自治活動を通して、全校に働きかける活動もつくり出している（中略）。個と個、個と集団というように、その子に仲間との出会いの場をつくりながら、自分は一人ではない他者（仲間）とつながりあっている存在なのだという自己認識を育て、自己成長に向かうエネルギーを引き出してくることになった。」【1－④－18】

3　保健室からの協働づくりの方法

教職員や保護者、学校医、地域との協働によって保健室のあり方が共通認識されていく。養護教諭が発信することで保健室を開き、子どもたちの実態や課題、保健室の願いを共有し、保健室での教育的な実践を全校のものにしていくことができる。

(1) 保健室の実態や運営方針を発信する

「開かれた保健室づくり」には、養護教諭が保健室運営や子どもたちの実態について、発信していくことが重要となる。友好恵は自分からつながりを求めていくことの重要性を次のように述べる。

「保健室から見た生徒の実態や生徒の声を発達の視点から捉え、生徒の言葉の裏にある願いを学校全体へ、子どもたちの表現した言葉や様子で発信しつづけること。（中略）学校の中にある保健室であることを常に自覚し、組織の中で養護教諭として、今、どのような役割を担い関わっているのかを見極め、どこへ誰に働きかけていくことが最良の方法か見抜く力が必要であること。（中略）自分自身の在り方や養護教諭としての在り方を発信し、自分

自身がつながりをもとめていくことである。」【1-④-14】

発信の方法は、毎月の保健室利用状況を作成したり、教職員向けの保健室便りで子どもたちの個別具体的な事例を発行したり、職員室で子どもたちの話題を持ちかけたりと様々である。養護教諭は、保健室の内と外との架け橋を作り、子どもたちの代弁者となって、保健室の外に発信している。

(2) 教職員・保護者・外部と連携する

「開かれた保健室づくり」には、信頼関係を基にした教職員・保護者・外部との確かな連携も必要である。「開く」ことができるのは、相手への信頼や期待があるからであり、そのためには自分とは異なる相手の立場を理解し、尊重することが求められる。高田百合乃は、保護者との連携、担任との信頼関係を作ることが重要であると述べ、保健室を「オープンにするよう努める」と述べる。

「●生徒―担任―養護教諭のパイプは取れつつあったが、保護者とのパイプが今一つとれていなかった。特に問題生徒の保護者とは担任とともに十分共通理解を得るよう連絡をとること。

●生徒―担任―養護教諭の信頼関係がくずれると、荒れた状態では保健室経営が成り立たなくなる。普段から保健室をオープンにするよう努める。」【1-④-3】

子どもたちの健康実態から課題の解決に取り組む中で、保健室の役割が教職員・保護者に根付いていく実践記録もあった。たとえば、学校保健委員会のテーマの中で子どもたちの心身の健康実態を組み込んだり、保護者とタイアップした取り組みで本音を語り合ったりして、信頼関係を深めていく。保健室にいる養護教諭の教育観や願いを発進し、保健室の役割を位置付けることで、保健室の内と外が連携して、子どものケアと教育を包括的に展開していくことができる。

Ⅱ　健康教育実践ジャンル

養護教諭が実践的に追究してきた仕事のうち、主に保健室という場で行ってきた取り組みを束ねたのがⅠの「保健室実践」ジャンルである。このⅡの「健康教育実践」ジャンルは、健康や性に関わる課題を個別の指導ではなく、一定の集団を対象にしたり、学校ぐるみの課題として実践した取り組みを対象にしている。

今回「健康教育ジャンル」は「保健教育」「性教育」「保健の教育課程」の三つの小ジャンルに分類しているが、それらは健康に生きる課題・性を踏まえて生きる課題を教育的な取り組みとして実践した事例とそうした課題を学校ぐるみで取り組むためにカリキュラム化を試みた実践をまとめたものである。

それらの実践が、この四〇余年の間に公表された記録をどれだけ拾い出し、それらをどう分析して検討したかについては、それぞれの小ジャンルの前文のところで提示させてもらうことにする。

Ⅱ－1　保健教育実践ジャンル

学校での保健教育には、主に担任（小学校）や保健体育科の教員（中学・高校）が行う教科の保健学習と養護教諭や担任が行う特別活動等での保健指導がある。近年、こうした教科保健（保健学習）も教科外の保健指導も総称して「保健教育」という用語に統一され使用されるようになったが、ここでは後者のとりわけ養護教諭が軸になって行ってきた実践記録を分析したものである。ただし、保健室等で行った個別の保健指導は含まず、クラス単位や全校集会・課題別の小集団を対象にした学習指導について取り上げている。

また、この養護教諭による保健教育ジャンルの実践には、その指導のねらいから大きく二分できるものであったことから、二つの小ジャンルに分けて分析・検討することにした。どちらも健康に生きる主体形成を意図しながらも、片方は「しっかりとした認識形成」に主眼を置いた取り組みであり、もう片方は一定の理解を踏まえながらも「健康・からだ・生活づくり」に主眼を置いた取り組みである。

分析対象とした実践の選定とその特徴

前者（認識形成を主眼にした実践）は、抽出した一七六本の実践記録を一定の選考基準（①子どもの実態と指導目的・課題が明示されていること、②学習指導の内容や工夫、展開過程が明示されていること、③その指導・学習での子どもの変容過程が描かれていること）に基づき複数人で評定し、六〇本を分析対象実践に選定した。その内容は多様であるが、子どもの健康実態と関わって様々なからだのしくみや働き、そのすばらしさ・大事さに注目させる取り組みが多かった。後者（健康・からだ・生活づくりを主眼にした実践）は、五七本抽出した実践記録中三〇本を同様の選考基準で評定し、分析対象の実践とした。その内容的特徴は、ねらいと関わって肥満指導や生活リズムづくり、食や排便指導などが多かった。

こうした保健教育実践は、両方を含む抽出実践二三三本を見る限り一九七〇年代後半に増え始め、九〇年代に最も多くなり、二〇〇〇年代に入り減少してきている傾向があった。

一　養護教諭の行う保健教育実践の基本的な考え方

1　子どもの健康実態・課題を踏まえた、「願い」のある教材化と授業づくり

(1) 分析対象とした実践群にみる当時の子どもの健康状況と、その実態からの願い

一九七〇～八〇年代以降になると、保健室に持ち込まれる子どもらの健康問題が、旧来の感染症的なものから生活変化による体調不良的なものへと多様化したが、健康の自己管理意識の薄い実態があり、「自分や仲間のからだを主体的に守り・育み合う子ども」を育てたい、という願いが養護教諭に広がっていった。

敗戦のどん底から這い上がり、一〇年余り経った一九六〇年代に最盛期となる高度経済成長政策の過程で、国民の生活環境が一変していき、その影響下で、子どもの健康にも様々な負の変化が急速に生じていたのだった。食生活が変化し、甘いおやつ類や糖分・脂肪成分の多い食品、カップ麺等のインスタント食品、コーラ等の清涼飲料水が多く出回った。また家電製品やテレビ等の普及、自動車等の乗り物の普及で生活は便利で楽になったものの、野外での体を使った遊びや運動の不足による体調不良も多くなった。つまり、子どもの健康問題には、虫歯や近視、肥満、姿勢悪化による脊柱の湾曲（側弯傾向）等が急速に増え問題視された。

そして、こうした急激な生活の近代化は、夜型の生活リズムをもたらし、睡眠不足や朝起きられない子を増やし、体調不良（自律神経失調による起立性調節障害等）の子どもや風邪の引きやすい子など、保健室に心身の様々な愁訴を持ち込むようになっていった。朝食抜きや排便をしてこない状態で登校し、学校で体調を壊す状況なども広がっていた。

当時の養護教諭の間では、こうした急激な生活の崩れが問題視され、規則的な生活習慣を徹底するため、「生活点検」運動の取り組みも広がったが、基本的な生活行動を実行させる工夫だけではだめで、そうした生活が自身の健康状態とどう関わるのかを考えさせ、自ら納得して自分の生活やからだを立て直す力を育てなければならないのではないか、という議論が養護教諭の間でなされ始めていた。ただ、七〇年代までの指導は、教科保健でも「生活化」「行動化」という健康生活の実行主義的なねらいや指導が主流であったため、「子ども自らが納得して主体的に生活行動を変えていく」指導に十分にはなり得ていなかった。

とはいえ、こうした急激な時代状況の変化の中で、養護教諭の実践（学習・指導）には、そのねらいとして「子どもの現実と課題性」に対して、その意識や認識を変えることこそ重要と考える取り組みと、健康なからだや生活づくりの意識を育みながらも、やはりその実行力をこそ育みたいとする取り組みの両面があった。双方の実践は共に、認識形成と実践力の育成の両面が、健康の自立には必要としているものの、その主眼点をどちらに置いているかという相対的な差違がみられた。その主眼の起き方の違いは、養護教諭の実態に対する思い（願い）にもよるが、同時にその現実の健康課題性（緊急性や当面性）の違い、にもあるように感じられた。よって実践報告には、その題材や教材化の内容によってもその両面の傾向性があるように思われた。

目や歯などのからだを扱う教材では、「それらの役割と機能のすばらしさを学ばせ、その器官を大切にする子どもにしたい」といった目標を立てることが多く、発熱やアレルギーなどの病気を扱う教材では、「どうして熱や症状がでるの？」という観点からまずは理解・納得を優先させる取り組みになるのに対して、肥満や姿勢、夜更かし・排便等では、「からだづくり・生活づくり」に結び付けたいという意識が強く働くことによるものだった。

(2) 観点の違いによる双方の代表的な実践事例の紹介とその特徴

①「認識形成を主とする保健教育」ジャンルの実践例として

雑誌「保健室」の創刊号（一九八五年）に掲載された庄子ひろみ実践（「人間のからだってふしぎやねぇ」）では、これまでの養護教諭の保健指導は「**こうしたらこうなるからこうしなさい式の指導になっていてそれでは、答え（やること）がわかっていて聞いてくれない**」との思いから、「**子どもが興味を示す楽しい指導をしたい、習慣形成的な行動変容を直接ねらう躾的な指導でなく、子どもが学びの主体になるような指導をしたい**」と考えて取り組みを行っている。こうした、子どもを学びの主体として捉える保健指導観は一九七〇年代半ばから始まり、八〇年代に広がって行った。この庄子実践はその八〇年代初頭の取り組みである。

彼女がそうした保健指導観を持つに至ったのは、「**教師の仕事はまず子どもの顔と名前を知ることから**」と大規模校でありながらできるだけ多くの子どもと接したいと考え、月一で保健室での体重測定の時間を確保して、その半分の時間を常に「からだのお話」に当て、からだや健康に関する不思議やすばらしさを語る指導をしたことにある。また、彼女は、発育測定や健康診断時での対話や、保健室に来た子どもたちの様子・会話から、「**からだのことが話せない、からだの部位の名称も言えない、働きもつかめていない**」「**生活のことも健康と関わって話せない**」「**十分眠らずに、テレビでからだを粗末にしている**」「**厚着が多く、すぐに風邪をひく欠席が多い。体を粗末にしている**」等々のことを実感し、何とか自分の体や生活と対話でき、自己コントロールできる子にしたいと思っての様々な取り組みであった。

躾け的な指導ではだめで、むしろそうした指導を行ってきたことが、こうした自分で何も考えない子にしてきたと思い、からだに焦点を当てて、「**からだってすごい！**」という反応が返えってくるような「**子どもがからだや健**

康に興味を示す楽しい指導をしたい」と考えたのだった。

そして、月一で各学級ごとに行っている保健室での体重測定時に、測定を一〇分程度で済ませ、残りの時間（二〇～二五分程度）「子どもたちと表情もわかる距離で反応を見ながら話ができるからだの学習」をさまざま工夫しながら実践したのだった。そうした取り組みで、「からだの不思議」や「からだのすばらしさ・大事さ」をつかませながら「子どもが学びの主体になる指導」を意識して取り組んだのだった。その中身は、歯・目・骨・血・脳・ウンチ……等々の具体的なからだの役割を驚きを持って学ばせ、その機能が立派に働いている状態が健康なのだと感じられる指導を継続的に行っていったのだった。

そうした学習にするために、まず彼女は「**からだや健康に関する子どもの体験を掘り起こし、意識させ、発問を考え**（例えば「どうして甘いもの食べるとむし歯になるの?」「どうして暗いところで本読むとダメなの?」「どうしてウンチにはかたいのややわらかいのがあるの?」など）、それを学ばせるために「**文献を調べたり、深い教材研究をしたり、他の研究授業や実践をあさったりの工夫**」を行っている。そして、「**自分がまず魅力を感じた素材を扱い**」「**自分が〝からだってすごい〟と感動したことを話すようにしている**」と述べている。

また、「**からだのすばらしさを実感させる学び**」にするには、「**できるだけ本物や手作り教具を提示する**（骨、歯、血液など）」「**五感で確かめることや、本物かそれに近い教具を準備する**」「**考えさせる発問や子どもの考えや思いに揺さぶりをかける工夫をする**」「**話しに使える資料を探し、身近な体験的な事実・本当にあったことを準備する**」など、からだや健康への関心を引き出すさまざまな工夫を凝らした取り組みを行ったのだった【2-①-1-2】。

②「健康・からだ・生活づくりを主とする保健教育」ジャンルの実践例として

東京の養護教諭の松尾美津枝実践は、一九七九年に東京の小学校に赴任し、その冬には集団風邪の発生があり学級閉鎖が続出で、授業にならないという教員たちの苦情が起こり、子どもたちのからだの弱さや日常生活のあり方に問題があるのではないかと話題になったのが発端だった。その前年、日本体育大学の正木健雄氏が行った調査結果がＮＨＫテレビで放映され話題になった「子どものからだのおかしさ」の番組を見て問題意識を抱き、同じ調査を自校でも行った。その結果、全く同じ課題が浮き彫りになる。「姿勢グニャ」や「側湾傾向」などがあり、何となくからだがひ弱で元気がない、「朝からアクビや目がトロン」など、夜更かしで朝起きられない子どもが多かった。そこで、生活指導部と健康指導部で話し合い、「からだづくり」と「生活づくり」の二本柱で、子どもたちをはつらつとした姿にすることを職員会に提案し、取り組むことになった。

「からだづくり」に関しては、『『良い姿勢づくりのために、背筋力を高めよう』、学年によってはハダシ運動や清掃活動による筋力づくりなどに取り組んだ。同時に、その取り組みを進めることと併せて、担任たちが『姿勢の大事さ』に関連して、筋の緊張と脳の関係などを事前に学び合い、そのことが遊びや生活、学習意欲とも関連するとの立場で保健指導を行った」というのだ。

「生活リズムづくり」に関しては、「健康指導部で検討して挙げた睡眠、食事、排便、テレビ視聴、外遊び、家庭のお手伝い、の項目を入れた創意ある生活リズム表を学年毎に作成し、それに基づいて長期休業中やその前後に指導・実践活動を行う」ことを実行したのだった。この「体づくりと生活リズムづくり」の取り組みは、その後も継続して実施され、特に「からだづくり」の面では、学校の遊具を用いた遊びの中で、筋力や柔軟性を高める活動ができるように、担任たちが工夫して実施していった。

また、継続しての五年目には、「以前から隔月で実施していた発育測定終了後に、一〇分間程度の短時間で子どもの気になる体のことについて講話を行った。そして、翌年は、発育測定終了後の指導を充実させようと健康指導部で話し合い、各学級一時間で発育測定と保健指導をする時間を取る」ことになり、養護教諭が「健康な生活をするために分かってほしい身近な内容を取り上げての保健指導を行う」ことにしたのだった。さらにその翌年も継続してほしいという教職員の声に、「健康指導部で、低・中・高学年別に月毎の保健指導計画を立て、養護教諭が隔月で実施し、その間の隔月には担任が保健指導をする」ことになった。このように年数を重ねるうちに、教職員の間に認識を高めるための保健指導の必要性への理解が広がっていった。これは、「一つには養護教諭が独自に進めてきたのでなく、常に健康指導部という組織を活用してきたことであり、もう一つは、養護教諭が繰り返し指導することを通して、子どもたちが自分の体に関心を持つように変わってきたことと、それを教職員が身近に実感できたことによると思われる」と報告している。そのことは、毎回書かれた子どもの感想文に、「体について知らなかったことを知ったという喜びやもっと知りたくなるとても楽しい授業だった」と多くが書いていることに表れている【2-①-2-6】。

2　養護教諭の抱く保健教育観（授業像）が子どもの学びをつくる

(1) 分析対象の実践群にみる「納得ある学び」をくぐり、からだや生活の主体にはぐくむ授業像

こうした実践群にみられる指導の特徴は、「子どもを指導の対象」とみたり、「からだ・生活を対処の方法」と捉えるのでなく、「子どもを学習の主体」「からだ・生活を自己変革しうる能動的課題」と捉えることが重要である。つまり、子どもたち自身が、自分の健康状態に気づき、その改善のためにはからだのしくみや機能を知り、自分の生活や行動をどのように改善すべきかについて、自分で納得しうる学習過程を経ることが大事ということを、実践者は取り組みを通して感じるようになってきたのである。

子どもを健康の主体に育むには、生活経験的な事実による問い（甘いものを食べるとどうして虫歯ができるの?、風

邪を引くとどうして熱が出るの？等）を投げかけ、それを理解させるための「からだの科学」をくぐらせながら、子どもらが納得し、「なるほど！」と思えるような学びを構想する授業過程づくりが必要ということが、養護教諭にも広がり始めたのだった。

分析対象とした実践報告の多くには、そうした「なるほど知」が生じるような「**根拠となる科学的知見をくぐり、子どもらが納得する学びになる学習過程を仕組むこと**」であると実践を踏まえて論じている。また、納得を育むには、「**科学的知見を踏まえるだけではなく、からだの感覚や実感、生活と生き方の感覚にも触れさせる必要がある**」とし、五感を働かせた実感の伴う学ばせ方をも主張している。そして、「**子どもが納得する指導になるためには、それ以前に指導する教師が納得し、感動や心が動く実感の伴うものになっていることこそが大事である**」との指摘も、実践を追究してこその教訓として述べている。

(2) この観点からの代表的な実践事例の紹介

①「認識形成を主とする保健教育」ジャンルの実践例として

本実践は宮城教育大学附属中学校の養護教諭だった高橋清子の数年にわたる取り組みである。中学校で保健室の来室で多いのは、不安顔で「先生、熱があるようです！」とやってくる生徒たちである。そして、その場合すぐに薬で対応しようとする。だが、「**風邪を引くとどうして発熱が起こるのかは疑問に思ったり、考えたりすることはほとんどない**」ようだと感じるようになる。そこで、彼女は、次のような発想でこの教材研究をし、授業案づくりを考え、実践を行っている。教員志望の実習生にもこの意味を語っている。

「**世界で体温計が開発されたのは一九世紀らしいが、それ以降、『熱がでる＝体温上昇』の現象は、『悪いこと』と考えられるようになった。しかし、医学の進歩で発熱研究が進んだ近年では、『発熱は細菌やウイルスの増殖を**

抑えるための防衛作用（免疫機能の一つ）として正常な生体が起こしている必要熱』であることがわかってきた。

日常の子どもたちの来室時の状況から、不安そうな子どもの対応を変えるには、自分のからだに生じている現象と科学的な知見を出会わせ、からだの科学をくぐらせる必要があると発想し、教材化を考えた。」

子ども時代は親の言うままに体温を測り、判断に従ってきた生徒たちだが、中学生になり親の手から離れて自立していく力を育むことの一つとして、発熱の学びを位置づけたのだった。

本題材では、次の三つを「身につけさせたい力」としている。①課題を自分の経験と照らし合わせながら、具体的に考える力。②からだの仕組みを自分の経験をもとに、科学的に考える力。③見方・考え方を問い直し、理解したことをもとに、日常生活で実践できる力、である。

「実践では、まず、自分たちに体温があることを確かめるために、自分の腕や額に手を当てさせたり、友達同士で確認させ合ったりした後、教科で学んでいる体温がどうしてあるか、恒常性の原理を確認する。そして、その平熱はどういうときに上昇したかの体験を問い、思い出させる。そして、『風邪を引いたとき』を取り上げ、『どうしてウイルスが体内に入ってくると発熱するのか？』を中心発問として展開していく。ただし、その発問だけでは考えが展開しないことを予想して、選択肢を①ウイルスが熱を上げた、②ウイルスと体がたたかっているから熱がでる、③体がウイルスをやっつけようと熱を上げた、の三つを掲げ、予想させて意見を言わせた。案の定、②が最も多く、次いで①、③は若干いたが最も少なかった。こうした議論の後で、免疫の仕組み（次時の学習・免疫細胞による抗体反応）が働く前にウイルスの増殖や作用を抑える為に体が対応している必要熱であることを学ばせたのだった。生徒たちの授業後の感想文では、『体ってすごくうまくできているなと思った。ばい菌にも適度な温度ってあるんだ、だから体が上げているのかと納得した。』『日頃、体温の上がり下がりなどには全然関心を持たなかったけど、こうして学んでみると大事なことなんだとわかった』と言うような反応を多くの生徒が示した。」【2-②-1-21】。

②「健康・からだ・生活づくりを主とする保健教育」ジャンルの実践例として

次に示す岸恵美子の実践は、自然豊かな農村地区の小学校での肥満の子ども対応の取り組みである。ただ、子どもたちの多くは自然の中で体を動かすことのない生活を送っており、健康課題についても、他の地域と変わらず、う歯、視力異常、肥満、生活の崩れによる不調などが多くある。特に肥満については、全国平均と比べて割合が高く、改善への働きかけが必要な状況であった。実践者は、このような子どもたちを見ていると、「**もっと人間らしく、いきいきと働くからだや心を持った子どもに育てたい**」と思う、と述べている。

そして、肥満の子を何とか改善したいと思ったが、ただ集めて運動させるだけの活動では、子どもたちが意欲的には取り組めないと考え、指導に当たって次の三点を中心にしたという。一つ目は、この取り組みを「からだのバランスづくり」という名称で、学校・家庭全体のものにしていくこと、二つ目は、子どもが主体的に取り組めるような指導の工夫をすること、三つ目は、親や教師、子ども集団からの励ましの中で頑張る意欲を持たせること、だと考えた。子どもが指導されるだけでなく、自ら主体的に肥満を克服し、からだづくりに励む子どもを育てることを目指そうとしたのである。実際の指導は次のようである。

「最初に職員会議で肥満児の状況、指導の意義を説明するとともに、具体的な指導の在り方を提案し、教職員全体の共通理解を図った。次に、家庭には『保健だより』を通して、肥満児の実態を数回にわたって報告した。さらに、参観日の後に肥満の子どもの保護者に集まってもらい、肥満指導の必要性と家庭での役割、子どもたちの具体的な取り組み方を説明して資料を渡し、家庭の協力が得られるようにした。そして、いよいよ第一回のからだのバランス教室を開催した。

最初に子どもたちが太っていて困ることを発表し、その後、自分の身長に比べてどのくらい体重が多いのかを算出し、自分の多い体重分の水をバケツに入れて持ち重さを実感した。子どもたちは、こんなに重いものを持っていたら何も持たない友達に比べたら走るのが遅くなるのも当たり前と納得していた。さらに荷物を運ぶ機関車に自分を例えて、カードのイラストの機関車の減らす荷物に色を塗り、視覚的に訴えるようにした。

そして、肥満を改善するための具体的な運動と食事の仕方についての説明を聞き、一人一人が自分のめあてや分かったことなどをカードに記入した。第二回のからだのバランスづくり教室では、これまで取り組みを振り返り、よく頑張った子には拍手を送り、頑張りを認め合い励まし合った。そして、からだが太っていると体の中にも影響があることを、血管の壁の写真を見て学び、今後の取り組みへの意欲をもてるようにした。」

また、学級の仲間や学級担任から、からだづくりで頑張っている子を励ます機会を作ったり、養護教諭がきめ細かな一人ひとりへの指導と励ましを継続したりしている。これらの取り組みの成果として、肥満を克服した子どもが数名出てきたことや、ローレル指数が下がった子どもが大半を占めたことだった。これは、養護教諭が健康な子どもに育ってほしいという願いを持って、教職員や保護者の協力を得て取り組みを進めたこと、子ども自身が自分の過体重を実感し、自ら変わろうという気持ちが持てるようになったこと、周りの励ましで取り組みを継続することができたこと、によるものと考えられる【2-①-2-7】。

3　自立と共生を育む観点からの保健の指導をどう生み出すか

(1) 分析対象の実践群にみる子どもの健康に関する「自立と共生意識」を育む保健の授業像

一九八〇年代半ばの養護教諭の保健教育実践では、「自分のからだだけでなく仲間のからだ、集団の健康にも目を向かせていく必要」があると考える実践が多くなった。その状況を考えると、この頃の子どもたちの間には、いじめや荒れが広がり、関係性の悪化や孤立化の背景が、こうした共生の観点を養護教諭に抱かせたのだと思われる。

そうした共生観を鮮明にした実践は、「一人の子どもの健康問題を、クラス全員でその事実を学ぶことにより、**からだ・健康問題を仲間と共有していく**」取り組みに結実していく。佐藤美代子実践【2-①-1-9】では、クラス（5年生・四四人）に喘息で入退院する子が何人かいて、クラスの仲間がある子に対して「また休みよる」といっている状況を察知した養護教諭が、担任と協力し「支援し合う関係づくり」の保健指導を試みたのだった。気管支喘息の学習を教材化し、呼吸器のしくみや働きと呼吸の大事さを扱う過程で、喘息の苦しさ（気管支の筋が収縮し、空気が十分吸えない状態をストローで鼻をつまんで全員に呼吸させる）を疑似体験させ、共感させる等の工夫を行っている。

齋藤慶子実践【2-①-1-12】では、アトピー性アレルギーで苦しむ真美子の問題を個別指導で済ませず、クラスでの集団指導で、いのちと健康を守り育て合う共生意識を育てようとした。担任が手の皮膚の荒れがひどいので個人的に「雑巾がけを免除」していたが、クラスメートから嫌がらせを受け、保健室で辛さを訴えたことがきっかけであった。個人的な保護や支援だけの指導ではダメと考えた養護教諭が担任と話し、アレルギーの「からだの学習」に取り組む。一人の健康課題を持つ子どもに、本人の自立を励ますと共に、それを励まし、支援できる共生関係を育てようとした。それは、辛い子を援助してあげるというより、一人の子どもの事実を学ぶことで、他者（クラスメート一人ひとり）が誰もがなる可能性のある病気であることを意識させ、人間としての生き方を学ばせる取り組みであった（この実践は、第3章の典型実践で紹介し・集団分析している）。

こうした実践は、本人の健康の自立を促すと共に、仲間を支援者としての「健康の連帯性」、つまり共生感覚を育むと共に、そうした感覚が育つことで自分自身の健康自立に繋がり、同時に人間としての人格を育むことにも繋がるといえる。

(2) この観点からの代表的な実践事例の紹介――「認識形成とからだづくり・共生関係を総合的に意識した保健教育」の実践例として

佐藤美代子実践は、高度肥満の女子児童（四年生）の自立を励ますとともに、クラス仲間に支援者としての意識を育むとともに、クラスメートたち自身のからだや健康にも自立を促したいとして取り組まれた実践である。太っている子ども対策として、一時そういう子どもだけを集めての「肥満教室」という取り組みが養護教諭の間でよく実施されていたが、いじめ時代におけるプライバシーへの配慮から行わなくなっていたように思われる。そういう状況の中、担任と連携し、学級づくりの一貫という観点からの取り組みであった。

女児の家庭での育ちや姉妹関係のことなどもあって、食生活や運動などの生活コントロールができず、高度肥満になったHさんの自立心を育み、クラスメートからの支援が得られるよう、「心臓の学習」を皆で勉強させようと考えたのである。

「校内マラソンをひかえる状況下なのに父親の車で登校したり、朝のマラソン練習にはトイレで隠れていることもあった。自分の課題に向き合えず、幼児性を引きずった彼女に対して、何とか少しでも頑張る状況をつくり、仲間からもその姿を見て励まされる状況を生み出したいと考えた」のだった。そのために「心臓という器官の大切さと、その臓器の肥満による負担」について学ばせる教材づくりを行ったのだった。

「授業づくりの工夫としては、『目盛が前にある体重計に乗って針をよくみていると、わずかに触れていてそれが止まらない』現象を見せ、それはどうしてかと聞いてみる。つまり、心臓の心拍が目盛の振れになっていることから、心臓はお母さんのお腹の中で動き始めてから死ぬまでポンプ作用をしていて、働いてくれている。そのことにまず気づかせたいと考えた。そして、その上で、Hさんの『体を動かすしんどさ』をどう周りのクラス仲間に実感させるか、として『心臓は全身の細胞に血液を一時も休まず送り届けねばならず、体の大きい人ほど大変だし心臓も疲れてしまう』、ということを模造紙に人体の血液循環図を書いて説明した。『体の中の血の量は一升ビン三本弱、それが一分間でひと回りするぐらいの速さで全身をぐるぐる回っている』という話をし、大きな図に書いた血管の全身図をもとに『血液の旅をしてみよう』と投げかける。『走った後、心臓は、ものすごく早く動くので、脈も速いし、酸素を取り入れる呼吸も速くなる』と説明し、全員に自分の脈を測らせたり、砂を入れたリックを背負わせて教室を歩かせ、直後の脈を測らせるなど、様々な工夫をして実感させる取り組みを行った。」

この実践後、Hさんは一気には変わらなかったけれど、仲間の支援もあり、心臓病を抱える妹の気遣いをするようになったり、自分の体重が増えないよう保健室の体重計でよく測りにくるようになる等の変化が見られるようになった。また、この学習で、本人もクラスメートも、心臓のすごさに驚くとともに、その大切さを実感を持って学んだようである。また、クラスの仲間の中には、マラソン大会に備えての朝の校庭練習の駆け足の際に、彼女に付き添って走る子が徐々に増えてきたという【2-①-1-13】。

二　養護教諭が保健教育を実践するうえで大切にしてきた方法と工夫

二－１　保健教育実践小ジャンル（認識形成を主眼にした分野）の方法と工夫

1　保健教育における教材化の発想と授業構想の特徴

(1) 教材化の視点は、子どものからだ・健康の実態把握から生じる願いを出発点に

①「からだの学び」を軸にした自立の視点からの教材化

養護教諭は、保健室での応急処置のほか、発育測定や保健調査、委員会活動など、様々な機会を捉えながら子どものからだの事実に触れ、調べ、感じ、課題を見出している。そのような関わりを積み重ねる中で、からだを粗末に扱いがちな子どもたちの背景に、からだへの無関心があることを見出している。その姿を前に、からだのしくみやはたらきを教え、学ばせることで課題を改善したいという願いを膨らませている。

その気づきの機会の一つが、発育測定等の健康診断がある。「体のことや生活のことをきちんと言えない」「からだの大事な部位の名前も知らない」【2－①－1－2】、身長の伸びに伴い体重が増える「発育の意義に無関心である」【2－①－1－38、2－①－1－39】ことに問題を感じ、それが保健教育の実践動機となっている。

また、子どもの保健室への来室対応も、養護教諭の日常的な気づきの場となっている。例えば、「簡単な手当でも人任せで、自分にできる対処法を身に付けようとしない」子どもたちに、「症状（発熱）の意味を投げかけ、からだに治癒機能があることを意識させ、学ばせたい」という願いを抱き、生み出された「めんえきの授業」の実践【2－①－1－30】がある。姿勢の問題でも、その乱れとからだへの影響に無関心な子どもたちに接し、「自分の体（姿

勢）に向き合わせ、科学的に学ばせることで、その大事さに気づかせたい」と考え、「背骨の学習」の構想につなげた実践【2-①-1-36】もある。

さらに、子どもたちの健康課題を探るために、保健室に「相談ポスト」を設置し、からだや健康に対する意識や疑問を探ったり【2-①-1-1】、生活実態調査を基に、日頃の排便の実態から、「保健掲示」や「保健だより」を活用し、排便への意識を高めた実践【2-①-1-58】もある。

このように、子どものからだの事実を、様々な機会に、具体的に、深く捉えることが、「からだの学び」を軸とした教材化の発想につながっていく。

②「健康を守り合う」共生の視点からの教材化（一人の健康課題を集団で学びあう）

一人の子どもの健康課題であっても、他の子どもと学び合う価値がある場合、その子どもを支えるだけでなく、どの子どもにとっても大切なものとして学び合えるように教材化を図ることが大切である。そのため、子どもたちの素朴な疑問や要求を取り上げ、小集団や学級、学校全体で学ぶ価値のあるものにしようとする共生の発想と視点が重要である。

例えば、肥満のため、運動することが心臓に大きな負担となっている子どもの課題を、個別指導に留めず、「心臓の学習」として学級全体で学ぶ価値ある教材化に挑んだ実践【2-①-1-13】がある。学級の子どもたちは、「心臓ってすごい、一時も休まず働いている」と思えるような学習となり、「心臓に負担をかけない体にしよう」とする思いを抱き、その子どもを支え合う関係を生み出すことにつながっていった。また、重度のアトピー性皮膚炎に苦しむ子どもの健康課題を集団の課題と捉え、担任と連携してその子どもへの理解を促す学習を展開した実践【2-①-1-12、第3章の「典型実践」参照】もある。

これらの実践は、一人の子どもの健康課題を軸に学習を組織することで、その当事者の子どもの自立を励ますと同時に、クラス全員で支え合い、励まし合う関係性（共生関係）を育みたいという願いがそこにある。一人の子どものからだの事実は、人間のからだをより深く理解し、いのちの尊厳を学び、生き方を考え合うことにつながっていく。

③健康行動への意思形成は、「納得の伴う学び」を大切にした教材化の視点から

からだや健康に関する意識や認識の不足を感じた場合、からだや生活を自己コントロールする力を高めるためには、「納得の伴う学び」が不可欠であるという視点からの教材化が大事である。

例えば、発熱の際、子どもたちの多くが、不安そうに来室する。そういう子どもたちの不安を和らげ、発熱時の対応を意識化させるためには、「発熱の意味」や「自然治癒力」に関する理解が必要である。発熱で来室する子どもの意識を揺さぶり、それが免疫のはたらきによって起こり、自分のからだを守っているということに気づかせることを意図し、発問の工夫に軸を置いて教材開発をした実践【2−①−1−21】がある。その実践で養護教諭は、発熱のしくみを知ることは、「自分のからだを守り育てていく上での基礎的知識を得ることであり、将来、子育てや他者に看護をする際にも生きて働く力になる」と、学ぶ意義を見出している。

また、学校行事での登山の際、水を奪い合うように飲む子どもや「もう二度と山登りは嫌だ」と話す子どもを前に、「水分補給の意義」の学習に挑戦した実践【2−①−1−18】がある。その指導での「からだの仕組みのすばらしさ・巧妙さ」を踏まえて「登山への意欲を引き出したい」とした観点の授業は示唆に富んでいる。

さらに、進路選択と生き方の壁に遭遇し、思い悩み不健康行動に走る思春期の子どもの実態（タバコ、シンナー、性行動など）を前に、その行為そのものを正す指導ではなく、発達期における「脳機能のすばらしさ」を科学的に学ばせることで「生き方と行動選択を見直させたい」という観点からの教材化【2−①−1−7】が行われている。この実践では、脳の仕組みと働きについての研究成果に基づいた深い教材研究が行なわれ、その事実についての理解をくぐらせることで「人間の可能性に気づかせ、自分を大切にする思いを抱けるようにしたい」と考えた教材化が試みられている。

他にも、思春期の子どもたちに生じる性的関心や動揺を受けとめ、それに応じた「発問の開発」による「いのちの誕生」を基本にした教材開発【2-①-1-51】がある。この実践では、からだの成長（二次性徴）と他者への性的関心（関係性）についての深い理解を期待している。

(2) からだの「すばらしさ」や「尊さ」を実感できる学びの構想

からだへの関心を高め、からだを大事にしようとする意識を育むためには、子ども自身が、からだの「すばらしさ」や「尊さ」にふれることが大切である。そのため、「生きているからだ」の事実や日常の体験に気づかせたり、具体的な生体観察や実験的活動を取り入れたりする工夫が有効である。胸（心臓部）に耳を当てさせたり、聴診器で心音を聞かせたり、脈や呼吸回数を調べさせたり、といった取り組みである。

こうした「生きているからだ」を実感させることを意図した教材づくりの事例は、「皮膚の大事さ」を体験や「もし皮膚がなかったら」の問いから考えさせる実践【2-①-1-48】や、「絵本の読み聞かせにより、からだのすばらしさを実感させようとした」実践【2-①-1-49】、「生きているからだ」「成長しているからだ」のすばらしさを実感させようと、心臓と骨に着目した実践【2-①-1-24】、子どもが拾ってきた動物の骨をきっかけにしての「生きている骨」の実践【2-①-1-53】、排便と体調の関連について体験からの学習を仕組んだ実践【2-①-1-59】等、様々に展開されている。さらには、手の清潔を実感的にわからせるためにヨウ素液を用いた「手洗い実験」の教材化【2-①-1-14】、などもよくなされてきた。

「生きているからだ」を実感させたいと「血のはなし」等、体重測定時のからだの学習をさまざまに構想し実践した伊藤由美子は、そのための一一の「教材化の原則」を提案している。それを紹介すると、①教師がメッセージしたい生き方を感じてもらう願いが入っていること、②自分のからだが実感できる五感を使った取り組みであること、③子どもの生活や健康実態の具体的事例が組み込まれていること、④手作りの資料・教具の工夫があること、⑤疾病が自己責任でない社会的背景と関連付けること、⑥「からだの学習」の視点からの資料準備を必ず行うこと、⑦他のすぐれた実践から学ぶこと、⑧指導の概要を教職員に伝え共有すること、⑨指導が家庭の話題になるように知らせること、⑩子ども・保護者に保健だよりで伝え返すこと、⑪自分を豊かにするために関連機関で常に学ぶこと【2-①-1-17】、を挙げている。

2 教材・教具の工夫と授業の組み立て

⑴ 教材研究の重要性・意義とそのあり方

①子どもの実態から健康課題を明確にし、学ばせたい内容を整理する

子どもたちの健康実態からその課題を明確にしていくことで、学ばせたい教材が生み出されていく。そして、その内容や方法が吟味されていくことになる。その作業過程では、はじめは不鮮明だったとしても、専門書で科学的な事実を学んだり、関連図書で疑問を調べ払拭したり、関係する先行実践に触れたりすることで、子どもの健康課題と学ばせたい内容が明確になっていく。そこに、教材研究の意義がある。その際、子どもに伝えたい、学ばせたい内容が、子どもに関心をもたせ得るものであるか、身近な事実や事例、体験などと結び付けながら興味を抱かせうる方法になっているかなどを意識すること【2-①-1-2】、が大切である。

②子どもに伝えたいことを明確にする

教材研究は、教師自身の学びを豊かにしていく。そのことにより、子どもに伝えたいことが明確になっていく。そうした教師の学びの豊かさにより、「子どもの関心をひきつけられる具体的な話題」や「子どもの考えを深めさせる問い」の準備につながっていく。一例として、健康診断前のミニ指導の際、教材研究によって教える内容を精選した実践【2-①-1-2】では、「子どもを引きつける教材と発問を準備して臨む」ことの重要性が指摘されている。

(2)「納得」と「実感」の伴ったわからせ方・学ばせ方の工夫

①生活や体験から疑問や気づきを誘発し、「からだの科学」をくぐらせながら納得に導く発問の工夫

より深く、自覚的にわかるためには、発問（教師から子どもへの問いかけ）が重要である。自分の生活とからだ、健康との関係に目を向けさせる発問は、それが子どもの内なる問いとなり、子ども自身の問いとなっていく。そして、その解決に向けた「からだの科学」との出会いを準備することで、「なるほど」「そうだったのか」と納得に導く工夫が生み出されてきた。

この点については。先に紹介した山梨【2-①-1-18】の登山前の事前指導や高橋【2-①-1-21】の発熱時の対応の実践がある。また、成長や健康に欠かせない「睡眠」は、眠って意識のない状態の身体に生じている機能についての学習である。そのため、それらを具体的に理解させることが難しい教材でもある。その「睡眠と健康」について科学的に学ばせるために、はじめに、充分睡眠をとったときとそうでないときの体験を想起・比較させながら成長ホルモン等の存在に気づかせ、それらの科学的知識を視覚に訴える教具（絵や図等）を活用し、納得させる実践【2-①-1-22】が報告されている。他にも、感染症罹患時の「発熱」を教材化した実践では、子どもに体温を測らせたうえで、「体温はどうしてあるの?」「熱があるってどういうこと?」「かぜを引くとどうして熱出るの?」「熱がで

るのは悪いことなの？」等と発問することで、子どもたちの考えを揺さぶり、深く考えさせ、納得に結ぶことを目指したのが高橋の実践である。

②五感に訴え、感動を引き出す教材づくりにより、意思形成を図る

からだや健康に関する知識は、実生活と結び付き、実感の伴った理解となることで生きる力となる。その力は、健康に生き、それを守り合おうとする意思形成に繋がっていく。そのため、「子どもに伝えたい、出会わせたい」と思えるような意味のある科学的事実を、教師自身が、感動をもって学ぶことが大切である。

五感に訴える活動を取り入れることで、子どもたちはからだのしくみや機能のすばらしさを実感的に学び取っていく。例えば、低学年の子どもたちに歯科医を演じさせ、互いに口の中を観察させ、口腔内の様子を描かせ、その特徴を豊かに捉えさせた取り組み【2-①-1-3】がある。また、心臓の働きを題材にした授業では、聴診器で互いの心音を聞き合わせたり、心音マイクで全員で心音を聞いてみたり、腕の上げ下げによる手の平の色の違いについて観察させたりしながら、心臓の働きのすばらしさを感動的に学び取らせている実践【2-①-1-24】もある。これらの取り組みは、出血の経験を想起させたり、手首の血管の観察を取り入れたりした血液・血管の学習【2-①-1-55】、生物と無生物を比較させたり、教師のからだを観察させたりしながら生きている証拠を探し出す学習【2-①-1-56】へと発展させている。

(3) 教具の工夫や体験的活動を取り入れた教材づくりの試みの必要性

①子どもの関心を引き出し、考えを深めさせるための教具づくりとその工夫

授業の導入は、授業のねらいと関わった子どもたちの興味・関心を引き出す大切な学習過程であり、写真や映像

の活用をはじめ、実物大の模式図や拡大模型、寸劇の活用など、様々な工夫が行われる。

心臓の働きについて考える授業【2-①-1-13】では、実物大の人体図を提示し、「心臓の大きさ」、「一日の拍出量」、「全身に送られた血液の行方」等の発問に結び付けている。また、からだの成長に関心を持たせようと身長や体重の伸びをテープや砂袋で提示したり【2-①-1-16】、目のピント調節に関心をもたせようと寸劇を取り入れながら眼の拡大模型を提示したり【2-①-1-4、2-①-1-23】と多くの工夫が行われている。

さらに、「血液」の授業【2-①-1-55】では、血液成分とその働きに関心を持たせるために、太い透明ビニールホースの中に血液の成分模型を入れた血管・血液成分の模型を作成している。他にも、骨髄の造血作用を伝えるために紙粘土で作成した大腿骨模型、脳の大きさと重さを実感させるために紙粘土で作成した脳の模型等、実感的に理解できるように教具が工夫されている。

これらの共通点は、教具が自作されていることである。自作することにより、伝えたいことに焦点を当て、効果的な教具を作成し、有効活用につながるとともに、教師の手作り感・思いが子どもに伝わっていく。

②思考を揺さぶり、納得に導くための教具と場の工夫

教具は、発問とともに、授業の展開に合わせた活用が大切である。「なぜなのだろう?」と疑問を投げかけ、考えさせ、議論させながら納得の伴った理解に導くために教具を活用することが効果的である。

「姿勢」の授業【2-①-1-36】では、背骨のつくりを予想させ、図に描かせたうえで自作の実物大の背骨模型を提示したり、風船を詰めた自作の肋骨模型を曲げることで、姿勢と内臓の関係を実感的に捉えさせたりしながら、「人間らしいからだ」を捉えることができるよう、展開と合わせた教具の活用が行われている。「骨の役割」の授業【2-①-1-24】でも、牛の骨を提示したうえで自分のからだにふれながら人間の骨格を予想させるなど、より豊かに人間のからだを捉えられるよう、発問と関連させながら教具が活用されている。

この他、掲示教育として、多様な仕掛けを組み込んだ掲示物を作成し、生活や健康に目を向けさせる工夫も行われている【2-①-1-41】。また、保健室前の掲示物に集まってきた子どもたちに問いかけて考えさせるなど、保健室の場と機能を活用した実践も効果的である。このような「保健掲示による学びの質的追求」を目指した営みを「教育掲示」と命名し、継続的に実施した実践【2-①-1-54】もあるが、有効であろう。

③実感の伴う共感的理解を促すための活動と展開の工夫

生活とからだ、健康とのつながりについて、実験や調査活動、調べ学習を取り入れ、その結果を比較したり、自分の体験を綴り、互いに聞き合ったりする活動は、実感の伴った共感的理解につながっていく。

一例だが、子どもたちの生活の違いが、からだの事実にどう影響しているかを調査し、その結果を比較することで、実感の伴った理解に深めさせようとした実践【2-①-1-11】がある。朝、自分で目覚めた人と起こされた人で、就寝時刻や睡眠時間、朝の排便、起床時の「スッキリ感」の違い等を比較させることで、子どもたちは就寝時刻や睡眠のあり方の大事さを実感的に納得理解した。他にも、塩分の多い食生活の問題を考えさせようと、自宅の味噌汁の塩分濃度を調べ、比較させた実践【2-①-1-37】では、「食と健康」の課題を実感させながら理解を深めさせ、保護者をも巻き込みながら生活改善への意識を育てることになった。

また、自分の体験を綴り、それを聞き合うことは、健康課題を自分事として捉えることになると同時に、その健康課題と向き合っている仲間の共感的理解につながっていく。それは、当事者の子どもにとっては、理解ある仲間の支援によって、よりよく生きようとする意志を高めていくことにもつながっていく。例えば、前述の重度のアトピー性皮膚炎に苦しむ子どもの実践【2-①-1-12】での、当事者（真美子）のつらさと悲しさに関する手記の朗読や喘息で苦しむ子どもへの理解と共感を促そうと、クラス仲間全員に鼻をつまみながらストローで呼吸させることで発作が出たときの状態を再現し、その感想を交流させた実践【2-①-1-9】がある。こうした実践では、当事者の思いと支援者の共感的感情が共有され、双方の成長が生まれる。

3 授業（学習）の成果と課題の発展的活用

(1) 学習したことを子どもの生きる力にするために

①自分のからだと生活、経験を見つめさせ、綴らせることで意識の変容を促す

自分のからだと生活、経験を見つめさせ、それを想起させ書かせる「綴り方的方法」は、子どもたちが「自分のからだや生活と真正面から向き合う」機会になり、科学的な理解を基礎にした認識へと深まり、自覚的・意識的行動変容に繋がっていく実践【2-①-1-6】を生み出していく。

②「からだの科学」を学び、実践への意欲をはぐくむ

からだや健康にかかわる科学的な研究やデータに学ぶことは、教師と子ども双方の生きる力を育むことにつながる。教師にとっては、学びは「具体的な生活レベルでの実際の方法や工夫を（子どもに）提起できる力になるし、子どもにとっては、学びが実践と結びつく形で、生きる力となる」【2-①-1-18】といえる。

③実感に基づきながら他者を尊重し、共に生きようとする力を育む

繰り返しになるが、アトピー性皮膚炎や喘息に苦しむ級友のからだで起きていることを科学的に学ぶ際、その子どもの感じていることや努力していることを伝え共感させたり、疑似体験させたりすることは、症状の改善を望み、共生しようとする力を育むことにつながる。また、級友の意識の変容が、病気をもつ子どもの治療に向かう意欲と希望を引き出すことにつながっていく【2-①-1-12、2-①-1-9】。

④参加型の活動を取り入れ、自己と向き合いながらよりよく生きようとする力を育む

参加型の活動を取り入れることで、からだと健康への認識を深め、自己と向き合いながらよりよく生きようとする力を育むことにつながっていく。「耳が聞こえるしくみ」について学んだ実践【2-①-1-29】では、子どもが寸劇に参加することで、自分事として捉えることができるようになっている。さらに、調べたことを発表することで、主体的に問題に対処したり、言語化したりする変容が見られたことが報告されている。

(2) 実践の自己分析・批評を次の実践に反映させせために

①「授業感想」を書かせることを大切にする

授業後の自己分析により成果と課題を明確にすることは、次の実践につながる重要な営みである。多くの実践では、子どもがどのように考え、表現したかを捉える手掛かりとして「授業感想」が生かされている。その分析は、授業者の観点だけでなく、子どもの観点に立った分析につながっていく。

実践記録でも、①子どもの学びから授業分析することの重要性【2-①-1-36】、②子どもが表現し（綴り）ながら新たな疑問を膨らませていく発展性【2-①-1-53】、③「授業感想」を保健だよりで伝えることで、家庭や地域に学びの成果を広げることの有効性【2-①-1-29、2-①-1-20、2-①-1-38】が示されている。

②自己分析と共に、他者（教師、養護教諭同士、保護者）の視点から学ぶ

授業を自己分析することにより、実践を改善したいという思いと、育てる営みとしての教育として振り返ることで様々な課題に気づいたりすることが多い。それが教え伝えたりすること以上に、子どもの反応や意見を大切にしながら授業を展開することの重要性への気づきにつながっていく【2-①-1-5】。

また、参観者の気づきを手掛かりに授業の成果と課題を明らかにすることや参観者からの助言を受け入れながら授業改善をしていくことの重要性についても報告されている【2-①-1-55】。

③養護教諭の行う保健教育実践の特徴を他教科との関連を意識しながら明らかにする

理科や家庭科などの他教科との関連を捉えながら保健教育の内容を吟味することで、養護教諭の行う実践が、からだとその機能のすばらしさを実感的につかませることに特徴があることが明確になっていく。そして、授業内容や方法が工夫され、生きる力に結びつく指導を心がける【2-①-1-37】ことにつながっていく。

(3) 学級での学びを、個別指導や行事の指導に生かす

学級での保健教育を、保健室での個別指導や行事の事前・事後指導に反映し、好循環を生み出していこうとする観点も大切である。発熱に不安を感じて保健室へ来室する子どもへの対応の中で、自然治癒力について十分に伝えきれていないことに気づき、「発熱」の意味と大切さについて授業をすることで、その後の保健室対応がスムーズになったという実践【2-①-1-30】や「発熱」の学習を基に宿泊学習前の生活について考えさせた実践【2-①-1-33】では、子どもたちの症状観をゆさぶり、健康生活に自信を育んでいる。

4　連携と共同・協働をつくり出すために

(1) 養護教諭同士が学び合い、指導のあり方や教材資料を交流・検討する場を設ける

養護教諭が学び合い、指導のあり方や教材・教具、資料などを共有し合うことは、保健教育の質を高めるうえで重要である。それは、第一に、優れた実践や教材に学ぶことで、より広い視野をもって子どもの健康課題を捉え、指導に生かすことができるようになるからである【2-①-1-2】。第二に、仲間の実践に刺激を受けたことが実践の動機となり、それがさらに他校へと広がる契機になっていくからである。例えば、「アレルギーの授業」実践により、子どもが変容していく姿に刺激を受け、他校の「アレルギー白書」づくりにつながっていった実践【2-①-1-28】がある。養護教諭が力を合わせて教材を作ったり、指導過程を吟味したりすることで、多様な工夫が施され、実践が具体的で深いものとなっていく【2-①-1-15】。そのことにより、さらに実践が広がり、より多くの子どもたちがからだと健康について学ぶことにつながっていく。

(2) 担任と連携しながら学校全体の取り組みに広げていく

担任と連携しながら実践することで、保健教育の大切さと魅力を伝え、学校全体の取り組みに広げていくことが重要である。いいかえれば、保健教育による「学校づくり」の観点を持つ大切さである。それは、子どもの実態から出発し、からだと生活・健康を結びつけながら学んでいく保健教育実践は、子どもを変容させるだけでなく、担任をも揺さぶり、学校全体にその効果が広がっていくからである。多くの実践で、子どもや担任が「からだの学習」を楽しみにするようになり、学級での指導や保護者との懇談会で活用されたり【2-①-1-31】、担任による「からだの学習」へと広がったりする【2-①-1-18】可能性をもっている。他にも、学びの成果を全校集会活動へと広

げた実践も複数報告されている【2-①-1-8、2-①-1-56】。

そのためには、「からだの学習」を積み重ね、継続して実施することが大切であり、年間指導計画を整理しながら実践可能な内容と時間を生み出す工夫や努力が求められる【2-①-1-39】。養護教諭と子どもが学級で生み出した学びの事実とその重要性が、担任や他の教師へと広がり、彼らもまた保健教育を充実させる一人となり、それが子どもの学びに還っていく。このような「学びの循環」を生み出していくことが重要である。

(3)「保健だより」等で保健教育の成果を家庭や関連機関に発信することで共育の意識を育む

学校での保健教育の実践内容を具体的な子どもの姿と共に「保健だより」等で発信することが、保護者や地域に共育の意識を育むことにつながっていく。

健康なからだとその成長・発達を保障するためには、家庭・地域との連携は欠かせない。家庭・地域とつながることをねらい、「保健だより」に実践の内容とともに子どもの姿・反応を載せることで、それが大人の学びとなり、子どもたちの生活改善につながっていく【2-①-1-49、2-①-1-11、2-①-1-6】。他にも、学年集会や学校保健委員会で話題にすることで教育課程に位置づけたり【2-①-1-20】、保健教育と学校保健委員会を関連させて実施したりすることで、学校・家庭・地域の連携した取り組みにつながっていく【2-①-1-26】など、「学びの循環性」の視点も有効であることがわかる。他にも、健康実態調査や継続して実施した「排便指導」の事実を保護者懇談会で取り上げ、生活リズムを見直す契機としたりする【2-①-1-27、2-①-1-26】等、様々な働きかけが考えられる。さらに、保護者会やＰＴＡ研修会の機会を利用して行った歯列に関する歯科保健指導が、歯科医との連携につながった実践【2-①-1-3】も報告されている。

二-2 保健教育実践小ジャンル（健康・からだ・生活づくりを主眼とした分野）の方法と工夫

ここで扱う保健教育実践は、前節で扱った「認識形成を主としたねらい」の実践に対して、「健康・からだ・生活づくり」としているように、認識を踏まえつつも生活や行動を変え、からだ・健康を「つくる」というねらいに重きを置いた保健教育実践を取り上げ、その特徴とあり方を提起しようとするものである。

そのねらいによる両者の違いは、実践課題（何とかしたいと願う子どもの健康問題）の性質によるものと考えられる。このジャンルは、日常子どもと関わっている養護教諭が、差し迫って子どもに生活や行動を意識させ、からだや健康の状態を変容させたいと願う動機によって取り組まれている実践だということである。

例えば、夜型の生活リズムで睡眠不足であったり、朝食抜きや朝の排便がない子どもが多く、そういう子に体調不良や愁訴が見られるとか、食生活の問題やからだを動かす外遊びなどが少なく肥満の子が多くいるといった現実的な健康課題が実践の動機になっているという点である。

1 子どもの健康に関する生活やからだの実態を把握し、課題をつかむ

教科書にある教科の保健学習でなく、養護教諭が行う保健教育に取り組むうえで、その前提になるのは、その時代の社会における、またはその学校における子どもたちの健康の実態である。その実態と向き合う養護教諭が、教科書レベルの学習では間に合わない、子どもが健康を自分で、自分たちで守れないと感じたときに、からだと健康の主体に育てたいという思いに駆られることが出発にある。ここでは、こうして実践されてきたいくつかの事例か

ら、実態把握のあり方を挙げてみる。

(1) 気になる子どもの状況を踏まえ、アンケート調査による実態把握を行う

こうした調査を行った実践の一つに、「朝会が始まって間もなく、青くなって保健室に運ばれる子や頭痛・腹痛・気持ちが悪いと一時間目から保健室に来る子、ベッドに休ませるとぐっすり眠り込んでしまう子など、子どもらしく生き生きと育つことが阻害される実態が見え、このような保健室からの問題提起をきっかけに、子どもたちの気になる問題の調査を提案し、担任教師との共同作業で子どもをとらえなおす全校調査を実施」した取り組み【2-①-2-3】がある。また、「スポーツや勉強の習い事を低学年からしている児童が多く、就寝時刻が遅いことや習い事のない日でもテレビやゲームをして就寝時刻が遅いことが気になり、実態調査をした結果、メディアの視聴時間が長く家庭学習が短いという課題が明らか」になり、その解決に向けて多様な取り組みを行った事例【2-①-2-30】も見られた。

このように養護教諭は、保健室で捉えた子どもの様子とアンケート調査結果を結び付けることにより、実態を的確に把握しようとしている。

(2) 健康診断結果の事実から実態を把握し、課題を探る

特別支援学校において、「自校の健康診断結果から肥満児の実態をデータでつかみ、その特徴として高度肥満が一般学校に比し異常に多いことが分かり」、その要因を検討して指導を始めた実践【2-①-2-1】や歯科検診の結果から、野菜嫌いの原因が食べられない歯の状況にあることや食べさせるような生活をさせてこなかったことなど、養護教諭として見逃していたことに気づいた事例【2-①-2-22】があった。

健康診断の結果は、子どもの事実を物語っていることから、最大限に活用することが有効である。

(3) 保健室来室者や学校生活での観察・記録、担任教師等の情報による実態把握から課題をつかむ

目の前の子どもの現実を抜きにして実践は行えないので、あらゆる教育活動を利用して、子どものそうならざるを得ない背景を含めた実態把握に努め、課題を明らかにすることが重要である。

例えば、「**よい姿勢のために、授業中の姿勢調べ**（観察）**とからだのおかしさの調査を実施し**」、子どもたちの実態を具体的に把握することで、「**座り方や腰のかけさせ方が問題で良い姿勢が長続きできない原因であったこと、机・いすの適正化の必要なこと**」を明らかにした取り組み【2-①-2-2】や、「**排便の問題は生理的な問題ととらえがちだったが、帰宅してからの生活を記録させて実態をつかみ、保健室における対応から、人間関係ともつながっている心理的なこともあること**」を実感的に把握し改善につながった事例【2-①-2-16】がある。また、「**宿泊行事のバスの中や宿舎でおやつを食べ続けたり、食事のとき偏食で野菜を多く残したりする様子を観察して**」、子どもの健康課題をつかんだ実践【2-①-2-28】や、高等学校において「**保健室への来室記録を見直し、生徒が普段から感じるからだの実感を自分の言葉で語らせること**」で、からだと心の問題を明らかにするきっかけにした実践【2-①-2-29】も報告されている。

2　子どもの主体的な活動をつくる指導内容の検討と指導方法の工夫

このジャンルの取り組みは、差し迫った現実的で具体的な課題に対応する取り組みであるため、その働きかけは、意識・認識に働きかける前に、まずは直接生活の仕方やからだに働きかけ、健康的な実感を得させて行動変容に結

びつけようとする取り組みが多い。

(1) 指導内容とその教材化の検討および働きかけの工夫

①からだのしくみに焦点化し、実感を通した学びを工夫する

からだの実感を通した学びにするためには、自分のからだを使って実際に体験させることで課題を自覚できるように工夫することが主要な方法である。

発達の節を乗り越えるという観点から、「子ども自身にからだのゆがみを克服する体操を体験させることで、からだや姿勢の変化を実感することのできる子に育てたい」と考えた取り組み【2-①-2-4】や、「身長に比べ今の体重がどのくらい重いのかを理解させるために、印刷用の紙で一束が5kgあるものを、自分の体重と標準体重との差だけ持たせ、重さを実感」させた取り組み【2-①-2-11】などがある。

②自分のからだでの体験や生活経験との関わりによる科学的な学びを工夫する

科学的な学びになるように、からだのしくみと働きの巧みさを目で見てわかるように教具を工夫し、子どもの目線に合う教材を用いる工夫が有効である。

保健室に掲示した「内臓の大型写真を活用し、腹痛を訴える子に、ウンコのつくられるしくみと排便の大切さを納得させたり、日常できる健康体操をその場で指導して一緒に動いたり、保健だよりの資料をもとにからだのしくみを説明」したりした結果、子どもは「何を食べたらええん」「どうしたら膝の痛いのなおるん」「頭が痛いのはどうしてなん」とからだに関心を示すようになった事例【2-①-2-16】がある。また、「グッスリ眠った時と余り眠れなかった時のからだの様子を想起」させながら、睡眠の働きを「睡眠と脳」「睡眠と骨」「睡眠と筋肉」「睡眠と心臓」の四回に分けて指導し、睡眠を取ることで次の日の良い体験につなげられることに気づかせた実践【2-①-2-30】、などもある。

(2) 指導方法に関するさまざまな工夫

①子どもが実践に主体的に取り組む意識を引き出す工夫をする

健康課題を抱える子ども（たち）が、その課題に気づき、乗り越えようとするとき、自分の体験や生活と結びつけながら、からだとその働きについて学ぶようにするとともに、生活改善に主体的に取り組み、より健康的なからだづくりをしようとする意志形成を図ることが重要である。

肥満の児童に対応する指導では、「肥満指導」とか「肥満教室」という名称には抵抗があることを考え、「からだのバランス教室」という言い方で、自らのからだを主体的に見つめ、改善に励む子ども育てることを試みた取り組み【2-①-2-7、2-①-2-13】がある。そうした実践では、「**身長に見合う体重とのバランスでからだの目標を考えさせたり、過度な体重での心臓の負担や身体動作の大変さを実際の活動を踏まえて意識させようとしたり**」している。また、体温調節機能を発達させるための「皮膚のビックリ作戦」の活動（朝の冷水での洗顔や気温に対応した被服調整、素足など）に対して、「**子どもらが『よし、やってみよう』と思うのはその原理が納得できたときと考え、各学級で『皮膚と体温の仕組み』の保健指導**」を行った実践【2-①-2-10】がある。

②子ども同士の学び合いの場の設定と励まし合いを仕組む

共通する健康課題を抱える子どもたちに働きかける実践の場合には、互いの学び合いを通して、支え合い、励まし合って、意欲が高まるような指導の展開が大切である。

「肥満を改善しその体重維持のため頑張っているS君と一緒に活動することで、他の子らにも運動意欲を持たせようと取り組んだ」事例【2-①-2-11】や、同学年の二名の肥満の女子生徒と養護教諭、担任の四人で「ヘルシークラブを組織し、勉強会を放課後に一緒に行うようにして、アドバイスをし合う活動を取り入れ、『励まし合いながら自分の生活や体と向き合う』こと」を意図的に行った取り組み【2-①-2-27】も見られた。

③健康課題に対応し、個別の指導を工夫したり、逆に個別の指導から集団指導に広げる工夫も考える

子どもの健康課題には、共通する生活背景も存在するが、障害の種類や程度、発達段階により個別性もあるため、養護教諭は子ども一人ひとりの状況を深く理解し、個に合わせた実践内容を考え、子どもと向き合い、継続的・受容的に指導や支援を行うことが必要である。と同時に、個別指導の中で、全体に共通すると気づいたことを、参観日に担任が指導したり、体重測定時の保健指導で取り上げたりして全校の指導に活かすことも工夫としては必要である。

朝の生活の取り組みで、排便とからだに関する集団指導の後、理解が困難な子どもにはより分かりやすい個別指導を継続した実践【2-①-2-3】や、中学校における肥満改善の実践では、「対象の子どもとのコミュニケーションの機会を増やし、子どもの性格や願いをきめ細かくとらえて継続的・受容的に関わっていく」につれて、養護教諭を信頼し、少しずつ肥満指導に乗ってくれるようになった取り組み【2-①-2-27】もあった。

肥満児童の多い学校だが、肥満の子だけでなく食を中心とするすべての生活（運動や睡眠など）がどの子にも共通する課題だと考え、各学級での体重測定時に行う「『からだの学習』時に栄養のとり方や皮下脂肪の役割を取り上げ、自分たちのからだのうまくできていることを伝えよう」と取り組んだ事例【2-①-2-11】や、個々の子どもの「今の健康課題は乳幼児期からの問題ではないかと考え、保護者に実態調査をして意識してもらう」働きかけをするとともに、「子どもたちには『健康頑張り教室』においてからだと生活の関係学習を行い、生活自立のできる子

に育ってもらいたい」と働きかけた実践【2-①-2-4】も行われている。

④子どもに健康づくり実践の状況や結果についての記録を促し、その取り組みの継続と改善を図る

生活の中で継続的に取り組む健康づくりの実践では、記録カードや個人ファイル等を用いて実践の状況を記録させ、子ども自身の振り返りを通して、次の実践につなげていくことが大事な視点である。

子どもたちが長期休業後の「**日常生活を改善するためには、頑張るめあてを持たせ、それを達成するための工夫を決めさせ、一週間の取り組みで、頑張ったところやもう少しだったところを記録させ、振り返りと次のめあてを抱かせる**」ようにした取り組み【2-①-2-12】や、子どもの実態をつかむために「**全校児童に『朝のようす』を六日間記録させ、それをもとに一人ひとりと向き合う時間を取り、子どもに自分の生活を直視させ、改善を一緒に考え、不規則になっていた休み中の生活リズムの改善を図る**」工夫をした実践【2-①-2-17】もある。

また、先の①で紹介した肥満児に対する「からだのバランス教室」の実践【2-①-2-7】では、毎回学んだことや今までのがんばりを振り返らせ、体重の変化の記録とともに「**自分なりに頑張った取り組みとの関係で、思いを綴らせ、達成感や今後への意欲を引き出している**」が、こうした取り組みは、書くことで理解を深め、納得と継続の意志を定着させる活動をも意図しているからである。

⑤児童・生徒による健康づくりの実践を保健委員会活動に活かし、全校の取り組みに

子どもが自分たちで健康について伝え合う健康集会などの場を設け、全校の取り組みに向けて児童・生徒保健委員会の活動を活発化させ、主体的な取り組みにすることが有効である。

生活習慣を見直す実践の一環として、「**保健委員の児童たちが睡眠をテーマに取り上げ健康集会を行い、人形劇**

『早寝スッキリ・モーニング』やクイズ大会を行い」全校で盛り上がる取り組みをした実践【2-①-2-30】がある。また、「朝食のあり方を見直すため、保健給食委員が『朝ごはんを美味しくたべるためには、前の日の生活がカギであり、規則正しい生活が大切だ』と気づき、全校発表の活動を組織した。そこでは、委員それぞれが『自分の食習慣や生活改善していくために』と自分の思いを自分の言葉で語った」ことで、聞いていた全校の生徒たちが自分の課題でもあるととらえやすくなり、実りある取り組みになった【2-①-2-27】。

⑥健康診断や生活点検活動を保健指導につなぐ

子どもが自分のからだと向き合い、成長・発達や健康な生活に対する関心を高めるためには、健康診断や生活点検活動と併せて保健指導を行い、認識形成（納得）に結ぶことが重要である。

「視力の低下している子どもの多さに驚き、視力測定の前に子どもが自分の目の状態を知る調査を実施するとともに、視力測定後に『目のしくみ』や『目とメディア』について学習し、自分の目に関心を持たせ、その後に復習を兼ねて保健だよりを十枚ぐらい出し、保護者にも働きかけた」取り組み【2-①-2-18】や、「皮膚のびっくり作戦がなぜ体に良いのかを理解させる学習と並行して、実感的理解を得させるため、冷水での洗顔や素肌にパジャマ等の活動」を、一つ以上決めさせ一週間取り組ませた実践【2-①-2-10】も報告されている。

(3) 子どもに合わせた分かりやすい指導のために教材・教具づくりを工夫する

身近な素材や具体的に考えられる教材を用い、子どもが納得できるように工夫することが大切である。

「快適な環境の中で生活している子どものからだは、体温を一定に保つという機能が発達していないと考え、『寒さ』という自然環境を利用して、子どもの皮膚感覚を育て自律神経の発達を促すことをめざして、皮膚のびっくり作戦に取り組んだ」実践【2-①-2-10】や、肥満度の高い子どもに対する親子栄養教室で、「食品の絵カードを太りやすさの順に並べ、その絵カードを黒板に食品群に分けながら貼り、栄養素の働きとバランスよく食べることを指導するとともに、おやつのとり方でカロリーを帯の長さで示し一五〇キロカロリーならどれとどれが食べられるか、子どもに作業をさせながら考えさせた」取り組み【2-①-2-11】が行われている。

3 教員や保護者、関係機関と連携・協同し、全校の取り組みにする工夫

(1) 担任との協同を進めるために働きかける

日々子どもと共に過ごす担任に、共同作業や継続的な報告・資料提供により働きかけることが必要である。子どもの気になる実態から必要とする調査を提案し、担任と共同作業を進める中で、子どもの発達と生活の在り方が深くかかわっていることが把握され、共通理解が深まり、もっと生き生きと活力ある子どもにするために全校調査につながった実践【2-①-2-3】がある。また、食に関する指導は、養護教諭が日々生徒と接する中で得る情報や感覚、視点を大事にしながら、ねらいの達成のために誰と連携し、どう行うかを見極めることが大切であり、日々生徒と接する担任と情報交換しながら協力して指導を行っていくことで生徒の継続的な支援につながった事例【2-①-2-27】もあった。

(2) 養護教諭がコーディネータ役となり、関係機関や家庭（保護者）・地域との連携を図る

①保護者との交流の場を設け、子どもの課題と働きかけを共有する

子どもの生活の多くの時間が家庭であり、健康生活づくりの実践には、保護者と共に取り組むことが重要であり、

家庭との連携を密にすることは極めて重要である。

野菜嫌いの子どもへの指導を継続する中で、保護者会の時に保健相談会を開催し、学校での給食の様子や保健室で野菜について学び食べるようになった例を説明し、家庭での様子や食卓に出されてなかった実態を確認するなど家庭の協力を重視した実践【2-①-2-22】や、保護者の理解は、児童の減塩の取り組みに欠かせないうえに、保護者自身の生活習慣病予防としても意義あることを理解してもらうために、給食だより、試食会、医師の講演など日曜参観日を利用して保護者への働きかけを行った取り組み【2-①-2-9】があった。

②家庭や関係機関・地域との連携を図るための工夫

家庭で実践できる内容を提示しなければ、指導が「絵にかいたもち」となり、成果につながらない。肥満を解消できた多くの子どもたちは、家族全員が子どもの健康を願い、それまでの家庭生活全般を見直した結果であり、その子にあった対応・改善策を保護者と共に考え、毎日続けられるようにしたり、校医の肥満についての講演や、主治医のいる生徒には通院時にファイルを見せて医学的見地から指導してもらい、あわせて理解と協力を得て取り組んだりした実践【2-①-2-20】が報告されている。

このように、養護教諭は子ども・保護者・主治医・教職員等が一丸となる協力体制を作る中心である。

(3) 学校全体を上げての取り組みにするための工夫とあり方

まずは、教職員の認識に働きかけるために、職員会議等で健康問題に関して養護教諭が中心となって提案し、協議する機会を作ることが重要である。その際、指導を行う視点や健康問題の捉え方について共通理解を図ることが必要である。

基本的生活習慣の立て直しを学校全体の取り組みとするために、気になる保健室での事例を教職員や父母に問題提起し、共に考えようと訴え保健指導や生活点検に取り組んだ実践【2-①-2-3】や、一部の教員の理解だけでは、学校全体としての減塩教育・薄味運動は円滑に進まず効果的に推進されないことから、学年会・職員会議で討議や学習を深め、認識を共通し、合意を得た実践【2-①-2-9】がなされている。

場合によっては、組織を活用して教職員同士の学び合いの機会を作り、教職員の合意と協力を生み出すことも必要になる。肥満の子どもの問題を一生の体づくりという観点から取り上げるために、取り組みの主体を保健委員会におき、担任との協力体制を進め、研修会を持ち、保健委員会に健康教室で体を動かす楽しさを実感させる活動を提案し、その後職員会で教師の意見を聞いた取り組み【2-①-2-5】や、生活習慣を見直し、メディアコントロールを進める実践のために、外部講師からの話を職員全員で聞き、同じ方向に向かって指導ができ、これならできそうと思わせる講師の提案に腑に落ちた事例【2-①-2-30】も見られた。

4　意識的に実践の成果を確認し定着を図る

子どもの作文や保護者の手紙、事後アンケート調査の結果等から、実際の子どもの変容した姿や取り組みの成果を確認して、今後に活かすことも必要なことである。

家庭での食生活の変化を、アンケート調査や尿検査の結果から成果を確認したり、家庭の味付けに「もっとうす味に」という母親へのアドバイスをしたり、家庭科の調理実習に減塩を活かせるようになった取り組み【2-①-2-9】がある。また、母親からの手紙や説明会の雰囲気から、同じ願いで一緒に子どもを育てていこうという想いが伝わってきたり、子どもの作文に「走ることが楽になった、からだが軽くなった」と自身の体の変化をとらえることができるようになった取り組み【2-①-2-4】もある。「ぼくは、このごろ毎朝、ごはんの後にうんちがでるようになりました。だから学校に行っても気分がいいです」「ごはんをたべた後学校へ行くまでの間は、あまり時間がないので、急いでトイレにいってがんばります」というように、子どもたちが生活に目を向けて頑張ろうとする様子が見えてきた実践【2-①-2-12】もある。実践の成果を得ることは、養護教諭が意欲を持って実践を継続し、さらによりよい実践に取り組むための原動力となるであろう。

Ⅱ-2 性教育実践ジャンル

高度経済成長期以降、バブルの崩壊など急激な社会環境の変化は、子どもたちの性に関する意識や行動にも大きな影響を与えてきた。氾濫する情報の中でトラブルに巻き込まれ性被害を受けたり、時には加害者になることもある。また、競争社会の中で常に競わされている子どもたちは、著しく自尊感情を傷つけられたり自己肯定感がもてなくて苦しんでいる。

こうした背景の中で、多くの養護教諭が性教育を「人間の生き方の教育」として捉え、とりわけ「からだの科学」を学ぶことで子どもたちが、自他のいのちを大切にしたり、自己肯定感を高めていくことができるのではないかと考えてきた。一九八〇年代から二〇〇〇年にかけて養護教諭による「生と性の学習」が盛んにおこなわれるようになった。ここでは、当時の性教育実践四五本を分析しこれらの実践からこれからの性教育実践に役立ててほしいことをまとめた。

一　養護教諭の行う性教育実践の基本的な考え方

1　養護教諭の性教育観と子どもに生きる力を育む性教育

この四〇年ほどの間に、養護教諭は、性教育を「人間の生き方」の教育として捉え、からだと性について科学的な学びを通して、子どもたちが「自らの生と性の主体者」となり、いのちとからだと人権を大切にして育ちあう力（共生・関係性）を育む教育を目指して取り組みを広げてきた。そして、その出発は、目の前にいる子どもの実態をしっかり捉え、子どもたちにどのように育って欲しいかという願いを明確に持ちながら実践につなげてきた。

(1)　子どもの「心身の発達過程と性の実態」から出発する取り組みを

岩辺京子実践（小学校・一九九九年）「みんなで一歩ずつ進めた生と性の学習」は、統廃合により新設された学校で、子どもの生活や性情報に流される子どもたちの実態から、性教育の必要性を強く感じ研究授業として取り組むことになった。授業では、「からだの学習」と子どもの疑問や意欲を大切にしながら、目の前の子どもの実態から、子どもたちにどのような力を育てることが必要かを考えて、次のような観点から取り組みを展開している。

「子どもたちの心とからだの危機が、深刻化して久しい。本校でも、子どもの生活が夜型になっていることや、低学年にまで及んでいる性情報の影響や消費文化に流されている傾向、子どもたちにからだや生活が大切なものという認識が弱いことが話題となっていた。このことは、子どもたちがその成長過程において人間の体の仕組みや精巧さ、成長・発達の仕方、命の成り立ちや尊さについて学ぶ機会のなかったこと、これらを大切にする気持ちや扱い方がしっかり育てられてこなかったことの表れでもあるととらえてきた。そんな折、校内で担任と養護教諭で研究授業を行った。その授業では、自分の出生のルーツを知る手掛かりの一つとして、出生の前後のことをできるだけ事実に従って家族から聞き取ってきた。それを発表し合い、人の誕生と育ち方には個人差はあるが大筋としては同じ育ち方をするということを子どもたちが学んだ。【2-②-24】

富山芙美子実践（中学校・一九九四年）「中学生の性の実態と取り組み」は、思春期を迎え、自己のからだの変化に戸惑っている子らへの対応である。保健室でかかわる中学生のこうした性の問題をしっかり見つめ、思春期にある生徒の発達と性の問題を教育としての実践課題として捉え、次のように述べている。

中学生のからだの成長は、ほんとうにめざましい。日々の子どものからだが、目に見える勢いで大きくなっていくことを実感することがある。子ども自身も、初めて出合うこうした体の変化や体内の内分泌系が活発に活動しはじめるもとで、自分の中に何が起こったのだろうかと不安にかられたりしながらも、大人に近づいていく自分と自分の身体に、大きな関心を向け始める。こうして思春期まっただなかへ走りこむ子どもたちが、性の成長と自らの生を一致させていくには、あまりに課題が多く、子どもたちが人間らしい成長をとげていく上で性の問題は、やはり矛盾の焦点のひとつになっていることを痛感している。

保健室でかかわる性の問題は、こうした矛盾の頂点にあるような事例であることが多い。こうした事例をどう見たらよいのか、どうかかわったらよいのかは、私たちの日常的に重要な実践課題であり、実践の方向を見定めていく上で常に私たちに迫られている課題である。しかも、こうした保健室実践の事実を通して全校的な性の教育へと発展させていくことも今、緊急に求められている。【2-②-13】

この二つの性教育の取り組みは、養護教諭が保健室で捉えた子どもの問題や性に関わる課題を、成長過程にある子どもからのメッセージとして受け止め、教員や担任と共有し「からだやいのちを学ばせ、生き方に結びつくような認識を育みたい」と考え、全校的な実践につなげている事例である。

(2) からだと性に関する科学的認識を育み、生と性の主体者を育てる

性教育において先ず欠かせないのは「からだの科学的な認識」を通してからだを知ることである。巷にあふれる興味本位の性情報に翻弄され悩む子どもたちは少なくない。また、科学的な認識を通してこそ、子どもたちは自他のからだと正面から向き合い「生と性の主体者」として育っていくことができる。このように、性教育実践において、からだや性についての科学的な学びを踏まえたうえで、目の前の子どもの実態に合わせた性教育に取り組んでいる実践は多い。

養護教諭の松田さよ子は、小学校から中学校に異動し、初めて家庭科の授業で女子への指導の機会を得た。授業を通して、子どもたちの性について学びたいという思いを知るとともに、授業後の子どもたちの感想から「自分自身がはっきりした意思をもつことや理解することの大切さを学んだ」「自分は自分として、一人の人間として生きていかなければならないことを学んだ」「この授業は男女一緒に受けるべきだ」などの声を聴き、改めて性教育の必要性を強く感じる。こうした子どもたちの感想文を載せた通信を発行することで、教員や保護者からの賛同も受け、翌年から、総合の授業で男女一緒の性教育に取り組むようになる。彼女は、その実践を踏まえた教育保健研究会の報告（一九九九年）の「子どもがわかる・変わる性教育」の中で次のように述べている。

性教育は、生物学的・生理学的知識を学ぶだけでなく、人格のふれあいにいたるまでのすべてを含む人間関係の学習であり、ひとつの性をもった人間が一生涯を生きる過程で迫られる性の選択の際に、「より確かな選択と自己決定ができる力を身につけるための教育」であり、授業では「まず自分や異性のからだについての正しい知識を身につけ、からだや心に起こってきている変化を科学的に学ぶこと」をねらいとした。そして、人間としての性のあ

り方を考えさせるとともに、将来、自分の性とどのように向き合っていくのか自分自身の問題であることを感じとってほしい。【2-②-36】

彼女はこのような願いを持ち、授業内容の模索と教材研究をしながら授業を進めている。授業の中では、からだや性について科学的に学び、命やからだを大切にし、生と性の主体者となって互に育ち合える力をつけることの大切さを強調している。この実践から、彼女は、「子どもたちの性の問題を避けて通るのではなく、子どもたちの中にある真の学びの要求を掘り起こすことで、子どもたちの認識が変わり、自己としっかり向き合う力が育っていると実感している」と実践を報告している。

(3) 性教育で自分のいのちと存在をみつめ、自己肯定感と自己決定力を育てる

自分のからだが好きになり、からだの主人公として生きていってほしい。こんな子どもたちへの願いをもち、みんなで性教育をすすめることが子どもたちを育てることにつながる。

性の自認は、思春期の大きな課題である。子どもたちの中には、二次性徴に直面して自己の性を受け入れることに戸惑ったり、否定的になったりする子どもたちもいる。このような子どもたちと向き合って、自己肯定感や自己決定力を育むことが、子どもたちの性的自立を促すことにつながる。

養護教諭の中村好子は、異動した小学校で、初めはバラバラな教師集団であったが、性教育の必要性と目指したい自分の想いを伝え、共に学び合うなかで、保護者をも巻き込む実践に発展させていった。彼女はその実践報告(「生きることの素晴らしさ・いのちと性を学び合う」一九九四年)で次のように述べている。

思春期の入り口に立った子どもたちが本来の自分を出さず、相手に好かれるようにだけふるまってしまう姿を前に「命・心・生き方」というテーマで「自分のからだ」「自分のいのち」を見つめさせ、いのちの始まり、いのち

の尊さを教えたい、からだの不思議さ、すばらしさに気づかせたい、そのことを通して「自分らしさ」について考えさせたい、と強く思うようになった。そして、「この子たちにもっと自分のからだのことを好きになってほしい。自分のからだの主人公として、いきいきと生きていってほしい。」「自分のいのちがたくさんのつながりの中で生まれてきたこと、今生きてここにいることがかけがえのないことなんだ。」と思え、たくさんの課題に向き合える子どもになれるよう伝えたいと考えた。【2-②-16】

この授業を通して、子どもたちが気軽に保健室に訪れ、からだの話をしたり、公開授業に参加した保護者からも「わが子の誕生」で感動した体験などが語られたりするようになる。子どもを取り巻く大人が生き生きすることが、子ども自身の自己肯定感や自己決定力を育む原動力にもなる。

(4) 性に関する関係性の意識を育み、相互の尊重と人権感覚を育てる

テレクラや援助交際、近年ではＳＮＳによる性被害が子どもたちにまで及んでいる。子どもを取り巻く人間関係が希薄になってきている中で、性に関する関係性について子どもたちの既成概念に揺さぶりをかけ、自分の問題として捉える意識を養うこと。また、ＬＧＢＴの問題やジェンダーレスの課題も含めて相手を尊重する人権感覚を育てることは、性教育としても大切な目的の一つであり、しっかりおさえていく必要がある。子どもの問題行動の裏にある課題をしっかり受け止め、子ども自身に考えさせることがその出発になる。

佐藤洋子は、中学三年生を対象にフリーダイヤルで簡単に相手と繋がることができる今日、「手軽な出会いテレクラ」の問題を扱った「心のゆらぎと向き合う性教育」の授業実践（一九九九年）を行っている。

「性非行や援助交際に関わる子には対応ができない」でなく、関わらざるを得なかった状況に共感しつつ、自分自身を見つめ、認め合い、築き合う性のあり方を考えさせることが私たち大人に問われているように思う。……中

略……教員との学習会を生かし緊急性と優先性から考え、中学二年と三年に『テレクラ・援助交際』の授業をすることになった。『中学校・性教育の全貌』『高校・性教育の全貌』（東山書房）『性と生の教育』（あゆみ出版）『援助交際の少女たち』（東研出版）などの書籍に目を通し、教材研究をした。自分である程度納得・理解して、どこを深く考えさせるべきか模索した。「～してはいけない」「～をやめさせる」のような管理・強制ではなく、豊かな人間関係を築いてほしい、人間としての社会的自立をめざしてほしい、そんな願いを込めて子どもたちに立ち向かってみようと踏み出した。【2－②－23】

この授業を通して、売春により気楽にお金を稼ごうと考えると、その裏に監禁や輪姦、暴行さらに性感染症や妊娠などの問題につながっている事実を伝え、いかに失うものが多いかを考えさせている。そして、こうした問題を自分ごととして捉えられる力を育む過程で、性を人権や関係性の問題ととらえ、日本の社会の問題でもあると考える生徒も出てきた。授業記録を取り、この教育の成果を校内で共有していっている。

2　性をめぐる社会的状況や子どもの実態から実践姿勢を明確にした授業づくり

急激な社会変化は、子どもたちの性意識や性行動にも大きな影響を及ぼしている。特に電子メディアの普及により、子どもたちが様々な性情報に接触することが可能になり、誤った情報に惑わされたりトラブルに巻き込まれたりすることが増えてきた。また、子どもを守り育てる身近な大人の意識・行動などの影響も受けている。その中で、十代の望まない妊娠（予期せぬ妊娠）や中絶、性感染症、テレクラ、援助交際、エイズ感染症など、性に関する教育の課題が山積している。

こうした状況の中で、養護教諭は目の前の子どもたちから突き付けられた問題を、教育の課題として受け止め教材開発や授業づくりに取り組んできた。

(1) 子どもの「生と性」をめぐる実態と背景から、実践姿勢(課題意識や願い)を明確にする

学習指導要領では、小・中学校での学習は、教科の一部に身体発達の観点から性に関する学習が若干位置づけられているものの、子どもたちの現実やその社会的背景を意識した生き方に関わる性の学びとしては、ほとんど扱われていない。こうした点を意識して、その現実を教師集団に伝え共感を得ながら性教育を学校の教育計画に組み込んだ養護教諭の実践がある。そうした取り組みの代表的なものを紹介する。

小森あけみ実践「かけがえのない命を大切にする性の授業」(一九八九年)では、自分が保健室で関わった生徒の「性の理解」の捉え方と関わって、次のように感じ対応している。

「先生、私生理がもう二週間も遅れているの。心配です。先生、妊娠しているかも知れない。妊娠してたらどうしよう。」中学生のときも高校生となってからも、いわゆる、ズレた女の子でなく、何事にも一所懸命取り組んでいた子からの手紙であった。この手紙を手にしたことが性の指導に取り組むきっかけとなった。

人のからだやいのちのことを科学的にきちんととらえ、自分で納得した生き方をすることができる人になってほしいという願いを生徒たちに抱いたのである。「いのち誕生」から学ぶことは多い。いまここに存在する自分自身を認識させることから出発する指導、そんな授業づくりができたらと思った。【2-②-10】

また、小学校に勤務する鈴木久美子実践(「だいじないのち――性の学習を通して」一九八二年)では子どもたちの性に関する質問から性教育の必要性を考え、全学年で系統的に授業を実施することができるように全学年に次のように働きかけている。

保健室に来た子どもたちが「先生、セックスってなぁに?」「赤ちゃんはどこから生まれるの?」「キスするから

赤ちゃんができるんだよね」と、疑問や不思議をいっぱい持っていて問うてくる。みんないのちのことや体を知りたがっている。その不思議が解けたとき、驚きと同時にからだに対するいたわりの気持ちも生まれてくると思う。特に、性に関しては、直接それがいのちとつながるだけに、お父さんやお母さんの存在、愛やからだの科学、そして生き方にかかわった指導ができる。性の学習を通して、生命の尊さを学んでほしい。こんなことを願いながら職場の中で、二年前から「からだの学習」を保健指導の中に組み込み、全学年で性の学習を進めている。【2-②-1】

こうした指導を通して、いきいきしてきた子どもたちの姿を見て、養護教諭は改めて人間が守り伝えてきた出生に関わる文化を子どもたちに正しく学ばせていくことの重要性を語っている。

(2) 子どものたちの性意識や性の問題行動を踏まえた教材化と性の授業づくり

性教育を実践している養護教諭の多くは、子どもたちの心の不健康や人格形成の躓きなどが深刻化している情況下において、自己の存在や命をみつめ、ありのままの自分を受け入れるとともに、かけがえのない自分の存在、人間の生き方や性の文化について考えられるような性教育を行いたいという願いを抱いている。同時にまた、生命の尊厳性や性にかかわる関係性（自立と共生）を育み、性を人権の観点から捉えられる豊かな心情も育みたいという思いも強い。

こうした観点を据えた代表的な取り組みに、岡崎敦子実践（「生き方にせまる性教育をめざして」一九八七年）がある。それは、次のような子どもの実態認識に依拠したものである。

氾濫する性情報、退廃的な性文化等、子どもたちを取り巻く状況は極めて厳しい。挙げればきりのない性の社会的混乱は、子どもたちがよりよく生きていこうとする考え方や価値観を歪ませている。これから自分がどう生きて行ったらいいのかわからないまま自らの不安や悩みの前で立ち往生し、それを乗り越えられないでいる。……中略……中学生として、男として女として、この現実を認識させることが大切だと考え、自分の命のルーツを知ること、自分の命の存在を自分のこととして捉えること、今の自分の存在がかけがえのないものであること、などについていろいろな角度から迫り、自分の命を見つめさせていくことが大切である。そのためには、からだや性を科学的に認識させること、「自分のからだや命は素晴らしい、大切にしたい」と自分を好きになれる性教育の内容を創っていく。ありのままの自分を受け入れ、自分のいいところ、好きなところをどれだけ感じることができるか、それに迫る性教育を目指したい。【2-②-3】

岡崎は、小学校の実践でも、性教育を人間らしく生きていく最も基本的な教育として位置付け、「二次性徴における個人差」「自分の存在を受け入れ命を大切にすること」「ジェンダーフリーの視点を入れる」「人と触れ合う〝快〟の感覚を育てる」「エイズを感染症として抑える」「自己肯定感を育てる」の六本柱で授業を構成し、年間五時間の指導を行っている。そして、子どもたちの中に失われつつある正義感や仲間意識、弱いものを大切にする心など、自分はどう生きていくのか、をしっかり考えさせようとしている。【2-②-32】

3　養護教諭が軸となり、性教育を教育課程に組み込んだ学校ぐるみの実践

性に関連する教育は、主に保健の授業の中で扱われているが、その内容は極めて部分的で、子どもたちの実態や性の現代的課題に応えるものなっていない。このような中、養護教諭が中心となって系統的な学習を教育課程に組み込み、学年や学校全体で取り組む実践が生まれてきた。

養護教諭は保健室で捉えた子どもたちの性に関する実態や要求から、常に教育の必要性を感じている。そして、入り込めるところはどこかを探り、どう働きかけ動かしていくのかを模索する。例えば、保健の組織的な活動とし

て盛り込めないか、学級担任や教科担任に関連した内容があるときに声をかける、などである。そうして、まずはできるところから始め、その結果を広く教職員や保護者に伝えるなどして、取り組みを広げてきた。

(1) 養護教諭の性教育の取り組みを学校の教育課程に組み込むために

岩辺は、統廃合で新しくできた学校で、まずは子どもたちの実態を共有しようと積極的に担任の声を聴くことから始める。担任も子どもたちのからだや生活を気にしていることがわかり、「生と性の学習」をしようと提案する。それが、校内での「重点研究」に位置付けられ、全校での取り組みに発展させている。研究を進めるうえで彼女は、全校での話し合いを大切にし、どのような内容で進めるかを確認し合い、何よりも教師たち自身が納得のいく校内研究にすべきという姿勢をとりつつ、次のような視点で進めていっている。

「子どもの実態を深くとらえ、そこからの出発とする」「科学的事実をベースとした内容となるよう配慮工夫をする」「指導者も学び合いながら進める」「保護者の気持ちを尊重し、ともに学び合える姿勢で進める」こと。

私も養護教諭として、これまで子どもの実態に目を向け、先生方と共に子どもたちにからだや生活を見つめさせる取り組みをしてきました。本校においては子どもたちをしっかり見つめながら、人間として生き、成長する基本となる「生と性の学習」に学校ぐるみで手さぐり状態から取り組み始め現在に至っています。……中略……　試行錯誤を繰り返し、互いに検討し合い、授業を見合い、学び合って取り組みを進め発展させてきました。子どもたちの可能性を信じ、教師自身も楽しむことができました。教師も実に真剣に学び、お互いの個性を発揮しながら力を合わせて取り組みました。【2-②-24】

性教育を教育課程に位置づけて、全校で計画的に取り組んでいくためには何よりも、教員同士の納得と合意が必要である。そして、その出発になるものは、お互いが捉えている子どもの実態を共有し合うことから始まる。彼女の実践は、その視点をしっかり堅持して丁寧に進めている。こうした実践を通して、子どもや保護者に変化が現れてくると教員も元気になり、学校全体もいきいきしてくる。

性教育を全校の課題に組み込める学校がある一方で、子どもの実態から性教育の必要性を感じても、なかなか時間確保が厳しいという現実もある。特に中学校においては教科担任制であり、担任との話し合いでということも難しい。そのような中で、子どもの要求に依拠しながら進めた実践もある。

松田さよ子は、『「エッチなこと」から「大切なこと」へ』の著書の中で、中学生の性について学びたいという子どもの側からの思い（要求）に応えたいと考え、教科保健の授業を引き受け、三年生に一四時間の性の授業を実施した。この授業から子どもたちの変容を実感し、性教育の大切さを認識した教師たちが、次の年には積極的に時間を提供してくれるようになった。養護教諭が授業をすることにより、子どもたちは教室では聞けなかったことを保健室に聞きに来るようになったり、生徒のしんどさをつかみ保健室でフォローすることにつなげている。このように教室と保健室をつなぐことで授業で補えなかった部分もカバーでき、養護教諭にとっても子どもたちにとっても大きな意味があった。彼女はこうした授業が「総合的な学習の時間」への原動力と出発点になると述べている。【2－②－39】

(2) 性の教材構成をどう構想するか――「性の学力形成」の発想から

子どもをめぐる性の問題が多様化・深刻化しているとともに、様々な要因が複雑に絡み合って起きている中で、義務教育修了までに子どもたちにどのような性の学びの力をつけることが可能だろうか。学校での性教育は時にはタブー視されたり、保健の授業でも子どもの実態を踏まえての扱いには極めて不十分な内容しか取り扱われていない。子どもたちが、自らのからだや性の主人公となり、自他の命を大切にしながら自分らしく生きる力を付けることが必要である。こうした現状の中で、中学の三年間で子どもたちに必要な学びは何かを考え自ら授業実践している養護教諭もいる。濱名潤子は「性と自分の人生を考える〜中学生までに育みたい性の学び」の実践の中で次のような取り組みの紹介をしている。

本校では、性の指導計画により一年生から三年生の各学年が、心身の性的発達（二次性徴、生命誕生、性感染症）と男女のかかわりについて、各学年の段階を追って指導している。生徒たちは三年間を通して「性交ってなに？」「男女の交際を考えよう」の各学年共通のテーマで学習し、最終学年では「自分の人生を考えよう」のテーマを加え、計六時間の性の学習を終了して卒業していく。現代の性にまつわる情報は、興味をそそること一辺倒の描写や表現に偏り、若年層の性行為が普通であるかのように、また男女の交際＝性行動という短絡的な感覚に陥るような無責任なものである。性指導では、そんな環境の中で育つ子どもたちが、性を扱うメディア情報を冷静に捉え、自己の性行動を正しく選択し、性衝動を冷静にコントロールできる人格の形成を目的にしている。性とまじめに向き合うためには指導は中学生の時期が適切であると感じ、授業を始めてから三十年がたつ。

授業の一例をあげると、「男女交際」の扱いは、一年生では「異性の理解と交際」、二年生では「健全な男女交際」、三年生では「性行動と自分の生き方を考える」のように各学年で内容を発展させながら授業を進めている。さらに、毎学年共通の到達目標を設定し、自作の教具やロールプレイングなど、生徒の思考を揺さぶるような見事な性の授業づくりを実践している。性に関する指導には伝える側の考え方や捉え方、子どもへの願いなどが自ずと反映される。子どもたちは彼女の授業を受けることにより、それまでの性の観念から脱皮し新たな見方や考え方を学び取っている。生徒の感想からは「**自分は性に対する考えが軽率だった。もっと真剣に向き合う**」とか「**男女交際をしっかり考え、自分の将来につなげたい**」などと述べている。このように、子どもたちの深くて確かな性の学びを引き出している実践を広げたい。【2-②-44】

先に紹介した松田さよ子と濱名潤子の中学校での実践は、数見隆生の性の学力論とそのカリキュラム提起（『10代の性の現状と性の学力形成』かもがわ出版、二〇一〇年）を意識した「義務教育段階の終わりまでにこれだけは学ばせて卒業させたい」との思いで取り組まれたものである。

二　養護教諭が性教育を実践するうえで大切にしてきた方法と工夫

前章では性教育実践に当たっての、基本的な考え方やスタンスを述べてきたが、ここでは四五本の実践分析から導き出した、具体的な授業づくり上の多様な方法や工夫の要素について紹介する。

1　性教育における教材化の発想と授業構想の特徴

(1) 教材化の視点は、子どもの性に関する授業から生まれる願いを出発点に

①性をめぐる社会的現実と目の前の子どもの実態からの教材化

養護教諭は、目の前の子どもたちの性をめぐる実態（まわりの環境から受けている意識や関心・疑問・行動等）から、子どもたちに伝えたいこと、育てたいことを明確にしてそれを教材化してきた。

岡崎敦子は、思春期に揺れ動く子どもたちを前に、性行為をしてしまった一人の子どもの事例から、思春期における心身の変化と二次性徴を科学的に捉えさせ、そのことが将来自分が生きていくためにどんな意味をもっているのか考えさせるとともに、生命誕生のすばらしい仕組みを学ばせ生命尊重について考えさせることを授業のねらい

とした実践を行なっている。【2-②-3】

中村好子は、担任から、「放課後子どもたち数人が教室に残って、セックスがどうこうと盛り上がっている。そんな子どもたちに、性を大切なこととして伝えていきたい」と話があり、『精子と卵子が出会う＝生殖の性としての性交』と『ふれあいの性としての性交』を授業として取り組むことにした。その中で、生きていることの素晴らしさや、いのちの尊さを伝える実践を行っている。【2-②-18】

また、松田さよ子は、中学生や高校生たちの望まない妊娠や出産という深刻な現実を前にして、一人の人間としてどう生きていくかを生徒たちにしっかり考えさせ、男として、女として、何よりも一人の人間としてこの現実を認識させたいと願い「生と性を学ぶ授業」として次のような内容を教材化している。

自分のからだと性に向き合い、これからを生きる性の自己決定の力をつけることを狙い、①「大人に向かって変化する心とからだ～生命を生み出すからだに～（性器のしくみと働き、二次性徴、月経と射精、思春期の悩みや不安）」**②「生命の誕生～受精から出産まで～」③「喜びの妊娠と悲しみの妊娠**（人工妊娠中絶、望まない妊娠を避ける避妊、ふれあいの性）」**④「性感染症とエイズ」⑤「性のトラブル**（メディアと性、携帯電話と出会い系サイト、援助交際など）」**⑥「男と女のステキな関係づくり**（性的自立、自分を大切に生きる）」【2-②-39】

②保健室に持ち込まれる子どもの性の問題から、集団で学び合う課題としての授業づくり

保健室には、子どもたちから個別の問題が持ち込まれることが多い。特に中学生や高校生では性交や妊娠、性感染症などの問題があり、だれにも話せずやっとの思いで養護教諭のところに相談に来るような例がある。このような問題は他の子どもたちも不安に思っていたり、間違った知識を信じ悩んでいたりすることが考えられる。こうした現実と向き合う中で「これだけは知っていて欲しい」という願いが生まれ、教材化に繋がっている。非行で荒れていた女子中学生が、性交や妊娠を人前でほのめかしたり、妊娠しているかもしれないと相談に来たり、また中絶したという話しを聞いたりした養護教諭は、保健室で捉えた子どもの問題から、その子どもだけの問題ではないと捉え、全校生徒を対象にした性教育の必要性を強く感じ、全校の指導に発展させていった取り組みが多くある。

神谷結子は、中学生で性体験をしてしまったり、月経痛のため生理が来ない方がいいという生徒を前に、自分の性が認められ、自分らしい生き方ができる女性になってほしいと考え「女性のからだ・産む性の素晴らしさ」「性の文化の中での女性の生き方を学ぶこと」の二つを教材化している。【2-②-14】

中学や高校では、こうした問題に直面する養護教諭は少なくない。保健室に持ち込まれた個の問題を全校の子どもたちの課題として受け止め、子どもたちがしっかり学べる機会を創っていっている。

③子どもたちの不確かな性の知識や意識の現実を踏まえ、「わかる・納得する」授業づくり

子どもたちの性行動の問題の背景には、からだや性に関して知らない、分からないという未熟さに原因があったり、思春期のからだの変化や心の揺れをどう受け止めていいのか戸惑っていたりする子どもの姿がある。このような子どもたちの状況を踏まえ、性教育に臨んだ実践がある。

岩辺京子は、自分に自信がなく、友達にどう見られているかがとても気になったり、家族や教師などの言動に納得いかず、批判・反発しながらもどう表現してよいか戸惑っている子どもたちに「教師たちの思春期はどうだったのか」聞き取りをさせ、その結果を発表し合い教師も同じように悩んでいたことをつかませている。この授業を通して、子どもたちは、思春期のからだや心の変化とその時の不安や悩みは自分だけでなく誰にでもあるものだと、納得していっている。【2-②-24】

また、松田さよ子は、「わかる・納得のいく授業」の中で、「授業では、さまざまな二次性徴について、例えば女子の胸や腰の発育・発達も『赤ちゃんを産むための準備』の一言で片づけるのでなく、その仕組みと合理性を科学的に学ばせることで〝なるほど、そういう意味があったのか〟と納得していく」と述べている。【2-②-39】

(2) いのちの「すばらしさ」や「尊さ」を実感できる性の学習課程づくり

養護教諭は、子どもたちと日々かかわる中で、彼らを取り巻く社会や生活の状況がしんどくて大変な状況だと認識した時、その原点となる自分のからだやいのちを見つめさせたいという思いが生じてくる。そうした発想から、自分の「いのちのはじまり」や「生命の誕生」について教材化した実践がある。

中村好子は、児童養護施設から通う子どもたちがいる学校で、養護教諭が荒れる子どもを担任と一緒に受け止めながら、「そういう子だからこそ、自分のいのちのはじまりや性について学ばせ、いのちのすばらしさや尊さに気付かせたいと考え、小学生でも人間としての性の観点から〝生殖の性とふれあいの性〟について自己肯定感の低い子どもたちにも学ばせることにした。子どもたちが育ってきた環境はいろいろだが、いのちの始まりを知ることで、人間の素晴らしさに気付くようになった」と述べている。【2-②-45】

この実践では、「いのちのはじまり」を学ぶことで、親の愛情が十分に得られなかった子どもも「生まれてきてよかった」と考えるようになっていった。

2　性に関する教材・教具の工夫と授業の組み立て

(1) 子どもの性の実態から課題を明確にし、学ばせたい内容について教師や養護教諭自身が学ぶ

性の学びは低学年から積みあげていく必要があり、養護教諭は義務教育の間に子どもたちがどのような力をつけ

て卒業していってほしいかを考え、独自に教材づくりを行ってきた。したがってその方法は、目の前の子どもの実態や抱えている問題から教育課題を明確にし、学ばせたい内容を探りながら、養護教諭自身がまず学ぶことを大切にしてきた。特に、中学生や高校生では、性体験や妊娠の問題が出てきたり、自己の性をどう受け入れたらいいのか悩む子どもたちも出てくる。そのことで心の不健康や、人格形成にも大きな影響を及ぼすことになる。こうした子どもたちを前にして「性交や妊娠」「自己の生き方と性の自立」「エイズや性感染症」「性同一性障害（性別不合）」「性の多様性」などについて、子どもの実態や要求に応えていけるように教材化し、授業づくりをした実践も多い。

また、子どもたちにしっかりと生きていく力を付けたいと考え、小学生でもからだの仕組みや思春期のからだの変化と合わせて、受精や生命誕生、性交を扱った実践は多いが、どの実践も養護教諭と共に教師が学べるような工夫を行っている。

岩辺京子は校内研究に位置付け、教師たちが学べる機会を設けている【2-②-24】。中村緑は、校内に性教育推進委員会をつくり教員同士が学び合えるようにしている【2-②-43】。相馬悦子は、性教育を公開授業に位置付け、全教師が研修できるようにしている【2-②-6】。

このように、養護教諭は、子どもの実態から何を学ばせたいのか、の課題を明確にしながら教師と共に学ぶ機会を大切にしてきた。

(2) 教えたい教材を考え、養護教諭の手作り教具や子どもの活動を取り入れる

性教育を行うにあたっては、「何をどう教えるか」その授業構想と関わって、どのような資料や教具を使えば子どもたちが理解しやすく学びが深まるか、具体的な教材・教具づくりが求められる。子どもの実態に合った教材や教具の開発が子どもの興味や関心を高め、主体的な学びを引き出すことに繋がる。

①子どもの関心を引き出し子どもが主体となれる教具づくりとその工夫

子どもの興味関心を引き出し、教えたいことがしっかり伝わるように子どもたちが手に取ってみたり、視覚的にわかりやすいような教具を作ったり、あるいは具体的な事例を提示して考えさせたりする工夫や活動を行っている実践がある。

任海園子は、養護学校（現特別支援学校）で子どもの理解が深まるように目の前の子どもの生活実感や障害をもつ子どもの理解度などを考慮し、一人ひとりにあった教材を工夫している。

障害が重い子に対しては身体模型にひげや性毛をつけるなどの活動を入れて参加できるようにしたり、「赤ちゃん」の授業の時には産休の先生にお願いして、赤ちゃんの泣き声とメッセージのテープを送ってもらいました。このように子どものレディネスに合わせた教材を吟味し何度も繰り返しながら授業を行った。身近な事例や子どもたちの生活実感にあった教材を用いることで、子どもがぐっと近づいてくる。【2-②-9】と述べている。

さらに、性同一性障害やＳＴＤについて学ばせるために、当事者の声が聞けるように工夫した教材を用いて授業をしている実践【2-②-20】、生徒の要求から男女交際やナンパなどの具体例を通して子どもたちに考えさせている実践【2-②-16】もある。

子どもたちの関心を引き出し、主体的に学べるようにするには、まずは子どもの実態を深くつかみ、そのうえで教師が学ばせたいことが伝わるような教具を活用することで、子どもの主体的な学びが生まれる。

②子どもが自分のいのちやからだの大切さを実感でき、創造性を引き出せる教具や場の工夫

様々な環境の中で育つ子どもたちが、自己肯定感を高め、自分のいのちやからだを大切にしようとする気持ちを生み出すためには、まずは「いのち」にふれることが大切だと考えて取り組んでいる実践が多い。

自分が生まれた時の周りの大人たちの想いを知ることで、自分がかけがえのない存在であることを実感させ、それが「生きる力を育てる」ことに繋がるとの思いである。そして、その展開過程で、子どものもつ創造性を引き出すために、親からの手紙を活用したり、グループエンカウンターやブレインストーミングなどの方法を活用して子どもに働きかけている実践【2-②-10】や、直接からだに触れあう体験や子ども同士の意見を交流させたりしながらすすめている実践【2-②-26、2-②-40】もある。また、保護者を巻き込み、ＰＴＡの母親が協力して作ってくれた受精から赤ちゃん誕生までの手作り教具を活用し、子どもたちが実際に見たり触れたりして学ぶことで命の素晴らしさを実感させようとした実践もある【2-②-12】。

性教育に使う教具は、対象となる子どもの発達特性や発達段階を考えて、手作りのものを使うことが多く、手作り教具も仲間同士で共有することで、豊かな性教育実践が広がっていく。

3　性の学びの成果を発展的に活かす

(1) 学習したことが子どもの「生きる力」に

①人間の性を科学的に捉え、人権や文化的な視点から学ぶことで実践への意欲を育む

子どもたちが人間らしく豊かに生きるために力をつけて行くことを狙いとした実践は多い。その中身として、性には人権や文化的な側面があることに気付かせ、その中で豊かな関係性づくりのできる力を育てたい。そのためには、科学的な学びができていることがその前提として必要である。

松田さよ子は、中学校で妊娠を取り上げ、人権を重視したうえでの避妊や中絶を考えさせる授業で、「これからの自分自身の生き方について考え、行動できる力となる内容」を展開している【2-②-19】。

三村慶子は、生殖の性と合わせて文化としての性を、文学作品を使って教えることで、生徒の性交観をプラスのイメージに広げている【2-②-11】。

島谷恵子は、小学生も性交について興味関心をもっていることから、生殖の性だけでなく触れ合いの性についても「愛し合う二人が性交によって愛を確かめ合い、安心感や信頼感が生まれる」ことを伝えている【2-②-36】。

こうした授業を受けた後の子どもたちの感想文からは、子どもたちが自己の性についてしっかり向き合い、将来の生き方とつなげて考えるようになってきていることがわかる。

②参加型の活動を取り入れ、自己と向き合いながらよりよく生きようとする力を育む

教師主導型の教え込む授業でなく、子どもたちの主体的な学びを保障するためには、子ども自身が考えたり疑問に思ったことなどが共有され、仲間と共に交流しながら学びを深めていくような参加型の授業実践が有効である。エイズ学習の中で子どもから出た疑問をグループで話し合ったり、調べたりしながら学習を深めていった授業【2-②-28】、中学校でエイズの授業を通して性交についてどう考えるか、生徒に個々の思いや考えを討論させたりしながら主体的な学びにつなげていった実践事例【2-②-11】、がある。

(2) 実践の自己分析・批評を次の実践に反映させたり、共有したりするために

①「授業記録やカード」「授業感想」などを書かせることを大切にする

子どもたちにとって「書く」という作業は、学んだことを整理し、確認したり次の思考を生み出すために有効である。学習したことを振り返り、学習経過が見えるように、子どもたちが書いたものを一冊のファイルにまとめ、事後指導に生かせるようにしたり【2-②-22】、事前の意識調査や事後の感想などを書かせ、通信で流すことで家庭

とも共有できるようにした取り組み【2-②-40、2-②-41】がある。

また、学習の成果を把握したり、深めたりするには、子ども自身に作文や感想文などを書かせることで、学習内容を共有したり、教師自身が成果を確認したりすることもできる。毎時間、自分の考えをまとめて書かせることで、子どもの自覚を促した実践【2-②-11】、授業後の感想を書かせてそれをもとにお互いが学び合えるように紹介したり【2-②-2】、次の授業の教材として活用した実践【2-②-7】などもある。

②「生と性の学習」を他教科との関連を意識しながら進める

性教育の指導時間の確保は、養護教諭が自分の裁量で行うことはできない。そのため、指導の必要性を校内で共有しながら、子どもの実態に合わせ、他教科とも関連させつつ指導時間の確保に努めている。また、子どもの学びが豊かになるように、他教科の関連した内容と合わせて授業をすることもある。

小学校の取り組みでは、一年生から六年生までのカリキュラムを考え、学級活動を軸にしながら教科や道徳と関連させて進めている実践や【2-②-4】、健康教育の中に性に関する指導を盛り込み計画的に進めている実践【2-②-1、2-②-37】もある。また、中学校では家庭科の分野と合わせて女性の自立を学ばせたり【2-②-3】、高校では性教育を総合科目として捉え、保健体育、世界史、学級活動などの時間を総合的に活用し、性教育を扱った実践もある【2-②-8】。

(3) 学級での学びを個別指導に生かす

保健室には、性の問題を抱えた子どもや個別の悩みを持って訪れる子どもたちもいる。授業後にクラスの中では質問できなかったことを個別に質問や相談に来る子どもも多い。養護教諭は、このような子どもたちと丁寧に向き合いながら子どもたちの学びを保障していく。

高山みつるは、「生徒が最も話したがることは男女交際のことであり、保健室にたくさんの書籍を用意し、本人が希望すれば貸し出しできるようにしたり、まわし読みできるようにしている。また、例えば避妊の指導は全体にはできない場合でも個別なら可能なので、個人のレベルに合わせた指導を大切にしている。一人ひとりの話をよく聞いたうえで、本人が納得できるような話を心がけている」【2-②-22】と述べている。

4　連携と共同・協働をつくり出し、全校で性教育に取り組むために

性教育を進めていくためには、子どもを取り巻くより多くの人達とつながり、共同・協働して取り組むことで、豊かな実践につながる。特に、どのような性教育を行うかは養護教諭や他の教師たちの子どもの捉え方に左右されるので、子どもたちの現状の捉え方やどんな子どもに育って欲しいかなど、子どもへの願いや子ども観について話し合い共有することが大切である。

(1) 子ども理解を一致させる

性をめぐる子どもの状況をどのように捉えるか、子どもに伝えたいことは何か、などを教師間で一致させるために取り組んだ次のような事例がある。子どもの良さを認め共有していく中で、子ども観に揺さぶりをかけ、子ども理解を一致させている実践【2-②-18】や、他の教師が、子どもたちが健やかに育って欲しいという願いを受けとめながら、教師と共にお互いの子ども理解を深めている実践【2-②-4】がある。

(2) 担任との合意づくりを大切にする

性教育は養護教諭一人に任されることも多いが、養護教諭だけで行うのではなく、教員がそれぞれの専門性や立場を生かして進めることで学校全体に広がり、より豊かで望ましい性の教育が可能になる。

全校で取り組みを進めるにはまず、職場の人間関係づくりが大切だと考え、性教育に積極的でない教師との関係づくりや、本音で話し合える仲間づくりを大切にしながら進めている実践【2-②-15】や、学年会に提案して話し合い一致できるところを大切にしている実践【2-②-2】などもある。また、性についての様々な情報を発信するとともに授業でコーディネートをしたり、校内研修会を開くなど多様な方法で教師を巻き込んだ実践【2-②-14、2-②-34】などもあり「合意づくり」が丁寧に行われている。

(3) 組織づくりや体制づくりを大切にする

養護教論は、全校で性教育を推進していくには組織的に取り組むこと、そのために体制づくりをすることが大切だと考え、意識的に進めていくことが多い。実践事例をみると、その学校にあった組織を立ち上げたり、既存の委員会を活用したりしながら多様な方法で組織や体制を創りだしている。

性教育推進委員会を立ち上げたり【2-②-5】、性教育検討会や性教育連絡会をつくり、その中で合意形成を図って進めた実践【2-②-26】などがある。また、性教育部会を校務分掌に位置付け、組織的に進めていった実践【2-②-3】や、学校保健委員会や保健指導部会などを活用して全校で取り組めるようにした実践【2-②-4】など、多様な実践がある。

⑷「保健だより」で性教育の必要性や成果を発信したり共有する

保健だよりは、養護教諭が日常的に発信できる有効な手段であり、教材として活用できるものや、授業の前後に子どもの実態をつかんだり授業の成果を伝えたりすることなどができ、その活用方法は多様である。

①性に関する子どもの実態や授業内容を「保健だより」にのせ、担任や保護者と共有する手段とする

子どもたちに性に関する深刻な問題があったり、子どもたちが学びたいと思っていてもすぐに性教育を始めることができない場合もある。例えば、教育困難校と言われるような高校で、生徒の実態からエイズに関する教育の必要性を教職員集団に訴える手段として保健だよりを活用した実践【2-②-14】がある。

また、性教育に対する考え方やその必要性の認識も多様であるため、保護者向けに性教育について連載し、必要性を理解してもらうように働きかけた実践【2-②-35】、親子でいのちの大切さについて話し合ってもらえるように呼び掛けた実践【2-②-6】などに保健だよりを活用している実践は多い。

②「保健だより」を教材や資料として活用する

保健だよりは、教材として活用できることも多く、養護教諭自身が授業で使ったり、あるいは担任が授業で活用したり、子どもたちに伝えたいことを考えて作成している実践もある。

子どもを引き付けるからだの話や保健指導の内容を保健だよりに載せたり【2-②-18】、高校生にエイズについて科学的に正確な知識を学ばせたいとシリーズで発行したり【2-②-14】、担任が安心して授業ができるように授業に必要な内容を載せて活用してもらう【2-②-35】など、養護教諭の立場から子どもたちに授業でおさえたい内容を保健だよりで発信している。教材化することで、養護教諭以外の教師も気軽に性教育をやってみようという気持ちになり、学校全体に広がっていく可能性も期待できる。さらに、その取り組みを次年度に継続させ繋げていくために、前年度の授業の内容や子どもたちの感想文を載せた保健だよりを職員会議や学年保護者会で配布することによって性教育への理解や協力を得るための資料としても活用している実践もある【2-②-38】。

5 まとめ——性教育実践を行ううえでのこれからの課題

今日、子どもたちをめぐる性はますます多様化・深刻化していると同時に、その現実にある背景は、様々な要因が絡み合って複雑化している。また、現代的な性の課題として青少年期の中に広がっているのは普通の子の「性からの逃避」(不活発化)の問題(大人のセックスレスの広がりも含め)である。この背景に人間関係の分断・格差化と個別・孤立化があり、大人社会も融和でなく格差・分断・対立の世界となっているが、子どもの世界にはいじめ・荒れ・不登校というような形で出てきている。こういう人間関係のズレや逃避と性の関係性も無関係でないであろう。こうした中で、『国際セクシャリティガイダンス』(日本語版訳、二〇一七年)に基づく包括的性教育の考え方が示され、社会的にも人権としての性の捉え方や、多様な価値観を社会が受け入れ始めている。このような社会変化から、バッシング以降下火になっていた性教育が、最近では少しづつ広がりを見せている。こうした変化をしっかり受け止め、子どもたち一人ひとりが、自己の性や生き方について主体的に考え選択できる力をつけるために、学校教育の中で学べる機会を保障することが強く求められる。

一九八〇年代から二〇〇〇年代にかけて養護教諭を中心として活発に行われてきた性教育実践に貫かれている理念や思想は現代的な課題にも十分に生かすことができる。ここに挙げた豊かな実践から学びながら、今を生きる子どもたちとしっかり向き合った性教育実践を創造して行く必要があろう。

Ⅱ―3 「保健の教育課程づくり」実践ジャンル

一 養護教諭による「保健の教育課程づくり」実践の基本的な考え方

健康教育実践のジャンルの枠組みの一つに「保健の教育課程づくり」という小ジャンルを設けたのは、具体的な個々の子どもの健康に関する取り組みを出発にしながらも、養護教諭が軸となり学年に広がったり、多様な取り組みに発展して、全校的な課題になったり、年間カリキュラムづくりにまで進展させた取り組みがあったからである。当初、この小ジャンルに分類できる実践を八〇年前後から拾い出すと一八本あったが、分析対象にしうる詳述された報告は七本のみであった。ここでは、それらの報告の内、二つの実践理念（視点）において代表する二本ずつを取り上げ、その特徴を紹介する。

一つは、日常的に学校内に見られる子どもらの心身の問題について、担任らと話し合うなかで共同し、全校的なカリキュラムづくりに発展させていった実践である。もう一つは、保健室での取り組みを出発点にしながらも、多様な工夫による保健活動に広げていき、総合的に全校的なものにしていった実践である。

ただ、こうした全校的な取り組みへの展開は、一人職種の養護教諭が取り組むには、かなりの心のスイッチ（思い入れ）と組織力が必要であり、実践数が限られていた。しかも、比較的小規模校での取り組みであることや、養護教諭が代わると取り組みができなくなってしまう傾向もあるように思われた。

1　日常の子どもの健康実態から教育上の課題を捉え、それを全校的な取り組みにする教育課程づくり

養護教諭を中心とする保健教育の取り組みは、たいがいの場合、その学校にいる目の前の子どもらの実態からの動機で始まっている場合が多い。とりわけ、一九七〇年代に大きく子どもの生活が変貌し、心身に多くの課題が出てきたからであった。ここでは、八〇年前後と九〇年代の二つの実践の特徴を紹介し、その意義づけをしておくことにする。

(1)「校内研究として取り組んだ保健指導のカリキュラムづくり」の実践

養護教諭の酒井繁子の実践は、一九七〇年代の高度経済成長後の子どもたちの健康課題が深刻化する東京での取り組みである。子どもの健康問題が、学校教育の基盤を揺らがせる状況になっていて、多くの一般教員も、そうした問題意識を抱いていた。彼女は、それまでその学校で六年間個別の保健指導に奮闘してきたが、その年、校内研究の課題が二年間「健康と安全に関すること」に設定されたことを機に、保健室で捉え、職員会に問題提起してきた健康課題や新たな調査（からだ・生活・意識）をも踏まえ、全校ぐるみで何をどう教え学ばせるべきかのプラン作成を行い、取り組み始めたのだった。

「指導の系列と領域」としては、私たちの成長・リズムある生活・歯を大切に・空気と健康・疲労と回復・目と姿勢・皮膚をきたえる・病気と予防・ケガと病気の予防、の九項目とした。それらを年間計画にして各学年に応じたカリキュラムを作り、全校での保健指導実践を行っていった。その実践報告書では、一年生で行った「一まいぬ

いで外あそび」」の皮膚をきたえる教材と、五年生での「疲労と回復のしかた」の教材の指導とその検討が具体的に紹介されている。その取り組みの特徴は、養護教諭が子どもの健康課題をそれまでの実績を踏まえて校内研究として職員会に発議し、自ら率先して、授業提示しつつ、「子どもたちを自分のからだと生活の主人公に育てる（自主管理しうる力を育てる）」という思いで、担任教師との共同で学習を展開し、広めている点にあるといえる【2-③-1】。

(2)「からだの学習」を校内カリキュラムに位置づけ、全校に定着させた取り組み

養護教諭の宍戸洲美は、この実践までは個人的な単発的保健指導にはかなり熱心に取り組んでいたが、こうした全校に広げての取り組みは養護教諭一人では限界があると感じていた。ある時、保健室掃除当番の四年生の男女が言い争いになり、男児が女児のお腹を蹴ってしまうということが生じた。このことをきっかけに、養護教諭は担任と話し合あい、思春期入り口にある子どもらへのからだの話になった。担任からも「保護者から娘が体の変化に興味を持ちはじめ、いろいろ質問されるがどう話していいか困っている」と、持ちかけられ、どうしたものかとの話になった。小学生でも中・高学年になると、身体的変化や男女差が出てきて、それがからかいになったり、暴力的行動に表われたりもする。こうしたことも見方を変えれば、子どもらの「からだに対する学習要求なのではないか」と深まった話し合いになった。そうした経過があって、こうした捉え方を校内全体で共有する必要があると考えるようになった。

ただ、学級担任にはさまざまな教科や教育活動があり、健康や性に関する諸問題が生じていても、そうした課題を学習内容にするには少々ハードルが高い状況がある。具体的な授業づくりは、まずは養護教諭主導で実施する必要があるが、できるだけ担任と共同し、その輪を広げていくことが重要である。担任も保護者からの要望も受け止めており、こうした課題を授業化する際は保護者にも公開し、子育てを共育していく観点が大事であると考えるよ

うになる。そして、この実践では、そのことを学年で共有し、また他学年でも「やってみようかな！」という教員が現れるようになり、数年かかって学校カルキュラむの柱の一つに「心とからだ」の学習を、月間にそれぞれの学年二時間ずつ位置づけカリキュラム化していったのだった。その主な内容は、いのちの誕生・男女の役割と協力・人間の成長・心と脳のはたらき、といったものだった【2-③-5】。

2 教育活動の中に子どもの健康課題を位置づけ、全校に健康教育を組み込んでいく実践

次に取り上げる二つの実践は、小規模校での実践であるが、あらゆる機会を活かしてからだや健康の学びを学校中に位置づけた実践と、メディア漬けになっている子らに全身を使って活動する楽しい機会と全校を上げて健康を実感させられる工夫（カリキュラム・マネジメント）に取り組んだ実践である。

(1) 「からだを見つめさせる学び」を全校に広げた小規模小学校での実践

岩手県の養護教諭、佐々木ひとみは四年間末配置校だった小規模小学校だったこともあり、当初、養護教諭の存在を知らない児童もいて保健室や保健のことにほとんど反応がなかった。保護者や教職員からの期待もあまりなかった。だが、交通や文化施設も乏しく、近隣に医療施設もないことから、養護教諭に「自分でからだや健康を守るすべを身につけさせたい」という思いが湧いてくる。まず、保健室を「からだの学習をする部屋」を印象づけようと掲示物や教材を展示したが反応が薄かった。そこで、「待っていてはダメ、自分から出ていこう」と考え、全校給食の待ち時間を利用し、「楽しい保健のお話し出てこい！」を実践することにする。手洗いをする子が少なかったので、まずはヨードでんぷん反応の実験・指導をすると効果てきめんだった。何回か「出てこい」の指導を

していると興味を持って近づいてくる児童が見られるようになった。時間数が少ないからと職員会に申し出ると月六時間の確保ができた。「保健室はからだの教室」として、縦割り班で「口の中、どこにどんな歯あるかな？」「目の福笑いをしよう」「救急のときどうする？」など、教材は試行錯誤しながらだったが、指導の事後に児童がよく来るようになり、見たりふれたりして保健室らしくなってきた。

保護者と結ぶ「保健だより」は、養護教諭の心（思い）を伝えるものとの観点から、学校での児童の姿が見える形で発信し、家庭との共同で子どもを育て、協力を得るメッセージを書くことにした。同時に、児童にも読んでもらいたいので、児童が題字で登場したり、親しみのあるような工夫も行った。体重測定の時は、自分のからだを考える日としたり、各自の誕生日は健康相談日とし、一年間を振り返らせ、健康のための改善点を考えさせたりした。ただ、健康のことは養護教諭という雰囲気をつくり、担任を傍観者にしてしまったので、健康診断の事前指導を各担任にやってもらう方向で「健康診断ノート」を作成し、担任に話してもらうことにした。また、健康診断当日、検診前に校医から、「みんなのからだどうなっているかな？」について話してもらい、全児童が自分のからだと向き合う機会を全校のものにしていった【2-③-6】。

(2) カリキュラム・マネジメントを活かした小規模校での健康教育実践

養護教諭の藤田照子は、それまでの中規模中学校から小規模小学校に赴任し、ギャップに戸惑うが、ここなら全校で取り組む健康教育が可能と考え、二年間にわたって実践に取り組んだ。まずは、委員会活動を中心にして「キッズ・ヨガ」を取り入れた「忍者修業」を全校遊びとして取り組んでみた。

保健室は健康診断と救急処置、ベッドを使う休養以外はほとんど使われず、休憩時間もほとんど教室で過ごしている状態だった。子どもたちの健康診断時の様子や給食・掃除等も手伝いながら、子どもたちの課題を探った。そして、気になることを職員会や保健だよりで保護者にも改善点を提案していった。

データ的にも、健康診断や体力テストに反映していた。例えば、ゲーム依存による視力問題、体力低下、朝からアクビ、等々である。とりわけ、「ノー・メディアデー」を提案したかったが禁止だけではダメと思い、興味深く取り組める課題を考えた。そこで、メディアでなく五感を使った生活を実感させたいと考えた。保健委員会活動を生かせる様々な工夫を実践した。全校で楽しめる遊び（全心身を使った忍者合戦や忍者修業）、全校でのお楽しみ朝の会、給食時のミニコント、箸での豆運び競争、雑巾がけレース、等とにかく子どもにとって楽しい行事を一杯すること、それらを保健だよりで保護者に伝え、学校保健委員会で共有する活動を行ってきた。また、前担任とで全学年での「睡眠の授業（メディアに影響されない）」を行ったり、積み上げてきた全身活動を運動会で保護者の前で発表するなど、全校での健康教育活動を実践してきた。運動会時に、忍者修行の発表を見た保護者の「ウワー」の完成と拍手がその成果を物語った。今日の子どもに影響するメディア・スマホ漬けに対抗する全校での健康教育の取り組みである【2-③-9】。

二　養護教諭による「保健の教育課程づくり」実践の方法と工夫

1　「保健の教育課程づくり」の確かな手順と進め方

吹野順子実践は、かつて農村部だった地域が都市化し人口が急増した一九七〇年代の東京の大規模小学校での取り組みである。子どもたちの心身のひ弱さが問題となり、養護教諭が中心になり学校保健活動の計画を立案して、子どもたちの健康に関する科学的認識と実行力を育てようと取り組んだ【2-③-2】。

①子どもたちの健康状況のまとめとそれに基づく学校保健計画を、年度当初の職員会議に報告・提案し、話し合う。四月の職員会議に児童の健康状態のまとめと今年度重点にしたいこと（積極的に健康になる努力のできる子をめざした学校保健計画）を提案し、話し合ってもらった。

②各学年で指導案を作り、必要な学年はそのための生活調査を実施。各学年とも指導案を作り、必要な学年は生活調査を行ってみた。

③各学年の保健指導内容について、健康認識を育てるために必要なことは何かを考え、小学校を卒業するまでに最低必要なことを中心に編成した。

自校の児童の健康状況を出発点として、子どもの健康認識を育てるために必要なことは何かを考え、学校を卒業するまでに最低必要と思われる事を中心に教材構成し指導している。

（各学年の保健指導のテーマ）

一年生：生活のリズムについて（排便、食事、睡眠、運動）

二年生：六歳臼歯の指導「わたしの歯はもうおとな」

三年生：「骨や筋肉を丈夫にしよう」

四年生：「生命の誕生」とわたしたち

五年生：わたしたちの成長

六年生：りっぱな成長。自分たちの脳をかしこくしよう。

④指導前後の子どもの様子を家庭に知らせ、保護者の協力を得る。

指導前後の子どもの様子を「保健だより」等で知らせ、保護者に協力を得る事も必要である。

2 学校全体で保健指導を組み込んだ「保健の教育課程づくり」を行う手順と方法

檜原友子実践は、一九八〇年代半ばにおける福岡の中規模小学校での取り組みである。からだのおかしさや生活の崩れが問題となり、それは大きくて根の深い社会・環境的変化を背景にしていると捉え、学校全体で計画的に健康に生きていく主体者を育てたいと取り組んだ【2-③-3】。

①職場での合意づくりのために保健指導部会で子どもの実態について話し合い、具体的な指導計画を作成。
②保健室で行うからだの学習では、子どもを丁寧につかむ視点で、からだの測定や観察調査を取り入れる。
③保健指導を担任と共に行うことによって個々の子どもの問題を共有し、子どもについて話し合う機会にする。
④保健指導後にアンケートや感想・考えを書かせる。
⑤子どもに健康の問題を分からせ、自己解決できる力を育てる（「保健委員会活動」「保健だより」を活用）。
⑥保健指導の内容に、社会の構造やひずみ、健康阻害・いのちの危機等への遭遇もあり得ることを盛り込む。
⑦「からだ・生活の様子」カード、「けんこう生活がんばり」日記の取り組み（毎月一週間）。

（月ごとの指導内容を年間計画として編成した内容）

六月　歯の健康（体重測定、口腔内観察調査、おやつ調査。児童保健委員会による集会・歯について）。
七月　夏の健康（食べ物、飲み物を考えよう）。五年生・性の学習。保健委員による集会・食品添加物について。
九月　からだと脳によい生活をつくりだそう（身長・体重測定、からだといすの適合測定。学習会）。
一〇月　目のしくみ・はたらきを知り、自他の目を大切にする（視力測定、生活調査。目の児童集会・発表）。
一一月　健康を支える背骨の役割を知り、背すじをシャンとできるからだをつくろう（体重測定、姿勢調査、柔軟度測定。姿勢についての児童集会・保健委員会）。

一二月　冬の健康（ひふをきたえよう）。四年生・性の学習。インフルエンザについての児童集会・保健委員会。
一月　冬の健康（空気と生命）。身長・体重測定。肺の働き、きれいな空気、酸素の働き（タバコ、大気汚染）。
二月　冬の健康（空気と生命）。性の学習（六年生）。
三月　成長する心とからだ（体重測定、一年間の発育。性教育（体と成長のしくみ、男女の性差、生命の尊厳）。

3　保健教育を教育課程へ位置づけるための道筋をつくる

佐々木ひとみの小規模校での実践は、先の「考え方」の項で、その取り組みの特徴を紹介したが、ここではその具体的な方法や工夫を報告している「全校児童を『保健室学級のこども』と思えば」のレポートを元に、どのように取り組んだかを追記してみたい。【2－③－7】

実態把握→（実態の共有と共感と）→子どもがからだを学ぶ時間を確保する→（子ども・保護者・教員の変容が作り出される）→年間三時間の学級活動・六年間の指導計画づくりへ

①実態調査に取り組む（夏季に歯みがきとジュースの本数調べをして結果を、児童、教職員、保護者に知らせる）も変化がみられない。そこで、子どもたちに歯の大切さを学ぶ必要を実感し、次のような取り組みを行う。
- 学級活動で年間三時間の歯の保健指導を一～六学年の指導計画をつくる。
- 健康診断の事前指導や月ごとの保健指導の実施。
- 保健集会で学級での歯の学習を交流。
- 外部講師及び養護教諭による健康教室、などの実施。

②学校という場を離れても、子どもたちが歯の衛生をはじめ健康について主体的に考えられるように育ってほし

いという思いで、次のような多彩な取り組みをする。
・歯みがきカードの継続。
・目標を立てる力を育てる「げんき貯金」。
・むし歯のない木（歯の治療が完了した子の名前を記した葉を貼る）。
・「歯みがき招待券」を発行して個人指導。
・ごほうびのピカチュウバッヂをもって学級訪問。
・総合学習として保健集会への取り組み。
③児童の実態を把握するために、一一月にたばこ、一二月に薬物に関するアンケートを行なった。その実態を踏まえて、喫煙や薬物乱用の害について科学的に理解し、将来にわたって喫煙や薬物乱用をしない態度を身に付けさせたいと思い、学習に取り組んだ。

4　多彩な取り組みで子ども・教員・保護者を巻き込んだ地域ぐるみの教育課程づくりと展開

藤田照子の実践の状況や特徴は、先の「考え方」の項で「カリキュラム・マネジメントを活かした取り組み」として概要をすでに紹介したが、ここでは小学校の小規模校で取り組んだ実践のより具体的な工夫や方法について追記することにする【2-③-9】。
①さまざまな機会を利用（一緒に活動）して観察し、子どもたちの課題を探る。
学期に一回の〇・一刻みで行う視力検査と毎月の身体測定、ランチルームでの給食、掃除等の活動を一緒にすることで、子どもたちの課題を探る。

②保健だよりや掲示物でつかんだ課題や取り組みとその成果を子どもたちや保護者に知らせる。

・学習中の机上の使い方、鉛筆や箸の持ち方、呼吸の仕方等、気になることを見つけては、保健だよりに掲載し、改善策の提案を行う。

・参観日の前に、掲示物、冊子を展示し、保護者に子どもたちの頑張りを伝える。

③全担任と共同で「睡眠」についての授業を実施。

中学校区全体で取り組む「ノーメディア週間」の前に、なぜ、この取り組みをするのかを理解するよう願い、低学年用・高学年用の指導案を校内研修に提案、それを各担任がアレンジし睡眠の授業を行った。

④児童保健委員会活動の指導の配慮と工夫。

・大人が押しつけるのではなく、委員会の子どもたちが、ミニ劇などで取り組みの意義を説明し、楽しんで実践のリーダーとして活躍できるように工夫した。

・月一回、設定された一単位時間は、委員会の役割、何が気になり、改善のためにできることは何か、どんなことをしたいか、等について話し合った。（委員たちの意欲が高まると日常活動も積極的になった）

・全校で楽しめる遊び（忍者合戦）を企画する。

・忍者学校を開き、入学式を行い、「お楽しみカード」でレベルアップできる忍者修業を広める。

・週一回の全校朝会、毎日の給食時間のみにコントやコメント、お楽しみカード達成者の紹介をした。

・まめ運び集会・雑巾がけレース・忍者修行発表会などのイベント開催した。

⑤夏休みと冬休みに、「作っておいしかったお料理紹介カード」の取り組み。

休み中に生徒が自分の家庭で食事作りに取り組み、その取り組みをカードに紹介（材料とレシピ、イラストや写真、本人と家族の感想などがびっしりと書き込まれた）して掲示。それにみんな（生徒や教職員）がコメントを書いて貼り合い、コンテストを行う。

⑥学校保健委員会で健康教育をみんなのものに。

委員会で、ＰＴＡ、地域の参加者に子どもたちの健康実態を伝え、子どもの眼（視力等）の特徴を説明したり、学校での「脱メディア依存」の取組みにおける健康教育の内容を伝えた。

⑦子どもたちの取り組み（忍者修行）の成果を発表する場（運動会や忍者修行発表会）を用意する。

Ⅲ　健康診断実践ジャンル

一　教育としての健康診断実践の考え方

日本の学校（小・中・高等学校）で毎年新学期に実施される定期健康診断は、養護教諭にとってはかなりの時間とエネルギーを費やす仕事の一つであり、年度当初の子どもたちの健康・発育状態をつかむうえでの大事な機会であるので、養護教諭の仕事の中でもかなりのウェイトが置かれるものである。

また、子どもたちにとっても、学校時代（小学校から高校までの一二年間）に、その時々の自分のからだの発育・健康状態を知る機会となり、それらを通じて自分自身のからだについての身体認識と健康意識を培う機会にもなり得るものであり、その実施においては、そうした教育機会となるべく十全な配慮や工夫が求められる仕事である。

今回の共同研究における実践検討では、教育としての質を持ち、実践的教訓が豊かに含まれている健康診断実践として選定した四四本の実践記録を読み込み、「教育としての健康診断」実践のあり方（考え方や進め方）についての重要な実践要素を抽出し、理論的整理を試みた。

なお、分析対象にした実践記録が公表された時期の、学校健康診断をめぐる議論の時代的特徴として、学校健康診断をめぐる子どものプライバシー侵害を危惧する議論が一九八〇年代に頻繁になされていたことや、一九九〇年代初頭に文部省（当時）が学校保健施行規則を改定して健康診断の実施規定を変えたこと（色覚検査や胸囲測定を必須項目から外し、視力測定を簡略化したこと）をめぐって、養護教諭の間で疑義が出されていたこと、さらには、「子どもの権利条約」の批准（一九九四年）などによって、当時の健康診断実践のあり方に影響していることが窺えた。

1　当時の学校健康診断の現況に対する問題意識（反省や批判意識）が工夫の契機に

まえがきでも触れたように、養護教諭が集う研究集会で報告された健康診断の実践記録や養護教諭関係の専門雑誌などに掲載された健康診断実践の記録には、当時の学校健康診断のあり方をめぐる議論を反映して、それまでの健康診断が（自分の進めてきた健康診断も含め）、「実施する側にとっての都合を優先させた健康診断」であったこと、換言すれば「あまり時間をかけずにスムーズに流れることを優先した健康診断」であったこと、への反省や批判意識に基づいていた。こうした気づきは、効率を優先しがちな集団検診のあり方への自省的な、あるいは警鐘的な意味を持っているように思われる。

新卒で養護教諭の仕事に就いて一五年の所　朱美さんは、新採の頃の自らの健康診断実践についてふり返りながら、次のように述懐している。

「新採は○○市内の小学校だった。児童数は一三○○人。……身体計測や視力・聴力など担任も測定するという方法で、アレよアレよという間に終わってしまう。……私が担当したのは胸囲と担任からチェックをうけた〇・九未満の視力測定、そして聴力・色覚だけであった。(中略)
(その当時の私は)、医師や測定する担任たちの、実施する側がいかにしやすいか——そういったことにのみ力を注ぎ、それに合うように子どもへの指導をしていたように思う。」【3-2】

その後、所さんは、三年、五年と年月が過ぎて、サークルにも入り、そこでの話し合いに学ぶうちに「待てよ!」と考えるようになり、子どもたちの「先生、なんでオシッコをしらべるの?」といった問いかけにも気づかされて、「健康診断は何のためにするのか、なんでこれを受けるのかについてしっかり子どもがわかったら、すすんで健康診断を受けるようになり、自分のからだにも関心を持つようになるのでは?」と考えるようになり、健康診断の事前・実施時・事後のそれぞれに児童、担任、保護者に向けての働きかけや工夫に取り組んでいった様子が語られている。

また、柴田和子さんも、新任の頃に抱いた勤務校の健康診断の進め方に対する疑問と、ずっと心に留めていた願いを次のように語っている。

「大規模校では、スムーズに、時間をかけずに、流れるように進めることが最大の目的のように求められている職場の雰囲気に従い、しばらくはその努力をしていたが、……このようなやり方でよいのか、本来の健康診断が求めているものは何か、子どもにとってどんな意味を持つのか。ずっと気がかりなものになっていた。そして、新任で感じた疑問から、次のことを大切にしようと心に留めてきた。
①時間短縮優先の健康診断ではなく、学校医を活用しながら、子どもたちがからだと向き合える健康診断にしたい。
②健康診断を通して、日常生活が健康や成長につながっていることを伝えたい。
③健康診断は第一段階、継続的な指導の機会につなげたい。」【3-41】

さらに、前記のような疑問や反省は、ともすればスクリーニングのみに重きを置きがちな現行の健康診断への、改めての疑問や注意喚起につながる問題意識だと言える。斎藤早百合さんは、新任での着任以来二〇年余り、生徒数一〇〇〇人を超える大規模中学校三校に勤務した経験の中での健康診断について、次のように語っている。

「ここまでの二一年間は一〇〇〇〜一七〇〇人の大規模・超過密校での勤務で、大勢の保健室来室生徒の対応に追われる必死の日々で、健康診断も時間内に何とか終わらせるのに精一杯。終わった後の事後措置も大変で、とにかく一学期は来室生徒の対応と健康診断にかかわる仕事で精力を使い果たし、学期末は『ふぬけ』状態でした。『教育としての健康診断』どころではないという状況で、養護教諭人生の半分以上を費やしてしまいました。そんな中でも、『健康診断をただやりっぱなしでいいのだろうか?』といった疑問を持ちながら、『異常のあった生徒に「お知らせ」を出すだけでいいのだろうか?』、『異常の有無にかかわらず、すべての生徒たちに健康診断の結果をきちんと知らせ、健康診断を受けたことの意義づけをもう一度したい。教師集団や親御さんにも意識づけをしたい』、という課題意識は持っていました。」【3-35】

また、熊沢富美江さんも実践記録の冒頭部分で、次のような問題意識を述べている。

「健康診断の結果は、なぜ異常者だけに知らせるのだろうか? 私は、随分と前からこのような疑問を持つようになった。視力検査と歯科検診のばあいは、その疑問はいっそう強くなる。現時点で『異常なし』であっても、『異常有り』に変わる可能性はだれにでもある。低視力、むし歯、歯周病の予備軍の裾野は広い。」

熊沢さんはこのような問題意識に基づいて、「赴任した私は、さっそく目と歯の検査結果を全員に知らせることにした」と述べ、そのとりくみの様子を次のように描いている。

「『歯の健診結果のお知らせは、一人ひとりの子どもに送る保健室からのメッセージである。』

歯の検査票のページを繰っていると、どの子にも語りかけたい言葉が浮かんでくる。

・「あぁ、残念、せっかくたくさんのむし歯を治したのに、また、むし歯ができてしまったよ。虫歯の予防を本気で考えようよ。」

- 「すばらしい歯の持ち主だね。こんなによい歯に生んで、育ててくれたお母さんに感謝しなくてはね。」
- 「大きなむし歯になってしまったね。どうして治さないの？　時間がないのかな？　それとも、歯医者さんがこわいのかな？」

全員に検診結果のお知らせが配られると、さっそく子どもたちは、『先生、感激しちゃった。ずっと前の私の歯のこともしらべてくれたの？』、『どうして、僕の小学校の時のことを知っているの？』などと、保健室に報告に来てくれる。教室では、担任の先生が、『みんなのこと一人ひとりを大事に考えているからできることだよ。これを書くのは大変なことなんだ。家の人といっしょにしっかりよんでほしい』と言葉を添えて、手渡してくださった。」【3-14】

さらに、次のような反省や気づきも、子どもたちの健康の実態や個々の子どもの意識や個性差に対応した配慮や工夫を実践的に生み出しているという点で、とても示唆的である。

中村富美子さんは、「子ども自身が主体的にのぞむ健康診断」と題した実践報告で、新しく赴任した学校の健康診断風景の一端を次のように描いている。

『みんなと同じなんだから隠すんじゃないの！』上半身を隠して、もじもじしている男子に担任がどなった。その子は悲しそうな顔をした。なぜなら漏斗胸だったのだ。児童数七八〇人の大規模校である。個人の羞恥心や個性が軽視されたベルトコンベアの製品検査のような健診が当然のように行われていた。

なぜ子どもはどなられなくてはいけなかったのか？　みんな同じはずがないではないか。私は検診中の子どものおどおどした様子から、この方法では子どもに学びが得られていないと考えた。また、保健室を訪れる子どもは、『疲れた』『頭が痛い』『ぐっすり眠れない』などの不定愁訴が多い。聴診器を当てるだけの内科健診では、『病気ではないが、元気でもない』という子どもの（今日的な）問題を把握できないとも考えた。そこで学校医と相談し、協力を得て次のような健診の工夫を考えた。

①完全個別（個室）で内科健診を実施し、プライバシーを守った健診とする。②『私のからだカード』（セルフチェックカード）を導入し、自分のからだや心の課題に気づき主体的に健診に参加する。③校医による健康相談を行い、自分のことがわかる健診、及び学びのある健診とする。」【3-36】

髙橋芳子さんは、赴任して七年目になる勤務校にいて、その慣れとともに、「毎年行われる行事などをただこなしているだけでマンネリになっていないかと感じることも」あって、「健康診断が子どもたちにとって自分のからだを知るよい機会であるはずなのに、子どもたち自身が主体的に参加するものになっていないのではないか」との不安がよぎるようになる。そこで、健康診断を通して少しでも自分のからだに関心を持ち、大切にしていけるような子どもに育てようと考え、「健康診断ノート」を活用した取り組みを始めたという。

その取り組みの具体的な展開については、次節の「二　教育としての健康診断実践の進め方」の説明（1③）に譲ることにするが、そのノート活用の意図は、「健康診断を受ける前と受けた後に、そのノートに自分で書き込むことによって、それを一つの学びにして使うもの」で、「自分のからだの状態や生活をふり返ることを通してその意識を高め、書くことで自分のからだを認識し、生活のしかたをより主体的にしていくことができるのではないか」と考えたという。【3-30】

以上のような健康診断の現況に対する問題意識（反省や疑問・批判）は、次のような学校健康診断のあり方についての実践的追究につながっていると言える。

従来の、あるいは現在もありがちな、「効率優先の健康診断」や「スクリーニングに重きを置く健康診断」から、「子どもたちが主体的に参加する健康診断」へ、そして「子どもたちが自分のからだとしっかりと向き合うことができるようになる健康診断」への、転換を生み出している。

2　健康診断を通して子どもに何を育てるのか

前項1での従来の健康診断についての問題意識（反省や気づき）に基づいて、その改善・工夫を試みた諸実践が描き出している健康診断像から、総体として健康診断を通して子どもたちに何を育てようとしているかについては、次のように整理できる。

①からだについての科学的認識を育てる

- 健康診断でからだを学び、からだへの科学的認識を高める。
- からだに対する事実を通して、「からだに対する科学的な認識」、「からだと生活との関係やからだと環境との関係についての認識」を深め、生活実感に結びつけて生きる力をつける。

②自己のからだについての認識（身体認識）を育てる

- 自分のからだへの認識と自覚を育てる。
- 自分のからだに関心を持ち、大切にしていける子どもを育てる。

③自己のからだへの主体的意識・権利意識を育てる

- 健康に対する認識と自分のからだに対する主体性を育て、健康を権利としてとらえ、自らの健康を守り増進していく力を育てる。
- 健康診断は、健康に発達する権利を保障する活動であり、健康診断を権利として主体的に受けられる子を育てる活動である。

④自らの健康を守り増進していく（健康に生きていく）力を育てる
・健康を権利としてとらえ、自らの健康を守り増進していく力を育てる。
・自分のからだを見つめ、からだについての認識を高めて、将来、健康に生きていく力を育てる。

3 健康診断を受ける子どもの側に立った実施上の配慮が必要

健康診断を受ける側としての子どもたちの健康診断に対する思い（期待や不安）、意見・要望を直接聞いたり、調査したりしながら、可能な範囲で子どもたちの意見や要望に応える配慮や工夫が必要である。それが、「子どもの権利条約」が謳う「子どもの意見表明権」を保障することにつながっている。健康診断をめぐる当時の議論を反映して、次に見るように、健康診断の実践記録には子どもたちの思いや意見を聞きとりながら健診の実施を工夫・改善している実践が少なくなかった。

・子どもたちの意見を聞き、その思いに寄り添った健康診断を実施する。
・検診時に子どもたちに「何か言いたいことはないか？」と何度も問いかけて、粘り強く子どもたちの本音の思いや意見を引き出す。
・「自分の要求を声に出せる子どもを育てる」ことを意図して、子どもの声を聴き、要望や意見を取り入れながら計測や検診のしかたを工夫する。
・体重測定や胸囲測定について子どもたちの思いや意見をアンケート調査や対話で丁寧に聴き取り、周りに見られない・知られない工夫をする。

このような実践姿勢は、次のような実践理念を体現していると言える。

○「子どもの声（思い、要望、意見）を聴く」という教育実践上の基本理念を表明している。
○「子どもの権利条約」で謳っている子どもの意見表明権を大事にするとともに、子どもたちに意見表明する力を育てようとしている。

4　実践的に追究している健康診断像は、端的に言えば「教育としての健康診断」と言える

上記のような問題意識に基づいて、実践者たちがどのような健康診断像を追求しているかをみると、自覚的な実践者は、その実践記録の中で自らの健康診断観を次のような言葉で端的に表明している。

○子どもたちが主体的に受ける（参加する）健康診断
- 子どもたちが健康診断を権利として主体的に受けられるようにしたい。
- 子ども自身が主体的に取り組み、子どもに学びのある健診としていかなければならない。

○子どもたちにとって学びのある健康診断
- 健康診断を通して、子どもたちが自分の心身の状態を知り、体力や健康に関心をもち理解を深め、健康の意義および生命の尊重についても理解できるようにしたい。
- 健康診断はからだのことを学習できる場であり、教え込みでなく、発見のある学習を組み込んだ健康診断にする。

○子どもたちが自分のからだと生活をふり返り、自分で健康を守る力を身につける健康診断
- 健康診断は子どもにとってからだを見つめる場であり、自分のからだを通して健康を学ぶ場である。生活をふり返り、考え、自分で自分の健康を守る力を育てていく健康診断にしたい。

・からだや健康に対する認識を深め、互いのからだを認め合い、健康生活の実践意欲を高める健康診断。

○学級担任や学校医などと連携して教育的にかかわる健康診断

・学級担任に主体的にかかわってほしいので、健康診断の事前や事後に学級指導に取り組めるように指導資料を提供したり、TTで指導に取り組む。

・医師に教育サイドに立ってほしいので、検診時に子どもの質問に答えてもらうようお願いする。

・学校医と養護教諭で事前に話し合い、「子どもが主体的に受けられる健診にしよう。」「子どものからだ、健康を見守り、支援する立場でかかわっていこう。」と確認。

○子どもの健康権、発達権、教育権を保障する一環としての健康診断

・健康診断は、子どもの「健康に発達する権利」を保障する活動であり、教育の目的である「人格の完成」に寄与するものでなければならない。

・健康診断は憲法二五条（すべて国民は、健康で文化的な最低限度の生活を営む権利を有する）の具体化であり、権利としての健康診断である。

以上の1から4に整理した四点は、「教育としての健康診断」の資格要件ということができるが、次に紹介する渋谷和子さんの健康診断実践の記録は、これらの要件をトータルに含んだ実践像を描き出しているので、概要を紹介しておきたい。

☆健康診断元年、自分の学校の健康診断を創ろう

1．学級担任に主体的にかかわってほしい

担任が学級指導で事前指導したくなるような、使いやすい資料づくりを心がけた。*

＊・楽しく学ばせるための工夫コーナー　・子どもに話してやるとためになる耳よりな話や最新情報　・詩やクイズやお話

し　・担任に日常目配りしてほしいポイント　・強調して教えてほしい点（その理由をわかりやすく）、などを載せ、担任がそれらを取捨選択して独自の指導を組み立て、主体性を持った学級指導が展開できるように工夫した。

2．子どもを主体的に健診に臨ませたい

子どもをからだの主人公として自らが行動の主体となるように健康診断に臨ませ、検診を自分のものとしてとらえさせる工夫（前もって鏡で自分の歯の様子を調べ用紙に記入したり、歯科医のいう記号の意味を知らせ、検診を受けながら自分のう歯数や処置済みの歯数を数え、自分の観察と対照させるなど）

3．教え込みでなく、発見のある学習を組み込んだ健康診断

健康診断で自分のからだについて新たな発見をしたり、気づいたりするような工夫（歯科検診結果で「むし歯地図づくり」に取り組み、奥歯はむし歯になりやすいことを発見させる。尿検査の意義を擬人化遊びで気づかせる。）

4．医師に教育実践サイドに立ってもらって健康診断にかかわる

校医さんに教育的にかかわってもらう（・子どもたちの質問に答えたり、対話や説明をしたりする。・心臓の音や呼吸時の肺の音を二人組で聞かせてもらう、など）

5．健診結果から子どもたちが自分のからだを見つめる機会となる健康診断

事後指導を「結果のお知らせ」に留めず、結果を教育的に活用する（・身長や体重の測定結果をグラフ化して「発育」の学習　・胸囲の測定結果をもとに、胸囲の発達は肺や心臓［呼吸・循環機能］の発達と関連していることについての「からだの学習」、などを組む）。【3-20】

二　教育としての健康診断実践の進め方

前節で捉えてきた「健康診断実践」についての考え方に基づいて実践者たちが具体化している様々な実践上の工夫は、おおむね次の四点に整理できた。一つは、子どもたちが自ら主体的に健康診断に参加するようになる（事前指導や実施時に、検診で何のために何を調べるのかについて知らせる）工夫。二つは、事前、実施時、事後などに健康診断に関係するからだや生活についての科学的な認識を育てる保健指導や「からだの学習」を組み込む工夫。三つは、子どもの思いや意見を聴き取り、プライバシー保護に配慮した実施の仕方の工夫。四つは、学級担任や学校医、保護者などを巻き込んで「みんなで取り組む健康診断」を展開しているもの、である。

以上の四点について、具体的な実践に即した工夫例を紹介したい。

1　子どもたちが能動的・主体的に健康診断に臨むようになる工夫

子どもたちがベルトコンベアに乗せられて製品チェックを受けるような、受身的で流れ作業的な検診ではなく、子どもたち自身が自分のからだの発育状態や健康状態に関心を持って受診し、その健診結果をもとに生活のしかたの改善につなぐことができるように、主体的に健康診断を受けるように仕向ける事前の指導や実施当日の工夫、さらには検診結果をふまえた事後指導などにおいて、子どもたちの意識や認識に働きかける様々な工夫を行っている。

以下はその工夫例である。

①事前の学級指導（多くは担任による）や計測・検診時の養護教諭による保健指導で、各健診項目の目的や意義に

ついての学習を組む

関美奈子さんは、尿検査の意義を学級担任による実験を用いた指導で知らせようと、「朝の会」の時間を使って、各担任が「消化器の図の下に泌尿器の図を二枚重ね、消化器のしくみの途中から泌尿器のしくみに分かれていくことを知らせ、透明なプラスチックコップ（二個）とティーパック（二個）を使って腎臓が正常に働いているとき、異常なときの状況を実験して見せる」という工夫をしている。

また、関さんは、「子どもを主体的に検診にのぞませたい」と考えて、心電図検査を主体的に受けさせる工夫として次のような事前指導もしている。

「子どもたちにとって心臓をはじめ内臓は身体の奥の未知の分野である。心電図検査といっても意義もよくわからず、検査の時のスタイルから恐怖感をもち、からだも心もこわばって、検査もスムーズにいかないことも多い。そこで、心臓の位置とはたらき、『赤い血』と『青い血』について、図を見ながら物語風にお話をし、一人ひとり聴診器で自分の心臓の鼓動を聴かせた。子どもたちは、耳でとらえた心臓の鼓動に大きな反応を示し、心電図検査をより身近に感じて検査を受けた。」【3-11】

このほか、養護教諭が作成した指導資料を使って学級担任が事前指導に取り組んでいる事例や、養護教諭自身が検診前や事前の校内放送などを利用して事前指導に取り組んでいる例などが見られた。以下はその工夫の要点である。

- **歯科健診前日の事前指導で、学級担任が養護教諭の作成した保健だよりを使って学級指導をする。**

＊保健だよりの内容：なぜ歯科健診をするのか、健診していることがどんな意味を持つのか、誰のための健康診断なのか。加えて、自分の歯の状態を調べて処置歯とむし歯の数を予想させる。【3-22】

- **歯科検診に於いて自分の口の中の状態に関心を持たせるため、検診当日の朝に一〇分間の全校一斉TV放送**

を視聴させ、子どもたちの質問に応答する時間を設け、口の中の何を調べるか、歯科健診で使われる用語や記号の意味、歯肉炎等について事前指導をする。【3−26】

- 検診の前に必ず何のために何を診るのかについてのミニ保健指導を実施している。【3−33】
- 事前調査で子どもたちが自分のからだと生活をふり返りをしたうえで検診を受け、それを検診結果とつないでとらえられるようにする。【3−42】
- 生徒たちが健康診断の意義・目的を理解して主体的に受診に臨めるように、養護教諭が作成した「保健だより」を教材にして、学級担任による事前の学級指導を定着させてきた。【3−42】

②校医検診で子どもが予め用意していた質問や疑問を出し、校医がそれに答えるという工夫（子どもが予め自分で質問事項を考え、校医に質問することによって検診に対するより積極的な意識が生まれる）。

健康診断を教育としての質をもった活動にしていくためには学校医の理解と協力が欠かせない。子どもたちが医師という専門家と接する機会は、その接し方いかんによって子どもの学びを大きく左右するからである。健康診断を教育的な質をもって展開している健康診断実践では、ほとんど例外なく学校医を巻き込んでいることが確認できた。その際には、養護教諭がその趣旨やねらいについて学校医の理解を得て、その進め方について十分に話し合うプロセスを経ていることは言うまでもない。以下はその事例である。

高橋芳子さんは、自ら考案した「健康診断ノート」（次項で詳しく紹介）に子ども自身が事前に自分のからだの状態や生活ぶりについて書き込み、それらを養護教諭と校医が事前に目を通し、当日校医から必要に応じて聴打診やアドバイスを受けるようにしている。【3−30】

中村富美子さんは、実践記録の中で、校医の協力を得る過程を次のように語っている。

「私は、健診中の子どものおどおどした様子から、このやり方では子どものためになっているはずがないと考えた。さらに子どもは自分のからだを診てもらっているのに、聞きたいことがあっても聞けない状況だった。本校の校医は日ごろから、学校保健活動に協力的で、子どもの側に立って考えてくださる方だ。……（中略）……私は校医に『個別に診てもらえないか？』と提案したところ、『僕はいくら時間がかかってもいいから協力するよ』と快諾してくれた。担任たちに同様の提案をしたところ『校医がやってくれるなら大歓迎』と了承を得た。……（中略）……そこで、今回は、内科健診をきっかけに、自分のからだや心を見つめ直し、自分のからだや心に気づくこと、子どもたちが自分のからだについて相談できるように工夫しよう、と考えた。」【3-36】

柴田和子さんも、年度初めに四科の校医（内科、歯科、眼科、耳鼻科）を訪問して、次の二つのことをお願いしているという。①「検診で気づいたことや生活でこんなことをするといいよということを、一人ひとりに声がけをしてほしい」、②「子どもがする質問にていねいに答えてほしい」。【3-41】

③子どもたちに持たせた「健康診断ノート」に検診前の自分なりの予測値や、検診後の実際の結果を自ら書き込むようになっていて、子どもたちが自らの発育状態や健康状態を振り返るとともに、各検診項目について注意深く受診するようになる工夫。

高橋芳子さんは、「子どもたちが主体的に参加することによって、自分のからだに関心を持ち、大切にしていける子どもを育てたい」との思いで、「健康診断ノート」を考案して活用している。そのノート活用のねらいとその概要を次のように説明している。

☆ノート活用の目的

健康診断を受ける前、受けた後に「ノート」に自分で書き込むことによって一つの学びにしていくために使うものとする。自分のからだの状態や生活を振り返ることを通して、意識を高めさらにそれを書くことで自分のからだを認識させていくことができるのではないかと考えた。さらに検査後に結果について確認し、また自分の生活や思いと照らし合わせることで健康診断が自分のものとなり、自分の記録ともなるのではないかと考えた。
☆使用するにあたっての配慮
・発達段階や作業時間、ノートの管理などを考えて、4年生以上で実施することにした。
・時数の確保は十分でないため、待っている時間や終わってから教室で全員が終わるまでの短い時間でできるものにした。
・書いたものを担任が回収し、保健室に届けてもらう。私がそれらに目を通し、子どもたちに返して家庭へ持ち帰る。
☆子どもが書き込む健診項目とその内容
・発育測定：・身長と体重の予測を立てる。
・測定の後に背骨検査を実施する。
・他の人と比べるのではなく、自分の身長と体重がバランスよく成長しているかどうかに目を向けさせるために、バランスがわかるグラフに記入させる。
・視力検査：・目の自覚症状調べ（該当する項目にチェック）をし、目にやさしい生活をしているかを確認させる。
・前回の測定値を思い起こさせて記入し、測定後にその変化を自分の生活ぶりと照らして考えるようにさせる。
・視力測定は、1.0から0.1刻みで測定し、測定値が視力検査表全体の中でどの位置にあるかがわかるような表で結果を記入する。
・測定後、自分の視力と生活を振り返ってみて思うことについて書く（書くことによって自分の考えをより確かにする）。

・内科検診：・気になる自覚症状があればそれを記入し、それを問診票として活用する。養護教諭と校医が目を通して、当日、内科医から必要に応じて聴打診やアドバイスが得られるようにしている。
・歯科検診：・検診前に自分の歯の状態を観察させたり、むし歯の数の予想をさせたりして検診に向かわせ、検診結果を自分で書き込むようにして予測と検査結果とを照合させている。【3-30】

2 健康診断時にからだについての科学的認識を育てる学習を組み込む工夫

健康診断の事前・実施時・事後などに、健康診断にかかわるからだや生活についての健康意識や科学的認識を育てる「からだの学習」や保健指導などを組み込んでいる実践が数多く見られた。そのうちの特徴的な工夫例の要点を紹介する。

①子どもが「主体的に受ける健康診断」にするために、事前指導で「からだのしくみ」の学習を組む

松谷初代さんは、「健康診断をからだや健康の大切さを認識できる機会として位置づけたい」と考え、そのために、「子どもの健康実態がつかめる健康診断にしたい。子どもたちを主体的に健康診断にのぞませたい。子どもたち一人ひとりに寄り添いながら、生活を見つめさせ、発育・発達を支援したい。こうした実践の積み重ねが『教育としての健康診断』になっていくのではないだろうか」と説き、工夫の事例を次のように説明している。

「昨年までは、健康診断の受け方を中心にした事前指導をしていたが、子どもが自ら主体的に健康診断を受けていくことをねらい、事前指導内容を『体のしくみ』を中心に組んで指導していった。いずれも一〇分間ほどのミニ保健指導という形式をとり、測定会場で養護教諭が指導した。（視力検査では：目のしくみ、見えるってどんなこと、目が二つあるわけは、など。聴力検査では：耳のしくみ、耳のはたらき、耳あかはどうしてできるの、など）。このような事前

指導によって、子どもたちの検査の受け方に自ら進んで受けるという姿が随所に見られ、静かに真剣に受けていて、「静かに!」という注意がほとんど必要なかった。また、健診後に自ら保健室に健康相談に来る子が多く見られ、結果を自分の生活と考えようとする子が増え、そういう機会と場を設定することが「教育としての健康診断」となることを確信した。」【3-13】

②子どもたちが自分の健康状態に気づいたり、からだについての科学的認識を形成する工夫

高橋浩子さんは、「子ども自身が自分のからだと向き合うことを大切にしてほしい」という強い思いを持ちながら、「健康診断を自分のからだと向き合い、自分のからだを知る絶好の機会」にしようと考えて、教職員と歯科校医に次のような働きかけをして取り組んだという。

☆教職員への働きかけ

- 年度末反省会で、健康診断の時数を減らしてはどうかという議論になったが、「健康診断はからだのことを学習できる場であり、もっと子どもに自分のからだに目を向けさせたいので時数を保障して実施したい」と養護教諭の願いをぶつけ、歯科検診二時間の時数を確保する。
- 毎月の保健指導部会で、健康診断は子どもがからだと向き合う大切な機会であるということを伝え、健診時の事前指導用のプリントを作成して、事前指導をしてから健康診断に臨むようにした。また養護教諭の願いを職員会議では保健主事から職員に話してもらうようにした。
- 歯科検診について保健指導部会で提案し、歯科校医の思いを伝える。子どもを丸ごと見てくれて、成長・発達の視点で子どもの健康問題を考えてくれる校医だから、子どもの健康を一緒に考えていくのに協力的なスタッフの一人であることを伝え、歯科検診への願いを理解してもらうようにした。

☆校医への働きかけ

●事前の打ち合わせをするため数回学校に来ていただき話合いをもち、まず自分の願いを校医に伝えた。どんな検診にしたいのか、今までの検診の反省点から子どもが自分の口、からだとしっかり向き合うことのできるものにしていきたい。むし歯の発見だけでなく、からだに関心を持てるように学習面をとりいれながら実践したい、など。

●校医の願いをひき出すことができた。歯科校医として初めて委嘱されたため、とてもはりきっている姿勢がみられた。診察室で子どもの生活を聞いたりしている中から問題点を見出し、おやつのとり方、かむことの大切さを話していきたいという願いを話された。また学校の子どもたちのために養護教諭と手をつないですすめていきたいという前向きのあたたかい言葉もいただけた。

●歯科校医との間で確認できたこと

・子どもが主体的に受けられる歯科検診にしよう。

・子どものからだ、健康を見守り、支援する立場で関わっていこう。

・むし歯のあるなしを管理するのではなく、長い人生の中で健康に生きていく時の力を育てていこう。【2-③-22】

③健康診断の事前・実施時・事後に多彩な「からだの学習」を組み込み、他の保健活動（保健委員会活動、生活・健康点検、健康ノート、保健集会、目の生活調べ等）とリンクして総合的に展開【3-22】

大江美恵子さんは、児童数二四名の小規模小学校での健康診断の取り組みを、「健康診断を通して、身体や健康に対する認識を深め、互いの身体を認めあい、健康生活の実践意欲を高める」ことをねらいにおいて、事前、実施時、事後に「からだの学習」を組み込むとともに、保健委員会活動や保健集会などの行事ともリンクして、下記のような多彩な保健指導を展開している。
●内科検診：一、二年はからだの名前あてクイズ、三～六年はお医者さんが診るところのからだの仕組みと働きについて知ろう、などの事前指導。二学期は養護教諭による「骨のはなし」、保健委員会による「せなかをピン！」の紙芝居、三学期は保健委員会による「かぜのクイズ」などを組み込んでいる。
●身体測定：身長・体重の測定（からだと生活の健康点検、いろいろな食べ物とからだ、骨のはなし、タバコのはなし）。胸囲の測定（肺や心臓の成長とからめて）。
●歯科検診：「健康ノート」に歯科検診の結果（健全歯、処置歯、未処置歯）を六年間記録する）。六月に歯の学習、七月に保健委員会による歯についての保健集会を開催。
●視力検査：目の状態を確かめる、目の生活調べ、目のしくみと働き、目を守るためにどうしたらいいか。【2-③-12】

3　子どもの声を聴き、プライバシーへの配慮をした実施の仕方・進め方の工夫

一九八〇年代末頃から九〇年代初頭にかけて、学校における健康診断の一斉検診のあり方が子どものプライバシーを侵害しているのではないかとの疑義や、文部省（当時）によるスクリーニングとしての性格を強めた実施方法の改訂（いわゆる簡略化）がなされたことなどを契機にして、養護教諭自身が「子どもにとって意味のある健康診断」を実践的に追究しながら、さまざまな工夫がなされた時期であった。その問題意識が、健康診断に対する子どもの声を聴き、子どもたちのプライバシーを尊重した実施の仕方を模索した実践が生み出された。

☆その工夫例

●健康診断に対する子どもたちの意見や要望を、検診時毎に粘り強く引き出す働きかけ。【3-8】

●子どものプライバシーに配慮し、安心して受けられる検診に：内科検診を完全な個室状態で実施。【3-36、38】

●子どもたちの声とアンケート調査の結果から子どもたちの「健康診断への要求」（安心して検診を受けたい、自分の体について知りたい・分かりたい、人と比べてほしくない、など）を読み取り、健診の仕方を次のように改善・工夫。

・学級単位で担任と養護教諭で検診を実施し、着衣は体操着又は一枚程度と改善。

・体重計はデジタル使用、担任が座高、養護教諭が身長と体重を計測。

・「数値を読み上げない。友だち同士で知りたい時、自分で知らせ、聞きたいときは〝教えて〟という」等を配慮したり、計測時に「大きくなったね」「伸びているよ」などの声かけすることで子どもの表情や体つき等、いつもよりチェックすることができ、子ども達も、計測後の健康手帳の記録に見入り「増えた」「伸びた」と、成長した表情を把握できた。【3-26】

●内科検診や脊柱健診時の配慮と工夫。

・恥ずかしいという気持ちを受け止めながら、〝はだか〟を診ることの大切さを説明。

・プライバシー保護の観点で、個人情報を守り、内科検診・脊柱検診時とその前後の着・脱衣に「個のスペース」を確保。【3-42】

●子どもたちが安心して受診できるように、しっかりとしたカーテンによる間仕切りした更衣場所や健診場所を確保するために、必要性を訴えて予算措置を実現。【3-33】

●内科検診の健診待ちのプライバシーへの配慮と静寂維持の工夫。

高学年は1枚着衣で待ち、アコーディオンカーテン内で検診、待っている間に聴診器で自分の呼吸音や鼓動を聞く（それによって自然に静寂が保たれる）。【3-41】

4　学級担任・学校医・保護者などを巻き込んで「みんなで取り組む健康診断」を展開する

☆実践例

- 学級担任、学校医、保護者などとの連携を生み出し、「みんなで取り組む健康診断」に仕立てている。
  - ・学級担任は検診の引率だけでなく、校医からの検診結果のレポートを受けて子どもの健康実態を把握。
  - ・学校医は検診時の健康相談、後日の「健康よろず相談」を実施して学級担任、保護者、主治医などとの連携。
  - ・「私のからだカード」を家庭に持ち帰り、子どもが保護者と一緒に記入、質問も一緒に考える機会に。【3-36、38】
- 歯科検診において、自分の口の中の状態に関心を持たせるため、事前指導、検診の場の工夫、歯科医と子ども達との質問・応答、などを工夫している。
  - ・事前指導は当日の朝に一〇分間の全校一斉TV放送を視聴させ、子どもたちの質問へ応答する時間を設け、口の中の何を調べるか、歯科用語の「シー」「しゃせん」の記号の意味、歯肉炎について等を指導。
  - ・検診の場の工夫：TVやパネルを待機している子ども達が見える位置に示し、担任、養護教諭はフリーで子ども達への説明と「結果のお知らせ」の記入作業をするという工夫。
  - ・検診時は、歯科医と子どもたちの質問・応答が続くよう配慮。【3-26】
- 「健康診断ノート」を多面的に活用し、担任・学校医・保護者を巻き込んだ取り組みを展開している。

学級担任を巻き込み、事前と事後の学級保健指導に活用する。家庭に持ち帰り保護者の一言記入による家庭の巻き込み、問診票として活用して内科医が事前に目を通し、必要に応じた聴打診やアドバイスをする。そして何よりも、子どもたちの書き込み作業による健診項目の意義とねらいについての理解、自己のからだとその変化への関心喚起、測定・検診結果と自己の生活ぶりとをつないだ自己確認など、「健康診断ノート」のじつに多面的な効果が生み出されている。【3-30】

• 子ども、担任、保護者に向けて健康診断についてのプリント資料を作成し、事前、事後に配布・指導して「みんなで手を組む」健康診断に仕立てている。

・担任との連携で保健指導
・家庭での保護者による指導
・養護教諭によるグループ指導
・地域の保健所、町内の集まりとの連携で、蟯虫卵検査と投薬、肥満児対策のための栄養指導など【3-2】

• 健康診断結果を生活に生かすために養護教諭が家庭訪問し、子ども・保護者・養護教諭での三者面談で話し合う。検診や検査の結果はそのつど各々の方法で家庭連絡することとして、健康診断全体の結果を基にした家庭訪問を実施することにした。子ども、父母、教師の三者の話し合いのなかで、子どもが自分の生活課題をつかむと同時に、父母もそのことを理解して、側面から援助してもらうようにしている。【3-20】

• 保護者への働きかけと連携を重視（大事に）した健康診断実践

・子ども自身が変化の兆しが自覚できる従来方式の○・一刻みの視力測定と、その年次経過がわかる「視力カード」を家庭と学校間で往復する。

視力低下の背景には、子どもの生活などに変化があることが多く、検査の時点で子どもに自覚させることで、低下傾向をストップさせられる場合がある。また、〇・九以下の子どもには、検査の都度出す受診勧告に代えて、一年生から六年生までの経過が見える形式の「視力カード」で家庭と学校を往復するものにしている。

・保護者への働きかけの大切さをしっかりと認識。

「健康診断を通じて、子どもたちのからだを学校側がていねいに見ていることを伝えることが、大切だと考えている。そのために、まずは健診結果を早く家庭通知することを大事にし（「健康の記録」を年間五回の発育測定終了後に配布）、健康診断によって見えてきた子どものからだの実態について「保健だより」に載せて知らせるようにしている。【3–33】

Ⅳ　保健自治活動実践ジャンル

一　保健自治活動の指導の考え方

保健自治活動は、子どもたち自身がからだや生活の主人公となり、自分のからだだけでなく他者のからだにも関心を持ち、みんなで力を合わせて健康を守り育てていく力（保健の自治能力）を育てることを主眼にしてきた活動である。その主な活動の場は児童・生徒の保健委員会であり、養護教諭が主体となって指導を担い、「子どもたちに自治の力を育てたい」「健康文化を学校に広げたい」との願いをもって、多くの教育実践が展開されている。

今回、一九八〇年～二〇一七年に発表された実践記録六一本の分析検討を試み、理論的な整理を行った。その中でも一九九〇年代の実践は二六本で、この時期、積極的に保健委員会活動が実施されていたことが窺われる。

しかし近年、保健委員会をはじめ、学校における自治的活動全般が停滞してきていると言われている。その背景には、子どもたちの育ちに自治的な集団体験（地域で群れて遊ぶ経験や集団で何かに取り組む体験）が減少していることが挙げられる。さらに学校側の問題として、授業時間数の確保ということで行事の削減が余儀なくされ、委員会活動の時間を確保すること自体が難しい状況にある。また、職場の管理強化、多忙化の中で、教師自身が子どもとじっくり向き合い、自治的な活動をすすめていくことを困難にさせていることも一因となっている。

そうした現状があるからこそ、意識的な保健委員会活動の取り組みが求められ、学校で集団的な自治活動を経験させることが重要ではないだろうか。ここでは、四〇年近く養護教諭が意識的に取り組んできた保健委員会活動の実践から得られた教訓や示唆をまとめた。

1　子どもや学校の現実から保健委員会活動をスタートする

保健委員会は子どもたちの自主的、自発的な活動ではあるが、はじめから委員会の子どもたちが積極的、意欲的であるとは限らない。中には不本意ながら入ってきたという子どもがいたり、話し合いや共同で創り上げる体験が乏しかったり、人からほめられたり認められたりする経験が少なく自分に自信が持てなかったりする子どももいて、時には消極的な言動をすることもある。そんな保健委員会の子どもの現状の中でも、教師の指示ばかりの下請け的な活動にしたくないという問題意識を持って、子どもたちの意欲ややる気を引き出すような活動をすすめていることが実践記録から読み取ることができた。そして、保健委員会を始めるにあたっては、まずは子どもたちの健康実態をしっかりつかむこと、学校や保健委員会の現実から活動を始めることが、多くの実践の共通の原則となっていることを取り出すことができた。

黒澤恵美さん（小学校）は、健康課題から委員会活動をスタートさせることを大事にしている。

「子どもたちは、ゲームに没頭するあまり、寝坊をして朝食抜きで登校したり、親御さんがゲームを取り上げようとしたら大暴れするなど、家庭でも学校でもゲームと子どもの生活をめぐっての課題におとなは頭を悩ませていた。生活調査では、平日の平均ゲーム時間は五六分、土日の平均は七八分、土日四時間以上という子どもが三人という結果であった。自分やみんなの健康を守るために、保健委員会の子どもたちと一緒に考え、取り組んでいきたいと考えた。このように、今の子どもたちの健康の課題や困っていることなどから、活動をスタートさせることを心がけている。」【4‐60】

黒澤さんは、子どもたちが健康課題を自分たちで見つけることが難しくても、養護教諭がヒントを投げかけることで、健康課題に気づくことができるのではないかと述べている。

「また、牧野礼子さん（中学校）は、二六年間の小学校勤務の後、希望して中学校へ赴任したが、学校はすさまじい荒れの渦中にあり、トイレの状況に衝撃を受けた。まともなドアがない、鍵は壊され、トイレットペーパーは散乱していた。この実態をなんとかしたいという思いにかられて委員会活動を始めている。

生活環境の荒れは、こころをすさませる。他にも何とかしたい状況は色々あったが、私は何よりもこの生活環境の荒れ、中でもトイレの悲惨な状況を放っておくことができなかった。（中略）健康にとって欠かすことのできない排泄とリラックスの場が危険で不快な所と化していることに怒りを感じた私は、「できることから……」と考える前に、もうトイレに取り組むことに気持ちが決まってしまっていた。では何から改善できるのか。ここは実態をしっかり把握して改善可能な具体策を出さねばと思った。そのためにはまず日常の点検から始めようと思った。そこに保健委員会の存在が浮上してきたのである。（中略）

私は、保健委員の生徒にトイレの大切さと、トイレが安全で清潔な場所であればどんなに学校生活が快適なものになるかの話をして、トイレの向上に保健委員会で取り組もうと呼びかけた。」【4-52】

牧野さんは、トイレの現状を受身のまま見過ごすのではなく、子どもたちが主体的に環境にかかわることで、点検活動から多くの発見が得られることを示している。

2　保健委員会活動で子どもに何を育てるのか

実践の中では、「こんな子どもに育ってほしい」「委員会活動でこんな力をつけさせたい」といった養護教諭の思いや願いが多く語られている。それらの養護教諭の思いや願いには、子どもを発達の主体者としてとらえようとする養護教諭の子ども観や教育観が存在している。ここでは養護教諭の思いや願いを中心に、保健委員会活動を通して子どもたちに育てたい力を次の三つの要素にまとめることができた。

●子どもの主体性を育てる

子どもたちは本来、自分らしくありたい、学校生活の中で充実感や達成感を得たいという願いを持っている。表面的にはやる気がなかったり、否定的な態度に見えたりするが、その背景に本来持っている願いが潜在しているととらえることが大切である。実践記録では、保健委員会活動でそうした願いを引き出し、子どもたちが自ら考え動き出し、活動を主体的に取り組む子どもに育てたい、子どもたちの意欲を引き出す活動をしていきたいという養護教諭の願いが述べられている。

小久貫君代さん（高校）は、高校卒業後すぐに社会へ出て働く生徒が多く、やがてその子たちは親になっていくからこそ、「自分のからだ・生活を自分のものとしてとらえ、主体的にいきいきと生きる力を身につけてほしい。」

という思いで委員会活動に取り組んでいる。【4-43】

大場美登里さん（小学校）は、前任校の高校から小学校に転任した時に、目前にいる小学生の姿にその子が高校生になった姿を重ね合わせ、人から認められ、自分の力を出せる活動をさせたいと願っている。

『「この子たちは、手をかけてもらっていない……』もちろん、それまでに全く手をかけられなかったはずはないだろう。しかし、ほめられたり、声をかけられたりという『人から認められる経験』や達成感や充実感を味わい、自分で自分を認める経験がどれほどあったかのかと考えてしまうくらい、自己肯定感を感じとれない高校生の姿が、そこにあったのだ。（中略）次に小学校へ転勤した。小学校へ来てからしばらくは、小学生の顔に高校生になったときの顔がだぶって見えるような気がして、『誰かから認められた』『自分の力が出せた』と子どもたちが感じる経験を、ひとつでも、小さなことでもいいから、させたいと心の中で強く思った。」【4-47】

●リーダー性を育てる

保健委員会が自治的な活動の一環である以上、学校の自治的活動とのつながりが必要であり、児童会や生徒会と保健委員会の組織的な関係をつくることも大事である。と同時に、保健委員会活動が学校全体に向けた活動になるように、クラスや全校に健康の問題を働きかけたり、仲間を活動に巻き込んだりする、「健康のリーダー」的役割を発揮するような子どもを育てていきたいという願いも語られている。

天木和子さん（中学校）は、「文化祭を終了したあとの生徒の生き生きとした顔、やる気のなかった生徒がなんとかがんばってきた努力、この生徒の変化を生かして、日常の学級生活の中で、『健康リーダー』としての活動ができれば。」と日常生活の中で保健委員がリーダー的役割を果たすことを期待している。【4-3】

小久貫君代さん（高校）は、「保健委員が『からだの先生』となって、学校の問題を主体的に感じとり、学校全体のリーダーとして取り組みの先頭に立ってほしい、取り組みを通して集団の中で人として成長し自信を持ってほ

しい」という願いを持って委員会活動をすすめている。【4－43】

●保健の自治能力を育てる

自治的な活動の根幹は、子どもたち自身で決め、子どもたち自身で実行していくこと（自主決定、自主遂行）であり、委員会の運営、係活動や班活動、全体での課題の取り組みなど、委員会のあらゆる活動を通して自主決定・自主遂行できる力を育てていく必要がある。そうした自治の力は、活動体験の中で育っていくものであるが、子どもたちの発達段階やこれまでの自治活動体験に差があるため、状況に合わせて、どう話し合うか、役割をどう決めるか、問題が起きた時にどう解決するかなど、具体的な場面での指導や助言が大切である。いずれは子どもたち自身が自主決定・自主遂行できるようになるためにどういう力をつけさせたらよいかについて、次の二つの実践は示唆に富んでいる。

松尾裕子さん（小学校）は、子どもたちにつけさせたい力を具体的に次のように示している。

・からだのしくみや命の大切さがわかり、自分のからだや健康について見つめ、自分で努力しようとする力。
・みんなのからだや健康の問題を見つめ、どうしたらいいか考えられる力。
・その問題にかかわって、仲間で共に取り組もうとすることができる力。
・からだや健康についてみんなの願いや要求を受けとめ、その実現に向けて仲間を組織できる力。

これらの願いを念頭に置きながら、彼らが手の届く目標やめあてを設定し、少しずつ、じっくり、ていねいに取り組むことを大切にしている。【4－14】

黒澤恵美さん（小学校）は、自治活動を次のように定義している。

「**自分が今身を置いている社会、所属コミュニティを観る力**（その集団の全体状況、集団内の人間関係、その中で困っている人はいないか）、**考える力**（今何をすればいいのか、将来どうなっていくのか）、**選択する力**（解決するにはどの方法が

いいのか）、協力する力（誰か一緒にしよう、誰か助けてと言える）**など、こうした力をひとりひとりが身につけていくことによって自治の力が高まり、民主的で平和な社会をつくっていく土台となる。共に健康に生きていける社会を築いていくために、保健委員会から発信していきたい。」**【4－60】

松尾さんも黒澤さんも、子どもたちに自治能力を獲得させていくために必要な力を端的に表している。中でもしっかりと課題をとらえ、深く考える力や仲間とともに協力する力は欠かすことができない大事な要素として挙げておきたい。

3　子どもたちにとっての保健委員会活動の意義

保健委員会活動には、自治的活動の側面と文化的活動の二つの側面がある。自治的な活動では、学校の生活がよりよく充実したものになるように、自分たちで学校生活のあり方について話し合い、具体化する活動に取り組んでいる。また、全校集会や文化行事で健康をテーマにした劇や展示発表に取り組むような文化的活動も保健委員会ではなくてはならない活動になっている。そして、この二つの活動をより確かなものにするために、活動に学習活動を組み込むことも必要である。こうした活動を通して子どもたちは、委員会のメンバーとしての役割が果たせたというやりがいや成長を実感し、健康認識や自治を学びながら、仲間とともに共同作業をすることで、みんなでやり遂げることができたという経験が得られるのではないだろうか。

吉田悦子さん（中学校）は、保健委員会で創作した劇を舞台で発表している。舞台発表をするかどうかの決定から、シナリオ作り、配役の決定、活動時間がない中での練習・発表と、子どもたちと一緒に劇を創り終え、次のような思いを語っている。

子どもたちは「自分たちでやり遂げる」ことに飢えている。いつもいつもレールを敷かれていると思っている。学校というところは失敗しながらも自分の思っていることを経験できる場所だという確信を、子どもたちに持たせたいと思っている。【4-42】

古川郁さん（高校）は、保健委員会の役割を「みんなの健康を考える」「みんなが生き生きと過ごせるようにする」こととして、保健委員の誰が欠けても成り立たない、みんなが重要な役目を負っていることを大事にしながら、文化祭で展示発表に取り組み、その活動を通して保健委員会活動を次のようにとらえている。

ある教師が「生徒の、生徒による、生徒のための保健委員会」と言ったこの保健委員会活動で、生徒は心に自信と誇りを取り戻してくれたかもしれない。私を含む教師や保護者の感動は、文化祭の展示内容そのものにだけにではなく、それ以上にそこに現われている生徒の育ちとその力に対してだと思っている。生徒の中にある本来伸びようとする力とがんばり、仲間の中での育ち合いの力は、周囲のおとなの見守りや励ましにより引き出され、誇りに高められるのではないか。【4-44】

4　保健委員会指導で大事にしたい要点

子どもたちはきっかけや働きかけがあれば動き始め、支援があれば予想を超える力を発揮している。まさに「子どもたちは出番を待っている」のである。その出番をつくり出していくためには、養護教諭の意識的な働きかけや指導が大事になってくる。保健委員会を指導していくうえで大事にしたい要点を次のようにまとめることができた。

一つは、子どもたちの意欲を引き出し、一人ひとりの力が発揮できるよう、集団で取り組むことの楽しさ、喜びを体験させることである。そのためには、活動に見通しが持てるようにすることが大事で、指導する養護教諭が問題点や課題をしっかりつかむ必要がある。また、子どもたちが自主的に活動していくためには、子どもたちを信頼して、任せたり、委ねたり、頼ったりすることも大事である。

二つめは、委員会活動で民主的な活動のすすめ方を学ばせることである。自主決定・自主遂行の委員会活動をめざすとともに、提案のしかたや話し合いのすすめ方を学ばせ、誰もが自分の思いや力を発揮できる場にしていくことも大事である。子どもたち一人ひとりが仲間を思いやり、助け合う活動になっているかということもしっかりと見ていきたい。

三つめは、子どもの意見をよく聞き、そこから問題解決の糸口を引き出し、子どもたちと一緒に問題解決を図っていくことである。保健委員を「ともに学校保健活動をすすめる仲間」と考え、じっくり向き合い、語り合い、子どもたちのエネルギーやアイデア・ひらめきを引き出し、受けとめて、活動をすすめていくことが大切である。そして、子どもたちの気づきやがんばりに対してこまめに評価し、さらに子どものやる気を引き出すことも大事である。

桧原友子さん（小学校）は、「集会発表」と「からだの学習会」を保健委員会活動の大きな柱にして、話し合いを重ねて、〝みんなでつくる集会発表〟を実現させている。集会をやり遂げることで自信がつき、その成就感が次への意欲につながるとして、時にはあえて仕掛け人になりながら取り組みをすすめていることを語っている。

やる気がない、感動がないといわれ続けるこのごろの子どもたち。しかし、子どもたちは、〝やりたいこと・やれること〟の風穴をさがし、それをトントンとつついて開けてあげれば、すばらしい感性もったたくましい力を持ち備えていることを示してくれる。【4-15】

5　保健委員会活動の指導は養護教諭の成長の場

保健委員会活動は、子どもたちに保健の自治能力を育てるだけでなく、養護教諭にとっても、ひとりの教育者として教育力を試される場でもある。保健室での個別のかかわりや指導とは違って、委員会活動は集団指導であるため、一人ひとりへの細かい目配りとともに委員会全体を指導していくことが求められるからである。実践記録では、その指導が適切であったか自省的に自らの実践をとらえ直し、悩みながらも真摯に子どもたちに向き合おうとしていることが窺えた。

寺尾洋子さん（中学校）は、新採一年目、文化祭の展示発表の準備でタイムリミットが迫る中、模造紙のまとめ作業が進まないことにやや苛立ちをもって対応したところ、ふてくされたNから「すればいいんじゃろ！」という言葉が発せられた。文化祭が終わり、自転車置き場で下校指導をしている時にNに何気なくマナーの指導をした時にも、思わぬ暴言を浴びせられた。寺尾さんはNとのかかわりの中で、自分の指導の未熟さを反省し、子ども理解のきっかけになったと振り返っている。

「彼とかかわることに不安はあったが、『絶対背を向けないでいよう！』とあいさつや声かけは彼を含めた集団に続けていた。すると数日後の昼休み、N君がボソッと『言い過ぎた。ごめんな。』と話しかけてくれた。あの時は（文化祭の準備で）気がつかないうちに彼を責めていたんだろうな。私の方こそごめん……と思った。数カ月がたち、N君の担任が、『N君は書くことに苦手意識をものすごくもっとるんよ。』とおっしゃった。その時に、N君の苦手に気がつかず、感情的なかかわりをしていた未熟な自分を反省し、生徒を理解したいという気持ちを強く持つようになった。この時の失敗が、その後の委員会活動や子どもとのかかわりに大きく影響しているように思う。」【4

－58】

坪井美智子さん（高校）は、受験体制の変化や高校紛争といった大きなうねりを経て、委員会が自主的に活動できるような学校に生まれ変わっていった中から、教師として学んだことを語っている。

教壇に立たなくとも一人の教師として、「どう考えるのか」「どう思うのか」と問われた。教育理念を、価値観を、生き方を、問われたのである。生徒たちから教えられた。学んだ。養護教諭として、どう活動していったらいいのか、生徒にどう接していったらいいのかを肌で感じるとることができたのである。私自身の新しい出発でもあった。【4－17】

先の寺尾さんは子どもと逃げずに向き合い、子どもを深く理解したいという思いを語っている。次の坪井さんは健康診断を企画から保健委員会に委ねることで、人に認められ、必要とされることはどういうことなのかを子どもたちに体験させ自信を持たせていったが、同時に養護教諭としての力量も問われると述べている。

二　保健自治活動の指導の進め方

前節では、保健委員会活動を子どもの実態からスタートさせ、活動を通して子どもにどんな力を育てるのか、子どもにとっての保健委員会の意義、保健委員会指導で大事にしたい要点を明らかにした。養護教諭が意識的、意図的な働きかけや様々な工夫を凝らしながら子どもたちを指導することで、保健委員会の子どもたちが動き始めたり、自治的な力を獲得したりして、生き生きと活動していることが実践記録から読み取ることができた。ここでは実践全般から括り出された養護教諭が指導した様々な活動上の工夫をまとめた。

1　活動への意欲や主体性を引き出す工夫

「子どもたちは出番を待っている」と多くの養護教諭が語っているように、きっかけがあれば子どもたちは気づくことができ、自分たちで考えようとし、仲間とともに動き始める。活動し始めるための最初の一歩をどう踏み出すのか、そのためにどう働きかけるのかが大事である。そのためにはまず、子どもたちに自分たちのまわりにある健康課題に気づかせる工夫が必要である。疑問に思うことや感じていることを出し合うことで、子どもたちは気づくことができ、その気づきが動き始めるきっかけになると考えられる。

武鎗登美子さん（中学校）は、最初の委員会で「保健委員の心意気」というプリントを作り、「今期の保健目標」や「こんな活動がしたい」、「健康集会でこんな事がしたい」、「自分の係活動」などを記入させるようにしている。その中に「どうにかならぬか」という項目を追加して、学校の環境について日頃感じていることをあえて言葉にして書かせることで、気づく力・感じる力を持つよう仕向けている。【4-53】

子どもたちに活動への意欲を引き出すためには、子どもたちがイメージを膨らませ、やってみようと思わせる養護教諭の意識的な働きかけも大事である。天木和子さん（中学校）は、班活動も困難な保健委員会活動のスタートから、子どもたちが動き出すまでの過程を実践の中で語っている。一学期には文化祭のイメージが持てるように、スライドなどの具体物を示したり、保健委員会経験者の生徒にその経験を発表させたりして、「今年は自分たちの番だ」というムードを生み出している。そして、ここぞという委員会の日には用意周到な準備をしている。その取り組みの一部を紹介する。

「中学校で転任して最初の委員会。担当教師は三人。『活動は班体制でできないでしょうか？』と相談すると、

『とんでもない。「班」なんて聞いたこともない生徒がほとんどで、出席せずに帰ってしまう生徒もたくさんいる。来るのはいい方ですよ。』という子どもの現状があった。委員会では、『まだ終わらないの～』と三年生の雰囲気が全体をざわつかせ、しらけたムードをつくっていた。後期は文化祭に取り組もうと思い、子どもたちには学年ごとに前任校での文化祭の経験を、写真・スライド・文集を交えながら話していった。はじめは『うちの学校じゃ無理だヨ』『優秀な学校じゃないとできない』の声も。ようやく『タバコ』に取り組むことになった。

テスト最終日。実質的に文化祭スタートになる日。私は『この日にかけよう』と思い、集めるための様々なてだてを考えた。

- 二～三クラスごとの回覧板（宅急便）
- 個別に声かけ
- 担任からの連絡（前日と当日）
- 個人宛の呼びかけカード（前日と当日）

当日はほとんどの生徒が再登校してきた。スライド・掛図・資料を使っての学習会を持った。学習会がテーマへの認識を深め、やる気にもつながってくる。そして、最後に『文化祭を通してたくさんの事を学んでほしい。みんなで作り上げることの喜び、達成感、充実感を三年間の中で一度でもよいから味わってほしい』というような事を、今までの経験や、私自身の思いや願いを話した。子どもたちは真剣に聞いてくれた。特に、三年生は終わってからもなかなか帰ろうとせず、質問もしてきた。かすかな手ごたえが感じられた。」【4-28】

2　自治的な活動体験を得させる工夫

自治的活動の根幹は、自主決定と自主遂行である。委員会のあらゆる活動を子どもたち自身で決め、子どもたちが実行していくことであり、委員会の進め方、班活動や係活動のやり方、話し合いがみんなの意見が尊重されているかどうか等、具体的な場面での指導や援助が大事である。子どもたちはそうした指導や援助を得ることで、失敗をしたり、うまくいったりをしながら、どういう話し合いをすれば自分たちで取り組みの課題や方向を決められるかを活動の中で学んでいき、少しずつ自治の力を獲得していくのである。実践の中で、養護教諭が子どもたちに自治的な活動体験を得させるために行った工夫は次のようである。

近江和子さん（小学校）は、保健委員会の中で、「班」活動を子どもたちに集団を教える手立てとして位置づけている。教師の便宜的なものや子どもを管理するものではなく、一人ひとりを生かすための民主的な集団の形成をめざす取り組みにしたいと考え、班活動を中心に班長指導を重視して取り組んでいる。特に、係活動（トイレットペーパーや石けんの補充、保健室当番、目標点検）をみんなで力を合わせてする班活動で、班長としてのかかわり、班内援助の在り方を具体的に指導している。【4－9】

芝出祐里さん（中学校）は、保健委員会は、子どもたちの自主性・主体性を育てていくために大きな意味を持っていると考え、三学年が一緒に取り組む数少ない活動の場で、子どもたちの手で運営でき、「やった！」という達成感が得られることをめざして取り組んでいる。芝出さんは、委員会活動の組織づくりで大切にしていることとして、次の四点をあげている。

①一つのテーマに絞って活動する

委員会だよりは毎月発行しなければ……、学校祭に向けての取り組みも開始せねば……、と追われることばかりでした。しかし、一つのテーマに絞ってじっくり活動してみることを心がけてみました。

②委員長との事前打ち合わせをしっかり行う

できる限り子どもの手で会を進行させるために、事前の打ち合わせを早めにじっくり行うようにしました。また、その日のうちに委員会の反省会を委員長と副委員長との三人で持つようにしました。

③学年代表会で意見を出し合い、委員会の案を出す

委員会ではどうしても意見が出ず、一方通行の報告会や連絡会になっていました。そこで、これまであまり活用できていなかった学年代表に目をつけ、まず、小集団で子どもの力を引き出すことに努めました。この時委員長が司会ということで、委員会でのすすめ方の練習にもなったようです。

④委員会活動の受身の原因が、子どもたち自身、何をどうすればよいのか、イメージがわかず意見が出てこないというのもあるのではないかと考え、委員自身が学習できる場を組み入れることにしました。【4-36】

小久貫君代さん（高校）は、保健委員会指導の経験の積み重ねの中で確かめられた重要点について、次のように示している。

・組織は班を作り、行事は班単位で活動する。特に行事（LHRや文化祭等）への取り組みを重視。
・原案は班長会で作成し、全体会で提案する（原案を持って全体会に臨む）
・原案を作る時、生徒の身の回り、身近な実態をできるだけ時間をかけて出させ、その実態を踏まえた課題に取り組むようにする。決定したことに班長会で責任を持たせる。
・班長会、委員会の進行は委員長がする。委員会では教師も一員として挙手をして発言をする。そのため班長会

の前には委員長と打ち合わせをする。
・委員長や班長を決める時、簡単に決めない。一人ひとりが「もし自分がなったら」「もし、この人だったらどんな協力ができるか」などを真剣に考えさせ、「やります」と決意する人が出るまで、何度も話し合いを持ち決定する。産みの苦しみが支えの強さになる。
・活動の中で問題が起きたら班長会で話し合う。【4-43】

3　文化活動（発表・表現・創作活動）に取り組ませる工夫

保健委員会活動は、自治的活動と文化的活動の二つの側面を持っている。文化的活動の側面では、校内放送、全校集会、文化的行事（文化祭や学習発表会）等で、健康に関する発表や展示、劇など様々な形で活動が展開されている。中でも全校集会や文化祭・学習発表会に向けた取り組みは、一年間の保健委員会活動の集大成ともいえる活動で、子どもたちが目標に向かって長期にわたって計画的に取り組み、自分たちで表現方法や発表の仕方を工夫し、やり遂げた時の達成感や充実感が得られる活動になっている。そのためには、子どもたちの活動欲求や創作欲求を引き出すための工夫が大切である。

南辻恵子さん（小学校）は、サークルで寸劇作りを取り入れた活動を知り、大勢の人の前で、思ったことを発言したり表現したりすることが子どもたちに必要なことと考え、寸劇発表に取り組むことにした。継続的に取り組まれた実践では、むし歯が一本もない子へのインタビューや「ねつきやねおきについて」のアンケート調査を実施したり、専門家の協力（歯科校医から歯垢や細菌などのスライド・整形外科医から骨端核ができていく様子のレントゲンフィルムの提供、薬剤師から検知管を借りてクラスのCO_2濃度の測定）を得たり、学習等を組み込んだりして、多彩な活動を

展開している。【4-19】

古川郁さん（高校）は、模擬店等が多い文化祭では文化的な側面が軽視されているのではないかという思いから、文化祭を「学校のみんなの健康を考える」保健委員会の発信の場として位置づけ、からだに関することをテーマに、一学期から一〇月初めまで長期にわたり取り組み、大型模型の展示発表をしている。「心臓・心臓病とノーマライゼーション」の実践では、班ごとに病気のこと、心臓カテーテル検査やペースメーカーについて、障害者支援制度の歴史など、学んだことを展示物にまとめ、「これぞ高校生の文化祭」という感想が寄せられる活動を生徒と創り上げている。【4-44】

4　活動に学習機会（学習活動）を組み込む工夫

保健委員会活動の自治的活動と文化的活動をより確かなものにするためには、学習活動が不可欠である。例えばテーマに沿って文献を調べる、調査をする、専門家への聞き取りに出かける、科学的な実験を組み込むなど、子どもたちが探究的な学習に取り組むような活動が求められる。実践記録には、学習をしっかりと位置づけ、学習を組み込んだ活動が展開されている。

太島真知子さん（小学校）は、集会発表に向けて、テーマが決まれば、その内容について疑問に思うことを出し合うことから学習活動を始めている。学習活動の様子は次のようである。

『骨のはなし』の集会発表でしたが、『なぜ背骨はS字型なのか』『骨はどんな成分からできているのか』『骨の中はどんなふうになっているのか』『おとなと子どもでは骨の量は違うのか』『なぜ骨はかたいのにまがるのか』……など疑問が出されました。頭をひねって考え出した疑問を、みんなで分担して調べてきます。調べてレポートに書いてくる部分は、次の委員会までの宿題となります。そのレポートを発表しあいながら、テーマについて学習します。この学習を通して、委員自身が感心したり、興味を覚えたりした部分をメインにして発表内容を構成します。」【4-31】

岡本京子さん（高校）は、文化祭のテーマ「エイズ」について、生徒たちが自主的な学習活動に取り組んだ様子を次のように語っている。

「夏休み中は資料を集めることにして、夏季休暇に入った。エイズの講演会に参加した生徒は、エイズ予防ポスターが県の衛生課から借りられるという情報をもらってきた。保健所を訪ねた一年生二人は、保健所長から二時間のプライベートの講義を受けていた。アンケートを計画し、エイズ検査を受ける段取りもしてきた。夏休み中のそれぞれの学習をほとんど期待していなかったが、委員会の席でそれらが報告されると、『すごい』『本当に行ったんだ』と感嘆の声と拍手が起こった。」【4-25】

5　全校に働きかける工夫

自治的な活動はみんなで問題を考え、みんなで解決していく活動であるため、保健委員会の活動も学校の中のひとつの委員会としての活動にとどまらず、全校的な問題を取り上げて、それを全校に投げかけるような活動にしたい。また、保健委員会が他の委員会を動かすきっかけになったり、生徒会（児童会）活動を巻き込んだり、より活発にしたりする取り組みも考えられる。そのためには、保健委員会で全校の健康課題を出し合い、その課題を解決するために、全校にどう働きかけていったらよいかを話し合って、活動を全校に展開していくことが必要である。加えて、日頃から保健委員会の活動が全校に伝わるような工夫をしていくことも大切である。

笹沼美知子さん（中学校）は、生徒会の中に保健委員会が組織的にしっかりと位置づけられ、生徒会全体で取り組まれた「生活確立キャンペーン」の中で、保健委員会が生徒会と連携して、全校に向けた活動を展開していることを報告している。

「生徒会スローガン『生活リズムを直し、二学期の出発を成功させよう』

健康チェック『起床』『朝食』『排便』について、キャンペーン中は毎日健康チェックを実施。保健委員は毎日の結果をすばやく集計し、教室に掲示してある表にクラスの状況をグラフにして書いていきます。全体の様子は代表者がまとめ、一覧表にして掲示し、知らせていく。……（中略）……生活確立キャンペーンの取り組みは、生徒会本部もかなり労力をかけて取り組んでいるので、キャンペーン期間中は雰囲気が盛り上がり、生徒たちの「生活を見直す」といった意識も普段よりは高まっているのを感じることができます。」【4-22】

一方、古米眸愛さん（中学校）は、「睡眠」についての保健集会後、全校生徒に内容を振り返るプリントを記入させ、睡眠に関する生活点検を一週間実施し、この取り組みをきっかけにテスト週間に、「電子メディアと上手につきあおう週間」として生活点検を実施するようにした。保健委員会の活動として発信した生活点検が、子どもたちにも教師にも定着し、学校全体へと広がる活動になっている。そうした保健委員会の活動が学校全体の委員会活動に変化をもたらしている。【4-59】

6　地域とつながる活動を組み込む工夫

保健委員会の活動を通して子どもたちは視野を広げ、地域の課題や地域とつながることに目を向けるようになる。実践の中には地域の環境問題（水、空気）や福祉の課題を考えるものや、子どもたちが住んでいる地域とつながる取り組みがされているものがあり、社会をみる眼を育てようとしていることが窺える。

牧野節子さん（小学校）は、祖父母と同居している子どもが多いという地域性を生かして、五年間地域の祖父母とつながる実践をしている。

「保健委員会の子どもたちと、どんなことがストレスや不安の原因になっているのか、自分なりのストレス解消方法はどうしているかなどについて話し合った。ゲームで敵を倒して発散する。寝る。壁や妹に八つ当たりする。等の意見があったが、リラックスするために具体的にどうするのかが出てこなかった。そこで、祖父母のみなさんはストレスとどうつきあっているのか、ストレス解消法についてたずねてみようということになった。七月から夏休みにかけて、四、五、六年の保健委員十四人は同居している祖父母や近所のおじいちゃん、おばあちゃんにアンケート調査を行った。五十代～七十代の三六人から回答が寄せられた。ストレスがあると答えた人が六二％で、体調や病気、健康のことが一番多く次いで仕事や商売のこと、対人関係の難しさ、日本経済のことが不安やストレスの原因になっていると答えている。」【4-45】

アンケートをまとめた子どもたちは、祖父母にもストレスがあること、実にいろいろな解消法を持っていることに気づき、祖父母の気持ちを感じ取っている。子どもたちが地域の人たちの知恵や力を借りることができれば、自分の生活をもっとよりよいものにしていくことができることを示した取り組みである。

古川郁さん（高校）は、「心臓・心臓病とノーマライゼーション」の文化祭の取り組みの中で、生徒たちが地下鉄のバリアフリーの調査を行い、「病気の人の立場で優しい駅づくり」という意見を市へ提出している。調査したことを要求としてまとめ、子どもたちが意見を表明する自治的活動にふさわしい活動をしている。【4-44】

7　子ども一人ひとりに寄り添い、成長を支援する

保健委員会活動の過程では様々なドラマが生まれ、ひとつのことをやり遂げた子どもたちはこれまでになかった成長した姿を見せる。保健委員会の指導は集団を対象とした指導であるが、集団指導だけでなく、委員一人ひとりへのきめ細やかな目配りが求められる。保健委員会の子ども一人ひとりにていねいにかかわり、成長を支援していくことも養護教諭として大事にしていきたいことである。

松尾裕子さん（小学校）は、根気が続かず、自分のことができないのでまとめることができず、みんなから信用が得られていないNが保健委員会の委員長に立候補したことで、Nとしっかり向き合っていくことを決意する。【4−14】

「『オレ、クラスの先生からも、あてにされてへん。オレなんかどうでもいいねん。』と保健室で最初につぶやいた言葉がとても気になっていた。よし、委員長になった彼を〝うんとあてにしていこう〟自分のことをわかってほしい、認めてほしいという彼の切ない願いに寄り添いながら励ましていくことが、今大切ではないか。彼が間違ったことをすれば、委員のメンバーが厳しく指導し合うであろう。彼の〝出番〟がここで発揮できれば、彼はきっと成長するに違いないと思った。……（中略）……彼と彼の家族に、努力を惜しまないこと、あきらめないことを訴えつつ、私も根気よくつきあっていこうと考えた。」

保健委員会の取り組みを終えて、Nはりきって五枚も作文を書きあげ、まさに〝オレだって捨てたもんじゃない〟という確かな手ごたえを活動の中でつかませている。

子どもを見守りつつもここが大事という場面ではしっかりと子どもと向き合い、保健委員会活動が、子どもたち

を光らせるための教育活動の場となるような取り組みをすすめていることを多くの実践記録から読み取ることができた。保健委員会活動は、活動を通して子どもたちが輝く場であるとともに、養護教諭自身も教育者として鍛えられ、成長できる場でもあると言える。多くの実践者は子どもが成長する過程にかかわれることに大きな喜びややりがいを感じている。保健委員会活動をめぐる状況は困難であることには変わりないが、意識的に意欲を持って取り組めば、新たな実践が生まれる可能性があることを信じたい。

V　保健の組織活動実践ジャンル

一　学校での保健組織活動の考え方

学校保健活動の中で、養護教諭は日常のさまざまな保健活動を有機的に関連づけながら、その時々に教職員や保護者、地域との連携をつくり、子どもを真ん中にその学校、職場の実情に合った組織づくりをすすめて来た。その実践は多彩であるが、今日の子どもがかかえる多様な困難な状況に対し、その学校の教育課題として全校で取り組むことを可能にする重要な取り組みである。

今回、収集された「保健の組織的取り組み」に関する実践記録は一一五本あったが、性教育、食教育、学校防災、などの取り組みは他の関連する実践ジャンルと重複して分析がなされるため、ここでは学校保健委員会の活動を核にした実践に絞って分析・検討を行った。分析の対象となった実践は、一九八〇年から二〇一六年までの二二本で、中でも学校保健委員会を活用、充実させて組織的な取り組みを進めた実践が主であった。学校保健委員会については、養護教諭が子どもの健康課題や教育課題の話し合いの場として重要視し、そこから、学校、保護者、地域の合意づくりをすすめようとする意図や学校を少しずつでも子どもの実態に即したものにしようという見通しを持っていた。

村越弓子さんは、実践を通して組織的取り組みについての考え方を以下のようにまとめている。

「生徒の健康課題には、生活環境や社会的要因の影響が大きく、課題の発見、分析、解決に至るまで多くの人々の関わりを必要としていること、生徒を取り巻く家庭や地域、外部機関が様々な面から共通認識を持ち、連携し対応することが大切であると実感した。養護教諭からの心身の健康に関わる情報発信を糸口として、関係者の意識が変わり全校での取り組みが実現し、その活動を通して生徒たちが育っていけるようにするのが養護教諭の教育的役割であり、そのように展開できる力をつけていくことが必要だと考えている。」【5-20】

今日の生活環境の変化は人間関係の希薄化や孤立化を生み、地域のコミュニテイが失われつつある。改めて、保健組織活動の取り組みが学校と保護者、地域との関係を子どもを真ん中に再生する取り組みとして期待することができるのではないだろうか。

1　養護教諭が核となってすすめる保健組織づくりの重要性

学校の教育活動は、学年組織、分掌組織、行事に関わる委員会や学校保健委員会、校内委員会などの特別委員会組織、ＰＴＡ組織といった組織活動で運営されている。それぞれの組織で計画、立案された原案が職員会議で議論され、その合意のもとに実行されてきた。

しかし、近年では、校長の権限が強化されたことにより、職員会議は校長の意向のみが伝達される場となり、教職員の合意形成の場としての本来の機能が失われ、教師として最も大切な子ども理解のための情報交換すらできにくい状況にあって、「みんなで子どもを見る」というあたり前に行われていたことが難しい状況にある。

黒澤恵美さんは、転勤した学校での教師集団の様子に疑問を持った一人で、その状況を次のように描いている。

「校舎内でのい糞、遊び感覚のいじめ、校外での万引きや喫煙などの問題行動を次々と起こす子ども達を前にして、自分のクラスの子どもでなければ問題なしといった学級王国主義の教師が多く、じっくりみんなで考えなければ、という姿勢が見られませんでした。放課後、ある先生に『今日、保健室で○○君が～』と話しかけても面倒くさそうな顔をしてワープロから目を離そうともしなかったり、職員会議で提案されたことに意見をすると『時間がないので係りの案通りに行って下さい』と意見を交換する時間すら与えられない。それに対して何も言わないに思わない。といった状況でした。たくさんの提出物の期限に追われ、教師として一番大切な〝子どもを見ていく〟子どもを語ることさえもできなくなっている教師集団でした。」【5-8】

黒澤さんがこれを書いたのは一九九三年で、今から三〇年も前の学校現場の状況である。今日の学校現場の状況は、より深刻さを増しているという嘆きが聞こえてくる。このような状況下で養護教諭が一人で請け負い、疲れ果ててはいないだろうか。今日の子どもたちの発育・成長・発達をめぐる深刻な現実は、からだの崩れだけに留まらず、人格の崩れ、人間らしく生きていく力の衰退として現れ、その生きづらさを様々なからだや心の不調という形で保健室に訴えて来ている（黒澤実践については、第3章のV「学校保健の組織的活動：黒澤恵美実践から学ぶもの」を参照）。

したがって、これまでにも増して養護教諭の果たす役割は重要で「教育における健康の専門家」として、同時に、その学校の教育活動に責任を負う一人として、目の前の一人ひとりと向き合い、そこに現れている健康課題、教育課題を〝みんなで考える〟組織づくりをすすめることがことさら重要になっている。つまり、養護教諭が保健室で関わる子どもたち一人ひとりが抱える健康問題には普遍性（多くの子ども達に共通する課題）があり、学校全体の健康課題や教育課題として教職員の共通理解と協力が不可欠なのである。それは、これらの健康課題や教育課題には、子どもたちの生存権、健康権、発達権の保障に留まらず、子どもたちの学習権や生活権の保障にかかわる重要な問題としてとらえる必要があるからである。

2　保健活動の組織的取り組みをすすめるための基本的考え方と実践上で大切にしたいこと

養護教諭の仕事は、単に子どもたちの健康問題の発見や解決ということにとどまらず、子どもたちの健康を守り育てながら、からだや心の主体者に育て、人間らしく生きていく力をつけていくことである。その出発点にあって、子どもたちの健康問題を発見するために最も大切にすべき事が子どもたちの健康実態把握である。

また、子どもたちが、からだで訴えている〝症状〟は、子どもたちの人間らしく生きたいという〝苦悩のサイン〟として、ありのままを深くとらえることが重要である。

原美恵子さんは、次のように保健室に訪れる生徒の実態をとらえ、問題を分析、判断している。

「転勤一年目の四〜五月の保健室。保健行事等の忙しい中で、休み時間、授業時間問わず溢れる保健室。慢性睡眠不足、授業をサボりたがる子、薬をやたらほしがる子、保健室を病院代わりにする子、上級生が我がもの顔にのさばり、下級生無視・教師無視の保健室、怠惰と暴力、養護教諭をアゴで使おうとする子、注意や指導をされると逆恨みや仕返しに走る子、針の穴のような傷を見つけてとんでくる子など、応急処置や相談ばかりでなく、保健室を訪れてくる子の要求に応えるには養護教諭一人ではとても背負いきれない『都会っ子』『現代っ子』の生活の乱れや社会の矛盾をいっぱい抱えてやってきていた。保健室へ来る子一人ひとりの抱えている問題が、集団の傾向としての要求を持っているかぎり、何らかの形で学校全体の問題とし、学校内教職員の共通理解と協力を得ることが必須であった。」【5－1】

原さんは、一見めちゃくちゃに見える子どもたちの実態の背景に、生活の乱れ、社会の矛盾、教育の矛盾があると分析し、学校全体の健康課題、教育課題として保健部で話し合い、職員会議で全職員の共通理解を得て全校生徒への一斉保健指導に取り組んでいる。それによって、教師集団の子どもたちへの関わりが生まれ、校内の落ち着きが見られるようになったという。

また、大友富美さんは、学校全体の取り組みとなったきっかけが気になる保健室での事例だったと以下のように書いている。

「朝会、集会が始まって間もなく三人、四人と青くなって保健室に運ばれてくる子、頭痛、腹痛、気持ちが悪いと一時間目から不調を訴えて保健室へ来る子。ベッドに休ませると忽ちぐっすり眠り込んでしまう子。こうした子どもたちと話し合う中から、眠る、食べる、排泄する等の基本的生活習慣の乱れ等、子どもらしく生き生きと育つことが阻害されている生活の実態が見えてくるのである。

こうした保健室での事実を事実として氷山の一角ではないかと、校内の様々な場で教師達と話し合いに出し、共に考えていこうと訴えてきた。さらに、保健だよりでも父母、子どもに呼びかけてきた。保健室からの問題提起をきっかけにして、教室での子どもたちの気になる様子が次々と出され、話し合う中で、みんなの気になる問題が共通していることが明らかになっていった。」【5－3】

保健室からの問題提起をきっかけにして教職員みんなの気になる問題が共通していたことが明らかになり、姿勢、机・イス、歯みがき、排便など気になる問題を中心に、必要と思われる調査を提案し、担任教師と共同作業を進める中で、子どもの発達と生活のあり方が深く関わっていることが把握されるようになった。それとともに、教室で気になる子どものようすと調査結果の関連性が明らかになることで、子ども理解が深まり、保健室での子ども把握もより確かなものとなった。結果、教職員全体での話し合いを通して合意した取り組みを進めることができたのである。

原実践、大友実践から学ぶべき点の第一は、徹底した実態把握である。子どもたちが、様々に訴えている姿をありのままに受け止め、その背景に何があるのか、子どもたちは何を要求しているのか、問題意識を持って分析していることだ。第二には、その実態から明らかになった子どもたちの課題を学校全体で共有し、学校の教育課題として取り組みを始めていることだ。第三に、このような組織的取り組みを進めることは、実は、とてもエネルギーがいるもので、養護教諭としての高い志と養護教諭仲間での学び合いによる力量形成が何より支えになると考えている。このお二人の実践の背景にサークル活動などでのたくさんの学びがあることも付け加えておきたい。

3　組織的な取り組みを生み出す養護教諭の実践姿勢と力量

養護教諭として「どういう子に育てたいと願うのか」この点を明確に持つことが、その実践の質を左右する大事な点である。前出の黒澤恵美さんは、この点を次のように書いている。

「子どもたちが生き生きと目を輝かせて生活できるようになるためには、父母も教師も目をそらさず厳しい目で現実をとらえ、一人ひとりをもっと暖かい目で見守り、子どもたちにどんな力をつけていくべきかを考えていくことが必要だと思いました。そして、そのために私ができることは何なんだろうと考えました。私にできることは、大声でおかしさをいうのではなく、今まで養護教諭としてやってきた実践から学んだことを生かして、子どもに直接働きかける事ではないか、そこから出発してみようと思いました。子どもの変容が少しでもあれば、周囲の大人や教師達が、今、何が大切か、何をすべきか、気づいてくれるはずだと思いました。」

子どもの現実をしっかりとらえ、一人ひとりに丁寧に関わり、実態に即した働きかける取り組みを通して子どもたちが次第に変容し、その変容を通して教職員や保護者の理解と信頼を得ていくという着実な実践姿勢であると思う。

山崎さくらさんは、完全複式の極小規模校への転勤で、給食、食育、勤労生産、畑の世話、安全教育、避難訓練、清掃活動、環境整備、クラブ活動、ＰＴＡと仕事分担の多さに負担を感じつつも子どものからだを中心にした養護教諭の仕事を最優先にしようと考えたが、分業は難しい状況だった。前任者からは「保健室を中心にした仕事は少ない」と言われたが、子どもたちを見ていると、「基本的生活習慣が身についていない、家事や遊びなどの体験不足により、握力や柔軟性が全国平均より低く、姿勢も悪かった」と、養護教諭としての確かな目で実態をとらえ、次のように分析し、取り組みをすすめている。

「近くに同じ世代の子どもがいないため遊べず、親世代とともにテレビ漬けになりがちだ。手伝いや遊びの生活体験が不足し、握力や体のしなやかさ、人と関わる力が育ちにくくなっていると思った。自然豊か生活環境で、一見問題がないように見えても、健康診断で『異常なし』でも、健康に育つ上での多くの課題がここにあった。」と「見えて来た子どもたちの健康、発達課題の解決のために、縦割り班を生かし、今の学校の中での生活（掃除、遊び、授業中の姿勢、給食）を改善することなら取り組めると考えた。そして、教職員と信頼関係を結び、学校全体の取り組みをすすめるために以下の三点を心がけた。

①子ども実態に合わせ、旬の情報を発信し、子どもを観ようとする意識を高める。
②成果を実感でき、子どもと喜びを共にし、取り組みに繋がりたくなるようにする。
③うまくいかない取り組みをくり返さない（誰もが楽しめる取り組みをする）」【5-21】

山崎さんの実践姿勢は、子どもの実態から出発している。子どもの実態を見る確かな目としっかりした問題意識を持つことで、より子どもたちの健康課題が明確になっている。極小規模校で様々な仕事を掛け持ち、一見多忙で困難な状況ではあるが、分担された役割の中で工夫して取り組みを展開している。山咲さんがめざす「からだにこだわり、笑顔でつながる」という子どもたちの笑顔を大事にする学校づくりが実現できている。

大塚睦子さんは、肢体不自由児の特別支援学校に勤務し、思春期を迎える知恵遅れの子たちに生理指導の要請が教職員や父母からあったが、性教育（生理指導）の必要性に気づいても、いつも用意周到に計画を練り、教師集団の合意を得なければ指導時間の確保もできないところに実践の難しさを感じていた。それでも、ごく親しくしている担任に協力を求め手探りでひとり実践を始めたことにより、少しずつその必要性が理解され、小学部職会で初めて集団討議を行い実施の合意をつくることができた。その後は、職員保健部の民主的運営を心がけ、職場の合意形成をめざし、徹底した討論の中から活動の内容と方法を作りだしている。大事にしたい養護教諭の実践姿勢だと考える。

二　保健活動の組織的取り組みの進め方

養護教諭は学校全体を見ることができる立場にあって、教師集団のみならず、事務室、主事室、給食室に働くすべての職員と協力して仕事を進めることができ、学校で働くすべての教職員の異なる考えや立場等も把握することができる。養護教諭としては、この立場は案外重要で、日常、何げない会話の中にも子どもたちの様子を折り込んで話すことで、教師以外の職員が、子どもたちをどのように見ているのかなどを知ることができ、養護教諭の子どもの見方やかかわり方などの理解者として、様々な場面で力になってくれてもいる。

かつて、筆者が中学校に勤務していた当時、養護施設から通っていた生徒が教室からぬけ出し、いなくなってしまい校舎内をさがすと、主事室で主事さんと自転車の修理をしていたことがあった。主事さんは「この子、自転車の修理が得意で、私が教えてもらっていたんですよ」と言いながら、子どもの肩をやさしくなでて「ありがとうね。助かったよ。またやろうね。」と声をかけてくれた。その後も昼休みには主事室にその子の姿があった。この経験は、学校全体で多くの問題に気づかせてくれた。「子どもにとって学びとは何だろう」「教室だけが学びの場でもないし、教師だけが子どもを見てかかわっているのでもない」などと、ぜひ、養護教諭の立場を最大限活用して学校全体をしっかり見渡し、味方を増やして欲しい。

1　教職員に働きかける（養護教諭の職場づくり）

組織的な取り組みを進めるために、どのように教職員へ働きかけることが有効なのだろうか。学校は分掌組織で運営されていることから、まずは養護教諭が所属する保健部（保健給食部、生活指導部など）に、保健室でとらえた子どもの実態を出し、共通理解を図るためにその実態の背景にある問題について話し合うことが重要である。

しかし、黒澤恵美さんが転勤した学校のように自分のクラスの子どもでなければ関係ないといった学級王国主義の教師が多く、子どもの問題を考えようという姿勢がない状況があると、目前の事だけ決めて分掌部会を終えてしまったり、部会そのものを定例的に開かず、特に保健のことは養護教諭一人に〝お任せ〟といった学校も少なくない。そんな中、黒澤さんは「自分に何ができるだろう」と自問し、次のように考えたという。

「私にできることは、大声でおかしさを言うのではなく、今まで養護教愉としてやってきた実践から学んだこと

を生かして、子どもに直接働きかける事ではないか、そこから出発してみようと思いました。子どもの変容が少しでもあれば周囲の大人や教師達が、今、何が大切か、何をすべきか、気づいてくれるはずだと思いました。」

黒澤さんは、教師集団が目の前の多忙さにふりまわされ、子どもを見る余裕がなくなっていることを十分理解したうえで、まずは自身ができることからと考え、保健室での子どもとのかかわりをていねいに進め、その訴えのどこに原因があるのかを子どもと一緒に考えていくようにした。

また、保健だよりでも、保健室の子どもの様子を知らせながら、からだの科学を分かりやすく載せて生活リズムの大切さを伝えた。特に、「寝る子は育つというけれど」の保健だよりを発行すると、子どもたちは、「早く寝ないと大きくなれない！」と真剣に見ていたとのこと。低学年の先生から「子どもたちが、とても楽しみにしているよ」との声が届くようになっていった。

また、生活の乱れからよく体調をこわして来室するA君の作文にはその変化の様子が綴られ、担任からは「生活がちゃんとしてきた」と、A君の変わりぶりを話してくれた。さらには、先生方が留守になる時間を見つけては「からだの学習」を実施したことで、子どもたちが初めてからだを知った時の驚きや喜びを書いた感想や絵を廊下の掲示板に貼ると、「うちのクラスでも今度お願いしたい」との申し出が入るようにもなった。そして、二学期の終わりには、保健安全指導部に「冬休み生活リズムの取り組み」を提案すると、全校での取り組みが了承されたという。

こうした地道な実践の積み重ねによって子どもたちが変容し、その変容を通して教職員の理解と信頼を得ていくという確かな土壌づくりを通して、黒澤さんが願う「みんなで子どもを守り育てていける学校づくり」が進んでいった。【5-8】

一方、山崎さくらさんは、小規模校の利点を生かし、学校生活の中に「からだ育ち」の視点を多彩に組み込んだ活動を提案しながら、家庭をも巻き込んだ全校的な取り組みを展開している。その取り組みの一つに「掃除でからだづくり——雑巾がけ、雑巾しぼり、握力を高める生活」がある。それまで使っていたモップを雑巾に替え、縦割りで全員で雑巾がけを毎日する。子どもたちは、みるみる全員が上達、雑巾しぼりも上手になって握力が高まって一石二鳥。年二回、体育館で雑巾がけレースも計画。息切れするほどしんどいけれど、みんなで笑えて楽しい取り組みが展開された。

他にも、子どもたちが計画した全校遊びを休み時間に実施したり、保健集会では全員の出番をつくりながら、からだを学び合うなど工夫された楽しい取り組みが学校を元気にしている。

森豊子さんは、肥満、喘息、虚弱などの健康課題をもつ児童を対象にした「健康教室」の取り組みを行うために、教師集団の理解を得るための保健研修会をもち、次に、保健委員会が主体となって取り組みが進められるように指導し成果を上げている。【5-5】

梅崎貴美子さんは、困難を抱える生徒を教師集団で支える体制として「教育相談委員会」をつくり、研修会の実施や年三回の事例検討会、担任・学年主任・養護教諭による個別相談など、全教職員の理解と協力を得て生徒へのトータルな支援を行った。分掌部会の話し合いで、子どもたちの課題が明確になり、具体的な取り組みの方針ができればそれを職員会議で提案し、十分話し合うことで共通認識ができ、学校ぐるみの組織的取り組みができる。この間も養護教諭は、学級担任等への個別の働きかけや教職員向け保健だよりを発行したり、校内研修会を実施するなど、様々に働きかけを継続している。【5-12】

2 保護者、家庭への働きかけと連携

養護教諭は、日常的に保健だよりなどを通して健康に関わる情報を家庭へ届けている。また、体調が悪く早退を

させる時やケガなどで病院に移送しなければならなくなった時には、必ず保護者との連絡を直接取って話をしたり、お迎えに来てもらっている。そこでは、子どもの状態を正確に伝え、それに対する具体的な対応と養護教諭の判断を説明し、同意を求め、理解と協力を得る必要がある。このような直接的な保護者との対応はとても重要で、信頼関係を作るうえで大事な機会である。子どもの側に立って保護者と協力、協働することが、今日的な子どもたちの生きづらさの改善にも役立っていると思われる。

また、学校にはＰＴＡという保護者と教職員で構成される組織がある。保護者の加盟は任意であるが、保護者と教員が集って学校の行事や活動について話し合う機会となっているものの、近年は保護者の参加が少なかったり、ＰＴＡを置かない学校も増えていて、保護者がその学校の教育活動や教育内容などに意見を言う機会が失われていることは残念に思う。保護者の立場からすると、子どもたちに見られるいじめや不登校などの社会的問題や、発達に特性のある発達課題の問題は大きな関心事であると考えると、養護教諭もＰＴＡ活動に積極的に関わって、組織的に研修会や講演会などに取り組んだり、学校の健康課題等について話し合う機会を用意するなどの工夫が求められる。学校と保護者との距離が近づくことで、保護者（家庭）の声が学校に届きやすくなると同時に、学校からも家庭に届けやすくなる。両者の繋がりが深まる中で子どもたちの生活だけでなく、保護者も家庭の生活を見直し、改善する取り組みを始めるチャンスともなりうる。子どもの生活実態や健康実態から出発し、その問題を共有し共感していく関係づくりを養護教諭が意図して取り組むことで、家庭や地域と協働したより確かな学校づくりにもつながるに違いない。

3　地域の専門機関（専門家）の協力と連携

いじめ、不登校の問題に限らず、今日の子どもたちをめぐる様々な問題が社会的課題となっていて、単に学校サイドだけでは解決できないものが少なくない。例えば、発達特性のある子どもたちについては、その診断はもとより、校内でのケース会議や校内委員会における専門家の存在は欠かすことができない。養護教諭は、あらゆる機会に地域の専門家や専門機関についての情報収集を行い、子ども一人ひとりの状況に合わせ「誰と」「どうやって」繋がることが有効かを明確にしておく必要がある。

ここでは、学校の歯科保健活動を歯科校医と保健所の歯科衛生士との連携で組織的に取り組んだ須永道代さんの実践について紹介する。

全国の中学生のう歯保有率が一九九〇年代には九〇％以上もあったが、二〇二〇年代には三〇％台に減少しているものの、一人あたりのう歯保有状況は個人差が大きく、生活環境が大きく影を落としている。須永さんの学校では、家庭の教育力だけではう歯予防が難しいと考えて、次のような取り組みを展開している。

①保健委員会を中心に給食後の歯みがき。少ない水道をクラス毎に分けて実施。小学校とも連携し、三分間一緒の音楽（八〇二〇GO GO）を流し、歯みがきが一番のクラスには「グッドヘルス賞」が授与される。
②生徒保健委員会による歯科保健に関する保健機関紙の発行と文化祭での発表。
③歯科校医による歯科保健集会の実施や学校保健委員会での相談や健康全般についてのお話を聞く。
④市の保健所の歯科衛生士による口腔衛生指導を中一に実施。
⑤市の保健師と地域の母子ボランティアによる中三対象の赤ちゃん抱っこ体験の実施。幼児期のう歯の多さにつ

いての話を聞く。

⑥養護教諭による全校生徒の歯みがきチェック。

全生徒の口の中を見ることで、いろいろなことが分かります。急にう歯が増えたり、口の中の状態が悪化した生徒には担任と連携して話を聞きます。両親の離婚の危機や家庭経済の悪化などの背景に生活が大変になっていることが分かることも少なくありません。【5-22】

4　学校保健委員会の活動を核にした組織的活動

学校保健委員会は、学校における健康課題や教育課題、子どもたちをめぐる今日的課題について研究協議を行い、健康づくりと子どもたちの成長、発達を学校、家庭、地域社会が連携して保障することにあるが、その企画運営は学校に任されている。そこで専門性を持った養護教諭が、その推進役として学校保健委員会を活用し、充実させた取り組みを展開することは、学校保健活動を広めるために重要な取り組みである。

(1)　学校保健委員会を活用した組織的取り組み

五味清枝さんは、学校保健委員会を中心に据えようと考えるに至った経緯を次のように書いている。

「保健室に次々と来室する子どもたちの数が年間四千人を超えました。常に保健室に子どもたちがいる状態です。その様子は『すぐ骨折する』『少しの痛みでも訴える』『体温が低い』『肩こり』『いつも眠そう』『睡眠が足りない生活』『朝食に菓子パンが目立つ』などでした。『元気いっぱいで素晴らしい』と感じていた様子を『何か変だ』と思うように気持ちが変わっていきました。……職員保健部で子どもたちの様子を出し合う中で、先生方からも子どものからだのおかしさを感じていることが分かりました。……私の中で『放っておけない』との強い思いがありました。加えて、通り一遍の保健指導に終わらせず、子どもたちの行動変容につなげていける実践を作っていきたいとの思いもありました。それは、養護教諭として、どんな子どもに育ってほしいのか、そのためにどんな取り組みが必要かを深めていくことでした。」【5-17】

五味さんは、子どもたちの行動を変容させるには、子どもを取り巻く大人たちの変化が必要であると考え、学校保健委員会を活用して保護者や学校医、教職員との合意を作りながら取り組みを進め、周囲の大人たちの関心の高まりと共に子どもたちの生活の良い変化も実感することができたという。

吉岡やゆみさんは、「我が子の健康を見直してもらおう」と思い、その一つの方法として学校保健委員会のあり方を考えた。ＰＴＡからは、本部役員、学級委員長、生活委員がメンバーとして参加していたが、ＰＴＡの出席が少なく子どもの実態を話しても、肝心の親が聞いてくれないと子どもたちには返っていかない！「一人でも多くの親に子どもの実態や健康の話を聞いてもらい、目を向けてもらい機会にしたい」と考え、思い、生活委員の仕事の一つに位置づけてもらい、子どもの様子や親の思いや願いも出してもらうようにした。

また、それまで学校から発行していた「保健だより」をＰＴＡ発行とし、出席した生活委員の方に書いてもらうよう変更した。結果、ＰＴＡの役割が明確化され、積極的に出席してもらえるようになり、会も活発化した。

校内では、保健部が二名でほとんど機能していなかったが、子どもの様子を話す場を作りたいと増員を要望し、低・中・高学年から一名ずつ出してもらうことができ、担任任せになっていた生活点検を集約し、保健部で保護者に返す取り組みができ、単なる点検に終わらせずまとめることができている。さらに、地域の「保健婦・養護教諭合同会議」に参加し、乳児から中学生までを縦のつながりで見ていく中で学んだことを実践に生かすことができている。【5-9】

吉岡さんは、親や教師に働きかける事を通して「がんばれる」という思いを強くし、親や教職員とつながって、子どもの実態を大切にした取り組みをしていきたいと言っている。

内田廣子さんは、「学校保健委員会も、子どもと保護者、職員に寄り添いながら、無理せず、気軽に、楽しくやれればと思います」と書いているように、形式にとらわれず健康を考える会を年二回実施している。一回は、講師を招いての講演、講座の形で実施しているが、問題は、どんな講師を呼ぶかで、いつもアンテナを高くし、サークルの学習会や情報交換で魅力的な講師を見つけている。二回目は、子どもと一緒に考える会にし、その時の子どもの健康問題に合わせ、児童保健委員会で話し合ったり、職員会などでテーマ決め、保健集会として三年生、あるいは四年生全員参加で実施している（内容は次頁の**資料1**を参照）。

内田さんは、この取り組みの思いを次のように語っている。

「私自身が無理せず、子どもや保護者、職員が『良かった！』と思える内容で考えようと思ったのです。今は、教科の授業時数が足りず、なるべく授業はつぶしたくないというのが教員の意識で、子どもたちが健康について学ぶ機会は少ないのが現実です。養護教諭としては、子どもたちに健康に生きるための知識や知恵を学んで欲しいという願いを持っています。だから時には、年間の保健計画に組み入れられる学校保健委員会の存在を逆手にとって生かすのも一つの方法かなと思います。」【5-18】

養護教諭にとって、年二〜三回の学校保健委員会の企画運営はとても大きな負担となっていることは事実である。確かに、学校保健委員会の設置のみならず学校保健をめぐる様々な施策も管理的な色彩が強まり〝経営〟の論理が導入されて、ＰＤＳ（討論—実施—評価）、ＰＤＣＡ（計画—実施—評価—改善行動）という一連の過程をふまえて学校教育目標に添った「学校保健計画」を作成するように指導されている。当然それは、管理的で形式的で良いイメージを持たず、上から押しつけられたような感覚に陥ってしまうのも無理はないことだろう。

資料1　本校での学校保健委員会の取り組み

		テーマ・内容・参加者	講師・アドバイザー
平成14年度	第1回	「おやつについて考えよう」4年生以上児童集会形式	町給食センター栄養士
	第2回	「食べものはのもと、いのちのもと!」全校集会	学校医・栄養士
平成15年度	第1回	「自立を象がないで!〜子どもの目が輝く子育てをしよう〜」講演会形式(保護者・職員)	檀渓心理相談室(名古屋)臨床心理士
	第2回	「すきな食べもの・きらいな食べもの・体にいい食べもの」3年生以上児集会形式、パネルディスカッションテーマ「きらいな食べものは食べなくていいか?」	学校医、パネラー(クラス代表・PTA代表・教師代表・栄養士)
平成16年度	第1回	救急法学習会5・6年児童・保護者・職員参加	消防署職員
	第2回	「どんな食べものをどう食べたらいいのかな?」保健委員、「君もフードファイターになるう」3年生以上児童集会形式	保健所職員の出前講座
平成17年度	第1回	「子育てはよろこび」講演会形式(保護者・職員)	愛媛大学教育学部教授・附属養護学校校長　山本万喜雄先生
	第2回	「見つめよう!　自分の心・みんなの心」講演テーマ「イライラ・プンプンをしずめるために」3年生以上児童集会形式	町内中学校のスクールカウンセラー、学校医
平成18年度	第1回	「小さに声に耳をかたむけて」こんのひとみ出前ライブ音楽会(全校児意・保護者・職員)コンサート(保護者・地域の方々)	作家・歌手こんのひとみさん
	第2回	「体がイキイキする生活をしよう!」4年生以上児童集会形式	学校医
平成19年度	第1回	「命と性について考えよう」5・6年生への授業「子どもの心が見えますか〜いじめ事件にもふれながら〜」保護者・職員対象の講演	岐阜大学地域教授　近藤真庸先生
	第2回	「体がイキイキするをしよう!　第2弾」パネルディスカッションテーマ「ぼく・わたしの生活にゲームはなくてもいいか?」3年生以上児童集会形式	学校医、パネラー(クラス代表・ PTA代表・教師代表・栄養士)
平成20年度	第1回	「子どもをすこやかに育てるために〜親として、大人としてできること〜」講演会形式(保護者・職員)	日本福祉大学学長・こども発達学部教授　加藤幸雄先生
	第2回	「きみの体力、だいじようぶ?」健康講座「小学生の時につけたい体力と生活習慣」と3年生以上児童集会形式	あいち健康プラザ運動指導員
平成21年度	第1回	「熱中症を予防し、曇さに負けない体づくりをしよう」4年生以上児童集会形式	あいち健康プラザ運動指導員、学校医
	第2回	「そんなあなたがすき!　こんなぼくがすき!　〜人と人とのかかわりをだいじにしよう〜」4年生以上児童集会形式(発達障害についての理解を通して、人とのかかわり方を学ぶ)	愛知キャラバン隊ネットワーク「ゆめこまち」(障害児の親の会)のみなさん
平成22年度	第1回	発達降害や不登校傾向の児童の対応についての学習会(職員の研修)	町スクールカウンセラー(本校担当)
	第2回	「自分や友だちを大切にしよう!」4年生以上児童集会式(ゲームを通して、人と人とのかかわり方を学ぶ)	教育カウンセラー・学級経営スーパーバイザー　天野吉繁先生
平成23年度	第1回	「小学生の子どもとどう向き合うか」保護者・職員対象の講演	日本福祉大学・こども発達学部教授　江口昇勇先生
	第2回	「心も体も元気になる生活リズム」3年生以上児童集会形式	学校医(内科医・歯科医・眼科医)、スクールカウンセラー

しかし、内田さんのように、すでに教育課程に位置づけられ、時間的な保障もあることから、その機会を活かして、したたかに内容を充実させ、子どもに関わる全ての人たちの本来の連携が生み出される学校保健委員会の活動を創造していきたいものである。

⑵ 児童・生徒の保健委員会活動を学校保健委員会に組み込む

近年、学校は授業時数確保が叫ばれるあまり、教育課程全体にゆとりがなくなり、そのしわ寄せは、学校行事の縮小や委員会活動の時間の短縮化などに及んでいる。都内のある中学校では、保健委員会の時間は放課後の三〇分間しか保障されず、その後は、部活動の時間が設定されていて、担当の養護教諭はその三〇分間で何ができるだろうと悩んでいた。結局、子どもたちに自治的な活動をさせたいと考えると、すき間の時間（昼休みなど）を利用して集まったり、集まれる人だけでと、子どもたちに本当の意味で活動の楽しさやり甲斐を持たせるためには十分な時間が必要なのだが、養護教諭主導に傾いてしまっている現状に嘆いていた。

嶋村学美さんは、学校保健委員会の場を借りて、保健委員の自治活動を育てたいと考え、取り組みを始めた。そこで、学校保健委員会に向けての活動計画を作り、「テーマ決め→骨についての調べ学習→調べたことの発表→調理実習（カルシウムを含んだ食事）→骨密度測定・骨についてのＤＶＤ視聴→学年毎に資料・原稿作成→学年毎の内容発表→学校保健委員会に向けて発表練習→学校保健委員会当日発表・全体会」といった流れで、多くの学びを体験しながら充実した活動が行われ、学校保健委員会の参加者からも高い評価を得たという。嶋村さんは、教員がついていないとなかなか進まず苦労するが、発表に向けて仕上げるという目標があることが励みになり、自信にもつながって、次もやりたいという生徒も出てくることから継続したいと考えている。【5-19】

村越弓子さんは、小中一貫教育、地域連携校としての中学校二校が統合・再編された学校で、年一回の「全校学校保健委員会」を柱として健康教育に取り組んでいる。開校一年目、精神的に不安定な生徒（自傷行為、パニック障害、保健室登校）が、保健室に多数来室したことから、スクールカウンセラーと連携をして、心の健康を中心に取り組み始めた。そして、ＳＣと協働して小学校と連携した「第一回学校保健委員会」を開催。「ありのままの自分とは？」をテーマに講師のＳＣと話し合った。卒業期の保健講話では、臨床心理士による『思春期のストレスを乗り越えるために』を実施した。子どもたちの様子やＳＣとの連携した取り組みの機会をとらえて、教職員にていねいに情報発信したことにより、心の健康問題に対する関心、理解が深まり、学校保健委員会も小学六年生と合同の「全校学校保健委員会」として行うことができた。

二年目以降も「全校学校保健委員会」として行うことが決定された。二年目以降の全校学校保健委員会は、生徒の課題や実態からテーマを決め、講師を招いて保健講演会を中心に実施している。

一方、生徒保健委員会は、全校生徒を対象に、健康課題に直接的に働きかける多彩な取り組みを展開し、それを全校学校保健委員会で報告している。例えば、校内の自販機の清涼飲料水を飲んでいる生徒が多い実態から、飲み物についてのアンケートをまとめ、糖分を調べて発表し、全校生徒、教職員に自販機の見直しを訴え、生徒会で検討することで撤去が決定した。

村越さんは、開校したばかりの学校の生徒から見えて来た課題を生徒と共に考え、教職員や、保護者の関心を高め、地域の関係者の協力を得て「全校学校保健委員会」を柱に取り組んだことで、全校の組織的取り組みが実現している。【5-20】

嶋村さんや村越さんの取り組みに共通している点は、児童・生徒の保健委員会活動の成果を学校保健委員会に発表するという目標を持って、子どもたちの活動を励まし、その経験を通して子どもたちの成長を促している。また、学校保健委員会も、子どもたちの参加で、取り組んだ成果を共に学ぶことで、組織も活発化し、子どもや学校の課題解決に向けて、保護者や地域の力を結集することができている。

地域ぐるみで子どもの発達、健康を保障する取り組みができたら、子どもたちは安心して生活し、学校での豊かな学び、友だちと楽しく過ごすことができるといいのではないだろうか。学校保健委員会をそんな視点を持って多様に開催することができといいのではないかと考える。

Ⅵ 「保健だより」実践ジャンル

一 「保健だより実践」の考え方

保健だよりは、今日ではどの学校においても保護者向けに、あるいは子どもと保護者に向けて発行されている。このほか職場の教職員に向けて発行される保健だよりもある。それらのほとんどは養護教諭によって発行されている（教職員保健部や生徒保健委員会などが発行しているという数少ないケースを除く）。学校教育に関する法令に位置付けられていないにもかかわらず、養護教諭にとってはいわば必須のアイテムとなっているということができる。

今回の共同研究で収集した養護教諭の実践記録一一〇〇本余の実践記録の中に、保健だよりの発行に焦点化して自らの実践を記録した作品は三四本あった。それらはいずれも、保健だよりの発行を自らの実践に明確に位置づけ、それを通して子どもたちの興味や関心に応えるからだや健康にかかわる科学的な知識や情報を伝えたり、保護者や教職員に向けて保健行事のお知らせ、子育てや学級指導上参考になる保健知識や情報を提供したりしながら発行されたものであった。

それらを分析検討した結果、発行活動を通して発行の対象とする子どもたち、保護者、教職員に対して有効な働きかけとして機能していることが確かめられたので、それらを「保健だより実践」と称して一つの実践ジャンルに位置づけることにした。それらの実践記録から優れた実践要素を抽出しながら、養護教諭実践にとっての保健だより発行の意味、自らの実践のなかでそれをどう機能させるか、また、そのために必要な要件は何か、などについて整理することができた。

1　養護教諭実践にとっての保健だより発行の意味

保健だよりは、その学校の養護教諭の存在と役割を外に向けて発信するという大事な役目を持っている。養護教諭の発行するこの通信は単なる通信手段にとどまらず、養護教諭の実践においてかなり多様な意味を持って発行されている。その意味合いは、いずれも養護教諭が置かれた位置（ややもすれば孤立しがちな一人職種であること）と実践の性格（全校の子どもたちを対象に知識や情報を伝える必要）に由来するものと言える。

その意味合いの一つは、子どもたちや保護者に向けて健康診断や予防接種などの学校で実施する保健的行事や活動とその結果などを知らせることにある。年間の保健的行事や活動を確実に知らせる有効な広報手段として活用できる。

二つは、健康維持に必要と考える知識や情報を盛り込み、保健指導の一環として役立てることにある。健康維持に必要な科学的な知識や情報をまとまった形で伝える教育課程上の位置づけが十分にないからである。

三つは、養護教諭としての仕事の進め方や思いを教職員や保護者に伝え、連携して取り組めるようにする。仕事や活動を進めるうえでの養護教諭としての思いや意図を教職員や保護者に伝える手段として有効である。

2　保健だより発行の目的

今回検討した「保健だより実践」の実践記録三四本をもとに、養護教諭が保健だよりを発行する目的（意図ないしねらい）を整理すると、次の三点に集約できた。

①保健に関する知識・情報（からだや健康についての知識、保健行事等の予定、健康診断の結果など）を子ども、保護者、教職員に伝える

• 保健だよりを通して、子どもたちがからだの科学的なしくみやすばらしさを知ることで、もっと自分のからだに関心や興味を持つようになるだろう。そして、子どもたちが現実の生活を見つめ直したとき、もっと生き生きとした毎日を送りたいと思うのではないかと考えました。【6－18】

②保護者や教職員（時には生徒たち）との共通理解を得て、協力と連携を生み出す

• 転勤して「より早くより多数（保護者や教職員）とわかり合える」ことを考えると、やはり保健だよりが一番効率がよい手段に思えます。【6－13】

• 職場の仲間や、子ども、保護者と健やかなからだづくりについて共に考え、共に学び合う方法の一つとして保健だよりを出すようになった。【6－21】

③養護教諭と子ども・保護者・教職員との間で、相互の思いや意見を交流する

• 子どもの課題を「保健だより」の紙上にのせ、みんなが読んでくれて一緒に考えていけること、「おかしいな」という養護教諭からの指摘に、それではどうやって改善していくのかと共に話し合っていけること、そんなことのできるコミュニケーションづくりを意識している。【6－24】

これらの実践例からもわかるように、保健だよりは単なるお便りとか知識を伝えるだけの通信媒体ではなく、そこにはなにがしかの実践的意図が組み込まれているのである。保健だよりを通して、養護教諭の取り組む活動について説明したり、思いを伝えたり、あるいはその必要性の根拠となる子どもの実態を知らせたりして、取り組みを円滑にしたり、渦を広げたり、質を高めたりすることをねらいとしている。

3　保健だよりの発行を実践上の手段としてどのように活用しているか

保健だよりの発行を自らの実践にどう位置づけ、その実践上の手段（道具）としてどのように活用しているかをとりだしてみると、実に多彩な活用のしかたをしていることが読みとれた。それは次の八点に整理できた。

①養護教諭としての自らの思いや願いを子どもたち、教職員や保護者に伝える

- 自分が思っていること（養護教諭の願い）が読み手に伝わるように書きたい。教師・父母には、同じ目線で養護教諭も子どもをみていて、ともに生徒の健やかな成長を願っているという思いが伝わるように書きたい。【6-17】
- 生徒の〝荒れ〟で教室にいつけず、あっちこっちでウロウロして保健室にやってくる子どもや、その周りにいる子どもたちにもっと積極的に何か働きかけをしたいと思い、日刊で保健だよりを出すことにした。（年間の発行数は二三〇号に及ぶ）【6-8】
- 生徒たちの多くは、学力をはじめ自分の能力に自信を持てないまま高校生活を送っている。そんな劣等感を持つ生徒たちに少しでも自分に自信を持たせるには、まず一人ひとりとのつながりを持ち、彼らの良さを発見して認めてあげることが大切ではないかと思った。私はその手段として「保健だより」を活かしている。【6

-23】

②来室する子どもたちの様子（感心した言動、成長ぶり、つぶやきや不満などの実態）を教職員や保護者に知らせる

・学校での毎日の子どもたちの素敵な姿や、心がほっこりする会話は、先生を職にしている者へのごほうび。それを子どもに関わるすべての人が子育てを楽しんでほしいから、そのまんまの子どもたちのことを伝えていく。小学校では、それぞれの発達の節目を歩む子どもたちが生活している。その大切な課題を、心と体の視点から伝えたい。そして、そのステキな成長を見守ることのできる歓びを、すべての大人に感じてほしいなと思う。【6-31】

・子どもたちの様子や生の声を書くことによって、教室では見せない一面や素顔を担任たちが知る（理解する）ことにつながる。また、子どもたちの本音を聴き取って「たより」に書き、数ヶ月後の変化も載せることによって保健室登校生徒への理解が深まる。他学年の生徒のことを教職員全体に理解してもらえる。【6-30】

③保健指導の一環としてからだや健康についての科学的知識や情報を伝える

・からだの科学的なしくみやすばらしさを知ることで、もっと自分のからだに関心や興味を持つようになるだろう。そして、子どもたちが現実の生活を見つめ直したとき、もっと生き生きとした毎日を送りたいと思うのではないかと考えた。内容は毎月の保健指導用の資料としての定期のものの他に、不定期にからだや心の健康について幅広く取り上げていくことにより、健康に生きていこうとする力となることをねらいとした。【6-18】

④担任たちに学級保健指導のための資料・教材を提供する

・少しでも自分の体に興味・関心を持ち、自分の生活を改善できる子どもになってほしいと思い、保健だよりの名前を「からだ」に変えて、子ども向けにし、担任の保健指導の資料として活用してほしいと提案した。【6

－4】

- 毎週コンスタントに発行し、その保健だよりを各学級で読み聞かせてもらうことによって、まとまった時間の保健指導はできなくとも、シリーズで取り組むと繰り返し保健指導することになり、健康認識が高まるのではないか。同時に教員の健康認識も高まると考える。【6－29】

⑤職場の合意づくり、職場づくりの手段として活用する

- 子どもの実態（ありのままの子どもの姿、健康の実態）を知らせていく中で、すべての教職員が子どもの生活や健康の問題への関心を深め、子どものからだをめぐって起こる様々な事象に一致して取り組んでいける職場の合意作りを進めていく。【6－6】
- 学校保健を組織的に取り組んでいくためには、子ども、父母、教師とのコミュニケーションの土壌作りが重要だと考えています。そのために保健だよりを通してコミュニケーションの輪を作ろうと取り組んできました。【6－18】

⑥子ども・保護者・教職員のからだや健康についての意識の啓発を促す

- 教職員向け保健だより「Heart」が関心を持って読まれるようになり、子どもたちへ保健指導を行ったり、学級通信に健康の問題が載せられたりということが増えつつある。また、職員室での会話の中にもHeartの内容が出され、教師からも健康の問題が提起されたり、相談を受けたりするようになった。【6－6】
- 日常生活の中で当たり前に流れすぎて見過ごしていることに焦点を当て、問題意識の掘り起こしや共に考えようという部分を強調した。【6－26】

⑦子ども・保護者・教職員の思いや意見の交流の場にする

- 「近いうちに特集を組みます！各家庭の風邪予防のまめ知識を教えてください」という見出しで保健だよりの

紙面を通じて募集してみた。空白のスペースを設け、切り取り線を入れて発行したところ、子どもや保護者、担任などがおおぜい書いて寄せてくれた。【6-28】

- 児童の健診結果を個々に知らせる『けんこうてちょう』の「家庭と学校の連絡」欄を通じてのやりとりで、各家庭の子育て上の工夫や配慮を保健だよりに載せて、子育て交流に役立てる。【6-21】

⑧養護教諭自身の子どもを見る目、子ども理解、自らの役割についての深めや再認識に生かす

- 養護教諭がより深く子どもを見る目を養い、養護教諭の果たす役割を見つめ直していく。【6-6】
- 自分が感動したこと、伝えたいと思ったことは、すぐ保健だよりに表現します。そうすると、自分が何に感動したのか、自分の課題は何なのか、すっきりとわかってきたりするのです。つまり、私が限りなく人間として成長していくための表現の場として保健だよりがあるといえるのです。【6-22】

これらの実践例からもわかるように、保健だよりを誰に向けて、どのような内容を盛り込み、またどのような性格を持たせて出すかは、養護教諭が自分の実践全体の中にそれをどのように位置付けているかによって変わると言える。保健だよりを発行することを通して何を実現したいと考えているのかという実践者の意図、目的意識をはっきり持ち、有効な手段として活用したいものである。

二　「保健だより実践」の方法と工夫

1　子ども向け保健だより

小・中学校において子ども向けに出される保健だよりは、文面は子どもたちに理解できるわかりやすい文章で書かれ、子どもたちが家に持ち帰って保護者も読むことを想定して書かれているのが一般的である。また、児童や生徒に配布される時は学級担任を通して配布されるのが普通であるから、学級担任達もそれに目を通したり、コメントを付加したりすることもあり得ることを考えれば、保健だよりを書く場合は、保護者や担任たちが目を通すことを念頭に置いて書くことも必要である。

内容としては、健康診断などの保健行事のお知らせやその結果報告、諸行事に伴う保健的注意事項、健康知識などが盛り込まれることが多いが、「……しましょう」「……注意しましょう」といったわかりきった呼びかけや、押しつけ的な内容では、せっかく発行しても子どもたちの関心は薄れ、なかなか読んでもらえない。保護者向け、教職員向け保健だよりについても同様である。子どもたちが楽しみに読んでくれるような保健だよりづくりを工夫しなければならない。

静岡の神谷結子さんは、週一回のペースで子ども向けに発行し、「子どもたちがわくわくドキドキする」保健だよりをつくるために、次のような工夫をしている。

①主に「体の学習」のためのものとし、中にクイズを入れて子どもたちの答えを求め、次の号につなげる。

②子どもたちがみんなに認められる場になるように、紙面でクイズの答えや感銘させられた言動、イラストの得

意な子の作品などを紹介する。

③保健だよりを通じて学校の教職員と保健室、家庭と保健室、子どもたち同士につながりが生まれることを意図しつつ内容を考える。【6-33】

保健だよりに出したクイズは、答えを書いたら保健室の入口に置いたポストに入れることになっているが、多い時には八割ぐらいの子どもたちが提出してくれるとのこと。こうしたねらいが、保護者や教職員から、「体のことがよくわかる」「健康診断のことがわかりやすい」「子どもの名前がのっていて喜んでいた」「クイズを一生懸命調べている」「親子で楽しみにしている」などといった多様な反応を得て、確かな手応えをつかんでいる。子どもたちはクイズで探求心を呼び起こされ、自分の出した答えや作品、言動が認められるという一連の体験は子どもの成長にとって、教育という営みにとって、とても重要な意味を持っているのではないだろうか。

2 保護者向け保健だより

保護者向け保健だよりでは、保健行事についてのお知らせや子育てに役立つ保健の知識や情報が主要な内容となることが多いが、合わせて、学校での子どもたちの様子や保健活動についての学校の取り組みの様子を載せることも大事である。それが父母たちの最も知りたがっていることだからである。気をつけたいことは、子どもたちの問題事象ばかりを書いたり、学校側の取り組みへの一方的な協力依頼をしたりするのではなく、育ちゆく子どもたちの姿といきいきとした取り組みの様子が伝わり、保護者と共に子どもたちを見守り育てているというスタンスを大事にしたい。

保健だよりに保護者の感想や意見、あるいは家庭での子育ての様子などを紹介することによって、保健だよりを保護者の交流の場にしている養護教諭もいる。三重の二井加代子さんは、次のような工夫をしている。

「入学してからずっと一本もむし歯のない子とその保護者に焦点をあて『むし歯予防』のために気をつけていることを教えてくださいとお願いをしたり、健康手帳の『家庭と学校の連絡』の欄に『お子さんのからだについて気がかりなことや、検査結果についての質問や相談、また、本人の努力やお家の方の協力、はげまし、成長のよろこびなどを聞かせていただきたい。』とお願いして、保護者から寄せられた中で全体に通じる内容は保健だよりに載せさせてもらっている。」【6-21】

二井さんは、保健だよりに余白を作って切り取れるようにし、家庭からの便りをお願いすると、平均三〇〜四〇通の便りが届くという。「我が家の健康法」の紹介、朝食対策、手作りおやつの作り方、母親学級に参加しての感想など、実に多彩である。子育ての手がかりになるような内容はもちろんのこと、保健室でとらえた子どもたちの様子、保健指導に取り組んだ内容とその後の子どもたちの感想文や日記、さらにそれを読んだ父母たちの感想、そして時には意見などもシリーズで載せている。また、校医さんたちから見た子どもの姿やお話、町内の保健婦さんたちと話し合った内容や、校区内の保育園や幼稚園の先生方との話し合いの様子、町内の養護教諭で話し合っていることなども知らせている。二井さんの実践は、父母とのふれ合いやつながりを大事にした取り組みになっており、学校と家庭、さらには家庭同士をつなぐ大事な役割を果たしている。

3　教職員向け保健だより

教職員向け保健だよりは、保健室に来室する子どもたちの様子や実態を他の教職員に知らせて子ども理解や子どもの実態ついての認識を共有することを意図したり、教職員の間で保健室や養護教諭の存在や活動に対して理解が得られない場合に、養護教諭としての思いや願いを伝えたりする手段として発行されていることが多い。

京都の森本智子さんの場合、職員室と保健室が離れていて、保健室での生徒の様子が見えにくく、教職員とゆっくり話ができない等の悪条件の中で、「教職員にとにかく少しでも保健室での生徒の様子を知ってほしい」と願い、週一回のペースで教職員向け保健だよりを出し続けている。そして、保健だよりを出すことによる効果を次のようにまとめている。

①保健室での取り組みが少しずつわかってもらえるようになってきた。
②子どもたちの生の声を書くことを重視してきたことで、教室では見せない子どもたちの様子をわかってもらえることにつながった。
③教職員に他学年の生徒のことを共通理解してもらううえで、とても役にたっている。
④便りを書くためには子どもたちの話をしっかり聴かなくてはならないので、以前より子どもたちの話を真剣に聴かなくてはという意識が強くなった。【6-30】

また、教職員向け保健だよりを使って学級での効果的な保健指導を展開している養護教諭もいる。北海道の加藤玲子さんは、保健指導の時間を確保することが難しい状況の中で、保健だよりを毎週コンスタントに発行し、それを各クラスで読み聞かせてもらうという取り組みを考えた。一週に一回五分の読み聞かせで、年間通算して三時間分の保健指導ができるという計算になる。

「まとまった保健指導はできなくとも、保健だよりでシリーズ化して取り上げると、繰り返し保健指導をする効果が得られ、知識の定着が図られて、健康認識が高まるのではないかという仮説を立てました。もう一つは、学級担任に読み聞かせてもらうことで、子どもの健康に関する教員自身の興味・関心や健康認識も高まるのではないかと考えたのです。」【6-32】

この他にも職場で保健活動の渦をつくろうとしたり、学年団に保健指導や性教育の取り組みを定着させようと考える時に、子どもたちの健康や生活の実態、性に関する関心や行動上の問題を投げかけ、取り組みの必要性に対する認識を高めるうえで保健だよりが有効なことが数多く報告されている。

4　子ども・保護者・教職員の三者に向けて三種類の保健だよりを発行

実践事例はまれであるが、子ども向け、保護者向け、教職員向けに、それぞれ異なる三種類の保健だよりを発行している人がいる。京都の佐々木好美さんは、学校保健を組織的に取り組んでいくためには、子ども、父母、教師とのコミュニケーションの土壌づくりが重要だと考え、そのために保健だよりを通してコミュニケーションの輪を作ろうと三種の保健だよりを出し続けている。それぞれ書く対象が絞られるので、読み手に語りかける紙面づくりができて、共通理解と連携を効果的に生み出しているように思われる。

実践の概要は次のとおりである。

①子ども向け保健だより「くじらぐも」

保健室には体の不調を訴えてたくさんの子どもたちが来室した。からだの様子を聞いても「わからん」「しらん」という返事だった。学力は高いけれども、自分のからだに無関心であり、からだの状態を言葉で表現できない子どもが多くみられた。からだの科学的なしくみやすばらしさを知ることで、もっと自分のからだに興味や関心を持つようになるだろう。子どもたちが現実の生活を見つめ直したとき、もっと生き生きとした毎日を送りたいと思うのではないかと考えた。内容は毎月の保健指導資料と不定期に健康について幅広く知らせていった。

②保護者向け保健だより「あおぞら」

「いつもあおぞらのように心もからだもすみきった子どもたちでありますように」との願いを込めてつけた。子どもたちのからだと心の実態を保護者に知らせていくなかで生活リズムの大切さに気づき、健康で生きいきとした子どもを育てていくことを学校と家庭で協力して取り組んでいきたいことを伝えていった。

③教職員向け保健だより「らぽーる」

子どもたちのからだや心の様子は全体の問題としてなかなか広がっていかなかった。そこで、保健室での子どもたちの実態を知らせていくことで、からだと心の輪が少しずつ広がっていくことを願い、出すことにした。【6-18】

佐々木さんは、三種の保健だよりを出し続けたことで、子どもたちには養護教諭の想いや大切にしている心をも届けることができ、自分のからだに興味を持ち、生活を改善していきたいという意欲が育ってきたこと。また、保護者にとって保健室が遠い存在から身近な存在へと意識が変わってきたこと。そして、教職員とは、子どものからだや心の問題について共通理解できるようになってきたという。保健だよりを通して、子ども・父母・教師とのコミュニケーションの輪が確実に広がっていることが伝わってくる。

5　保健だよりを書くうえで心掛けていること

「保健だより実践」の多くの実践記録が、保健だよりを書く際に「心掛けていること」、「大切にしていること」、「気をつけていること」、「心構え」などと、さまざまな言い方で本人なりの発行上の留意点に言及していて、養護教諭が保健だよりの発行にかなりの重きを置いて、実践者なりの配慮や工夫がなされていることが読み取れた。挙げられたいずれの点も実践上参考になるものであるが、ここでは北海道の加藤玲子さんが掲げる心掛け・留意点は、トータルでかつ細やかな心構えが押さえられているので参考に供したい。

「保健だより発行の心構え」

1 読み手に訴えたいことを明確にする：作者の願い（生命尊重、人権尊重、男女平等）を基軸とすること。

2 子どもの実態が見えてくるものを書く：健康診断の結果（分析やコメントをつけて）、学校生活の日常（保健室、教室、授業中、行事中、部活等々）の観察から、課題を共有するように書く。

3 子どもや保護者のニーズを把握し、できる限りそれに応えたものを書く：タイムリーで、スピーディーに、季節的・文化的・社会的、ときに経済的な話題にも触れる。

4 独自性のあるものを心がける：地域に根づいたもの、学校独自のもの、書き手も含め独自性のあるもの。

5 読みやすい紙面であること：文字、カット、写真、表やグラフなど、レイアウトも工夫。

6 読む対象をはっきりさせ、対象に合った表現や文字の大きさ：学年・学校段階での配慮、保護者向けには「おうちの方へ」のコーナーなど。

7 読み手の心を揺さぶる工夫：タイトルやコーナーのネーミング（思わず「なんだろう?」と読みたい気分にさせる。）読み手の感性に訴えるもの。裏面に「保健室のヒミツの話」コーナーに全校生徒を匿名で登場させる（生徒の素顔、面白い話、心温まる話、失敗談など）。

8 書く道具の工夫：手書きのため、芯の太さ、色の濃さ、にじみの違いなどを表現できるクレヨン、等々。

9 養護教諭としての気構えをときどき確認する：感性が錆びないようにアンテナを張り、読書、インターネットや人的ネットワークで情報収集に努め、保健だよりがマンネリ化しないように。

10 何よりも児童・生徒参加型であること：これが大前提。【6-32】

むすびにかえて

今回収集した「保健だより実践」の実践記録の分析検討を通して、養護教諭にとって保健だよりは、学校での保健活動を展開していくうえでかなり有効な手段であることを学ぶことができた。ただ、保健だよりは多様に機能させることができるが、何よりも重要なことは、実践者が自分の実践のなかにそれをどう位置づけて機能させるかを明確にして発行することである。それを明確にしておかないと、何となく発行する中途半端な保健だよりになりかねない。子どもや地域の実態をしっかりとらえ、自分の学校の健康課題をきちんと分析し、共に解決していきたいという養護教諭の思いが伝わるような保健だよりにしていきたいものである。

ねらいを絞って出し続け、その人なりの個性的な保健だよりを追求したり、出す号によってねらいを変える多機能な活用の仕方もある。それぞれの号の自分の実践における位置とねらいを明確にして、多機能な活用に挑戦してみたいものである。近年では、養護教諭の実践の深まりとともに保健だよりの内容の変化や発行回数の増加など、保健だよりそのものが教育の場で重要な役割を果たすようになってきているだけに、養護教諭なりの「観」（子ども観、教育観、実践観など）が滲み出るようなものにしたいものである。

第3章

養護教諭が生み出した典型実践とその分析・批評

本章は、私たちの共同研究におけるもう一つの方法である「典型実践」の分析・批評の試みをまとめたものである。ここで言う「典型実践」とは、それぞれの実践ジャンルにおいて、重要な実践要素（実践的示唆や教訓）が豊かに含まれていると判断した実践を指し、その実践を研究会全体で集団的に分析・批評し合ったうえで、その実践記録と集団検討の成果を踏まえての理論的整理をした論稿を載録したものである。

載録された実践記録は、第2章で紹介した五つの実践ジャンルの分析・批評を行ったグループからの典型実践と呼ぶにふさわしいと判断された実践を選んで典型分析（多角度からのトータルな分析）を試みたものである。なお、実際の実践検討会では、当該の実践記録を書いた実践者をまじえての実践報告とその質疑、二人のコメンテーターによる実践分析コメント、そしてそれらを踏まえての全体討議の記録、なども残されているが、本書では、当日のコメント報告と全体での討議記録は、紙幅の関係で割愛した。

Ⅰ　保健室実践（相談支援）：川井幸子実践から学ぶもの

一　実践記録：「自分の力で動き出したA男君」

①『第四六回全国養護教諭サークル連絡協議会研究集会レポート集』二〇一六年所収、②『保健室』一九六号二〇一八年六月号所収、川井幸子（元山形県・公立小学校養護教諭）

1　はじめに

私は現任校で一〇年を迎え、分離不安や不適応等によって学級にいけない子ども達を毎年のように保健室に抱えている。一昨年の七月から八ヶ月間に渡って保健室登校をした四年生のA男の事例を通して、A男の育ちにどのように関わったのかを振り返ってみたい。

2　A男のこと

共に三〇代のA男の両親は、共働きで残業のために帰りが遅く、特に父親は子ども達の就寝後に帰宅していた。平日子ども達は、朝夕の食事も入浴も祖父母の世話で済ませており、母親の手がかけられていなかったし、しつけもままならなかったことが窺えた。

一方、三年生の時にA男が在籍した学級は、離席や暴言を繰り返す数名の男児を核にして荒れていた。三学期には教務主任が副担任役を引き受けて、二人体制でなんとか学年末を乗り切った経緯がある。A男に変調があっても、気づくことができなかった。四年次の進級の際には、荒れた学級を立て直すために強面の男性教諭が担任に配置されて、時には子ども達を制する大きな声が四月当初から聞こえていた。

①A男の不調を知った日

担任が「A男が登校を渋っているようで、両親が付き添って連れてくると連絡があった」と知らせてくれたのは、始業直前のことだった。私は、「A男が教室に入れたら、両親には保健室に立ち寄ってくださいと伝えてね。話を聞いておくから」と言った。すぐに健康観察簿を調べると、四月と五月は無欠席、六月は体調不良で二日休んでいたことがわかった。

②父母との面談でわかったこと

当日保健室に立ち寄った両親から、次のような事を聴き取った。

- 五月の中旬ぐらいから、朝学校へ行くことを渋り始めた。六月に入ってからはたびたびになり、すぐに泣いたりいじけたりするようになった。弟にアイスクリームを取られたという程度で、大泣きをして「殺してやりたい」「死んでしまいたい」と言ったりしている。
- 今日は何が何でも学校へ連れてこようと思い、仕事を休んで夫婦で様子を見ていた。何とか学校に着いたところでまた騒ぎだし、「Y先生（担任）が怖いから学校へ行きたくない」とも言い出した。「友達が叱られているのも怖い。（自分が叱られるような、友達が叱られるような）何かが起こるかもしれない」などと言っている。

原因はわからない。
小学校への入学を翌年に控えた弟には言葉の遅れがあり、それを気にかけた祖父が言葉の教室への通級や通院などの世話、遊び相手を一手に引き受けて弟を可愛がっている。祖父母が弟と一緒に遊んでいる時も、廊下の隅で一人寂しそうにしており、いじけたりすねたりしている。また、ぐずる様子を見て祖父母も気を揉んでいて、祖父が大きな声でしかることがある。

• 金曜日（六月二七日）にKクリニック（小児科）を受診して、不安を取り除く薬（リーゼ錠5㎎を朝晩服用）を処方された。一週間服用して、今週の土曜日（七月五日）に再受診の予定である。
• 食欲はやや落ちているが、眠れているようだ。

両親の話を聞きながら、私はA男と三年生の十二月頃に交わした会話を思い出していた。「A男君がスポ少の練習中によく吐いているよ」と子どもが教えてくれたので、A男と廊下で立ち話をした。あれこれ話を聞いた後、「つらい時は、私にも話をしに来て……」などと言ってそのままになっていたが、予兆はすでにこの頃からあったのではないかと思われて、もっとしっかり話をすればよかったと悔やまれた。この時A男はコーチが怖いと私に訴えた。今は担任が怖い、父も祖父も怖いと訴えて不安を強めている。

③私が面談で両親に話したこと

両親は困り切っていたが、ありのままを話してくれた。私は、長い間登校を渋っていたのに気づけなかった事をわびて、子どもの不安をやわらげるために対応の原則にしていることを話した。

• 原因を探すことより、緊張と不安が大きいことを理解してほしい。幼児返りもあるかもしれない。力ずくで学校に連れてくることはしないでほしい。本人が一番つらいのに、誰を頼ったらよいかがわからなくなる。もう我慢の限界かもしれない。
・絶えず「あなたを大事に思っている」ということを、言葉とスキンシップで伝えてほしい。
・祖父母にも協力を求めてほしい。スキンシップ・遊び相手・叱らないなど。
・主治医との連携も可能なので、その旨を医師に伝えてほしい。
・寝ることが大事なので、早寝早起きを心がけ、眠れているかどうかを見てほしい。
・学校も相談しながら対応していくので、お互いに連絡を密にしたい。家庭から学校へ封をした手紙を届ける。学校からは、父母どちらかの携帯電話へ連絡をする。

3　A男の課題を学校の課題に

父母との面談の後、私はA男についての大筋を教頭に報告して、ケース会議を開いてほしいと迫った。無理やり連れて来られたことを考えれば、明日からの登校は難しいと思われたし、騒然としている家庭の力にもなりたかった。また同時に、一人でも突っ走りかねない私自身を顧みて、「みんなで取り組むことが大事だ」と自分に言い聞かせていた。A男の問題は、学校の課題であると考え、みんなで取り組むことこそが、職員の学びになり組織の力を高めることになると考えた。

①第一回ケース会議

翌日から放課後の予定が目白押しだったこともあり、父母との面談をした日の放課後にケース会議が開かれた。(ケース会議のメンバーは、校長・教頭・教務主任・四学年主任・担任・私の六名) 私は両親から聴き取った事をプリントにして臨んだ。

弟の言葉の遅れを心配した両親と祖父母の言動が、弟ばかりを可愛がるように見えてA男を不安にしたのではないかと私には思えた。祖父母が弟に話しかければかけるほど、素直に甘えられずいじけて益々孤立したA男に共に過ごす時間のない両親の思いはさらに届きにくくなっている。私は家族も学校の私たちも、A男を大切に思っていることを伝えたいと思った。

私は、ケース会議で次のような意見を言った。

- 登校を渋りだしてから一ヶ月以上も経っていることから、A男は不安感が強く、相当弱っていると思われるので、登校の無理強いはできない。
- 家でも学校でも存在感が薄く、自分に自信が持てなくなっていると思われるので、A男の存在感が高まり、大切にされている事が感じられるような働きかけが必要である。
- すでに医療機関を受診しているので、主治医あてに学校から文書を差し上げたい。次回受診時にA男の近況を知らせる文書を親に託したい。
- A男の登校渋りで、父母ばかりか家庭全体が不安でぎくしゃくしているので、できるだけ早く父母との面談を持って、取り組みの共通理解を図っていくべきだ。

この他に次のような事が決まった。

- 明日以降、登校を無理強いしたり約束を取り付けたりしない。遅刻または早退も可とし、来られる時刻に来られる場所に登校してよいこととする。
- 学校では、良いところや当たり前のことをほめ、職員みんなが声がけをする。
- 両親との面談は週末をめどに設定し、調整は担任があたる。同席者は教頭と川井。
- 穏やかな性格のSを中心に、友達との関係づくりを担任が促しながら行う。

ケース会議はその後も必要に応じて持たれ、終息まで計六回持たれた。私はケース会議の中で、間近で見るA男のその時々の様子を伝えながら、A男が育つためにはA男自身が「自分のことは自分で決める」ことが大切だと考え、そのことを繰り返し発言した。

②登校のきっかけづくり

A男が連続して六日目の欠席をした日、私は紙飛行機二機と短い手紙を担任に託してA男の家に届けてもらった。手紙には、「一年生の男の子が、雷が怖いと言って泣いたから、保健室で紙飛行機を飛ばして遊んだよ。A男君も飛ばしてみてね」とだけ書いた。事実を書きながら「保健室には、いろんな子がきているよ。あなたも来てみたら」という思いを込めた。

学校に登校できないA男は、家庭でも居心地の悪い思いをしているに違いなく、楽しく遊べているとも思えなかった。「子どもは遊びで笑顔と活力を取り戻す」と考えている私は、遊びを通してA男に近づこうとした。

翌朝A男は、「川井先生に紙飛行機のお礼を言いにいこう」と祖母に促されて、保健室に登校した。緊張した面持ちで保健室に入ったA男と紙飛行機を飛ばしながら、少しずつ会話が弾むようになり、一時間ほどを過ごした。

帰り際に「明日はおはじき飛ばしで勝負だ!」と登校を誘ったところ、翌日からA男は九時過ぎに登校し、三〇分から一時間ぐらいを保健室で過ごすようになった。私は、保健室の作業台を使っておはじき飛ばしの遊びを提案して、毎日2ゲームずつやりながら（教務主任・祖母も参戦して）、A男の気持ちをほぐし、様子を観察した。そして、「あいさつをしなさい」「ズックをはきなさい」と祖母に促されないと行動できない、勝ちたいあまりゲームのルールが守れない、「わからない」「面倒くさい」「いやだ」「ばあちゃんやって」を連発して、自分で考えて行動することができないなど、その幼さに驚いた。

③心の安定を最優先に取り組む

A男と家庭の様子から、私は次のように考えて二学期を迎え、取り組もうとした。

- A男とできるだけ関わりたい。そのためには、学校に登校してもらうのが一番の近道なので、登校を促しながら癒し、育てたい。話し相手、遊び相手になって信頼関係を築きたい。
- 母親が子育ての主体者になれるように導きたい。先輩母親として、多少でもかかわり方の手本になりたい。母親の支えになりたい。

なかなか落ち着かないA男を不安に思った母親が「Y先生が嫌だと言っています」と訴えた。私は正直に、「荒れた学級を立て直すために配置されたので、当初から力で押さえるようなことをしてしまい、A男君を怖がらせてしまった。Y先生自身がそのことを自覚して変わろうとしている。A男君が嫌だと言ったときは否定しなくてよいが、学校ではA男君と担任に信頼関係が生まれるように努力するので、Y先生ってだじゃれ言うよねとか、スキー選手だってなどと話題にしてイメージアップにつなげてもらうとありがたい」と言った。

また、できるだけ毎日きてほしいので、登校の時刻やどれだけの時間学校にいるのかは、A男自身に決めさせ、それを尊重することにした。担任は、事前に予定を知らせるだけにして考えさせ、「できないことは、『ムリです』と言っていいよ」と話しておいた。

母親は作業服を着て徒歩でともに登校し、三〇分ぐらい一緒にいて自宅に戻り出勤した。私は「お母さんの目の前で、A男君にいろんなことを言ったりやったりしてごめんね。お母さんも遠慮しないで。A男君と一緒にいられるせっかくの時間だから、いっぱいしゃべって、スキンシップをしてね」と言った。母親は、はにかみながら頷いたが積極的にはなれないようだった。

時に、A男は寂しさからか、何をやるにも「嫌だ」「面倒くさい」を連発して荒れた。母親が会社に向かってから、「今日はどうしたの。でもわがままをいってはいけないよ。みんなA男君を大事に思っているから、元気になるのを待っているんだよ。お母さんが会社を休んで毎日きてくれるのも、A男君が大事だからだよ。教室に行けるようになった時、勉強がわからなくならないように、今できる事は少しずつでいいからやるの。漢字五個書くぐらいはできるよ。算プリ一枚やるぐらいやれるでしょ。元気になるまで、かわい先生と一緒に頑張ろう」と肩を抱いて語りかけた。A男は、口をとがらせて黙って聞いていたが、予定表に「かわい＋A男　はなした」と自ら記録した。

④落ち着きを取り戻し始めたA男

二学期の中頃には、欠席するときは自ら担任に電話して「今日は休みます」と告げるようになり、プリントを取りに行ったり、担任に会いに行ったり教室への出入りもできるようになった。登校班で登校（母親同伴）し、保健室で飼っているカタツムリの世話や漢字ドリル、算数プリント、中間休みのランニングなどにも取り組めるようになった。次第に教務主任が担当している図工の授業に参加したり、私と一緒に教室での読み聞かせに参加したりして、三時間程度を学校で過ごすようになった。

保健室隣の相談室での学習が始まり、課題が難しくなったためか、たびたび頭痛を訴えるようになり教務主任と担任との調整がないまま双方から課題を与えられたときには、頭痛と吐き気を訴えて泣き出した。私は教務主任、担任と三人で打ち合わせを持ち、緊張性の頭痛の回避のために、心の安定が最優先であることを再確認して、課題の与え方を話し合った。また、私はキャッチお手玉や紙飛行機飛ばしをして、楽しみを作った。

⑤動き出したA男

A男は三学期初日には明るいトーンで登校し、楽しかったことをあれこれ報告してくれた。表情が引き締まっており、年末年始の休業中は家族に大事にされたことが窺えた。始業式と学級活動では級友と共に活動し、二校時目と三校時目は保健室で過ごした。以降、書き初めは教室で、算数は保健室で教務主任と勉強するなど、保健室と教室を行き来するようになった。不安げな時は、教務主任か私が教室に付き添った。給食を食べて帰る日も出てきた。

級友とも、毎日のように遊べるようになった。放課後にゲームを持ち寄って遊び、トラブルになったときは、担任が間に入って双方から話を聞きとり、話し合わせたりしながら解決していった。担任にも困ったことや嫌だったことが話せるようになった。

担任団から二分の一成人式（二月一三日実施）の提案を受けた子ども達は、学習発表会でおどったエイサーをもう一度親たちに見せたいと張り切った。また、合奏もすることになった。A男は、ゼロからのスタートになったが、教務主任が一つずつていねいに教えてくれた。おじけづいて愚痴をいったり、うまくいかずふてくされたりすることがあったが、私は「だんだんうまくなっているよ」と励まし続けた。練習のために教室にいく時間が増え、笑顔も増えた。

この頃から、保健室に立ち寄ったらすぐに教室に行くようになった。当初は学習用具を入れてきたザックを保健室において教室に通っていたが、次第にザックを持って教室に行くようになり、A男の登校より私の出勤が遅いと、放課後に「さよなら」を言いに保健室に立ち寄るまで会えないこともあった。毎朝保健室に来るA男が、自分の帽子と手袋を仕事机の上に置き去りにするため、「帽子と手袋も教室に持って行ってよ」と声をかけると、「じゃあどうやって川井先生は、俺が学校に来たってわかるの」と言い返された。「あら、登校したよって知らせてくれてたの？　私はもう、A男君が学校に来るかどうかなんて心配していないよ。もうすっかり元気になったよ」とハグをした。この後、卒業式の日まで朝と放課後の二回、明るい声であいさつにだけやってくるようになって、保健室登校は終わった。

4　おわりに

五年生になった四月当初、A男が「川井先生、給食のマスクを忘れちゃった。ちょうだい」とやってきた。「残念！　忘れた人にマスクはあげていません。こういう時は、『忘れてきました。すみません』と断って、叱られてください」と言い、「ちょっと叱られるぐらい平気、平気！」と励ました。それ以来、何の訴えもなく、元気に過ごしている。

六年生になったA男は、保健委員になって活動している．母親は、A男が登校するのを見届けてから出勤し、残業を減らして子育てに励んでいる。母親と過ごす時間が増えたA男は、家庭での出来事を嬉しそうに話している。

二　川井幸子実践の分析・批評

1　川井さんのA男把握をめぐって

(1) 咄嗟の判断で両親との面談を担任に伝える

川井さんは、朝の始業直前にA男の学級担任から、「A男が登校を渋っているようで、両親が付き添って連れてくると連絡があった」との知らせを受けると、「A男が教室に入れたら、両親には保健室に立ち寄ってくださいと伝えてね。話を聞いておくから」と即答している。こうしたとっさの返答から、川井さんと担任との日頃の連絡・連携がごく自然になされているであろうことが窺えるが、同時に、登校を渋っている子を連れて来校した両親との面談を自ら即断している川井さんの仕事観・役割観（職場での立ち位置）も読み取れる。また、検討会の質疑応答の中で確かめられたように、この学校が比較的小規模校で教職員相互の距離感が近いことがベースにあることは十分に考えられるが、同時に、（後に触れるように）初面談での川井さんの両親へのアドバイスの的確さから推測すると、川井さんのそれまでの不登校や保健室登校への支援に携わってきた養護教諭としての経験知の確かさと職場で得ている信頼感に由来するものと思われる。

(2) 初対面の両親からの誠実で丁寧な聴き取り

A男に付き添って来校した両親が面談のために保健室を訪れた際、川井さんがじつに誠実に、丁寧な聴き取りをしていることが読み取れる。川井さんは、面談での両親の話から、かなり以前から登校渋りをしていたことを知り、以前（A男の三年生時）に廊下で立ち話をした際に、所属するスポーツ少年団のコーチが怖いと訴えていたことを思い出し、「予兆はすでにこの頃からあったのではないかと思われて、もっとしっかり（A男と）話をすればよかった」と悔みながら、その両親に「長い間登校を渋っていたのに気づけなかった事をわびて」いる。この実践検討会のコメンテーターの一人富山芙美子さんは、この場面を捉えて、養護教諭としてのこのような謙虚な姿勢と子どもの成長発達への目配りを大事にする川井さんの真摯な姿勢が両親に伝わり、両親が心を開いて家庭内の様子や事情を包み隠すことなく語ることができたのではないかと評している。筆者も、この実践冒頭の面談によって、A男の困難の様相が見えてくると共に、両親の信頼を得ることによってその後のA男の育ち（困難の克服と自立）を家庭

（殊に母親）との共同で支援していく端緒を開いたと言えるように思う。

⑶ A男の困難の様相とその背景をつかもうとする姿勢と努力

川井さんは実践記録②の冒頭で次のように書いている。「私は両親から裕太自身のこと、両親の仕事や働き方、家庭の様子をていねいに聞きとり裕太の生活台をつかむ努力をした（傍点筆者）」と。傍点を振った「生活台をつかむ」とは、北方性教育と称される東北地方の生活綴方教育運動の中で使われた言葉であるが、子どもをとりまく生活諸環境（家庭や地域における人間関係や社会・経済的条件などのありよう全般）が、良きにつけ悪しきにつけ子どもの成長・発達の基盤（土台）となっているので、その現実をしっかり捉えて子どもを理解し、見守り、共働していくという意味合い（思想）を含んだものと解される。その文字通り、川井さんは、実践記録①で次のように記している。

「私がA男の育ちの問題に気が付いた時から、A男自身はもちろんのこと両親の仕事や働き方、家族の様子をていねいにつかむ努力をした。若いA男の両親は、誠実に働けば働くほどA男と過ごす時間を会社に奪われており、そこには会社の利益を追い求め、子育ての時間を保障しない社会の歪みがあると痛感した。私はA男の母親の辛さに共感して何とか力になりたかった。」

川井さんのこのような姿勢と努力は、北方性教育運動の流れをくむ地域のサークル活動を通して培って来られたものであるに違いない。

⑷「子どもは遊びを通して笑顔と活力を取り戻す」という信念のもとに

川井さんの当初の保健室でのかかわりを通してのA男把握もじつに見事である。後述するように、川井さんの周到な「登校へのきっかけづくり」によって、A男が祖母に連れられて保健室を訪れるが、その際、川井さんは紙飛行機やおはじき飛ばしをしながら保健室がA男にとって安心空間となるように仕立て、祖母や教務主任とも一緒にゲームに興じながら「A男の気持ちをほぐし、様子を観察した」という。川井さんは、常々、「子どもは遊びで笑顔と活力を取り戻す」との考え（信念）を持っていて、来室する子どもの様子によっては必要に応じて遊びを取り入れた対応をしているとのことで、ここでも「遊びを通してA男に近づこうとした」と記している。

かくして、A男との会話が弾むようになり、しだいに素のA男の様子が見えてくると、「祖母に促されないと行動できない、勝ちたいあまりゲームのルールが守れない、『わからない』『面倒くさい』『いやだ』『ばあちゃんやって』を連発して、自分で考えて行動することができないなど、その幼さに驚いた」と記しているように、A男の課題も見えてくる。

2　川井さんのA男へのかかわり方・働きかけにかかわって

(1) 周到な保健室登校へのきっかけづくり

この実践で、川井さんがA男との直接的なかかわりを始めるのは、前項（1-(2)）でも触れたように、数日不登校を続けた後、祖母に連れられて保健室を訪れてからである。その登校へのきっかけづくりをしたのが川井さんであった。その経緯を実践記録①には、「登校のきっかけづくり」との小見出しを付けて次のように書いている。

「A男が連続して6日目の欠席をした日、私は紙飛行機二機と短い手紙を担任に託してA男の家に届けてもらった。手紙には、『1年生の男の子が、雷が怖いと言って泣いたから、保健室で紙飛行機を飛ばして遊んだよ。A男君も飛ばしてみてね。』とだけ書いた。事実を書きながら『保健室には、いろんな子がきているよ。あなたも来てみたら』という思いを込めた。」

じつに周到に用意された紙飛行機と手紙の文面である。

(2)「子どもは遊びで笑顔と活力を取り戻す」という信念に基づく保健室対応

A男の保健室への来訪をそれとなく誘う手紙からも読み取れるように、川井さんは、来室した子どもの様相に合わせて必要だと判断したときには、意図的に遊びを取り入れて子どもと興じるようにしているという。実践記録①にも、「学校に登校できないA男は、家庭でも居心地の悪い思いをしているに違いなく、楽しく遊べているとも思えなかった。『子どもは遊びで笑顔と活力を取り戻す』と考えている私は、遊びを通してA男に近づこうとした。」と書いている。これは川井さんの実践的試み（意図的行為）の積み重ねを通して得た信念に近いもののように思われる。

(3) A男の困難の様相を的確にとらえ、発達課題をつかむ

川井さんは、来校した両親との面談での丁寧な聴き取りを通して、A男が家庭において強い不安感を抱いていること（両親の多忙による愛着形成の不足、障害のある弟への世話に傾注しがちな祖父母からの疎外感）に加えて、教室では荒れた学級を立て直すために配置されたやや強面の学級担任のクラスでの叱り声に怯えていることを看て取り、最初の段階は、A男の心の安定を最優先にして取り組む。

①両親には、A男に絶えず「あなたを大事に思っている」ということを言葉とスキンシップで伝えてほしいこと、祖父母にもスキンシップ・遊び相手・叱らないなどについて協力を求めてほしいこと、などを提案し、②学校側としては、最初のケース会議で「A男は不安感が強く、相当弱っていると思われるので、登校の無理強いはできない。家

でも学校でも存在感が薄く自分に自信が持てなくなっていると思われるので、A男の存在感が高まり、大切にされていることが感じ取れるような働きかけが必要である」などを確認し、③保健室では、飛行機飛ばしやおはじき飛ばしの遊びやゲームを通して安心空間づくりをしながら、「話し相手、遊び相手になって信頼関係づくりを築」いていく。

こうした取り組みを通して、A男はしだいに落ち着きを取り戻していくが、当初のA男の困難の様相は容易ではなかった。祖母と保健室へ登校を始めた当初、川井さんは、遊びに興じる中での観察を通して、A男のあまりにもの幼さ(「あいさつをしなさい」「ズックをはきなさい」と祖母に促されないと行動できない、勝ちたいあまりゲームのルールが守れない、「わからない」「面倒くさい」「いやだ」「ばあちゃんやって」を連発して、自分で考えて行動することができない、など)に驚いたという。

こうした初期の段階での川井さんの対応によって、A男の内面での変化の兆しをA男なりに表出させたと言えるとても印象深い場面がある。祖母に代わって母親が引率して保健室登校をするようになり、三〇分ほど保健室にいて会社に向かうが、時にはその寂しさからか、何をやるにも「いやだ」「面倒くさい」を連発して荒れたという。その時に川井さんがとった対応について、次のように記述している。

『今日はどうしたの。イライラしているね。でもわがままを言ってはいけないよ。みんなA君を大事に思っているから、元気になるのを待っているんだよ。お母さんが会社を休んで毎日きてくれるのも、A男君が大事だからだよ。教室に行けるようになった時、勉強がわからなくならないように……(中略)……。元気になるまで、川井先生と一緒にがんばろう』と肩を抱いて語りかけた。A男は、口をとがらせて黙って聞いていたが、予定表に『かわい+A男　はなした』と自ら記録した。」

A男のこの短い書き込みは、母親の思いやりと川井先生のスキンシップを伴った優しい励ましに、A男が安心と納得を得た表明であったと言えよう。

(4) A男との約束事「A男のことはA男が決める」をめぐって

祖母に連れられて保健室登校を始めたA男の様子から、川井さんはA男のあまりにもの幼さに驚いたことは先に触れたが、当面のA男の不安と怯えを解消するためのいくつかの配慮や手立て（安心の保障）と共に、この幼さにかかわって年相応の主体性を育てることの必要性も感じていた。保健室登校を始めた一週間後のケース会議で、「自分で考えて自分で決めて、自分で話す経験を増やすことで自信を持たせたい」という課題を確認し、それを担任が両親に、川井さんが祖母に伝えている。学校側（教職員集団）と保護者側（両親と祖父母）双方でのこの方針確認は、当初のA男の（育ちそびれ）状態にとても適ったものであったと言える。おそらく、学校では川井さんはもちろんのこと、担任や関係する教職員は粘り強くA男の主体性を引き出す対応をし、家庭でも両親や祖父母も賢明に対応されたであろうことは実践記録から十分に推測される。

ところで、実践記録②には、この約束事にかかわって印象深いエピソードが吐露されている。実践記録にはそのいきさつが次のように記されている。

「十一月の下旬には、私共教師に手痛い教訓が与えられた。家庭から、『もっと長く学校に置くことはできないか』と申し出があった。祖父が気をもんで、A男にも『学校でもっと勉強してこい』と言い始めていた。ケース会議で検討した時、私は『帰る時刻をA男自身に決めさせているのだから、それは貫きたい』と言った。それならば、学習の質を高めようという意見が出て、A男は保健室に隣接した相談室で教務主任と学習することになった。私も保健室とドア一枚隔てた場所に移動するだけで、保健室で私と他の児童との会話を聞きながら学習するよりは、はかどるかも知れないぐらいにしか考えていなかった。

ところが、A男はしばしば頭痛を訴えるようになり、時には嘔吐もするようになった。担任と教務主任の両方から学習課題が出された時には、声を出して泣き出してしまい、ついには『保健室で勉強したい』と訴えた。大人の思惑とペースで事を進めてしまい、『A男のことは、A男が決める』という原則を守れなかったことを、私は痛切に反省し、裕太にわびた。」

川井さんは実践記録にこのことを「手痛い教訓」と書いているように、大人（教師）たちが、A男に「自分のことは、自分で決める」ようにと求めながら、大人の思惑で本人の意向を確かめずに過分な学習課題を与えてA男を追い込んでしまい、それに対してA男はからだ（身体症状）でもって異議申し立てしたのであった。川井さんがそれに気づいて教師側の非を認めてA男に謝罪したという。その謝罪の場面が記録には描かれていないので、謝罪に対するA男の受け止め方（内面）は読み取れないが、察するところ、謝ってくれた川井さんへの信頼をより高めるとともに、この約束事の自分にとっての重みをより強く感じ取ったであろうことは想像に難くない。

3　家庭との連携と母親支援にかかわって

(1) 初対面の両親との真摯な面談、丁寧な聴き取りと的確なアドバイス

登校を渋るA男を連れて学校を訪れた両親との保健室での面談が、学校と家庭との連携・共同でA男の自立を支援していく取り組みの端緒（起点）になったことについては先に触れたが、この最初の面談の様子とその内容がその後の実践の展開にとっていくつかの重要な意味を持っているように思われるので、改めて面談内容の重要な点を確認しておきたい。

一つは、実践記録からは川井さんの両親に接する真摯な姿勢と対応が、瞬時に両親の安心と信頼を得て、A男の家での様子や家庭の事情などが包み隠さず語られたことが伝わってくる。

二つは、この面談での川井さんの真摯で丁寧な聴き取りによって、家庭でのA男の置かれた状況がかなり精確につかむことができていることである。

三つは、両親からA男の登校渋りの様子とその背景的要因（家での居場所感のなさ、担任への怯えなど）について丁寧な聴き取りをしたうえで、「子どもの不安をやわらげるために（川井さんが）対応の原則にしていること」として、いくつかの要点を両親にアドバイスしている（実践記録の三一一〜三一二頁の六点）。それはじつに要を得た的確なアドバイスとなっていて、それまでの川井さんに蓄積された不登校・保健室登校支援の経験の確かさが十分に窺い知れる。

(2) 保健室登校に付き添ってくる母親への川井さんの思慮深い支援

川井さんは、A男の心の安定には「母親との安定した親子関係が欠かせない」と考え、子育てに遠慮がちな母親への「自分の手で自分の思いで子育てにあたってほしい」という願いから、A男に付き添って保健室を訪れ、三〇分ほどA男と一緒に過ごす短い時間を利用して、母親にある意図的な働きかけをする。その場面を次のように実践記録に描写している。

「私はこの時間に、先輩母親として多少でも関わり方の手本になれるように振る舞った。いつもにこやかに接し、してほしくないことややってはいけないことには、きっぱり『それはだめよ』と言った。いっしょにカタツムリの世話をし、楽しい時は声をあげて笑った。

そして、母親には『お母さんの目の前で、A男君にいろんなことを言ったりやったりしてごめんね。お母さんも遠慮しないで、A男君と一緒に居られるせっかくの時間だから、いっぱいしゃべって、スキンシップをしてね』と言った。

当初母親は積極的になれない様子だったが、次第にA男の愚痴によく耳を傾け、教師がいてもA男に語りかけるようになった。出勤する時は頭をなでたりハイタッチをしたりするようになり、A男も『いってらっしゃい』と送り出した。母親の表情に笑顔と自信が見られるようになっていった。

また、母親は働き方を変えた。A男と共に朝食を取り、A男が登校するのを見送ってから出勤し始めた。夕方の残業も減らして、子どもたちと一緒にいる時間を増やした。」

川井さんは、両親との面談を通して、母親が仕事に追われて子どもの世話に十分に時間をかけられず、日中の子育てを祖父母に委ねていることに負い目を感じてやや遠慮がちになっていることを見て取り、「母親が子育ての主体者になれるように」との願いをもってあえて演じたのであった。

(3) 父親や祖父母とのかかわりをめぐって

川井さんは実践記録②に、両親との面談を通して「弟の言葉の遅れを心配した両親と祖父母の言動が、弟ばかりを可愛がるように見えてA男を不安にしたのではないかと私には思えた」と書いているように、A男なりの家庭での安心と居場所を得るようになるためには、母親との愛着関係の形成だけではなく、父親や祖父母のA男への言葉かけやかかわり方の工夫が必要であったと思われるが、その点が記録には十分に触れられていない。ちなみに、実践検討会での全体討論ではこの点が話題になり、川井さんは次のように発言された。家族内でのA男支援の様子が十分に窺える内容であるので、再録しておきたい。

「お父さんのことやおじいちゃんについての記述が不十分な記録でした。お父さんはほんとにおとなしい方で。じつはおじいさんが私に連絡をくださって、うちの息子は頼りないのでくれぐれもよろしくお願いしますとおっしゃっていました。学校に来られるときは必ずご夫婦で来られまして、お母さん任せにするということは全くありませんでした。あまり口数の多い方ではありませんでしたが、話されるときはご自分の言葉で隠すことなくご家庭や子どもたちのことを話してくださり、一生懸命な方でした。それで私はおじいさんに、お父さんは一生懸命にこの問題に向き合おうとしておられますからご心配なく、とお応えしました。夫婦仲は良くて、時々は子どもたちと四人で出かけたりしてストレスを解消しようとなさっていて、そういうことには気を遣っておられるという印象を持ちました。お父さんは毎日長時間働いておられて帰宅も遅いですが、土日などは子どもたちとリフティングをした、釣りに行った、腹筋運動を始めた、などということを話してくれましたので、時間のないなかでお父さんなりにこの子と一緒に過ごそうとされていました。私たちがご夫婦の片方に連絡しても必ずもう片方に伝わって内容が共有されているということがわかりました。実践記録はお母さんとのかかわりが前面に出てしまいましたが、お父さんも問題の解決に向けて頑張ってくださったなと思っています。」（全体討論の記録より）

4　川井さんの職場づくりとA男支援に向けた組織的取り組み

この実践から学ぶべき事柄の残された論題は、この実践の組織過程（実践の組み立てや進め方）にかかわって、A男支援に向けた川井さんの養護教諭としての職場づくりと教職員による組織的取り組みの展開についてである。むしろこの側面に焦点化して自らの実践を振り返り、記録にすることが川井さんの意図（執筆動機）であったことは実践記録②の表題からも窺える。この側面についても次のような大事な教訓を確かめることができる。

(1)「A男の問題を学校の課題に」仕立てる

川井さんは、雑誌『保健室』に寄稿した実践記録の表題に「A男の課題は学校の課題と考えて取り組む教師集団でありたい」と副題を添えているように、取り組みの当初からこの副題に表された課題意識をしっかりと抱いて取り組んだことがわかる。その実践記録には、「父母との面談の後、私はA男についての大筋を教頭に報告して、ケース会議を開いてほしいと迫った。忙しい教頭の真正面に陣取って、ケース会議の日程調整を語り出すまでそこを動かなかった。同時に、一人でも突っ走りかねない私自身を顧みて、『みんなで取り組むことが大事だ』と自分に言い聞かせていた。A男の育ちの問題は学校の課題であり、みんなで取り組むことこそが、教師みなの学びになり組織の力を高めることになると考えたからだ。」と言い放っている。課題意識というよりも長い経験に基づくベテラン養護教諭の信念ともとれる言い切りである。

ケース会議は、両親が来校して川井さんと初めて面談したその日の放課後に初回が開かれ、その後、保健室登校を続けた八ヶ月間に都合七回開かれているが、実践レポートに添付された資料には、毎回のケース会議で話し合い、確認し合った概要が記されていて、紆余曲折するA男の様子や育ちの兆しなどについての認識の共有、A男への支援や指導の方針についての検討と合意、保護者（両親や祖父母）への対応や連携についての方針の共有など、組織的取り組みの要点が読み取れる。

(2) 学級担任や教務主任との連携と協働をめぐって

一般的に、養護教諭が保健室登校や不登校の支援をする場合には、当該の学級担任や関係教員との連携・協働が欠かせないことは言うまでもない。川井さんの取り組みも、いち早くケース会議の設置を教頭に迫り、教頭と校長を含め、学級担任、教務主任、学年主任など六名でのケース会議を軸にしてA男支援の体制が組まれ、活動が展開されていく。中でも、学級担任は学級運営の見直しやA男の家庭との連絡などに精を出し、教務主任がA男の学習支援に務めていることは読み取れるが、おそらく川井さんはこの二人の教員とのA男支援についての具体的なやり取り（学級担任との連絡・連携、あるいは支援や示唆、教務主任との学習支援についての話し合いなど）があったはずであり、実践記録にそうした連携と共同の過程についての振り返りの記述があると、より豊かな実践的示唆が得られるのではないかと思われる。

Ⅱ　健康教育実践：斉藤慶子実践から学ぶもの

一　実践記録：「真美子さんとアレルギー」

『のびよ葦　上巻』一九九〇年所収、斉藤慶子（元長野県・公立小学校養護教諭）

はじめに

真美子は本校を二年前に卒業して、現在中学二年生です。五年生の一学期に転校してきた子で、両親・祖母・兄との五人家族。両親は市内で飲食店を経営。夕方から深夜三時頃まで店に出ているため、家族がふれ合えるのは休店日の月曜日だけです。祖母は、退職していて家にいます。

真美子は、牛乳・大豆・卵に原因する食物アレルギーで、アトピー性皮膚炎の症状が強く出ていました。常に肘や口唇にも皮膚炎が見られました。治療のため、転入後、しばらくして除去食療法に取り組み、中学校に行った現在も続けています。

真美子は、転入して間もなくクラスになじみ、数人の女子と保健室に来て、「前の学校の○○先生が斉藤先生によろしくと言ってました」と告げに来たことが出会いでした。明るく屈託のない子と思っていましたが、担任の先生から、「以前の学校では登校拒否もあったようです」と聞かされ、このときから気になる子の一人になりました。親とのすれ違い生活が心の課題になっていると思ったからです。

1 食物アレルギーと診断される

真美子は私のすすめで五年生の一学期に協立病院を受診しました。思っていた通り、真美子のアトピーは食物アレルギーでした。治療は、除去食療法か軟膏の塗布をしつつアトピーと付き合うかのどちらかでした。両親は大変迷いつつも除去食の困難を考え、後者の選択をしました。その後、真美子が辛さを訴えにきても「辛いね、除去食をすれば治るんだけどね」と言うしかありませんでした。

2 真美子の保健室での訴え

真美子が手のことでクラスの男子にいろいろ言われると訴えてきたのは、六年生の九月頃でした。その時、私は真美子によく言う男子に「真美子の手はアレルギーなんだよ。うつるものでもないし、言われた本人はとても辛い思いをしているんだから、もう言っちゃダメ」と、一方的に注意する対応しかしていませんでした。

その後も、真美子の訴えは続いたのです。彼らに個人的に注意したのではダメと気づき、学級集団が真美子の手について正しい認識を持ち、集団の中で彼らが理解していくことが必要だと感じさせられたのでした。しかし、まずその前に、真美子自身に働きかける必要があると思い、真美子が自分のからだについてどう認識しているか書かせる取り組みから始めました。真美子が自分のからだについて書いてきた作文は、次のようなものでした。

(九月二十二日)

さとる君は、私がこの病気はうつらない!と言っても信じてくれません。それに、一組の人に私の手のことを言いふらしたりして、その一組の人が今度は「手がザラザラの女」とか言ってからかいます。たまに女の子

が手を見て「かわいそう」とか言うけど、本当にそう思っているのかなあーと思ってしまいます。それに、たまに手が痛くて手ぶくろをはめていると、「冬じゃないのに、こいつ手ぶくろはめてる！」とか「こいつ手ぶくろなんかしてバカじゃねぇ！」とか言うので、とてもくやしくて泣きそうになります。そういうとき私は（こんな手はいらない）とか（みんなの手がうらやましい！）とか思います。

それで、この病気はどうしてうつらないと信じてくれる人がいないのかなあーとか、前の学校ではこんな悪口言わなかったのに、どうしてこの学校の子はもんく言うのかがっかりです。そうじでは、手が痛いし、バイキンがこわいのでホウキをやらせてもらっていると、「こいつ、いつもホウキしかしない」と言ってぞうきんがけをやらせようとします。私はとてもそれがつらいです。手が病気だからとわけを言っても「ダメだ！」と言ってやらせようとするのがつらいです。

3　支部の教研集会からアレルギーの学習へ

この作文を読んで、真美子のつらい思いがよくわかりました。でも、「うつる病気ではない」というだけで、食物アレルギーである自分のからだをどう受けとめているのか、はっきりしないので、真美子に自分のからだについて学ばせたいと思うようになりました。私は九月にあった支部の教研に参加し、そこでの討論が参考になり、六年二組の学級でアレルギーの学習をしたいと思うようになりました。

担任教師にそのことを話し、まず自分と真美子、そしてクラスにいる花粉症などのアレルギーの子何人かも含め、保健室でアレルギーの学習会を始めました。その中身は、アレルギーの簡単なメカニズム、多様な原因と症状のこと、そして真美子の場合についての三点についてでした。真美子の原因となるアレルゲン（食品）について一つ一つ確認していくと、まわりの子たちは「それじゃミーマ（真美子）の食べるものは何もないじゃん」

と驚きの声が出、初めて真美子の病気の大変さを知ったようでした。真美子も、友達が理解を示してくれたことで、安心したようでした。その後、クラスで授業をする準備を始めました。

4　アレルギーの授業をするまで

私はさらにアレルギーについて詳しく学ぶ必要を感じ、地域の病院での情報収集、様々なアレルギーの文献、養護教諭の実践レポートを集め、授業準備をしました。

真美子に対しては、本人にそのことの了解の確認をし、「食物アレルギー」の自分を綴らせることにしました。同時に、一一月からは除去食に取り組むかも知れないことを想定し「食事日誌」をつけさせることを開始しました。

担任とは、改めて真美子の体の状況を確認し、学校でやること、できることを話し合いました。また、保護者にも、授業で真美子のからだのことを扱う了解が必要と考え、お母さんと話し合いをしました。母親は、協立病院で食物アレルギーの診断を受けたにもかかわらず、それを信じたくない様子でしたが、真美子の手のことで生じたクラスの仲間との関係でつらい思いをしていることを告げると、驚きながらも賛成の意志を示されたのでした。

5　私自身の変化

私は、除去食にとりくむ大変さに加え、真美子の家の生活状態からすぐに除去食にとりくむことは無理だろうと考えていました。だから、今回のアレルギーの学習は、学級が真美子のからだについて科学的に理解し、温かく見守れる力がつけばよい、真美子が中学か高校へ行き、大人の力を借りなくても自分で食事づくりができるようになった時、除去食療法にとりかかればよいと思っていたのです。

しかしそれは、私の甘い考えでした。一一月九日の朝のことでした。真美子といつものように何気ない話をしているとき、彼女は二～三歳の物心ついた頃から今のような手になっていて、痛いという思い出しかないということを知り、大変ショックを受けました。そして、何としても健康な皮膚をとり戻してあげたい、健康な手を実感させてあげたいという願いが強くこみあげてきました。

そのことを真美子に伝えると、真美子も「きれいな手になりたい」と目を輝かせて言うのです。そのためには除去食に取り組むしかないと思い、私はその時から真美子のクラスの力を借りてアレルギーを乗り越えていく力をつけさせたいという思いで一杯になりました。

6 からだの学習「アレルギー」一一月一八日（水）

①授業の二つのねらい

- アレルギーのしくみを理解することで、真美子自身が自分のからだの状況を知り、食物アレルギーに立ち向かう力をつける。
- 食物アレルギーに立ち向かう真美子を支援する学級集団の力を引き出す。

②ねらいを達成するための三つの学習内容

「アレルギー反応とはどういうものか」「アレルギーの種類と原因、症状について」「真美子のからだはどんな状態なのか（作文）」の三つを学習内容とする。

③授業の展開

「みんな免疫力のつく病気って知っている?」と投げかけていくと、子どもたちは、まわりの子どもと話し始め、「おたふくかぜ」「風疹」「みずぼうそう」と出してきました。

黒板に人のからだの絵をかいて、「そうだね。人間のからだには、外からからだの中に何か入ってきた時、それがからだの敵とわかると、からだの中でそれをはねのけようとする力ができるんだよ。だから、二度目におたふくかぜの菌が入ってきても、からだがやっつけてしまうから病気にならないんだよ。でも、こういうからだのしくみは、からだにとっていいことばかりじゃなくて、害を及ぼす場合もあるんだよ。」と話し、アレルギーについては、スギ花粉を例にあげて説明していきました。スギ花粉を何回も吸い込んで、スギ花粉をからだの敵だと判断した場合、からだにはそれを追い出そうとする力が働いて、鼻づまりや鼻水、クシャミなどの症状が出てきます。ただ、その判断する力や追い出そうとする力は人によって違います。

説明の後、花粉症の幸子・恵美・茂夫に体験談を話してもらいました。その後、真美子の話題に移し、「クラスには、アレルギーにとても苦しんでいる友達がいます。真美子さんです。彼女は食物が原因のアトピー性皮膚炎で、原因の食べ物は、卵と大豆と牛乳です。これらを全く食べないのは難しいので、真美子さんの手はいつも皮がむけ、割れてしまっているのです。真美子さんは自分のからだのことを作文に書いてくれました。」と言って、読んでもらいました。

真美子の作文　アトピーのこと

わたしは、二歳のころから手が病気でした。わたしはみんなの手がうらやましいなーとなんども思いました。でも薬やクリームをぬるとかぶれてしまいます。病院に行ってもはじめのころは何の病気かわかりませんでした。でも斉藤先生から「協立病院に行ってみなさい」といわれたので行ってみたらアトピーとわかりました。でも、もう体が大きくなってしまったので薬をつけてもなおらないかもしれないといわれたのでがっくりしました。病院に行く前までは、手を洗うたびに薬をつけていました。めんどうだったけれど手がなおってほしいのでいっしょうけんめいつけました。でもお手伝いでコップとかをもつとコップにベトベトがつくので、ゴム手ぶくろをしてやっていました。

両親は、わたしのためにねだんの高いクロレラをかってくれたので飲みました。でも、とてもまずくて、飲まない日もあったけど、ちょっとだけききめはありました。薬というのは、はじめのうちだけで、じょじょにきかなくなるものだよ、とお母さんがいっていました。

前の学校では、手の悪口をいう人もいたけれど、その人たちにわけを話すと、いう人がいなくなりました。とてもうれしかったです。転校してきたときは、はじめはみんな気がつかなかったけど、気がついてしまったとき、みんなに「なにこの手、ザラザラしてる」、「気持ち悪い」とかいわれ、わたしはそのとき、なきそうになってしまったけれど、がまんしました。前の学校ではこんなひどいことといわなかったのに、なぜ、こんなに悪口をいうのか不思議でした。

わたしは、この病気をなおすためにすごくがんばっています。ほんとうは、油をつかったもの、大豆をつかったもの、卵をつかったものは食べてはいけないけれど、これを全部なくすと魚と野菜しか食べる物がなくなってしまうので、卵をあんまり食べなんだり、しょうゆをつかわなんだりしています、それにおやつもあまり食べていません。それに、手伝いで、洗剤をさわらないようにゴム手ぶくろをはめてやっています。また、手をいつも洗ってせいけつにしています。それに、斉藤先生に「よくかんで食べることも大切だよ」と言われたので、よくかんで食べています。でもはじめのころはなれなくて、食べるのがおそくなってしまったけれど、今はもうなれて早く食べれるようになりました。あともう一つは、四班の人には悪いけど、手の中にバイキンが入らないように、ぞうきんがけをやらないで、まい日ほうき役をやらせてもらっています。

おわり

真美子が作文を読んでいる間、クラスの三四名は、もの音ひとつ立てず、真剣な表情で聞いていました。

作文が読まれた後、私は胸の奥からこみ上げる何ともいえない感情で言葉がつまってしまい、涙が出てきて、子どもたちを前に何も言えない状態になってしまいました。やっとのことで、最後に私がクラスの子どもたちに語ったことは、「みなさん、自分の手を見て下さい。指紋があるでしょう。手で触れればその物の感触が伝わってくるでしょう。そしてその手は自由に水もさわることができ、土だって何だってさわれ、思い通りに活躍できる手ですね。でも真美子さんは違うのです。先生は真美子さんがもの心ついた時から健康な手でなかったということを聞いて、とてもびっくりしました。そして、どうしても私たちと同じように、自由に何でもできる健康な手をとり戻してあげたいと強く思いました。方法はあるのです。卵、大豆、牛乳を食べない除去食療法さえすれば、真美子さんの手は治るのです。先生は真美子さんに、大変だけれど中学か高校生くらいになったら是非除去食にとりくんで、健康な手になって欲しいと思います。」ということでした。

この学習の感想は、真美子のからだのことでみんなが勉強させてもらったので真美子あてに書くこととしました。

7　授業後にクラスの子らが書いた感想

私は、真美子さんの作文と斉藤先生の説明を聞いて、……「食べるものがなくなるじゃん」と思いました。でも、それを五〜六年続けていれば治るんならぜひともやってもらいたいと思った。でも、私たちにはそんな難しいことはできないと思います。私は一度、真美子さんの手と私の手を、一日でもかえっこしてあげて、真美子さんにも私たちみたいな感触をたっぷり味わってほしいと思った。もし私が真美子さんみたいな手だったら、毎日泣いていたと思います。真美子さんに少しでも早く手の病気を治して、私たちと同じ感触を味わってもらいたいと思います。……だから真美子さんには早く病気を治して、私たちと同じ手になって下さい。私は、真美子さんが転入してきた時、「なにこのザラザラ手。変なの」と言ってしまったので、今はそのことについてすごく後悔しています。真美子さんがこんなすごい病気だとは思わなかったので、あんなひどいことを言ってひどいショックを与えたので、今、真美子さんにあやまります。「私は、こんなこと知らないで、変なこと言っちゃってごめんネ」（美子）

作文を聞いて思ったのは、手に感覚がないなんて思えない。おれも手に感覚がない時があった。その時はまだ幼い時だったから、あまりおぼえてはいないが、とにかく苦労したということしかおぼえていない。おれだって、やけどで手をぐしゃぐしゃにしてしまった。たまに「気持ち悪い」と言われるけど、そんなことは気にもかけずにいる。だから真美子さんも気にかけずに手を治して欲しい。（雅史）

今日のアレルギーの勉強で、真美子さんの作文を聞いて大変だなと思いました。ぼくもアレルギーにかかっていて、医者にも行っています。今度行けば、注射をなんと一五本も打たれてしまいます。ぼくの家ではアレルギーのけいとうが母から続いています。ぼくの姉も中学二年か三年で一五本やられました。その時の姉の顔をぼくは忘れもしません。だからぼくは一五本からにげています。でも真美子さんはえらいと思います。自分のひふのために、卵と大豆類の食べ物をぬいているなんて……。ぼくも一五本からにげずに、どきょうを決めて、今度医者へ行き一五本しようと思いました。真美子さんもあと五年がんばって手をなおして下さい。からかってゴメン。（孝志）

ちょっとだけ関係あると思うので私の入院していた時の話をします。私はじんぞうの病気でした。尿検査をするとせん血反応やたん白反応が出ます。じんぞう病の人の食事は一～三度に分かれていて、一度は無塩、無たんぱく質食で全くおいしくありません。私が入院したばかりのころは、二度でまあ食べられたけどど、一週間もしないうちに一度食になりました。おかずは、おいものふかしたのをつぶして、はちみつとまぜてあるようなものとか、里いものにたのとかで、味つけは、おしょう油もないし、お塩もなくて、砂糖とか酢とかでした。……私も斉藤先生といっしょで、つらいかもしれないけど、食事をせいげんしてもらいたいと思います。私みたいに入院している時だと、走ったり、運動したり、お買い物にいったり、クラスの人たちと遊んだりできないけど、真美子さんの場合はいろんなことが何でもできるから、はじめの一ケ月ぐらいがつらいぐらいで、後は慣れてきてそんなにつらくなくなると思います。だから、五～六年もやるなんて長くていやだと思うけど、がんばってやってもらいたいです。お料理だって味つけはおしょう油をつかわなくても、他に方法はいっぱいあるんだし、お料理のし方もいろいろあるから、中学生になったら真美子さんがいろんなお料理を考えてつくればいいと思います。私もがんばったから、真美子さんもがんばってください。（静華）

私は真美子さんの手のことを聞いてびっくりしました。……真美子さんのように指紋もない、指がわれて血が出るなどと、自分の手を見て想像してみると本当に痛そうです。……それに手がざらざらしていると、物をつかむ時、感じるものが感じないということになります。もしも私もそういう手だと思うと、とても真美子さんが気の毒です。それに今から治すと、五～六年もかかるなんてとてもびっくりしました。真美子さん、早くもとの手にもどるといいですね。（祐子）

8　除去食にとりくむエネルギーが出てきた

一一月二四日、給食後いきなり真美子から、「私、明日から除去食やることにしたんだよ」と言われ、慌ててしまいました。話を聞くと、「友達の感想はみんな、頑張って早く治せと励ましてくれているので、どうしても手を治したくなった」と言うのです。両親もすでに説得したとのこと。これだけ真美子が言うのだから、除去食にとりくめるだろうと思い、きちんと医師の指示を受けてやることが大切であることを話し、早期に協立病院へ行くようすすめました。真美子は、この時の気持ちを次のように書いてきました。

二月二六日――みんなの感想を読んで

わたしは、みんなの作文を読んで、先生の説明とわたしの作文を読んだだけで、あんなに悪口をいっていた人がいなくなるなんてびっくりしました。みんなの作文に、だいたいの人が「手の悪口を言ってごめんなさい」と書いてありました。それにみんなわたしの手がなおるには、すごく長い時間がたたないとなおらないっていうことや、食べていけない物とか、みんなわかってくれました。わたしはとてもうれしかったです。わたしはみんなの作文を読んでいる時、みんながはげましてくれているような感じでした。わたしはなんでかなあと思いました。わたしはみんながはげましてくれているようだったし、早く手がなおってほしくて、鉛筆がしっかりもてるようになりたいから、食事りょうほうをやろうと思いました。それで、しずかさんの作文を読む時に、わたしはとっても勉強になりました。それは入院の時の話をかいてくれて、ごはんの味つけのことや、味のつけ方をかいてくれたのがとってもうれしかったです。

9　学校が楽しい

除去食にとりくむ方向で、お家の方と連絡をとる一方、協立病院小児科の先生へも連絡をとりました。また、校医の先生にも、学校でのやり方を了解してもらいました。

一二月三日の参観日。いつも手紙で連絡をとり合っていたお母さんと、久しぶりに話すことができた日です。この日は、ずっとひっかかっていた前の学校での登校拒否についても話すこともできました。学校へ行けなかった様子を話して下さった後、最近真美子が寝床でお母さんに「学校が楽しくてしょうがない」と言ったことも伝えてくれました。この言葉からわかるように、確かに真美子の友達を見る目は変ったようでした。安心して友達の前でも手を出せるようになり、友達っていいもんだということが実感できたように見えました。一番悪口を言われたさとるとの関係が、とてもよくなったことでもわかりました。

10　除去食開始、お弁当もスムーズに

一二月一五日、真美子はお母さんと協立病院へ行きました。今までつけていた食事日誌がこの時とても役に立ったようです。給食に代って毎日弁当持参になりましたが、クラスでも当然のこととして受け入れられました。一六日の食事日誌は、除去食の内容に変わりました。原因食品を全て抜くことはとても大変だし、鍋やフライパンも別にしなければならず、お家の方も一生懸命だったようです。

真美子は、好きなものを食べれないつらさやいらだちをもちながらも、家族や友だちの励ましにより、何と

か乗り越えていくことができたのです。除去を始めて一週間後くらいから少しずつ効果が表われはじめ、真美子の手、肘や口のまわりは少しずつきれいになり、症状はなくなっていきました。寒中休業明けには、ほとんど健康な皮膚と変らないくらいの回復を見せ、真美子は、きれいになりつつある自分の手について次のように表現しました。「朝起きて自分の指を見たらびっくりした。自分の指がこんなに細いとは思わなかったもん。なんか変な感じだなあ。鉛筆持つ時もぎゅっと力が入れられるよ」と。

こうして、協立病院の指導のもとに、除去・誘発試験をくり返しながら、学校では毎日食事日誌と、からだの様子を書くことを続けていきました。卒業して一年になろうとしていますが、今でも除去は続けられています。

11　まとめにかえて

(1) 教材化の不十分さ

アレルギーをどう教えるかは、最後まで悩んだ点でした。結果的には、クラスの子どもたちは真美子のからだについて十分理解を示し、除去食にとりくむエネルギーも、クラスの子どもたちの力によるところが大きかったように思います。しかしこれらは、彼らがアレルギーを十分理解したというよりは、多分に真美子がみんなに投げかけた作文や、私の語りで心を揺ぶられていったのではないでしょうか。真美子の「食物アレルギー」というからだの事実からの教材化が必要だったと感じています。

(2) からだの問題で、クラス集団の組織化を

年々増加している食物アレルギーですが、治療方針は医師に任せるとして、学校で大事なことは、どう治すのかではなく、その子どもの状況をどう内面深くまでとらえるかということではないでしょうか。そして、自

分や友達のからだを知ることで、どんな力を子どもたちにつけていけばよいのかを探ることではないでしょうか。病気をもつ子どもを個人的な対応だけに終わらせず、学級集団に投げかけながら、乗り越えていく力をつけていく素晴らしさを子どもたちから教わったという思いです。

二　斉藤慶子実践の分析・批評

1　子どもの成長・発達に信頼を寄せる養護教諭の子ども観

(1) 子どもの実態を把み、より深く理解しようとする姿勢

斉藤さんは、真美子が「登校拒否があった子ども」であることを聞き、「見過ごすことのできない子どもの一人」と捉え直している。子どもの課題を感じ取ることは、実践の出発点である。斉藤さんは、子どもの実態把握について「その子どもの状況をどう内面深くまでとらえるか」ということが大事なのだと述べており、それが、本実践に貫かれている。やがて真美子がアトピーで悩んでいることやクラスの子どもたちから嫌がらせを受けていることがわかってくる。それに対し養護教諭は、真美子のからだの状況に寄り添いながら、辛さや悲しみを言語化することを促し、「級友にも理解してほしい」、「健康な皮膚を取り戻したい」という願いを引き出し、作文で表現させている。その際、共感的にケアを行いながら、時間をかけて真美子の思いや考え、願いを引き出し、言語化させることで、より深く、温かな理解につなげている点は、ケアの観点と発達を促す観点からのアプローチの重要性を示している。

このように、子どもをケアしながら、その実態を把握しようとする不断の努力と、共感的なかかわりを基調としながら、より深く理解し、支えながら発達を促そうとする人間的な姿勢が重要である。

(2) 子どもの発達の可能性に信頼を置く

斉藤さんは、子どもの発達と集団の力に信頼を置き、かかわりの中で育つことを大切にしている。それは、心無い言葉を浴びせる子どもに注意しても何も変わらず、「学級集団が真美子の手について正しい認識をもち、集団の中で彼らが理解していくことが必要だ」と考える姿に象徴的に表れている。知ること、理解することは、からだや健康、仲間との関係を捉え直す新たな視点となり、主体的な考えを引き出すことになると考えること、それは、子どもの発達の可能性を信頼することによって可能になる。

このように、子どもの発達の可能性に信頼をおきながらかかわり、子どもが変容していく事実と出会うことで、養護教諭自身も子どもとその集団への信頼を深め、より深みのある実践につながっていくといえよう。

(3) 子どもと共に養護教諭自身も成長していることを自覚する

養護教諭の仕事の質を高めていくには、子どもと共に養護教諭自身も成長することを自覚することが大切である。斉藤さんは、この実践を振り返りながら、養護教諭としての成長について次のように述べている。

「私自身、この取り組みを通して養護教諭としての自分の生き方も変えられていった。このように働きかけて一緒に考えていけば、子どもはこんなふうに成長できるという確かさを教えてもらって、さらに養護教諭として次に進めるという意欲、楽しさ、張り合いを受け取っている。それがずっと支えになっていた。」

このように、子どもと共に養護教諭もまた成長していることを自覚することが、子どもの発達の可能性への信頼をより確かなものにし、子ども把握と子ども理解をさらに深めていくことにつながっていることがわかる。

2　からだの事実を教材化する

本実践では、「からだについての科学的な学び」と「病と共に生きる真美子のからだと生活についての学び」をつなぐことで、学級に真美子を支え、励まし、共に生きようとする力を生み出している。それは、真美子にとっても、自分のからだを理解し、治療への見通しをもつことにつながっただけでなく、仲間の励ましに希望を感じながら除去食療法を決断するエネルギーになっていった。この両者の学びが、個々の子どもたちの成長と同時に、学級集団の成長につながっているところに本実践の特徴がある。まさに、自立と共生の力を引き出す実践であった。

(1)　からだや病気について科学的に学ぶ

斉藤さんは、真美子自身が自分のからだの状況を理解していないことを課題と捉え、アレルギーについて科学的に学ぶことを大切にしている。この学びは、真美子が、自分のからだを理解すると同時に治療への見通しをもち、除去食療法を選択することにつながっていく。一方、学級の子どもたちにとっても、自分のからだや病気についての理解を深めただけでなく、真美子のからだと苦しみ、それをからかいの対象にしてしまったことへ後悔につながっている。それは、科学的にからだや病について学ぶことで、真美子のからだに起きていることやその状況に置かれた真美子の辛さや悲しさと結び付き、納得の伴った理解をすることで、子どもたちの人間的な意識や願いが引き出された姿でもある。それはさらに、真美子に健康な皮膚を取り戻してほしいという願いにもつながっている。

ここで大切なことは、認識と心情の両面に働きかけることで学級集団の力が引き出されたことである。子どもの心情に働きかけるだけでは不十分であり、科学的な事実を誰もが納得できるように教材化していく努力が必要だったという点でも、本実践から学ぶことは大きいといえる。

(2) 病と共に生きる仲間のからだを学ぶ

本実践は、一人の健康課題を、個人への指導や支援に留めず、集団の課題にしている点に特徴がある。その際、からだの事実や自分のからだの認識を表現したり、仲間に伝えたり、訴えたりする力を丁寧に育んでいる点が重要である。それにより、学級の子どもたちも、自分のからだや経験と照らし合わせながら、自分のことのように真美子のからだの事実をとらえ、心が揺さぶられていったと思われる。このことは、病を抱えた仲間のからだの事実やその認識、つらい気持ちを伝えることが、互いに理解し合ううえでとても大事であることを示している。

さらに、「病と向き合う仲間を捉える」視点が育っていることも見逃せない。子どもたちは、真美子を「病と共に生きているかわいそうな人」と捉えるのではなく、病と共に生きる真美子や自分に対して尊厳を感じるようにもなっている。このように、子どもたちの「共感性」を育んでいく働きかけの重要性も、ここで確認しておきたい。

3 語ること・綴ることの重要性

(1) 子どもの語りを引き出す養護教諭の姿勢

実践では、養護教諭への強い信頼感が真美子の心を突き動かし、自分の思いやからだを語り、綴ることを通して自分のからだや健康への願いを主張できるまでに成長している。真美子が、「クラスの男子にいろいろ言われる」と訴えてきたのも、親身になって聞き続け、言葉を選びながら声をかけ続けた日々の対応の積み重ねによるものであろう。また、学級での授業のねらいを再考したのも、真美子との何気ない会話がきっかけになっていた。真美子がもの心ついたときから「健康な皮膚をもったことがない事実」を知り、そのショックが、「健康な手を実感させたい」という強い願いと実践に結びついている。以下は、実践を振り返った斉藤先生の言葉である。

「保健室で真美子さんといろいろ話します。辛い気持ちや考えを聞いたときは、その都度、『ちょっとそのことを書いてみて』と声をかけ、文字にしてもらっていました。それを読みながら『こんなことを言ってたじゃない』と一緒に振り返りながら作文を書いていました。そういうことを真美子さんと繰り返していました。」

ここから、共感的に手当てをしながら寄り添い、真美子が感じていること、考えていることをゆっくりと言語化することを支え、引き出していくかかわりの過程の重要性がわかる。ケアと共に子どもの自己理解を促し、願いを引き出すために「語ること」「綴ること」を大切にし、その表現を確かなものにしていくかかわりに学びたい。

(2) 綴ることを大切にした関わり

聴き手への信頼と安心感は、自分のからだと病気を綴るうえで欠かせない要素となっている。実践では、真美子だけでなく、学級の子どもたちも作文を書くことで、自分の考えや思いをより深いものにしている。

斉藤さんは、子どもに作文を書かせ、読み合わせながら、より確かに理解させることに力を注ぎ、次のはたらきかけにつなげている。一回目の作文は、真美子の病気への認識を探るためのものであった。斉藤さんは、作文を読み、その辛さに思いを寄せると同時に、自分のからだの状態を十分理解していないという課題を見出し、小集団でのアレルギーの学習につなげている。その後、「食事日誌」を書かせながら、「アレルギー」の学習に向けて作文を綴らせていく。真美子が自分のからだと病気に向き合うことは、その辛さと悲しみを再体験することでもある。それでも綴りきることができたのは、寄り添い、関わり続けた先生の存在が大きかったに違いない。綴る中で、真美子は自分の辛さや悲しみは、病気だけでなく、友達に「病気が分かってもらえないこと」「信じてもらえないこと」であることを表現できるようになっていく。いつもそばで見守り、綴った文章を共感的に受け取り、理解しようとする斉藤さんの関りは、真美子が病気である自分を受け入れ、表現するうえで重要であった。その際、からだの事実にどう寄り添ったか、どう手を当てたのか、科学的な知識を子どもの実態に合わせてどう解釈し伝えたか、辛く悲しい思いの再体験を乗り越えられるよう、どう心情を読み取り、支えることで力が引き出され、言いたいことが言えるようになっていったか、等を探りながらの働きかけることの大切さを、ここで確認したい。

(3) 語り、綴ることの意味

〈子どもをつかみ、理解する〉 子どもをより深くつかみ、理解するために、子どもたちの表現に耳を傾け、綴ったものを読み込むことが重要である。子どもの健康と発達を願う一人として、先生のように「自分のからだをどう認識しているかを知りたく」なるという感覚が重要である。実際に、真美子の辛さ、悲しさは、アトピー性皮膚炎という病が生み出す辛さと、その病により仲間から理解されない、信じてもらえないという仲間との関係が生み出す悲しさ、悔しさ、さみしさであることに先生、担任、家庭、そして子どもたちが気づいていくことにつながっている。そしてその気づきが、より具体的な願いを引き出し、次のはたらきかけにつながっている。

〈自分自身を見つめる〉 語り、綴ることは、自分自身を見つめることでもある。自分の辛さと悲しみを表現するとき、そばに共感的な読み手がいることは、自己の存在を肯定し、受け止める人がいるという実感と癒しになっていく。病気を抱えた真美子が、学級の中で病気について話すには、多くのエネルギーを必要とする。そして、病気である自分を肯定しない限りは発言・発信することはできない。そこに行き着くまでには、養護教諭に吐露できた経験が重要であり、病と共に生きる自分を肯定することにつながっていったのではないだろうか。

〈仲間をみつめる〉　仲間の作文を読み、聴き、考えることは、相手を理解し、つながり合うための大切な言葉となっていく。子どものからだと経験そのものがすぐれた教材となっており、それを読み、聴き合うことが、子どもたちから共生に向かう意識を引き出している。授業後は、級友の意識だけでなく、その変容に触れた真美子もまた、仲間に対する思いを変容させている。からだの観方、真美子の観方、友達の観方が、より深く、温かくなっている。学級の子どもたちは、自分のからだに真美子のからだを重ねながら共感の言葉を綴っている。中には、「真実子の手と一日でもかえっこして、健康な手の感触を味わってほしい」と真実子の苦痛に寄り添おうとする言葉が生まれていく。他にも、自分の手は、やけどのために「気持ち悪い」と言われるが、気にせず手を治そうと励ます子ども、真実子の姿をみてアレルギー治療を決断した子どもなど、真実子への励ましと共に、自分自身の治療も決断している。さらに、腎臓病を乗り越えた子どもは、きっぱりとした表現で食事療法を勧め、励ましている。これらの作文を読んだ真実子の感想には、その嬉しさと共に、治療に向けて努力していこうとする力が読み取れる。

〈希望を紡ぐ〉　真美子のつらさ・悲しさを知った子どもたちもまた、「もしも自分だったら」と自分の身に置いて考えたり、自分の経験と照らし合わせたりしながら、真美子の症状の改善と治療に向けた取り組みを願うようになっている。そしてその言葉が、真美子が除去食療法に挑むエネルギーとなっていく。食事療法をはじめると、斉藤先生は一緒に「食事日誌」を付け続けている。このとき、斉藤先生と真美子は、食事とからだの状態の変化を一緒に見つめ、症状の改善への展望を紡いでいたのではないだろうか。

4　連携の糸を紡ぐ

本実践では、様々な機会を捉え、多くの人と真美子をつないでいる。その連携の糸には、学級の子どもたちも入っている。それぞれの立場から見える子どもの姿を突き合わせ、子ども理解を深めることで、連携の糸を太くしている点も見逃せない。先生の子どもを見る眼差しが温かさに満ちており、保護者や担任を見つめる眼差しも穏やかである。ともすれば学校は、相手を諭し、要求することが中心になりがちであるが、何よりも受け入れ、理解することを基本にしながら連携を進めた点に学びたい。また、子どもの健やかな成長・発達に向け、多様な職種の大人が働く学校において、それぞれの職務の境（役割分担）を意識することは大切だが、重なり合う仕事を補い合い、補完することが重要である。養護教諭としてできることに垣根を作るのではなく、仕事を生み出し、補い合っていく働きかけが円滑な連携を生み出し、真美子の主体性を引き出すことにつながっていることを付け加えたい。

(1) 保護者とつながる

斉藤さんは、真美子にじっくりかかわることのできない家庭を非難することなく、大変さを理解しながら関わり続けている。「白木家にとっては店が休業日である月曜日が、家族がふれ合える唯一の日になっています」という記述や「家では大変迷ったようでしたが、後者の方（軟膏塗布による対処療法）を選択しました。除去食療法の困難さを考えると無理からぬことだった」という記述からも、それが感じられる。その姿勢は、アレルギーの学習への母親の賛同にもつながっていく。真美子とその家族を理解したうえでの丁寧な働きかけが重要だったと思われる。

(2) 教職員とつながる

教職員とつながることで子どもを捉え、理解を深めることや、そこで見出された子どもや子ども集団の課題にどうはたらきかけるかを共に考え、子どもに関わっていくことが大切である。養護教諭は、保護者同様、担任の立場に身を置き、尊重しながら相手を理解し、つながることを大切にしている。

(3) 子どもたちとつながる

斉藤さんは、子どもたちを、共につながり、支え合っていく大切な存在として位置づけ、働きかけている。子どもの力を信頼し、尊重する姿勢とはたらきかけが重要であることが、次の記述からも学び取ることができる。

「学校で大事なことは、どう治すかではなく、その子どもの状況をどう内面深くまでとらえるかということではないでしょうか。そして、自分や友達のからだを知ることで、どんな力を子どもたちにつけていけばよいのかをさぐることではないでしょうか。病気を持つ子どもを個人的な対応だけに終わらせず、学級集団に投げかけながら、乗り越えていく力をつけていく素晴らしさを、子どもたちから改めて教わった思いです」

(4) 養護教諭同士がつながる

斉藤さんは学び続けることを大切にしている。単に書物から学ぶだけでなく、仲間の実践や連携先の医師や施設からも学ぶことが、円滑な連携につながっている。なかでも、養護教諭同士のつながりの中での学びが、「アレルギーの学習」の発想につながり、授業の質を深めると共に、母親の理解と連携につながっている。学び合う仲間との討論は、刺激や意識の変容等、実践上のエネルギーとなり、実践を進めるうえで不可欠なものとなっている。

(5) 医療とつながる

子どもたちの健康を守り、保障していくうえで、医療との連携は重要である。先生は、真美子の治療について受診を進めたり、除去食療法に備えて「食事日誌」をつけさせたり、除去食療法を始めたときに担当医や校医とも連絡を取り合い、支援の方向性を一致させたりしている。

5 集団討議で出された今後の課題

⑴ 子どもの学びと表現を学級や学校全体で共有し、確かめ合うこと

本実践で、アレルギーについての科学的に学びと、病と共に生きる真美子の事実は、子どもたちにとって「自分ごと」になりかけている。そして、そこからさらに、子どもたちに病気や異常が生じても、互いに支え合うことで安心を手にできるという確信につながる大切なきっかけになっている。この機会を逸せず、子どもたちが学び成長していく姿の共有をどのように広げ、つないでいくかが課題である。実践記録では、担任がどのようにかかわっていたのかは不鮮明であった。本実践を受け、その後担任が子どもたちの作文をどのように受け止め、どのように学級づくりをしていったかということも重要であった。学習の展開と共に、共感性を高めるような学級担任の丁寧な学級づくりの延長線上に健康教育を位置づけることが重要である。そのためにも、子どもの立場に立った養護教諭の視点を学級や学校に広げ、発展させていくことが課題として挙げられた。なお、現代の子どもたちは、「共感性」が相応に育っていないことが危惧されており、それをどう育むかも、大きな課題であることを指摘しておきたい。

⑵ これからの養護教諭にどのように伝えていくか

本来、養護教諭の仕事は人間を対象としており、不確実なものと向き合う勇気がなかったら先に進むことはできない。「必ずこれは成功するだろう」という確信ではなく、子どものためにできることに力を注ぎながら対応しようとする仕事である。それは、本実践の中では「強い覚悟」と表現されている。不確定なことに不安を感じがちな養護教諭を目指す学生に、本実践のよさをどのように伝えることができるのか、考え続けることが大切である。

教育実践には、子どもたちの健康、成長・発達に対する深い願いが貫かれていることの重要性は言うまでもない。斉藤さんは、「彼らがアレルギーを十分理解したというよりは、多分に真美子がみんなに投げかけた作文や、私の語りで心を揺さぶられていったのではないでしょうか。」と振り返っている。それは、学級の子どもたちの心を揺さぶる真美子の言葉と先生の語りが生まれるまでの深く、温かさに満ちた関わりの積み重ねの結果でもある。

このように、養護教諭が子どもの健康を願う思い・見守り・語りが周囲を動かす力になっていること、からだを学ぶことにより子どもたちが成長するという発達への信頼が重要な点であったことを再確認したい。

Ⅲ　健康診断実践：中村富美子実践から学ぶもの

一　実践記録：「子どもたちが主体的にのぞむ健康診断」

『第三三回全国養護教諭サークル連絡協議会研究集会レポート集』二〇〇三年所収、中村富美子（静岡県公立小学校養護教諭）

「さっさと！　静かに！」で行われる内科検診

「さっさと！　静かに！」内科健診中、子どもにかけられる声。「みんな同じなんだから隠すんじゃないの！」上半身を隠してもじもじしている男子に担任がどなった。その子は悲しそうな顔をした。なぜなら漏斗胸だったのだ。保健室に全員入り、ついたてもない。五人一列で並び、上半身裸で待っていた子どもたち。本校は七八〇人の大規模校である。集団健診のため、個人の差恥心や個性は軽視され、ベルトコンベアに乗せられた製品のように流れ作業で子どもを診ていく。そんな中で校医は、ほほえみながら「いいよ、いいよ、恥ずかしいよなあ」「そんなにどならなくてもいいよ」とつぶやいていた。養護教諭の私は違和感を持ちながらも苦笑いをしているだけだった。

これでいいのか内科健診？

なぜ、子どもはどなられなくてはいけなかったのか？　みんな同じはずがないではないか。担任にしてみれば、もじもじしていることで健診を滞らせてはいけないと思い、健診がスムーズに行くよう子どもを注意しただけだ。私は、健診中の子どものおどおどした様子から、このやり方では子どものためになっているはずがないと考えた。さらに子どもは自分のからだを診てもらっているのに、聞きたいことがあっても聞けない状況だった。本校の校医は日ごろから、学校保健活動に協力的で、子どもの側に立って考えてくださる方だ。日本全国の校医の中でもナンバーワンと言えるぐらいすばらしい方だと思う。私は校医に「個別に診てもらえないか？」と提案したところ、「僕はいくら時間がかかってもいいから、協力するよ」と快諾してくれた。担任たちに同様の提案をしたところ「校医がやってくれるなら大歓迎」と了承を得た。

個別健診の了解を得たのでこの機会を有効に使わない手はない。私は子どもたちが、自分のからだを診てもらう時、聞きたいことを尋ねられる健診にしたいと考えた。さらに、今、本校の保健室を訪れる子どもの多くは「疲れた」「頭がいたい」「ぐっすり眠れない」などの不定愁訴が目立つ。小学生が疲れを訴える世の中なのだ。聴診器をあてるだけの内科健診では「病気はないが、元気でもない」という現代の子どもの問題を把握できないと考えた。健診を単に病気のスクリーニングに終わらせず、聴診器ではきけない子どものからだと心の問題をキャッチできるような健診にできないかと考えた。

そこで、今回は、内科健診をきっかけに自分のからだや心を見つめ直し、自分のからだや心に気づくこと、子どもたちが自分のからだについて相談できるように工夫しよう、と考えた。

「そうかわかったよ」「おもしろかった」「ためになった」——内科健診の工夫

まず、六年生に対して完全個別に相談機能をつけた方法で実施した。

六年生を選んだ理由は、心身ともに発達し、個性も強くなり、個別に対応する必要が一番あると考えたからである。まず、子どもには問診票（私のからだカード）を導入した。

これは先行実践されている養護教諭の実践を参考にした。子どもは、問診票を家庭に持ち帰り、家族と共に記入する。そこで自分の日常生活を振り返り、食事や排便・睡眠・運動はどうか？　アレルギーなどはないか？　自分の体や成長のことで気になることや心配なこと、校医に聞いてみたいことなどを書く。自ら記入する子どももいれば、親から質問を促された子どももいた。このことによって内科健診を受ける前に自分自身の健康課題に気づく子どもが増えた。その問診票を事前に提出、校医に届ける。校医は事前に情報収集し、返答を準備する。当日、問診票が本人に返却され、その問診票を持って保健室の隣にある完全個室の部屋に入る。

問診票を見せながら、自ら質問をしたり、悩みを打ち明けたり、校医のアドバイスを受けることで、双方向のやりとりをしながら診察を受ける。この方法は一人あたりの時間は三～五分である。そして診察後は隣の保健室に来てカードの裏側を書く。そこで、養護教諭である私と会話し、どんなことを言われたか、あなたはこれからどうするのか、などさらに内容を深め、整理した。

保健室に戻り、校医に自分で何を質問したか、そして何を言われたか話す子どもは「おもしろかったよ～」「ためになった」「そうかって思ったよ」などと言いながら、皆、笑顔であった。笑顔で健診が終わることなんて、今までとは大きな違いである。

具体的な質問の内容をあげてみる。「私は背を伸ばしたいのですけど」『おじさんも背が小さくて小学校六年のときは君より小さかったよ』『夜九時には寝るといいよ』「野菜がまったく食べられません」『みそ汁のわかめは食べられるかい？　わかめが食べられれば大丈夫』「太っています」『一口食べたら五回かんで食べるのだよ』「勉強ができないです」『くり返し、くり返しやると覚えちゃって答えがわかるようになるよ』「僕はしゃべりすぎると言われます」『いい方法を教えてあげる。しゃべりたくなったら、まずつばをごくんってのむんだ』と言われて、子どもはうんうんとうなづいていた。これらの質問が私に向けられたものであったらどうであっただろうか。野菜嫌いの子どもに「野菜を食べなきゃだめだ！」と言うし、しゃべりすぎる子どもには「がまんしなさい」と頭ごなしに言うだろう。校医の子どもの心に染みいるような言葉に頭が下がった。

「皮膚がかさかさでかゆいです」『汗をかいた後はシャワーを浴びよう』そして汗をかいた後は保健室のシャワーを利用することになった。「夜ぐっすり眠れません」『寝る前にコンピュータゲームをやっちゃだめだよ。寝る前にゲームをすると脳みそが起きてしまって眠れなくなることがあるよ』。

「心臓がどきどきして、ときどきキーンとする」と相談していた子どもには心電図をとって『なんでもないよ、大丈夫』と安心させてくれた。

親から質問をするように促された子どもの中には、「すぐお腹が痛くなるんです。特に発表会の時や、参観日の時に」という子どもがいた。校医は過敏性大腸炎を疑い、主治医との連携が必要と判断し、保護者に連絡、主治医をきき校医から学校での様子について主治医へ連絡を入れた。このように疾患に対する子どもへのフォローも迅速に行われた。

校医は一人ひとりのカードを丁寧に見て、子どもと話をし、子どもに安心を与えてくれた。さらに健診後、校医は子どもとのやりとりをレポートにして担任へ報告してくれた。

この健診後、子どもたちからは「校医と一対一だと緊張する」。また、校医からは「一人三～五分では短い」という声が出た。この健診後に実施した四年生では三～四人グループで相談するという方法をとった。五年生は時間の制約から相談機能はつけなかったが、プライバシーを重視し、一人ひとり診察を行った。

「私はこうするよ」「来年もやりたいな」——主体的な内科健診

「お茶はたっぷり、ジュースはちょっぴりって校医の先生に言われたからやってるよ」と子どもが言った。夏休み前に、健康のめあてを書いたところ、校医から言われたことを覚えていて書いている子どもが多かった。「僕は太っているから、五〇回かんでごはんを食べるよ」「背を伸ばしたいから、九時には寝る」「野菜が嫌いだから、みそ汁のわかめは食べるよ」など、自分はこうなりたいから、こうするという具体的なめあてができた。今までは、健康のめあてというと「早く寝る」など、子どもは教師から言われたことをそのまま書くことが多かったように思う。それが今回「自分はこうだからこうしたい」というめあてに変わってきた。これは自分で自分のからだや心に気づき、校医にアドバイスしてもらったことが変化につながっているのではないだろうか。

「いつもしゃべりすぎる」としかられてばかりの子どもは、私と会った時に声をかけると、「おれ、まずつばをごっくんってのんでいるよ」、とうれしそうに話してくれる。私自身も内科健診後は一人一人の子どもの顔が見えるようになった。子どもが保健室に来た時や、廊下で会った時と、この子どもは太っていることを相談していたなと思い出し、「五〇回かんで食べてる?」などと、一人ひとりに対して具体的な声かけができるようになった。この声かけも、子どものやる気を高める結果になったであろう。

ある子どもは「来年も校医の先生来る? 僕は背を伸ばしたいから、豆電球を消して寝るといいって教わったんだけど、やってみてどうだったか、みてもらいたいから」と言っていた。この子どもは来年、校医と自分で話をすることを楽しみにしているのだ。

担任からも大好評であった。「この子はこんなに遅くまで起きているんだ。これじゃあ。授業中居眠りもでるよな」「この子どもはこんな相談をしたんだ」など、子どもの実態把握に役立ったと言う。私はこのやり方では時間がかかることが問題視されるかもしれないと思っていたが、子どもが一人あたり拘束される時間は逆に短かった。ベルトコンベア式では、ほぼ一クラス全体で二〇分かかり、担任も二〇分付きそっていた。

今回は健診の時間を昼休みから五時間目を利用し、授業を一斉のものではなく個別的な学習にしてもらい、全員が揃わなくてもできるように工夫してもらった。子どもは自分の時間になると保健室へ来て終わると教室へ戻る。担任の立ち会いはある方が望ましいという考えもあるが、事前に気にかかる子どもの情報は養護教諭に知らせてもらい、健診中の立ち会いはせずに、教室で授業をしてもらっていたので担任の負担は少なかったと思う。

校医からは「子どもの様子がわかってよかったよ。楽しかった」「でも、いろいろいるなあ。問題も見えてきたよ」という感想が聞かれた。そこで校医と相談し、子どもたちの「病気ではないが、元気でもない」状態や、さらに子どもだけでなく、子どもを支える保護者、教職員に対しても健康相談を行う必要があるということになった。そこで、月一回子ども、そして子どもを取り巻く人だったらだれでも来ていいという「健康よろず相談日」を設けることになった。

子どもたちが自分のからだについて相談できる健診は子どもたちに大好評だった。校医とじぶんのからだや心について自ら話をするということが、主体的に取り組むことになり、「聞いてみよう」「そうか、わかったよ」という楽しみや喜びになった。内科検診後の子どもへのアンケート結果では、去年と比べてやり方はどうかという問いに対し、「大変よい・よい」という回答が多かった。個別相断で検診を受けた子どものほうが、個別相談がない子どもたちより「自分のからだについてわかったことがあった」としている。また個別相談なしの場合、全員の子どもが「自分のからだについてわかったことはあまりない・ない」としている。このことから、この方法では病気を見つける健診の意味は見いだせる子どもが自分のからだや心に気づき理解するというきっかけにはなりにくいことがわかった。

健診の方法で、私は、一対一で行う方がいいに決まっていると思っていたが、小グループ相談でも個別相談でもアンケートの結果に差はなかった。小グループで行うか個別相談で実施するかは検討の余地があることがわかった。

子どもに学びのある健診へ

「時間が足りない」これが学校現場の合言葉だ。「内科健診を病気をみつけるためのスクリーニング」ととらえるならば、短時間でできるベルトコンベア式でもよいだろう。しかし、それならば学校で行う必要性は低くなる。家庭で行ってもらう方がよいという議論になるかもしれない。

健診の方法について改善を図るとき、子どもたちと話し合うことも大切だと思う。今までは、学校のやり方に子どもを合わせさせていた。今後は子どもたちとやり方について相談しながら改善していきたい。子どもが健診の方法について検討する段階から参加すれば、さらに子どもは、「自分の健診」としてとらえ、主体的に取り組めるのではないかと思う。

健診の方法について改善を図るとき、子どもたちと話し合うことも大切だと思う。今までは、学校のやり方に子どもを合わせさせていた。今後は子どもたちとやり方について相談しながら改善していきたい。子どもが健診の方法について検討する段階から参加すれば、さらに子どもも健診の方法について改善を図るとき、子どもたちと話し合うことも大切だと思う。今までは、学校のやり方に子どもを合わせさせていた。今後は子どもたちとやり方について相談しながら改善していきたい。子どもが健診の方法について検討する段階から参加すれば、さらに子どもは「自分の健診」としてとらえ、主体的に取り組めるのではないかと思う。

さらに眼科、耳鼻科、歯科の健診にも応用可能であろう。健診に子どもたちが自分のからだについて相談することは無理な場合でも、健診前に問診票を取り入れ、自分のからだについて振り返ることは比較的導入しやすいと思う。

「わかったよ」→「私はこうするよ」→「来年もやりたい」という今回の内科健診の変化は大きな成果である。校医は「いくらでも協力する」と言ってくれている。校医の温かい声援を子どもに向けていきたい。これを読んで校医の協力がなければできないと諦めてしまった人はもうそこで終わりである。

まず私たちの内科健診の固定観念を捨て、発想を変えなければいけないのではないだろうか。時間がないとあきらめるのではなく時間は作り出すしかない。

学校という教育現場で行う健康診断だからこそ、子ども自身が主体的に取り組み、子どもに学びのある健診とする必要がある。それゆえ、私たち養護教諭が工夫をしていかなければならないだろう。

二　中村富美子実践の分析・批評

1　中村さんの健康診断に対する問題意識と課題意識（めざすべき健康診断像）について

(1) 当時、中村さんが抱いていた健康診断に対する問題意識

実践記録は、当初、中村さん自身が違和感を抱いていた健康診断風景を次のように描いている。

『さっさと！　静かに！』内科検診中、子どもにかけられる声。『みんな同じなんだから隠すんじゃないの！』上半身を隠してもじもじしている男子に担任がどなった。その子は悲しそうな顔をした。なぜなら漏斗胸だったの

だ。保健室に全員入り、ついたてもない。五人一列で並び、上半身裸で待っていた子どもたち。」

中村さんはこうした風景に違和感を持ちながら、次のように述懐している。

「なぜ、子どもはどなられなくてはいけなかったのか？　みんな同じはずがないではないか。担任にしてみれば、もじもじしていることで健診を滞らせてはいけないと思い、健診がスムーズに行くよう子どもを注意しただけだ。私は、健診中の子どものおどおどした様子から、このやり方では子どものためになっているはずがないと考えた。さらに子どもは自分のからだを診てもらっているのに、聞きたいことがあっても聞けない状況だった。」

加えて、日頃の子どもの健康実態から、内科検診に対する次のような問題意識を持ったことにも触れている。

「保健室を訪れる子どもの多くは『疲れた』『頭がいたい』『ぐっすり眠れない』などの不定愁訴が目立つ。小学生が疲れを訴える世の中なのだ。聴診器をあてるだけの内科健診では『病気はないが、元気でもない』という現代の子どもの問題を把握できないと考えた。健診を単に病気のスクリーニングに終わらせず、聴診器ではきけない子どものからだと心の問題をキャッチできるような健診にできないかと考えた。」

中村さんは、討論での質問に答えて、健康診断に対するこうした問題意識は養成時代に受けた教育に由来していることに触れると共に、直接的には、日本教育保健学会編『教育としての健康診断』（大修館書店、二〇〇三年四月）所収の宍戸洲美実践から示唆を得たことに言及している。

(2) 中村さんが考えた改善の方途

上記のような問題意識のもと、中村さんは次のような健康診断にしたいと考えたという。
- 自分のからだを診てもらう時、聞きたいことを校医に尋ねることができる健診にしたい。
- 健診を単に病気のスクリーニングに終わらせず、聴診器ではとらえられない子どものからだと心の問題をキャッチできるような健診にできないか。

・内科健診をきっかけに、自分のからだや心を見つめ直し、自分のからだや心に気づくこと、子どもたちが自分のからだについて相談できるような工夫をしよう。（竹内コメントより）

内容は、前出の宍戸実践を彷彿とさせるものである。こうしたねらいをもとに、中村さんは内科校医に「（子どもたちを）個別に診てもらえないか？」と打診したところ、「僕はいくら時間がかかってもいいから、協力するよ」と快諾してくれたという。担任たちからも「校医がやってくれるなら大歓迎」ということで賛成を得る。そこでさらに、内科の個別検診の機会を「有効に使わない手はない」と考え、内科健診をきっかけに、自分のからだや心を見つめ直し、合わせて子どもたちが自分のからだについて校医さんに相談できるようにしよう、と考えたという（問診票を用いての個別面談*と内科検診）。

＊六年生は個別面談：「心身ともに発達し、個性も強くなり、個別に対応する必要が一番ある」と考えた。四年生は三〜四名でのグループ面談：「校医と一対一だと緊張する」という六年生の経験談を踏まえて。

(3) 子どもたちが主体的に健康診断を受けるようになるように中村さんが講じた工夫

①周到に工夫された「わたしのからだ」カードの活用が子どもたちの主体的意識を生み出している。

カードA面には、ふだんの自分のからだや生活の様子についての質問が設けられていて、それに答えることによって、自分のからだと生活を振り返ることになる。しかもそのカードを自宅に持ち帰って「家族と共に記入する」ことになっているので、親子での対話をしながらの書き込みが生まれる。また、校医さんに質問や相談したいことを事前に考えて書き込む欄も用意されている。

カードB面には、測定や検査・健診の結果（校医さんから言われたことも）を自分で書き入れ、その結果を踏まえた生活改善のめあてを自分なりに考えて書き込むように工夫されている。

カードのこうした工夫とその活用は、健康診断に対する子どもたちの主体性を生み出すに十分な機能性をもっている。

また、校医との面談を経験した子どもたちの反応（感想）は次のように大好評だったという。

「子どもたちが自分のからだについて相談できる健診は子どもたちにも大好評だった。校医と自分のからだや心について自ら話をするということが、主体的に取り組むことになり、『聞いてみよう』『そうか、わかったよ』という楽しみや喜びになった。内科健診後の子どもへのアンケート結果では、去年と比べてやり方はどうかという問いに対し、『大変よい・よい』という回答が多かった。」

②子どもの意見や要望を聞いて実施の仕方を改善・工夫することによって、子どもたちが主体的に健康診断に向き合うような意識変化を生み出している。

- 子どもの意見や思いを聞き取り、子どものプライバシーに配慮した実施の仕方を工夫していることも、子どもたちが安心して健診に臨むことを保障すると共に、自分たちの要求が聞き入れられて改善されたという満足感が加味されて、「私たちの健康診断」という意識を生み出しているであろうことは想像に難くない。

この点について、実践記録は次のように語っている。

「健診の方法について改善を図るとき、子どもたちと話し合うことも大切だと思う。今までは、学校のやり方に、子どもを合わさせていた。今後は子どもたちとやり方について相談しながら改善していきたい。子どもが健診の方法について検討する段階から参加すればさらに子どもは、『自分の健診』としてとらえ、主体的に取り組めるのではないかと思う。」

2　あるべき健康診断観・めざすべき健康診断像と養成段階における健康診断指導の現状をめぐって

中村さんの実践報告とコメンテーター二人の分析コメントを踏まえて、全体討論では学校における健康診断のあるべき姿と今日的現状について、次のような論点（議論）が出された。（　）内は検討会での発言者名

⑴「スクリーニングとしての健康診断」という呪縛からの解放が必要

「健康診断はスクリーニングなんだから、スムーズに進めて早く終われば……」と思いがちになるのが一般的。まずは、こうした健康診断観の呪縛から解放されることが必要。こうした観念に縛られていると、子どもたちが健康診断の前後や検診中に、自分のからだの発育や健康状態に気づいたり、生活ぶりをふり返ったり、からだや健康についての科学的な知識を身につける機会となるように、実施の仕方を工夫する余地を失っていく（そういう発想が持てなくなる）ことになりかねない。（松本）

「文科省の健康診断に対する考え方は、健康診断を医学・疾病モデルでとらえてスクリーニングなんだと説明している。そうすると、養成機関でそういうふうに学んでくると、中村さんのように疑問を持ったり、工夫してみようというふうにはなかなかならない。中村実践で最も感動したことは、健康診断を医学モデルではなく、子どもが自分のからだを知って、自分の生活改善とか、自立して生きていく力とかそういうところに繋がるような健康診断というふうに位置づけている。そこがこの実践の一番大事なところだと思う。」（富山）

その点では、中村さんの「子どもたちにとって学びのある健康診断にしたい」という思いや「子どもが主体的にのぞむ健康診断にしよう」という発想はとても大事である。

(2) あるべき健康診断観とめざすべき健康診断像を鮮やかに描き出している

中村さんの健康診断に対する先のような問題意識と、「子どもたちにとって学びのある健康診断」「子どもが主体的にのぞむ健康診断」という課題意識は、学校健康診断のあるべき姿（健康診断観と健康診断像）を鮮やかに描き出していることを検討会の参加者が、こもごも次のように評している。

- 中村さんの実践を通して、「養護教諭の仕事観とか子ども観・教育観が健康診断実践の展開（進め方）に影響する」ということを痛感させられる。（宍戸）
- 中村さんの仕事観、養護教諭観、教育観がこの健康診断実践の創意工夫と独創性を生んでいるように思う。（佐藤）
- 日常の保健室でとらえた子どもたちの健康実態に照らして健康診断を改善工夫（個別の内科検診や問診票の活用など）している点が素晴らしい。（舟見）
- 知識の一方的な伝達に止まらず、「子どもにとって学びとなる健康診断」の工夫をしていることと、「子どもの人権保障の一環としての健康診断」と捉えていることに、この実践の大事さがある。（富山）

(3) 養成機関での健康診断の扱い――学生にどのような健康診断観を育てているか

- 養成で、一年次に、学校で健康診断を受けてきてよかったこと、嫌だったことなどを出させて話し合いをさせると、受けてきた健康診断がいかに教師側の目線で展開されてきたかに気づいて、「やっぱり子どもたちのものになる健康診断にしたいね」ということになるんですけど、三年生になって改めて健康診断について自分たちで実施要綱のようなものを作って自分たちで健康診断の運営を考えさえると、先ほど富山先生がおっしゃった文科省の医療モデルの健康診断マニュアルを軸にして考えようとするんですね。そこで改めて「子どものための教育としての健康診断って何か」ということを考えさせています。（新谷）

・私も、まずは学生自身に、自分が受けてきた健康診断について、どんな健康診断でそれに対してどう思ってるのかというところから出発していくんですけれども、最近の学生の傾向としては、学校で特に心の問題について健康診断で早くきちんと見つけて欲しかったというような意見が出てくるようになっているので、健康診断について学生自身に考えさせてみて、自分がそこでどんな力をつけたかっていうようなところも合わせて考えると、健康診断はせっかくのチャンスだから、これをきちんと生かしながら、子どもの教育としての健康診断と言えるような健康診断はやってみたいっていうようなところが出てくるんですね。それが、教育実習に行くと、そういう（教育としての）健康診断が必ずしもできていなくて、「そういう健康診断ができるのが望ましいけどなかなかできない」との返事が返ってきたりするのですが、それでも学生自身がきちんと考えれば、よい健康診断をやっていく力がついていくのかなっていうのが実感です。（宍戸）

3　校医・担任・保護者と連携・協働して「みんなで取り組む健康診断」を創出

(1) 内科校医の好意的・全面的な協力によってこの取り組みが可能となった

中村さんが、内科校医に「個別に診てもらえないか?」と打診したところ、「僕はいくら時間がかかってもいいから、協力するよ」と快諾してくれたという。その協力の内容が実に誠実で、献身的である。子どもたちが「わたしのからだカード」に書き込んだ「問診票」を集めて、事前に校医に届け、校医がそれに全て目を通したうえで、返答を準備して当日の検診・面談を実施している。中村さんはこの校医の協力について、「一人ひとりのカードを丁寧に見て、子どもと話し、子どもに安心を与えてくれた。さらに、健診後、校医は子どもとのやりとりをレポートにして担任へ報告してくれた」と感慨をもって語っている。

校医からは「子どもの様子がわかってよかったよ。楽しかった。でも、いろいろいるなあ。問題も見えてきたよ」という感想が得られたという。そしてそれをきっかけにして、校医との相談の結果、子ども、保護者、教職員を対象に、子どものからだや健康にかかわる「健康よろず相談日」を月に一回設けることになったという。

こうした理解のある協力的な学校医が必ずしも一般的であるとは言えないが、「教育としての健康診断」の工夫・改善にとっては学校医との日頃からの認識の共有と意思疎通が欠かせない。

(2) 学級担任たちとの合意と連携も着実に

内科の個別面談と検診について担任たちに提案し、「校医がやってくれるなら歓迎」と了解を得る。また、検診の時間を昼休みから五時限目を利用し、一斉授業でなく個別的な学習にして、子どもたちは時間になると個々に保健室に来て、終わると教室に戻って学習する、という形式でスムーズな運行が可能となっている。加えて、担任たちは、クラスの子どもたちが記入した「私のからだカード」や校医からのレポートに目を通して、子どもたちの実態把握ができて「大好評であった」という。

(3) 保護者をも巻き込んだ「わたしのからだ」カードへの記入と「健康よろず相談日」の開設

先に触れたように、保護者も子どもと一緒に「わたしのからだ」カード（問診票）への記入作業を通して、校医さんへの質問を子どもと一緒に考えたり、子どものからだと日常の生活ぶりをふり返ったりする機会となっている。また、内科検診後に設けた月一回の「健康よろず相談日」は保護者にも開かれている。この点について、中村さんは次のように述懐している。

「お医者さんが来られて相談できるというのは大きな意味があったと思います。保護者が相談の窓口が学校にしかないっていう状況もあって、お医者さんと接点がもてるっていう機会が設けたのは非常に大きかったですし、実際には親御さんが相談に来たことももちろんあって、そこで相談に来たことをきっかけに、その先生の開業日に（診療所に）行って相談するっていうような形になったケースがありました。」

4　健康診断実施にあたっての校医制度や財政的支援制度のあり方にかかわって

中村実践についての話し合いの中で、子どもたちにとって学びのある健康診断を工夫して実施していくためには、校医さんの理解と協力が必要なことと、場合によっては（学校規模など）臨時の補助者を雇用する行政の財政的支援の必要性について、いくつかの発言（議論）があった。以下はその要点であるが、いずれも重要な提起である。

●行政による学校医研修を通して学校健康診断への理解を深め広げる

校医さんが学校健診とちゃんと向き合ってくれるというような体制を作っていくためには何が必要なのかを考える必要がある。文科省など行政も含めて、本当に校医さんが子どもと向き合うというような、そういう姿勢になれるような研修であるとか、そんなことも含めて考えていかないといけないのではないか。（富山）

●養護教諭から地元の学校医会などに積極的に提起していくことも必要

私と校医さんと一緒に組んでやった健康診断のやり方を歯科の校医会と内科の先生の校医会の両方で実践報告をしたんですね。そしたら校医さんたちの中で、かなり多くの校医さんたちがそういう健康診断やってみたいっていうふうな意見が出て少し広がっていった感じがあるんですね。だからやっぱり養護教諭自身が、そういうところで

発言していくことが大事。（宍戸）

●学校医と養護教諭との対等な関係のもとにその学校の健康診断のあり方について話し合って進めるべき

学校に即した仕事をしてもらうのが校医の役割だというふうに思うんですよね。そういう意識を持って校医の先生と対等平等の関係できちんとその健康診断はこうあるべきじゃないかというような話を最初にするっていうのはすごく大事だと思う。（舟見）

●大規模校などでは行政が財政的に支援するような枠組みを作ることも必要

かつて一〇〇〇人を超える大規模校に勤めていたときは、健康診断が四月に始まってから六月まで、毎日のように実施していて、本当に養護教諭自身が疲弊してしまい、そういう日々の勤務の中で健康診断をもっと充実させようというような意識すら持てないのがそのときの自分だったと思う。それをもっと体制的にでも支えていけるような何かがなければ本当に養護教諭の実践も広がっていかないのではないか。そういう養護教諭の仕事を財政的に支援するような枠組みを作ることも視野に入れていかなければなかなか養護教諭の実践は充実できないのではないかと思う。（竹内）

●養護教諭が〝子どもと向き合う仕事〟をしていくためには仕事上の条件改善が必須要件

東京の養護教諭たちが子どもに向き合うということを大事にする実践をやっていこうと頑張ってきた。特に組合運動の中では、養護教諭の実践を発展させるということと、養護教諭が仕事をするうえでの条件改善をしていくということは車の両輪だということでずっとその運動をしてきた。今後も養護教諭の仕事を「子どもと向き合う仕事」にしていくために、仕事上の条件改善をしていくことが必要だっていうことも後々に引き継いでいきたいと思う。（富山）

Ⅳ　保健自治活動：小久貫君代実践から学ぶもの

一　実践記録：「保健委員とともに、からだ・生活の主体者として生きる力を育てる取り組みをめざして」

『第三三回全国養護教諭サークル連絡協議会研究集会レポート集』二〇〇三年所収、小久貫君代（元山形県公立高校養護教諭）

はじめに

生徒の健康認識を育てるために、いろいろな方法が考えられ、取り組みがなされている。私は保健活動にこだわり、保健委員が生徒に呼びかけることを通して、全校生徒の健康認識を育てられればと願って、生徒と共に取り組んできた。

1　なぜ、私が委員会活動にこだわってきたか

その理由をいくつか列挙する。

- 生徒の実態から、組織・集団で取り組むことを経験させる必要を痛感する。
- 教員より、保健委員から生徒へ、からだや保健の問題を提起した方が浸透しやすい。
- 保健委員の頑張る姿がクラスの生徒を聞く気にさせる。

・保健委員が学習しないと、伝えられないので、保健委員が学習するようになり、その組織に核ができる。発表前には必ず学習会をし、資料づくりや発表内容を生徒のレベルで精選し、かみ砕くのでわかりやすいものになる。

・この取り組みで、からだに関する疑問が出るようになり、生徒同士のからだ・生活行動に関する会話が多くなり、広がる。保健委員の友達など、委員以外にも関心が広がり、活動自体が活発になっていく。

・取り組みの途中で人間関係や、取り組みのしんどさでリーダーが悩んだり、関わりの過程で様々な悩みや葛藤する姿が生まれる。しかし、それを乗り越え、行事を成功させるために頑張る姿を見ていると、生徒が心のひだを耕しているよう思え、教師としての喜びを感じる。一生懸命さの中に矛盾が生じ、ドラマが生まれる。

2　今まで委員会活動で大事にしてきたこと

・班を作り、行事は班単位で活動する。班活動・日常活動も大事だが、特に行事（ＬＨＲや文化祭等）への取り組みを重視してきた。

・原案は、班長会で作成し、全体会に提案する。

・原案を作成するとき、生徒の身のまわりの身近な実態を、時間をかけて出させる。（そこで決定したことは、班長会に責任を持たせる）

・原案作成時、斑長会でも「からだの学習」をし、それをさらに全体会でも学習し認識を深め共有させる。

・班長会・委員会の進行は、委員長が行う。教師も挙手して発言する。（そのため、それらの会の前には委員長と打ち合わせをしておく）

・生徒の作成した資料は勝手に直さない。必要な場合は、相談・意見交換し、納得のうえで修正する。

・「保健だより」等の生徒の作成物は、生徒の手で配布させる（反応を肌で感じさせるため）。
・班長や委員長の選出は、簡単に決めずよく話し合わせる（生みの苦しみが支えの強さになる）。
・欠席裁判はしない（決定に責任を持たせるため）。
・活動中に起きた問題は、班長会で話し合わせる。
・委員会・班長会に参加し、活動し、楽しかったとなるよう、自分（教師）もできるだけ参加し、生徒との会話を楽しむ（「どうせやるなら楽しんで凝ってやろう」と呼びかけてきた。私的な話しも可能な雰囲気で）。
・活動したことは書き残し、新体制が「活動のあしあと」の冊子を作る。（それが次年度の手引きとなる）。

3 「K高校」における取り組みから

①当時の学校の概況

当時（二十年余り前）、二つの高校を統合して一六年目を迎える情報処理と普通科を併設する生徒数六五〇名の共学校（男女比は二対三）で、運動部活動なども盛んな学校であった。進学と就職は半々ほどで、学力差もあり、多様な生徒に対する指導に追われていた。

②保健室から見える生徒の実態

・ワックス塗りをコツコツしたり、合唱コンクールやクラスマッチ等で燃える生徒たち。
・勉強がわかるおもしろさを知らない。自分の力で学習する力が育っていない生徒が多い。
・自分に自信が持てず、自己肯定感が低い生徒。
・対人関係が希薄で、常に気が休まらず、疲れ切っている状態の生徒が多くいる。

・男女関係においても、お互いに自立せず、依存的・支配的な関係が見られる。寂しさを異性に求め、性的バリアが低い（生理がない、性感染症の相談も多い）。
・家庭に問題を抱えているが、そのことが、担任・学年に認知されていない生徒もいる。
・朝食抜きや気分的な食生活で、食生活が乱れているが、自分のからだや健康に無知で無関心な生徒も多くいる。

③生徒に何を望むのか、生徒と委員会活動への願い

・生徒への願い　高校卒業後、すぐ社会に出て働く生徒が半数いる。そして数年後に親になっていく。自分のからだ・生活を主体的に活かし、生きる力を備えた人生を築き、子どもにも語れる親になってもらいたい。
・委員会活動への願い　「対人関係が結べず、だんだん希薄になっている。与えられることは多いが、自分から組み立てることの経験が少ない。よって自分に自信が持てない」と感じる。そこで、「からだの先生」となって課題を主体的に感じとり、学校のリーダーとして取り組み、先頭に立って欲しい。その経験を通して、集団の中で自分を磨き、人として成長し自信を持って欲しい。

保健委員会組織と活動

・委員は各クラス二名で全学年三八名になる。
・委員長（一名）・副委員長（二名）・班長（三名）で班長会を構成し、原案を検討する。
・班は広報・調査・環境美化の三つで構成する。
日常活動はクラス毎に行い、活動の中心は行事。

4　二〇〇〇年度からの一斉LHRの取り組み

①二〇〇〇年に赴任して

四月からK高校に赴任し、生活実態調査を実施した。生徒や教師から実態を聴取し、五六項目のアンケートを実施した。その結果、携帯を持つ生徒が多くなり、常に身につけ電源を切ることも少ない。常に電磁波に脳がさらされ、睡眠に影響している。携帯での嫌がらせ、メル友問題、電話代稼ぎのバイト、かかってこない疎外感、等々が上げられていた。そこで二〇〇一年度の一斉LHRでのテーマを「携帯電話の見えない危険――最も身近な電磁波の脳への影響」にした。

②二〇〇一年度の取り組み

保健室に来る生徒たちは、「朝食を食べる習慣なし」「食べたい時に食べる」で、ほとんど食生活への意識はなかった。食生活の乱れ（便をつくるだけの食物をとっていない、気分次第でのドカ食い、菓子類で食事をすませる等）や、深夜腹痛を生じ救急車で運ばれ、浣腸して帰ってきた事例（レントゲンを撮ったところ、骨がスカスカだった）等があった。保健室で生徒の話を聞いていると、それでも食生活は「普通」と返ってくる。何が普通で何が異常かわからない状態になっている。

一人の問題をどのようにみんなの問題にしていくかが問われていると感じた。昨年度の生活調査でも自分の食生活が偏っているかの問に「わからない」とした生徒が多かったことも踏まえ、食生活を振り返らせることが大事と痛感していた。

このテーマを検討している時、アルコールやタバコの問題も出たが、教師側からは救急病院に運ばれた子の話題も出し、身近な友達の食生活を話題にする中で、砂糖の取り過ぎによる「低血糖」を学習し、食生活問題に取り組むことに決まった。

テーマ：「食生活」

キャッチフレーズ：「食のセンスが輝る食美人」

日　時：二〇〇一年六月二一日（木）四校時

ねらい：自分の食生活のどこが問題か、一人ひとりに気づかせ、食生活の指針（こんなことに注意）を考えさせる。

保健委員会が各学級で行ったこと（五〇分間のLHR）：

①テーマ設定の理由
②アンケートの結果報告（実態と問題点）
③味覚の実験（四つの濃度の違う砂糖水を口に含み濃い順に並べる）クラス全員参加、翌日正解発表
④味覚の説明、偏った食事・飲料は味覚を狂わす
⑤大量砂糖摂取は低血糖を招く（からだの糖代謝）
⑥脳の一日糖分消費と脳の血流量の関係
⑦食生活診断で自分の食生活を振り返る（全員実施）
⑧一日に摂りたい食品群と四つの栄養素グループ
⑨アンケート（あなたの家の食のこだわり）の紹介
⑩食べ方の三つのポイント
⑪保健所栄養士さんによる事前研修会での話を紹介

⑫保健委員会からの三つの提案
⑬感想と各自の食生活の目標を考えさせ書かせる
発表を受けたクラスメートの感想：

〈一年男子〉コーラも気づいたら飲んでるという感じだなあ。ウン、考えよう。まずは、もっと青物食べよう。

〈一年女子〉偏りのないバランスのとれた食事をし、貧血を治す。結構ためになる話だった。コーラにあんなに砂糖が入っていたとは……。きちんとバランスのとれた食事をしなきゃと思った。

〈三年男子〉同じ物を多く食べる傾向があるので、なるべくいろんな食べものを食べよう。具体例やクイズ方式の物を使った話なのでわかりやすかった。

〈三年女子〉なるべく薄味にして野菜も一杯食う！　自分はとても間違った食事をしているんだなあと改めて考えさせられた。これからは健康に気を使った生活をしたい。

保健委員の感想：

〈一年女子〉みんな真剣に話を聞いてくれた。皆のためにもなったし、保健委員もすごく勉強になった。発表の時とても緊張し、ちゃんとできるか不安でした。でもやっている内に慣れてきてきちんとできたのでよかった。

〈一年男子〉初めての経験だったけど、どうにか成功してよかった。最初は時間内に終わるか心配だったけどよかった。クラスの皆に「よくわかった」と言われた。

〈三年女子〉無事ＬＨＲが終わってホッとした。味覚の実験の時に女子がなかなか動いてくれなかったけど、何とか全員できてよかった。準備は大変だったけど、終わってみると充実感で一杯です。

担任の感想：

〈一年担任〉とても充実した時間でした。資料の内容が身近な内容になっていて、実験等も生徒の興味を引くものになっていて良かったです。何よりも保健委員がしっかりと発表してくれたことに驚きました。ご指導有難うございました。

〈三年生担任〉 S子・E子（保健委員）が大変立派にやってくれました。驚きでした。他の生徒たちも実験にはとても興味を持って取り組んでいました。準備等本当にご苦労様でした。

5　二〇〇一年度のLHR実践の成果と課題

取り組みの様子：

〈生徒・教師・保護者〉 味覚実験で盛り上がった。クラスの反応が良かった。発表後、保健室に自分の家の食事のことを話しに来る生徒が増えた。生徒の手で発表したことで、一般生徒や担任教師からもスゴイの声があった。保健委員の親からもPTAの集まりの際に、準備中の家庭での様子が伝えられ、家中の応援が伝わった。

〈保健委員〉 六月二一日の発表まで五月中に形を作っておきたいと思っていた矢先（四月末）委員長・副委員長から「部活の大会が近いのでしばらく休みたい」「先生もお疲れでしょう」と言われ、出鼻をくじかれ、正直ショックだった。生徒から申し出た事なので、生徒から申し出てくるまで待とうと腹をくくった。ただ、内心は大丈夫か心配だった。しかし、五月中旬になって「そろそろ班長会を」との声が、生徒から出てきた。我慢していて良かったと安堵した。

委員長の反対もあったが、私の方で保健所の栄養士さんを呼び事前学習会（5・6校時公欠）を計画した。その日内科検診と重なり、私は学習会の方まで手が回らなかった。大丈夫か、話も充分聞かないのでないかと心配した。だが、学習会を覗くと皆が話を聞き、メモをしている鉛筆の音が聞こえてきて安心した。

委員長がシナリオを前々日に徹夜で仕上げようとした。しかし出来上がらず、前日の朝6時に担任の家に電話をしてきた。「シナリオを完成させてから学校に行くので少々遅刻する」ということだった。担任は感激して、「あの子がこんなに頑張っている」と授業の教科担任に連絡し、公欠扱いにしてもらったのだった。

保健委員が五〇分間自分たちで（授業）をするのは初めてだった。戸惑いながらも委員長の作成したシナリオで取り組み、委員それぞれが満足出来る内容になったのだ。生徒たちだけで五〇分のＬＨＲを、やり通した経験は貴重な体験となり、保健委員としての自信となった。

この取り組みで大切にしてきたこと：

- 保健委員のリーダーと生徒の食生活の実態について時間をかけて話し合ってきた。保健委員も友達の様子をつかむため、時間をかけて語らせ、聞き取り、課題を実感できる取り組みをしてきた。教師から請け負う仕事をするのでなく、生徒の意識をどう目覚めさせるかが課題だった。
- 一生懸命やっている生徒がいると、必ずドラマが生まれる。委員長Ｋ子は活動の中で色々な表情を見せた。しかし、Ｋ子が徹夜で作成したシナリオの存在が、各クラスのＬＨＲのレベルアップを生み出した。
- 本校に赴任した当初、他教師に「生徒によるＬＨＲ」という話をしたとき、「他校と違う」「やれるわけない」という反応だった。一年目はビデオ中心ということもあり、教壇に立つ保健委員は少なく教師中心の指導にならざるを得なかった。二年目は「失敗してもいいから生徒に任せて下さい」と担任に協力を呼びかけた。各クラスの保健委員は、委員長の作成したシナリオ片手に、時間が足りなくなるほど、それぞれの学級でやりきった。三年目の今年はやるのが当然と言う雰囲気があり、最初から堂々と教壇に立っていた。「うちの生徒はこんなことはできない」と思い込みから抜けきれず生徒を傷つけている。生徒が動かないとイライラし、生徒に期待せず、教師が見通して焦って先に提示してしまう。それでは生徒は育たない。関わりを持ちながらも、生徒が考え決める部分を侵してはならない。かといって、傍観しているだけでは生徒の持っている力を引き出せない。生徒を信じ、働きかける力量を身につけなければならないと痛感している。

ＬＨＲ後の「食」への取り組み：

ＬＨＲのねらいだった「自分の生活の見直しと、食生活指針を考えさせる」二つの課題をどれだけ達成出来たかは、感想を見る限り、多くの生徒が自分の生活を見つめ指針を書いていたものの、食に関する認識をどれほど深めたかは疑問の残るところである。しかしこの年は、文化祭で再度食生活（味覚障害）を取り上げ、地区の高校保健委員会リーダー研修会でも当番校として食問題を取り上げた。しかし、特に取り上げたかった「糖代謝」や「脳の血流量」についてどれだけ伝えられたか不安でもあった。今後さらにからだの学習を生徒と共に深めたい。

6　生徒（保健委員）の横顔から

この取り組みの過程で、保健委員の様々な表情が覗える。委員長のＫ子は一年の時学校を休むことも多く、クラスでもほとんど話さない生徒だった。二年時の副委員長の時も、班長会であまり発言しなかったが、電磁波の学習をして、資料をまとめ保健だよりを作成したとき、そのまとめ方に「この子は力がある」と感じた。今回委員長になり班長会や委員会でメモがないとうまくしゃべれない等戸惑いもあった。何かと背負い込んでしまう性格だが、責任感が強く、私にもよく意見した。彼女の頑張りが今年のＬＨＲの土台をつくった。彼女は次の時期委員長に引き継ぐ際、「先生（私）の言うことは実現不可能なことがあるから、自分でダメだと思ったら反論すること」とあり、苦笑してしまった。

二〇〇二年委員長Ｕ男は、明るく人なつっこく好感度だった。三年次になり諸事情で不安定になり班長会が機能しなくなった。しかし、三年生の班長が補い、何とかＬＨＲを終えることができた。三年生の頑張りは、昨年の「活動のあしあと」作成が力になっていた。その年毎にいろんな人間模様があり、落ち込んだり喜んだりと様々である。生徒の動きが鈍いときは、必ず指導者側に問題があると痛感した。

7　まとめにかえて

意識的に保健委員会活動に関わって一七年になる。この間三つの学校に関わり、生徒と共に学びながら手探りでしてきた。その間、忘れられないドラマも多くあった。その時々の委員会集団の力が異なる。生徒たちにはその時代毎にからだのことを何かやったな、程度の記憶しか残らないかも知れない。でも、目の前にいる生徒が健康上の問題や課題を抱えていれば、それを皆の問題として考えさせ、取り組ませることが私たちの仕事だと思う。

また、なぜ保健委員会にこだわってきたかを考えると、対人関係が結べない等の現在の生徒の実態から、保健室を拠点にした保健委員会活動は、生徒の「学び場」として今ほど求められている時はないといえるのではないか。教師の下請けとしての委員会ではなく、生徒自らが学校生活を見渡し、「何をどんな風に仲間と共に取り組むか」その過程が生きる力の学びの場となるよう、教師はその組織者になることが求められているのではないでしょうか。

二　小久貫君代実践の分析・批評

1　養護教諭の教育的活動における委員会活動実践の意義

(1)　養護教諭職務における「保健委員会活動」実践の意義をとらえ返す

学習指導要領の変遷過程に於いて、一九六〇年代から徐々に能力主義的教育課程となり、教科を主とする認知主義的カリキュラムが偏重され、子どもが主となって活動する特別（教育）活動（児童生徒会活動や各種委員会活動、部活動、学校行事など）が形骸化されてきた。それでも二〇〇〇年代に入る前頃までは何とか受け継がれてきたものの、それ以降は急激に下火になってきている。例えば、雑誌『保健室』一～二〇〇号のうち、八六号まで（一九八五～一九九九年）に保健委員会活動の特集は九回組まれているが、それ以降終刊二〇〇号（二〇二〇年）までの二〇年間には三回しか組まれていない（全養サ五〇年誌）。つまり、教育が上からのスタンダード化と学力主義が支配し、子どもが主体的に物事を考え、協同し、社会意識を形成していく教育的営みが、一段と希薄化してきた経緯がある。

こうした状況下に関わらず、自治的主体者を育てる実践を三〇年余り継続してきた（できた）小久貫実践は、先に見たような実態把握と課題意識、そして強い願いに裏付けられた原則的な戦略と取り組みがあったからであるが、それが当事者である保健委員たちの達成感や自己成長意識、同僚教員の評価や支援となり、保護者の賛同をも得たからだったと言えよう。

(2) 自治的能力（人格）形成と健康意識（保健文化）形成をマッチさせた取り組み

もともと、保健委員会活動は、教育課程では「特別活動」の一つであり、教師主導の教科学習に対して子ども主導の教科外活動に位置づくものである。学びや追究の対象は、保健課題や健康文化的内容であるが、それを養護教諭の支援や指導を得つつも子どもたちの自治的活動（主体性と協働的取り組み）で運営するところに特徴がある。その教育的ねらいは、課題としての健康文化的意識を高めることと、その課題に主体的に協働して取り組む自治的意識やその力量形成との両面あるが、それを同時的に意図している。だが、先に述べたように、教科中心の学力主義的状況が重視される中、自治的意識を育てる活動が停滞し、活動が健康文化的な面を意識した発表や取り組みに傾斜してきた傾向がある。（藤田和也『保健室』一二九号や全養サ編『保健委員会は私の教室』農文教、二〇〇四年参照）。

こうした時代状況への傾斜がある中、小久貫実践ではこの両面が極めてバランス良く一体化した取り組みがなされている。否むしろ、この時代的変化における生徒の特性（自立心や関係性の弱化、自信のなさ等）を考慮し、精神面・社会面を育む教育の弱体化を意識しながらも、現実の健康文化の課題に向き合わせることを通して一体的に自治意識を育てることに力点を置いているように思われる。

(3) 保健委員会活動における養護教諭の指導性と生徒たちの主体性の関係のジレンマ問題

小久貫実践を読み、保健委員会活動への強いこだわりとやりがいを感じつつも、時々ジレンマになっている点が感じられた。それは教師主導の「保健教育ジャンル」の実践とは異なる教師としての立ち位置をどうとればいいかという問題である。生徒の現実やそれに対する思い・願いを抱けば抱くほど、その解決方法としての「指導性」が意識に上るが、「自治活動」意識が持ち上がると、「指導」意識を抑制しなければならず、ジレンマが生じやすくなる。本実践では、テーマ設定時や委員長の選び方、研修講師の設定時、また学習会や委員会等での議論における意見のぶつかり合い時、等でジレンマ意識が生じてるように感じられた。委員会が動かないとき、なかなか前に進まず、乗り越えられないでいる時、教員にイライラ感が募るが、小久貫さんはこの際教師にとって大事なのは、「先の見通しを持つ」ことと「生徒を信頼して働きかけられる力量」だとしている。この実践の良さは、関係性の「ジレンマ」を困ったことと考えず、その「矛盾」を肯定的に捉え、「止揚する議論」を生み出し、その支援や組織過程を経ることで成果（達成感・充実感・成長感）が得られるとしている点にある。

⑷ 保健委員会活動の過程での「学習会」の意味・位置づけと「ドラマ」が生じる組織論

小久貫実践の活動の組織化過程には、保健委員が一般生徒たちへの「からだの先生」になることを意識した学習会が随所に位置づけられている点にある（そのリアル過程は不明だが）。班長会でも全体の委員会でも「からだの学習」を位置づけ、「疑問」を出し合い、理解・納得に至るための「かみ砕く時間の保障」が大事だと考えている。つまり、保健委員会活動の自治活動と文化活動の両面の質を保証する「学習活動」が不可欠で、その両機能を高める重要な要素だと考えていることにある。

また、学習活動を含む活動の組織過程で様々な問題が出てきた場合は、トップ（教師や委員長等）が勝手に決めるのでなく、できるだけ議論をし、合意形成と責任の共有を行うという自治活動の基本を大事にしている。だが、その過程では必ず人間関係で悩んだり、ぶつかり合いでリーダーが悩み苦しんだりという過程を経る。しかし、その苦労を経ての成功場面で感動が生まれ、そこにドラマが生じ、教師としての喜びがあると考えている。こうしたマイナス現象をも、肯定的に捉えられているところに小久貫実践の特徴と、より本質的な取り組みを感じる。

(5) 保健委員会活動は、保健室における発達支援のエンパワーシステムとなる可能性

この学校の生徒の実態のところで、「生徒たちは、自立心に乏しく、自信や自己肯定感が持てず、対人関係に希薄で、依存的である」との傾向が指摘されている（三七四〜三七六頁参照）。また保健委員にもそういう課題の抱えた生徒がいて、その代表事例として二〇〇一年度委員長であったK子の様子が描かれている（三八〇頁参照）。一年時は不登校気味で、クラスでほとんど話さず、二年時に副委員長になったが班長会でもあまり話さない存在だったらしい。そのK子が三年時に委員長になってから、当初はメモ書きがないと話せない子であったが、最後の全校LHR時には「K子の徹夜のシナリオづくりが成功の土台になった」と賞賛されるまでに成長を遂げる。つまり、保健委員会におけるグループワークでもまれる過程で、大きく「生きる力」をエンパワーすることができた、といえるのである。

これに類する実践事例は他にもある（「今・子どもをどう理解し向き合うか」保健室登校児の小六K男が保健委員会活動の中で見事に自立していく実践【1-④-16】）が、今後、これらの実践の何が、子どもをどうエンパワーし、どのように自立心や他者と共生しうる力という発達課題に肯定的作用を及ぼすのかについて、分析・検討を伴わせる必要があるだろう。

2 保健委員会活動のあり方を巡って

(1) 保健委員会指導の目標観の明確性

本実践の特徴は、実践者の生徒への思いが明確であるという点である。それは保健委員会活動を通して、社会人

になったときに健康に生きていく主体者として育って欲しいという強い願いがある。

実践の最後で、「生徒保健委員会活動は、生徒の『学びの場』として今ほど必要な時はないのではないだろうか」とまとめられているように、「学び合い」を柱にした取り組みで、これが小久貫実践の大きな特徴ではないだろうか。

保健自治活動のマス分析で、保健委員会指導の目標観を「自分のからだと生活を主体的にとらえ、自ら健康維持に努めると共に、みんなでその維持・改善に向けて連携・共同して取り組んでいくことのできる意志と力である」と確認したが、小久貫実践の保健委員会指導のねらいは、マス分析で引き出された重要な要素をまさに反映している。実践者の中で保健委員会指導のねらいがきちんと確立されていることが、取り組みを成功させた大きな要因なのだと思う。

(2) 保健委員会活動の指導はどうあるべきか

マス分析において、保健委員会活動の活動観としては、「取り組むべき健康課題を自分たちで見つけ、その課題解決に向けて自分たちでアイディアを出し、それを全校にアピールしていく活動である」と確認した。そして、その保健委員会の指導観としては、「子どもの意見をよく聞き、そこから問題解決の糸口を引き出し、子どもたちと一緒に問題解決を図っていく。生徒とじっくり向き合い、語り合い、生徒のエネルギーやアイディアやひらめきをしっかりと引き出し、受け止めて、活動を進めていく、等々」が確認されたが、小久貫実践ではマス分析で引き出された重要な実践要素がまるでお手本のように実践化されている。

ただし、生徒たちのなかに対象となる問題や課題への意識が低かったり弱い場合（この実践では、自分たちの日常の食生活への関心について）は、その意識をかき立てたり、問題提起することも必要で、「生徒の実態と関わって、ぜひ学ばせたいと思う内容があれば、時期を逃さず提案していくこと」が大事だし、「何を、どんな風に、仲間とともに取り組むのか」その過程が生きる学びとなるよう、教師は組織者として関わらなければならない、という点が重要になってくる。

(3) 活動への意欲や主体性を生み出す（引き出す）工夫

この取り組みで大切にしてきたことに、生徒保健委員、特にリーダーと生徒の実態について時間をかけて話し合っていることがある。「委員の生徒自身に友達の様子を語らせることに時間をかけ、できるだけ問題・課題を実感できるテーマになるように決めるまで、時間をかけてきた。」とあるように、教師は生徒の成長力を信頼し、主体的な思考と言語化を促すことをとても大事にする指導をしているが、それこそが活動への意欲や主体性を引き出すうえで重要なことではないかと思う。

もう一つは、委員会活動で大切にしてきたことの中にある「委員会・班長会にきて、活動して、楽しかったとなるように私も生徒との会話を楽しむ。〝どうせやるなら楽しんで凝ってやろう〟と呼びかけてきた。私的なことも話せる雰囲気、しかし入れない雰囲気にならないように配慮する」とあるが、これも活動への意欲や主体性を引き出すうえで大事なことではないか。

また、小久貫実践で、「生徒の意識をどう目覚めさせるかが課題」としている点について検討してみる。その生徒の「意識」というのは、人間が誰でも心の奥底に持っている、人から認められたいとか、人の役に立ちたいとか、自分の力を発揮したいなど、人としてより良く生きていきたいという欲求なのではないか。教師は生徒たちにそういう欲求が自分の内面にあることを「保健委員会活動」という場で気づかせ、実現させようとしているのではないかと思う。教師のそういう姿勢を感じ取った生徒たちが、「この人の言うことならやってみようか」、「自分にもできるかもしれない」という気持ちに知らない間にさせていったのではないか。これがやる気の元の元で、これができると、やらされる活動から、自分がやりたい活動に変わると思う。養護教諭の保健室での仕事ぶりや生徒と接する姿を見て、「自分もこの人のように輝いて生きたい」と思ったのかもしれない。魅力ある大人のモデルである。ここが小久貫実践の起点なのではないだろうかと考えると、マス分析の実践要素の中にも、ぜひ、「養護教諭の豊かな人間性」を加えるべきだろう。

(4) 保健委員会指導の進め方にかかわって

長年の委員会活動で大切にしてきたこととして、活動の基本原則、例えば「組織は班を作り、行事は班単位で活動する」、「原案は、班長会で作成し、全体会に提案する」……等々である。それら一つひとつの進め方の原則は、どれをとっても簡単にできることではなく、小久貫実践のものすごいエネルギーと洗練された手順の確かさが感じられる。

また、小久貫実践には、マス分析で引き出された保健委員会活動に具備したい三要件（文化活動・自治活動・学習活動）がすべて揃っている。学校の自治研究では、自治活動の根幹は自主決定と自主遂行とされているが、小久貫実践では「必ず話し合いで決め、決めたことは自分たちでやりきる」ことを大事にしている。活動を通して自治の原則や民主的な活動の仕方が身につくような工夫や支援をあちこちで実行している。

こうした活動の原則の中でも特にすごいと思ったのは、「一年間の活動のまとめ」である。まとめの作業は、次の年の新体制が行い、この作業が先輩たちの活動を学習することになり、自分たちの手引書となるというものである。この作業により一年間の活動の見通しがもてると、やる気が湧いてくるだろうと思うし、毎年ゼロからのスタートではなく、一年一年の活動が受け継がれ積み重ねられていくので、年々充実した活動になっていったのではないかと想定される。

3　集団討議で出された諸意見（分析と批評）の要約

(1)　保健委員会活動が、「自治」の活動になるということ（自治活動の考え方を中心に）

●同じく高校に勤務していた者として、進学生徒も一定数いる学校で、勉強以外の課外の活動にどこまで迫れるか、受験を控えた生徒の一人が「いや私は、この発表のためにこの消化管をつくることがいま大事なんだ」と言えるまで取り組ませているのはスゴイと思った。これこそ本当の委員会活動だし、自分のやってきたことは自治活動にはなっていなかったと思った。

●小久貫実践では「自治」という言葉は使われていないけれども、取り組みはまさに自治の原則が貫かれている。子どもたちに様々な課題に向き合わせ、対話させて考えさせ、自分たちで決めて実行させている。やらせの活動ではない。

●こういう自治の活動は七〇年頃から教育界で抑制されてきた。大学紛争が広がった頃からで、学生の自治会活動がしぼまされていった。その後中高生の荒れも広がる中、生徒会の自治的活動も育てられなくなり、学校の中に「自治」という言葉が使われなくなった。戦後の教育課程は、教師が軸になる教科学習と生徒が軸になる教科外活動の両輪で構成されたが、教科外の「特別教育活動」が「特別活動」になり、教育色が薄くされてきた経過があるが、小久貫実践では、教科外の教育活動として今も生きていると感じた。

●保健委員会活動は、取り組む保健文化の質とその学習活動、そしてその自治的運営の三要素が備わっているかが大事と言われてきたが、近年の文化祭等の取り組みでは、何らかの健康問題を取り上げ、それを調べて発表して終わり、という自治の機能や組織化過程が骨抜きになっているように思う。その意味でも小久貫実践は大事に継承すべき三要素を持っているし、「自治」的な保健活動の典型実践だと思う。

⑵ 保健委員会活動の進め方やその工夫と関わって

●自治的活動になるためには、自分たちでの話し合いや学習過程を組織することがすごく大事だと思う。自ら納得して行動に移すには、学習によって得る知識が武器っていうか、不可欠なので、それをとても大事にしているように思う。

●先生は話し合いを大事にし、議論をさせている。その過程で矛盾が生じぶつかったりする。また、自分もその委員会の一員として矛盾を持ち込むような発言を意識的にしている。そして、生徒同士が人間関係で悩んだり葛藤を憶えたりしたときも、心のヒダを耕すような関わりをしている。そういうときにドラマが生まれるとも言っている。その関わりというか、関係性に教育作用があると捉えているのが素晴らしい。

●そうですね、こうした委員会活動がなしえるためのキーワードは「話し合い」と確かな質のある「学習の保障」ですね。それから「生徒の自主性と教師の指導性の兼ね合い」を大事にしていることがあるんではないでしょうか。

●小久貫さんは、ある時は積極的に問題を投げかけ、ある時はじっくり我慢をして待つ、という対応をしている。例えば、食の課題に取り組ませるときに、保健室での生徒たちの実態を積極的に投げかけ、自分たちの周りの生徒の様子を探らせようとしたり、保健所の栄養士さんに声がけし、情報や知識を与えようとしている。しかし、直接行動させるようなやらせは絶対しないで、待つことを心がけている。こうした両面をうまくかみ合うような対応をしている。

(3) 養護教諭が保健委員の生徒たちへの信頼と「学校づくり」の意識があるからこそ可能

●確かに小久貫実践は、自治的な意識を育てるためにさまざまな工夫をしていて素晴らしいのだけれど、それは方法上の工夫というより、そのための前提というか、人間への信頼というか、ちゃんとした働きかけをすれば人間関係も深まるし、自分や仲間の生活や行動も変わっていくという成長する力への厚い信頼があるからだと思う。それは同僚の教師集団に対してもそうとらえているように思う。でないと、学校全体に健康文化を広げるなんてできないのではないか。

●今私は養護教諭養成に関わっているけれど、その大学生には高校までの不満や愚痴はあるけれど、それを皆で共同して何とか変えていこうという意識はすごく乏しい。そういう体験が高校までにほとんどない。つまり、自治活動的体験がほとんどなく育ってきている。その意味で、こうした小久貫実践のような体験を経て大学に来てもらうことが重要である。

●このコロナ禍の中で、こうした自治的取り組みはほぼ皆無になっているのでないか。保健室ではほとんどが管理的業務となり、対策的取り組みになっている状況がある。教育職としての養護教諭の役割を考えると、子どもを信じ、教員仲間と共同しながら健康な社会形成の人格養成を考えるべきだと思う。

4 まとめ――小久貫実践に学ぶ委員会活動の現代的意義

本文の最初にも書いたことであるが、学校内における子どもたちの自治的活動が極めて形骸化されてきた。それは小・中学校の子どもだけでなく、高校・大学という大人になる過程における教育作用の中でも軽視され、主体的に共同して社会づくりをしていく能力が育まれなくなった。その背景には、学力を中心とする学びの場に学校が変質させられてきた動向が関与しているものの、全く教科外活動がなくなったわけではない。児童会や生徒会、各種委員会活動も形骸化し、機能不全に陥っている学校も多くなったが、子どもたちの主体性や能動性、そして共生的に生きる力をも学校でこそ今日的に育てるべきだとする機運も国内外で生じ始めている。

確かに、この小久貫実践が取り組まれた二〇〇〇年頃には、保健委員会活動も小・中学校ではすでに下火の状況下になっていたが、一九七〇年代半ばから九〇年代には極めて活発に実践がなされていた。その時期、すでに不活発になっていた児童会・生徒会それから他の委員会活動が、保健委員会活動に刺激されて機能を取り戻す学校もあったほどである。学校で保健委員会がとりわけ機能し続けた理由は、小久貫実践に典型的に見られるように、その文化的側面が「命や心身の健康」という誰しもが軽視できない課題であり、保健室・養護教諭の頑張り次第では保護者をも巻き込んで展開できる取り組みだからと考えられる。「自分たちで健康を守り合い、育ち合える」大人に、社会に、未来づくりを、この小久貫実践に学び、今日の学校にぜひ再興させたいものである。

Ⅴ　学校保健の組織的活動：黒澤恵美実践から学ぶもの

一　実践記録：「父母・教師、みんなで子どもを守り育てていける学校に」

『第二三回全国養護教諭サークル連絡協議会研究集会レポート集』一九九三年所収、黒澤恵美（元山形県公立小学校養護教諭）

はじめに

児童数二八〇名のＡ小学校に異動して三年目。最近になってようやく仕事の歯車が噛み合ってきたなと感じています。いろんな問題を抱える子ども達を中心に、学校・家庭を見てきた二年半を振り返りながら、子どもを守り育てていくための組織活動をどう作っていけばいいのかを考えて行きたいと思います。

1　赴任当初のこと

自然に恵まれ、人情味にあふれた僻地の小規模校から五年ぶりに中規模校に戻ってきての仕事は、大きな学校とはこんなに大変だったか、と驚きを感じる毎日の連続でした。保健室にいても、職員室にいても落ち着かない日が続きました。

保健室で四年生の子どもがベッドで休んでいると、六年生の男子数人がドヤドヤと入ってきて、「なぁ～に寝てるんだ」と言って、いきなり布団をはいで意味のない笑い声を立てて出ていく、などということがあったり、校舎内でのい糞さわぎ、遊び感覚のいじめ、外での万引きや喫煙などの問題行動が次々と起こりました。それまでは他所事と思っていた子どもの荒れを目の当りに見せられたのでした。

保健室には毎日、からだの不調を訴えて子ども達が来室しました。腹痛や頭痛、気持ち悪いといった訴えが多く、そういう子どもたちの生活の様子を探って行くと、大半が生活リズムの乱れから身体症状を起こしているとわかりました。

四時間目に「フラフラしている」と担任に連れてこられた二年生のY君は、前夜、夕御飯も食べずに11時過ぎまでファミコンをし続け、朝は朝で寝坊して朝食抜きで登校してきていました。「気持ちが悪い」とぐったりして来室した六年生のS君は、夜九時過ぎに父親からカラオケボックスに誘われて、スポ少や連日の陸上練習で疲れていたけれど出かけて行ったと話してくれました。

また、腹痛を訴えてくる子に「いつ排便があった?」と聞いても、首をかしげ「わからない」と答える子の多さにも驚きました。子どものからだと生活リズムに対する認識は、子どもたち自身もさることながら、家庭での考えにも疑問を抱かざるを得ない状況がありました。

そんな子どもたちを前にした教師集団の姿にも疑問を持ちました。自分のクラスの子どもでなければ関係なしといった学級王国主義の教師が多く、じっくりみんなで考えなければという姿勢が見られませんでした。放課後、ある先生に「今日、保健室で○○君が……」と話しかけると、めんどうくさそうな顔をしてワープロから目を離そうともしなかったり、職員会議で提案されたことに意見を言うと、「時間がないので係の案どおりに行ってください」と返ってきます。意見交換する時間的余裕も与えられず、それに対して何も言わない、変に思わない、といった状況でした。

たくさんの提出物の期限に追われ、教師として一番大切な〝子どもを見ていく〟〝子どもを語る〟ことさえもできなくなっている教師集団でした。

子ども達が生き生きと目を輝かせて生活できるようになるためには、父母も教師も目をそらさずに厳しい目で現実をとらえ、一人ひとりをもっと暖かい目で見守り、子ども達にどんな力をつけていくべきかを考えていくことが必要だと思いました。そして、そのために私ができることは何だろうと考えました。

2　一年目の取り組み

私にできることは、大声でおかしさを言うのでなく、今まで養護教諭としてやってきた実践から学んだことを生かして、子どもに直接働きかけることではないか、そこから出発してみようと思いました。子どもの変容が少しでもあれば、周囲の大人や教師達が今何が大切か、何をすべきか、気づいてくれるはずだと思いました。

①保健だよりで

「ほけんだより」には子どもの姿をできるだけ載せ、そこにわたしの願いや考えを加えるようにしてきました。子どもたちの実態から見て、まず、生活リズムの大切さを学はせたいと思いました。そのために、子どもにも父母にも、そして教師にもみんなの目に入る「ほけんだより」を通してその大切さを伝えることにしました。保健室での子どもの様子を知らせながら、「からだの科学」をわかりやすく載せました。

七月　「うんこの話」特集

No.1　食べものの旅

No.2　うんこと健康

No.4 No.3　朝のうんこ大事！
朝、スッキリうんこをするために
★学級での一読運動を勧めました。低学年の先生から「子どもたちがとても楽しみにしているよ」との声が保健室に届きました。
一〇月「すいみんの話」特集
No.2 No.1　「ねる子は育つというけれど」その一
「ねる子は育つというけれど」その二
★9月に行った生活リズム調査の結果から《早寝》にポイントをおいて載せました。子どもたちは、「早く寝ないと大きくなれない！」と真剣に見ていたそうです。

一二月「頑張りの紹介」
がんばったよ、生活リズムの取り組み
★何かと問題行動の多いA君（生活の乱れからよく体調をこわして来室していた子）と、学校を欠席がちのKさんに、個別にカードを作って指導していました。そのがんばりの様子と、A君の作文を紹介しました。

この頃、顔洗いをちゃんとするようになりました。前、洗わなかったときは眠い感じがしました。洗うと眠気もとれて、気持ちがいいです。きのうは、約束の時間までに眠れませんでした。朝起きれなくて、気持ちが悪かったです。朝ごはんは、前は食べない日が多かったです。でも今は、自分からちゃんと食べるようになりました。朝のうんちも、出るか出ないか気になるようになりました。ごはんを食べるとうんちが出ると分かりました。

配布した日の放課後、担任が「こういう認め方もあるんだな、と思った。お世話さま、これからもよろしく」と保健室に来てくれました。

子どものことで話をしても、意見が一致しないことが多かったA君の担任でしたが、生活がちゃんとしてきたら教室での様子も違ってきた、とA君の変わり振りを話してくれました。

三学期のＰＴＡの集まりで、あるお父さんが「先生のげんきっ子楽しみにしてるんだ。子どもたちに読んで聞かせてる。同級生のことが載っていると、自分もがんばる気が起きるみたいだ」と教えてくれました。私がやってきたことの手応えが、はじめて父母から伝えられ、とても励まされた一言でした。

②教室でのからだ学習

先生方が留守になる時間をみつけては、からだの学習をさせてもらえないか、と申し出てみました。

四つのクラスで行うことができました。

一年　ぼくの目、わたしの目

二年　うんこのはなし

四年　うんこの話

五年　うんこの話

学習の最後に書いた子ども達の感想や絵を、廊下の掲示板に貼っておき、みんなの目に触れるようにしました。

子どもたちがはじめて体を知った時の驚きや喜びの気持ちを知って欲しいと思ったからです。

子ども達が「先生、私たちのクラスはいつ?」と聞いてきました。同じ質問を担任にもしたらしく、「うちのクラスでも今度お願いしたい」という申し出が入るようになりました。

③冬休みの生活リズムの取り組み

二学期の終わり、保健安全指導部での学期の反省の折に、「冬休みに、早寝と早起きと朝の排便にポイントをおいたがんばりカードを渡したい」と提案しました。「家庭の課題だから、休み中に取り組ませることでおうちの人の意識も違ってくるだろう」と賛成を得てカードを配布することになりました。

起きる時間、寝る時間は一人ひとりに決めさせて、めあて通りにできたら色をそめるカードにしました。また、子どもが記入する【やってみての感想】の欄と【おうちの人から】の欄、【先生から】の欄を設けました。

休み明けに返ってきたカードには、(気持ちよかった)(うんちが出たらすっきりした)(早く起きるとがんばる気が出てくる)などの子ども達の感想が書かれていました。そして、ほとんどのおうちの人が、子どものがんばりの様子などを記入してくれ、「規則正しい習慣が、いかに身体のために良いかわかって、親子共に良かった」とカードへの感想も寄せてくれました。

意識的に設けた【先生から】の欄には、二人の担任の先生が一筆入れてくれました。回収が半分だけのクラスもありましたが、一緒にやっていける仲間がいることを心強く感じました。また、一人一人のカードにコメントを入れて返したところ、六年生の担任は、「他の子にも読んで欲しいことがいっぱいあったから」と、全員のカードを教室に貼り出してくれました。

3　二年目の取り組み

①からだの学習を全校のものに

年度初めの四月、保健安全指導部会で、性教育を中心にした「からだの学習」の全体計画を作り、全学年に下ろしていくことになりました。この年、性教育が教科に盛りこまれることになっていましたが、低学年のうちから系統的に教えたほうがいい、とみんなの意見がまとまったのです。

一年・うんこのはなし　・ずっと前のわたしとぼく
二年・ずっと前の私とぼく　・赤ちゃんはどこからきたの
三年・からだの中と通じている穴をさがそう　・もうひとつのあなのひみつ
四年・からだの中と通じている穴をさがそう　・もうひとつの穴のひみつ　・もうすぐ命を生み出す動きがはじまるよ
五年・いのち　・からだ
六年・いのち　・からだ　・こころ

一一クラスのうち、八クラスで予定通りに学習することができました。私が授業をしたのが二クラスだけで、他は担任が実施しました。授業の内容や子どもたちの感想が載った学級便りをもらったり、授業を見せてもらったり、見に来てくれたりと、からだの学習をしていく中で担任教師との交流が徐々にできるようになりました。

たいへん楽しい授業でした。生命の不思議を、私自身感じて聞いていました。自分の学級の子どもに教えたらどんな反応をするか、楽しみです。子どもって、生命のこと、体のこと大変興味をもっているんだなと思いました。（3年担任）

二月に開かれた学校保健委員会で、この性教育を中心にしたからだの学習の報告をしました。そして、おうちの人の考えも知りたいと思い、そのときの話合いで出された意見と、学習しての子どもたちの感想を載せ、一言書いてもらうスペースを設けて、「ほけんだより」で流してみました。予想していた数をはるかに越える声が集まり、学習の感想に加え、学習後の子どものようす、学習に期待すること、それから、うちではこんなふうにしているという紹介まで寄せられました。一番多かったのは、「親も学習していかなければ」という声でした。

- 二年生のおへその穴の学習、とても良かったと思います。うちではどこまで教えたらよいかわかりませんでした。（Aさん）
- 子どもの素直な驚きと感動を語ってくれる姿は私の想像をはるかに超えた柔軟性と吸収力を子どもは持ち合わせていることを痛感させてくれました。気負うことなく、一人の人間同士として話し合っていけるように私たち大人の意識改革が一番重要なのかもしれません。（Sさん）

②PTA活動で

二年目の二月、PTAの規約改正がありました。体育だけでなく体のことも考えていかなければならないという理由から、「PTA体育部」の名称が「PTA保健体育部」に改められました。私は、これを機に子どもの体をみんなで考えるPTA活動をやれるのではないかと密かに期待していました。しかし、どう働きかけていけばいいのか、どう仕組んでいけばいいのかわからないまま一回目の部会が開かれました。

体育面の活動が決まり、いよいよ保健面の活動は何をしていこうかと話が進んだとき、あるお母さんが「学校でやってくれた、生活リズムの調査をやってみてはどうか」と発言してくれたのです。また、あるお父さんからは「うちの子は、おやつばかり食べていて夕飯を食べない。他の子はどうなのだろう」との声が上がり、話し合った結果、『生活リズムと食生活調査』をすることになりました。アンケート作りの班と集計の班に分かれ、夜、仕事が終わってから集まって作業をしました。全体の結果は私がまとめることにしましたが、学年毎のまとめは、考察まですべて部員のお父さん、お母さんの手でなされました。そして、六月のPTA研修会の時に結果を全体の前で発表することができました。これは、予定にはなかったことですが、保健安全指導部の主任が研修部に働きかけてくれてのことでした。

今年度も、『生活リズムと食生活調査』が継続して行われました。そしてさら二月には、性教育の学習会も計画されています。

はじめての役員で、何をしたら良いのかわからず、また仕事で休めず出席できない日もありましたが、役員をさせていただき少しずつ学校内の生活や活動が見え、役員をさせていただき良かったと思っています。生活リズムは、学校ばかりでなく、家庭内でももう少し考えなくてはいけないと思います。いろんな事を、私達自身もっともっと勉強しなくてはいけないと思います。本当にありがとうございました。（Tさん）

おわりに

地道に、養護教諭としての仕事を通してやれるところから始めたことで、少しずつみんなの目が、子どもの体や生活に向いていったのではないかと思います。小学生のうちからの知識の高得点競争、勝利主義のスポーツ活動、子どもの何を育てて行くのかわからないまま、毎日が過ぎていく多忙な職場の中で、養護教諭は教育者として子どもを見ていくのに、とてもいい位置にいるんだなと感じました。

年度末の反省の中で、「からだの学習が良かった」と一言述べてくれた先生がいたこと、健康観察の時に、毎日寝た時間と排便の有無を聞いて記録してくれる先生が出てきたこと、職員室で子どもの話がいっぱいできるようになってきたこと、おうちの人が相談に来てくれるようになってきたことを記して、保健の組織活動の第一歩を踏み出した報告を終わります。

二　黒澤恵美実践の分析・批評

「みんなで取り組む学校保健」を実現することの意義

今日の子どもたちのからだや健康の問題は、ますます深刻になり養護教諭には、いかに子どもを取りまく多くの人達と共に協働して取り組むような仕掛けが求められている。

文科省が「チーム学校」施策を打ち出してきて久しい。「チーム学校」というと聞こえはいいが、ピラミッド型で〝校長のリーダーシップのもとに〟となっていて、現実にはトップダウンで行われていることが多い。チームとして学校が機能するためには、まずは学校という組織が民主的に運営されているうえで、それぞれが専門性や立場を生かして子どもと向き合ってこそ豊かな教育活動が展開できる。

藤田和也は『養護教諭が担う「教育」とは何か』（農文教、二〇〇八年）の中で組織的保健活動の実践的要素として①教職員との連携と協働　②保健関係づくりの体制と運営　③保健活動の渦づくり（職場づくりと学校づくり）を挙げている。

ここで述べられている要素は黒澤恵美さんの実践の中でもしっかり読み取ることができる。

黒澤さんのような、豊かな実践を通して、子どもが変わり、教師が変わり、保護者が変わりやがては学校全体が変わっていくような養護教諭の学校づくりは、今日の学校の困難な状況を打ち破るためにも大きな示唆を与えてくれる。

1　「子どもの変容を創り出すことが周囲の大人を変える」という教育観

(1) 子どもの成長発達の可能性を信じ、子どもの変容を創り出す

黒澤さんは、目の前に広がる子どもたちの荒れや、自分のクラスの子どもでなければ関係なしといった学級王国主義でバラバラの教師たちを目の当たりにして、この状況を変えてみんなで子どもの成長を支えるにはどうしたらよいかと考えた。その結果、「子どもたちが生き生きと目を輝かせて生活できるようになるためには、父母も教師も目をそらさず厳しい目で現実をとらえ、一人ひとりをもっと温かい目で見守り、子どもたちにどんな力をつけていくべきかを考えていくことが必要」と考えるようになったと述べ、そのために「私にできることは、……子どもに直接働きかけることではないか、……子どもの変容が少しでもあれば、周囲の大人や教師たちが、今何が大切か、何をなすべきか、気づいてくれるはずだと思った」と語っている。

教師、父母が一つにまとまって、健康な子どもを育てることを学校全体で組織的に取り組むことができる状況を創り出すための養護教諭による組織活動の原点となる第一歩は、養護教諭の実践で「子どもの変容を創り出す（子どもはこんなふうに働きかけるとこんなふうに成長・発達していく）」ことを実感してもらうこと、子どもの変容ぶりを父母・教職員で実感し共有することである。子どもの変化を見て教師や父母は、からだや健康の問題の重要性に目が開かれていく。

黒澤さんには養護教諭による働きかけを通して「子どもはからだの主体者に育っていく」という実践的な方法の積み重ねとそれによる確信があり、実践者の子どもの成長・発達の可能性への深い信頼感を持つという教育観・子ども観が見て取れる。子どもの問題の捉え方や、教育的な視点（観）が仕事の質に大きく影響する。一人職種である養護教諭にとって、子どもたちの問題に直面したとき、あくまで子どもに寄り添い、子どもの立場に立って仕事を創造していける「観」を養い磨き続けるためにも黒澤実践から学ぶことは多い。

(2) 教師への深い信頼を持つという教師観——子どもの変容を教師は認め、受け入れる

子どもの問題に皆で向き合えないという困難な状況の中でも、黒澤さんは子どもが変容することを願わない教師はいない、子どもの変容を教師は認め受け止める、という教職員集団への限りない信頼感を持っている。困難な状況の中でも、どうしたら子どもの方を向いてくれるのかを考えた「保健だより」の発行や、「からだの学習」などを通して、職員室で教師からの反応を丁寧に拾い返していく。その中で、少しずつ教師たちの雰囲気や反応が変わっていく。こうした、粘り強い取り組みが、学級王国になっている教師たちをつなぐ力になっていったと捉えることが出来る。

(3) 養護教諭として、どんな子どもに育ってほしいのかという願いをもつ――「生き生きと生活できる子どもに育ってほしい」という確かな子ども観

「その子が大人になったときどういう大人になってほしいかという願い、そういうものを見据えて仕事をしていかなくてはならない」と述べられているように、養護教諭としての育てたい子ども像をしっかり持つことが、その後の実践をどのように創造していくかにつながる。

黒澤さんの描く子ども像は「生き生きと生活できる子どもに育ってほしい」というものである。そして、そのためにはどんな関わり方が必要かという実践の方向性やあり方につながっていっている。養護教諭として、どんな子どもに育ってほしいかという願いもつことは教育実践のスタートに立つとき、とても重要である。

2 したたかに、しなやかに、できるところから、緩やかに取り組む

(1) できるところから始める

黒澤実践のもう一つの特徴は、初めから大上段に構えて「学校を変えよう」とはしていない。そうしようとしてもなかなかそうはいかない。

黒澤さんは、学校全体の状況や、担任や保護者の状況を丁寧に見ながら、どこに声を掛けたら動いてくれるのか、それにはどのような手段を使うのかなどしたたかに考えを巡らせながら「ここならできるのではないか、できるところから始めよう」という作戦を考えて実行している。

子どもたちの問題を前にして、養護教諭として何ができるか。この「できるところから始める」という視点は、

どんなに状況が厳しくてもどこかにその糸口を見出すことはできる。黒澤さんの実践は、子どもに働きかけて子どもの変容をつくる。子どもがだんだん変わっていく様子を見て、教師がかわっていくと信じている。こうした養護教諭としてのしたたかさやしなやかさは、今日、学校の状況がかなり厳しいだけに黒澤実践から学びたい。

状況が厳しいから何も出来ないというのではなく、まずは目の前に居る子どもに働きかけてみる。そしてその変容を作り出す。そこが組織が動いていく出発点になる。

(2) 子どもの問題にどのように対応していくのか、見通しをもつ

黒澤実践では、子どもの実態から出発し、実践を地道にやっていくことで子どもが変わっていくに違いない、そしてそれを通して親や教師たちも変わっていくだろうという、ある種の見通しをもっている。自分の思い（意図）をしっかりともちながら子どもに働きかけることで、子どもの変容を出発にして一年でかなり職場が変わっていっている。それは、偶然ではなくこれまでの経験から、よく考えて仕組まれている。例えば保健だよりを使って、子どもの姿をできるだけ具体的に、しかも子どもたちのプラスの面を捉えて伝えていく。それを読んだ担任や保護者から共感が寄せられる。こうしたしたたかさは養護教諭としてぜひ学びたいことである。

3 「みんなで進める学校保健」の取り組み

(1) 実態から出発する——子どもの実態を捉え問題から課題を探る

子どもの荒れや、生活リズムの崩れなど、子どもの健康実態とその背景をしっかりつかむ。

異動した初年度に、校舎内のい糞、遊び感覚のいじめ、校外での万引きなど、子どもたちの荒れの状況に遭遇す

る。

「保健室には体の不調を訴えて来室する子どもが多く、その背景には生活リズムの崩れ、保護者自身も子どものからだや生活への無頓着が見られる」と述べられている。このように、校内での子どもたちの荒れた状況や保健室に来る子どもたちの生活の実態から問題を探り、課題がどこにあるのかがしっかり捉えられている。さらに、「子どもって、その場で見せる姿が、それだけじゃないんだよって、裏にいっぱい背景抱えているし、家庭の環境もあるし、丸ごと子どもを見ていかなきゃいけない」と、その背景を深くとらえる力がある。その力は、これまでの確かな学びや養護教諭としての経験が生かされている。黒澤さんは「子どもを見る目とか、子どもをどう見るかとかいうことは仲間から学んだ」とあるように、そこで培われた子ども観や教育観が確かな実践につながっている。

(2) 意図的、意識的に周りに働きかける――子どもの姿や子どもの変容を伝える

養護教諭が捉えた子どもの姿、特に子どもたちが変わっていく姿を丁寧に教師や保護者に返していく。黒澤さんはこのことを意図的・意識的に実践している。この黒澤実践の分析討論の中でも、「子どもにこんなふうに変わってもらいたいっていうことが根底にありながら子どもに働きかけている。その子どもへの働きかけ方と、その返し方が非常に丁寧になされている。保健だよりや、体の授業の結果など、子どもの変化や反応を非常に丁寧に返している。子どもに感想を書かせて、返すということは私たちもよくやるんですけれど、そこのところに『何を書かせて』『何をどう返していくか』ということが大切で、子どもの変化が読み取れるようなものを返していくというところが、この実践のすごく優れたところですね。」「こういう取り組みは黒澤さんの時代だからできたということではなく、現代の学校のようにさらに管理が厳しい時代にあっても、養護教諭が意図的・意識的に取り組むかどうかが分かれ道になるかなあと思います。」「今の時代こそ、本当に意図的・意識的に取り組んでいかないと子どもの問

題の解決ってできないだろうなっていう気がすごくしてるんですね。」といった指摘があった。子どもたちが成長していく具体的な姿が見えることで、教師や保護者の意識も変化していく。きわめて重要な視点である。

(3) 健康になるための学びを大切にして子ども・父母・教職員の変容を創り出す（子ども、教職員、父母への働きかけ）

①「保健だより」を学びの場に、成長を喜びあえる場に

黒澤さんは保健だよりを発行するにあたり子どもの変容が少しでもあれば、周囲の大人や教師たちが、今何が大切か、何を大切にすべきか気付いてくれるはずだという信念のもとに保健だよりを通して父母や教師に働きかけている。

「保健だよりには子どもの姿をできるだけ載せそこに私の願いや考えを加えるようにしました。子どもたちの実態からみて、まず、生活リズムの大切さを学ばせたいと思いました。」また、「A君（子ども）の頑張りを紹介した日、これまで子どものことで意見が一致しないことが多かったA君の担任から、生活がちゃんとしてきたら教室での様子も変わってきたとA君の変わりぶりを話してくれた」とか、「PTAの集まりで、あるお父さんから、先生の元気っ子楽しみにいてるんだ……（後略）など……私のやってきたことの手応えが初めて父母から伝えられ、とても励まされた。」

と述べている。黒澤さんの保健だよりを発行するにあたって大事にしている視点は次の三点である。

＊保健だよりで子どもの姿と養護教諭の考えを伝えていくことの重要さ
＊からだや生活について学びを深める保健だよりにする
＊子どもの頑張りの姿を伝える

このような働きかけを通して、子どもの変容した姿を実感した教員は、子どもの見方やかかわり方を変え、養護教諭の取り組みに共感し共に取り組んでいくようになる。保護者もまた、自ら生活リズムの取り組みに主体的に参加するようになっていく。

子ども・教職員・父母の意識の変化を創り出したことで、健康の問題で学校全体を一つにまとめていく力につながっている。

②冬休みの生活リズムの取り組みが果たしたこと

からだの学習に続き、保健指導部に提案し冬休みに「生活リズムづくりの頑張りカード」に取り組ませる。子ども自身が主体的に自分の目標を決め頑張りカードに記録する。このカードには保護者や担任の記入欄を意識的に入れた。多くの保護者が一言記入したり、担任の中には一人ひとりのカードにコメントを入れてくれたり、そのカードを教室に掲示したりしてくれた人もいて、「一緒にやっていける仲間がいる」ことを養護教諭は実感する。こうした取り組みが翌年の学校全体での取り組みにつながっていく。

③からだの学習と性教育の取り組みが作り出した力

担任が留守になるときを見つけてその時間をもらいからだ学習に取り組み、いくつかのクラスで授業を行う。子どもたちが初めて体を知ったときの驚きや喜びの気持ちを知らせる感想や絵を廊下の掲示板に貼り、みんなの目に触れるようにした。子どもたちからは、「うちのクラスはいつ?」と養護教諭に聞いてきた。それを受けて、担任からは「うちのクラスでもお願いしたい」という申し出が入るようになった。

翌年には、性教育を中心に「低学年のうちから系統的に教えたほうがいい」とみんなの意見がまとまりからだの学習の全体計画を作って進めることになる。授業は養護教諭だけでなく、担任も積極的に授業を行い子どもたちの感想を学級だより等に載せたり、お互いに授業を見せ合うようにするなど交流が深まっていった。

また、学校保健委員会を活用して性教育について報告し、保護者の感想を求めると多くの保護者が感想を寄せてくれた。

できるところから始めたからだの学習であったが、子どもたちに好評で全校に広がり、性教育の取り組みとも相まって全校の取り組みに広がったのである。その中で、担任との交流も深まっていく。一方保護者の方も、「親も学ばなければ」という感想が寄せられ、学校への期待と合わせて保護者自身の意識も変化していった。

こうした取り組みが、健康の問題で学校全体を一つにまとめていく力になっていった。

5　まとめに代えて——黒澤実践から学ぶこと

(1) 分断されている今こそ養護教諭の立ち位置が重要

今の状況は、一人ひとりにあった、個別最適な学びの保障と言いながら、実は子どもを輪切りにして分断している。教師も競争の中で孤立させられ、しんどい思いをしている。このような状況では、お互いにどこにどう頼ったらいいのか見えない。その中にあって、養護教諭は、全校の子どもたちにかかわれる、すべての教職員や保護者ともかかわれる、そんな立ち位置にいる。そこにいて、みんなとつながり、みんなをつなげていくことができる。

黒澤さんも、「養護教諭は教育者として子どもを見ていくのにとてもいい位置にいるんだと感じました」と記しているが、ここにこそ養護教諭の教育的役割があると確信している。

(2) 仲間との学び合いの中から豊かな実践が

一九七〇年代から一九八〇年代にかけて、子どもたちに新たな健康問題が出てくるなかで、養護教諭は子どもたちの問題を全身で受け止め何とかしたいという思いを強く持つ。一人ではどうしていいかわからない養護教諭たちは積極的に仲間と交流し、学び合い豊かな実践を創造していく。こうした養護教諭の実践が教師や保護者の認識を変え、やがては社会的にも注目を浴びるようになる。「保健室登校」という現象とその呼び方は典型的な事例である。

黒澤さんもまた、仲間からの学びを力にして、このように豊かな実践を創造していった。子どもが変わり、教師が変わり、保護者が変わりやがては学校全体が変わっていくような養護教諭の学校づくりは、今日の学校の困難な状況を打ち破るためにも大きな示唆を与えてくれる。こうした自覚をもつことが、子どもや教師、保護者も含めて生き生きしていくことができるような活動につながっていくのではないか。黒澤実践から多くを学びたい。

(3) 養護教諭の教育観・子ども観はどのように培われていくのか

養護教諭としての仕事の質に大きく影響するのは、その人のものの見方や考え方（観）である。この「観」が仕事の質に大きく影響する。子ども観、教育観、さらに言うならば社会観などである。

黒澤さんの子どもの問題の捉え方や、教育的な視点（観）はどのようにして培われたのか。

赴任一年目から荒れた学校の中で、子どもの問題行動に振り回されるのではなく、子どもとしっかり向き合い、その背景をつかみ、その中に教育の課題を見つける。常に子どもの側に立ち、こんな子どもに育って欲しいという願い、このような養護教諭として最も重要な「観」を黒澤さんはどのように培ってきたのか。

黒澤さん本人は、組合の教研集会や、山形の健康サークル、また東北民研などに参加する中で先輩養護教諭や大学の教員、仲間から学ばせてもらったと述べている。

一人職種である養護教諭にとって、子どもたちの問題に直面したとき、あくまで子どもに寄り添い、子どもの立場に立って仕事を創造していける「観」を養い磨き続けるためにも黒澤実践から学ぶことは多い。

(4) 今こそ、黒澤実践から学ぼう

本会のこの実践検討会では、「実践の緩やかさとか、穏やかさ、色々言い方はありましたが、柔らかく穏やかに、しかしながらしたたかに、職場や保護者、教職員に働きかけをしている、その積み重ねが少しずつ周りの認識を変えていく、あるいは共有できるようになっていく。そういう絶妙さがこの実践全体に流れている、そういう流れが根底にあると感じたのが、私の今日の大きな学びでした。」との意見や、このような貴重な実践から得た教訓を「今時の養護教諭の方々に、どのように心に響くような形で提起できるかという重い課題を、今日与えられたというか、残されたように思います」等々、率直な意見が出された。

多くの養護教諭やこれから養護教諭を目指す人たちが、この実践に触れこの実践からエネルギーをもらい、豊かな実践を創造して次の時代に引き継いでほしいと願う。

第4章

養護教諭という職種の一層の発展のために
——子どものための実践の創造を

一　子どもの健康・発達をめぐる今日的状況と「養護教諭の教育実践」の意義

1　いま、子どもの生きづらさの背景にある社会・学校の困難状況を養護教諭としてどう捉えるか

(1) 子どもの心身の健康に反映している生きづらさの現状とその背景

養護教諭の仕事の初心は、その学校にいる子どもの心身の健康現実とどう向き合うかにある。そして、その原点の事実を踏まえ、教育職としての養護教諭の立場から、自分のやるべき職務を創造的・実践的に取り組むことが求められている。だが、いま、その足もとにある「子どもの事実」の喘ぎや「学校の使命」が揺らいでいる。

文科省が毎年行っている「問題行動・不登校」調査で、二〇二三年度の小・中学生の不登校が三四万六四八二人。前年度より一年間で四万七四三四人（一五・九％）も増えています。小・中・高校でのいじめの認知件数は七三万二五六六件（内、重大事態が一三〇六件）、暴力行為が一〇万八九八七件で、これらすべての数値が過去最多だった。

もう五〇年ほど前の一九七〇年前後から、学校に来ている小・中学生の中に様々なストレスを抱えて保健室に頻回来室する現象が始まり、保健室を「かけ込み寺」とか「ホットルーム」「心の居場所」と言われるようになり、やがて教室に行かれない「保健室登校」という事態が広がることになった。そして、八〇年代には中学校では荒れる子どもが多くなり、校内暴力が広がり、保健室閉鎖を余儀なくされる学校も生じた。さらには、陰湿ないじめが発生して広がり、「中野富士見中学事件」（一九八六年・俗に「葬儀ごっこ事件」とも言われる）なる重大事態が発生した。最初の自殺者事件で、社会的にも大きく注目された。そして、八〇年代末には四万人程度だった中学生の不登

校者は九〇年代末には一気に一二万人になり、それが二〇二二年度に一九万四千人、小学生も一〇万五千人と急増し、前述した義務教育学校で三五万人近くもの子が学校に行けない状況に至っているのである。

どうして、このように子どもらがいがみ合う関係となり、学校に行けない子が大量に生じてきたのだろうか。こうした状況と背景をどう捉えればいいのか。この間、学校にどのような変質が生じ、その背景に何があるのだろうか。

(2) 子どもの生きづらさの背景にある今日の社会と教育政策、そして学校・教育の質的変化

わが国は、第二次大戦による敗戦後、新しい社会のあり方を模索するとともに、産業を立て直すべく一目散に高度経済成長路線を突っ走ってきた。この時代に少年期・青年期を過ごした人間の一人として振り返るとき、急速な経済発展のもとで、生活環境の変化やそこでの過ごし方、人間関係のあり方等に多大な変貌があったことを実感的に思い出す。学校の変質も、そういう社会的変化と無関係ではなく、戦後一〇年もすると、そのきざしが生じ始め、一九六〇年代には能力主義による受験競争時代が到来するようになった。

この動向は、経済成長政策を推進した政治が、その路線を徹底するために、それを担う軸となる近未来の「人材確保」を教育に期待することから始まった。もう少し具体的に言えば、日本の教育のあり方を規定する「学習指導要領」（教科書や地方教育行政の指針となる）の基本的教育理念と教育課程は、文科省・中央教育審議会で作成されるが、その中心人物に経済界の重鎮を据えることで、そうした教育方針が舵取りされるというシステムが敷かれたことによっているのである。

こうした状況を作り上げることで、学校が学力を競わせる「学びの格差化」を進行させ、他方では真逆のインクルーシブ教育という障害を抱えた子どもをも包括する学校体制が十分な条件整備のないまま施行され（二〇一一年）、

教員が超多忙化する状況に追い込まれてきた経緯がある。それに二〇二〇年頃からコロナが広がり、二一年の二月二七日から全国一斉休校が始まった。このこともあって、養護教諭も超多忙化が始まり、養護教諭の仕事も感染防止と対策で一気に保健管理中心の業務となったように思われる。

本著で分析対象にした養護教諭の実践は、一九七〇年代から二〇一〇年代初期までの四〇年間余りの実践であるが、どのジャンルの取り組みも、量的にみると八〇～九〇年代に増え続け、二〇〇〇年代になると少なくなり、二〇一〇年代になると顕著に減じている。多分新型コロナの兆候が始まる前後からは様々な養護教諭関連雑誌や研究会等での「実践」といえる報告がほとんど見られなくなった。

2 近年の養護教諭の仕事（職務）に関わる管理主義的動向と教育実践の課題

(1) コロナ禍が進行する過程での養護教諭の仕事の管理主義化

新型コロナの長期化の過程で、教育のデジタル化・ICT化が一気に推進され、対面による人間的な学び合いや触れ合いの教育がおろそかにされてきた感があるが、同時に子どものいのち・身体・健康が対処的管理に限局されてきた感も強い。教育が人間的な発達をはかり、互いに励まし合って共生する人格育成でなくなっている状況が、本文の最初に提示した子どもらの様々な負の現象を生み出している背景にあるだろう。

子どもたちはコロナ禍の中で、毎日検温、マスク、手洗い、ウガイ、三密対策、無言、等々の管理の対象とされ、躾的指導を一方的に強いられてきた。マスクが本当に効果があるのか、ウガイや手洗いは何のためにやるのか、目に見えないウイルスというものと向き合うための納得ある教育はほとんどなされないで、「新しい生活様式」が強要されてきた。心の辛さも十分聞き取られないままできた。

こうした健康に関する管理主義は、コロナが広がって一層一般化した傾向があるが、それはこの十数年前からの教育全般がスタンダード化され、各教員が子どもたちの現実に接し、それに向き合って生きる主体を育てたいという取り組みができなくなった時代に始まっている。それは、子どもを学力形成（点数を上げること）の対象としか見ない痩せ細った教育観と子どもの問題行動や負の心身状況を管理対象として見る仕事観に分断する対処策のように見える。子どもの健康に関わる職種である養護教諭の取り組みも、こうした時代状況の中での対処業務として組み込まれてきている傾向を感じるのである。

(2) 働き方改革路線による職務の「標準化」政策で出されてきている養護教諭の仕事観の危機

先に示した学校での授業や教育活動、学校生活での「スタンダード化」の始まりは、全校一斉学力テスト（二〇〇七年）が始まり、県別ランキングが公表されるようになった頃から各自治体が学力（平均点）向上策として授業の合理化、効率化を図ろうと始まったものである。それが、授業や学校生活での子どもの態度にまで統制的に広がっている。そうした動向に輪をかけるように、文科省は二〇一九年一月、中教審が答申した「新しい時代の教育に向けた持続可能な学校指導・運営体制の構築のための学校における働き方改革に関する総合的な方策について」を取りまとめ、翌年七月に全国の教育委員会宛に「教諭等の標準的な職務の明確化に係る学校管理規則参考例等（通知）」を送付した。

教員の多忙化の要因に関する十分な検討がなく、現場教員の声も吸い上げず、また教員定数の大幅増の予算的施策の配慮もないまま、こうした管理的な合理化やデジタル化による教育の画一化で乗り越えようとしている。子どもの現状を踏まえて何をなすべきかを原点にしない教育政策が、覆い被さってきている。

そんな中、二〇二三年一月に養護教諭という職種にも同様の「標準職務」が公表され、同年七月に各自治体に

「通知」を送付した。それによると、養護教諭の標準職務は、「保健管理に関すること」と「保健教育に関すること」に分別し、前者として「健康診断、救急処置、感染症の予防及び環境衛生等に関すること」「健康相談及び保健指導に関すること」「保健室経営に関すること」「保健組織活動に関すること」が上げられ、後者は「各教科等における指導に関すること」とのみ書かれており、つまり教科保健（従来の保健学習）を担当する場合のみとなっている（しかも、その際は管理職からの「教諭としての兼務発令」を受けた際に限る旨の注釈付きである）。つまり、養護教諭の職務は、「主として保健管理」に限定されるというのが標準職務「通知」なのである。この四〇～五〇年間、日本の養護教諭がこの職種の創造にかけて取り組んできた実質を無視することが「標準職務」とされているのである。養護教諭が教育職でないかのような職務基準を提示していることに対して、養護教諭はどう抗うかが問われている。

3　いま、子どもの生きづらさと学校の困難の中で、養護教諭の求められている教育実践とは何か

日本の養護教諭は、世界に類のない「子どもの健康を守り育てる」教育職としての位置づけは、戦前の特殊な時代的状況の中、一九四一年の国民学校令で学校看護婦から養護訓導という教育職になったいきさつがあるといえ、戦後は子どもたちの「人格の完成を目指し、平和で民主的な国家及び社会の形成者として必要な資質を備えた心身ともに健康な国民の育成」という崇高な教育基本法の理念に位置づく教育職として養護教諭は自覚を高め、子どものための職種の創造を実践的に追究してきた。その膨大な実践成果の理論化を試みたのが本書である。

読んでいただいて、理解していただけたと思うが、養護教諭の仕事はあくまでも発達途上にある子どもたちの健康上のケアと教育による支援者であり、他教員や保護者と協同して一人前の大人になってもらうための発達の支援者である。そういう観点からしても、本書にまとめさせていただいたこの約五〇年間の養護教諭の仕事は継承され

るべきだと思う。日本の教育を歪めないためにも、教育の軸足をしっかりと子どもの現実に据え、その人間的成長においた学校・教育、そして養護教諭の実践の蓄積を目差すべきであろう。

二　養護教諭の実践は、保健室を基地に学校づくりや地域・社会の課題に対応する営み

1　養護教諭の実践は、常に子どもの現実とその背景への深い熟慮にある

(1) 保健室を訪れる子どもたち——保健室は子どもの問題の第一発見の場、第一指導の場

ここ四〇～五〇年の間の養護教諭実践に記録された子どもの健康実態は、日本の社会的、経済的な変化の中で大きく変わってきたことを示している。

学校現場と子どもの状況を概観してみると、戦後すぐの一時期を除いて民主教育の動向は影を潜め、年代を経るごとに教育は管理主義の傾向を強めていった。特に七〇年代以降は高度経済成長路線が終焉を迎え、長期低成長の時期の中で、国の経済発展を教育に依存するという政策が前面に出されて、教育が「国家の経済成長・発展のための人材づくり」へと傾斜していく。能力主義、学力主義が一層強められ、子どもたちは学力競争を強いられて差別、選別、分断され学校は生きづらく息苦しい場所になっていった。また、こうした子どもたちの生きづらさからくる荒れなどの教育病理ともいわれる状況に対応するためゼロトレランスの生活指導が導入されるなど子どもへの管理が強められていった。さらに親たちの生活困難も加速する中で子どもたちのさまざまな生きづらさは年々深刻になっていった。それらが相まって子どもたちを苦しめた。

特に問題が表出しやすい思春期にある中学生を例にとってみると、七〇年代の非行の嵐（暴力、飲酒、喫煙、家出、シンナー乱用、など）、対教師暴力（力関係の逆転）や性の問題行動（若年妊娠も）、いじめ、不登校、低学力、生活の乱れ（非行型生活の広がり）、多様な心身の異常（慢性疾患、肥満、不定愁訴、う歯、視力異常）など、日本社会にとっても学校現場においても全く未曽有の事態が広がっていった。加えて八〇年代になると、女子のすさまじい崩れの問題や、人間関係をうまく作れない・心を閉じる傾向「関係の病」の子どもが増える、また、からだのおかしさが顕著になる（自律神経系の未成熟の問題・特に不定愁訴、肩こり）など、〝人間らしさの崩れ〟が目立つようになった。その後も九〇年代から二〇〇〇年代へと「あたらしい荒れ」と言われる、いわゆる〝フツーの子ども〟の内面の変化（目あての無い欲求不満、限りない淋しさ、追い詰められ感、自己肯定感を持てない、いいじゃん病）などが加わり、また不登校・登校拒否・保健室登校、いじめなどが激増して、「関係の病」のいっそうの進行が見られた。その後も自傷他害の傾向や、あたかも心的外傷を受傷したかに似たような状態を示す子どもたちも現れている。

このように子どもたちの状況が危機的な状況に置かれていることが明らかにされてきたが、これらの問題は子どもたちが日常的にからだの症状を伴って保健室に持ち込んでくることから発見されることが多く、保健室は子どもたちの抱える困難と発達のつまずきの第一発見の場、第一指導の場とならざるを得なかった。

(2) 背景には地域、親、社会の現実を背負っている

子どもは保健室だからこそ見せる顔を持っている。教室では我慢していい子を演じていても、内面に抱えた葛藤やつらさ、悲しみなどはどこかで漏れ出てくる。それは頭痛や腹痛、気分の悪さなどの身体症状となることが多い。自律神経系の未成熟の問題なども含めた器質的な身体の不調はもちろんのこと、これら心とからだの問題をすべてひっくるめて抱えて子どもたちは保健室を訪れるのである。

保健室を訪れた子どもに対して養護教諭は、子どもの身体症状や訴えに対して丁寧にかかわりながら、子どもの声に耳を傾ける。高熱を発している子どもが「親へ連絡しないで」と言う。背景には子どもを迎えに来ることで賃金が下がったり、仕事を失ったりすることなど親への気遣いがある。不安定な労働条件や低賃金など、親の抱える問題がそこに見える。非行や暴力、性の問題行動を抱える子どもたちの声を傾聴しても家庭崩壊の現実や親の生き方の崩れ、親の精神疾患や子育ての放棄などの課題が見えてくる。親（大人）の生きづらさが子どもの人間的な発達を阻害する要因となっている。

不登校・登校拒否・保健室登校が激増している。背景には国連子どもの権利委員会から繰り返し勧告されている「極度に競争的な教育の制度」が透けて見える。日本の社会が全体として激しい弱肉強食の競争社会になっているもとで、学校においてもその世界では生きていけないことを直感的に受け止めている子どもが自ら引きこもることで身を守っていると考えられる。いじめや暴力、自殺の増加の背景にも同じ問題が指摘されている（日本教育保健学会・年報二六号特別講演記録）。

こうした生活背景や育ちの様子、教育制度の問題や社会情勢など背景にあるものをしっかりと把握し、社会科学的な視点をも含めて分析し、熟考することで子どもの問題や発達課題を明らかにすることができる。

(3) 背景をつかむことで実態（現象と実態の違い）をつかみ、変容をめざす

子どもが抱える問題の背景をつかむことの重要さはどの実践記録においても繰り返し強調されてきた。子どもの問題に相対した時、子どもの表す言動を実態ととらえやすいが、子どもの言動はあくまでも現象（状況・現状）ととらえる必要がある。実態と現象とは違うことをおさえたい。実態をつかむということはその背景にある生活の問題や家族の問題、育ちようの中にある問題、さらには教育制度の問題や、社会的・文化的な影響の問題などを同時

に見つめながら把握することが実態の把握といえる。

子どもたちの実態を把握したうえでの養護教諭の取り組みは少しずつ目に見える子どもの変容を作り出していった。非行で荒れる子どもにかかわった養護教諭は子どもの内面をつかもうと保健室で子どもの話を傾聴している。その中で、父母の不和や家庭崩壊などで、どこにも居場所がなく寂しさやつらさを抱えていることを聴き取り、その思いに共感する。子どもはつらい思いを聞き取ってもらうことで自分の存在を確認することができて、「私ももっと人間らしく生きたい」「俺だってまっとうに生きたい」と叫び始め、自らの生活を、生き方を見直し作り直し始める。荒れている子どもの言動だけに目を奪われるのでなく、その言動は発達の苦悩のサインだと受け止めて、その背景にあるものを子どもと一緒に解き明かし、どうしたら人間らしく生きられるかを子どもとともにつかみ出していく。荒れる子への保健室での徹底したかかわりの中で子どもが立ち直り、自立していく道筋がみえてくる。

子どもたちの中で年代ごとに次々と現れ広がる新しい問題についても、丁寧な実態把握、子どもに寄り添い、子どもとともに課題を見つけ、心とからだの科学的な学びを深めつつ、子ども、教職員、父母・地域の力を寄せ合いながらともに乗り越え、自立を支える道を探し続けるという道を歩んできた。新しい課題に接するたびに養護教諭の実践はこの原則を貫いて実践してきた。今後の実践においてもこの原則は子どもの自立を支えるときに必ず力になると考えられる。

(4) 個の問題を集団の課題としてとらえ、教育課題に発展させる

この間の実践は、保健室でとらえる個々の問題は個の問題にとどまらず、集団が抱える問題でもあることを明らかにしてきた。こうした視点で子どもの実態と課題を把握することが重要である。

保健室で「朝から眠い」「だるい」などと訴えてくる現象は、多くの子どもが抱えている生活リズムの崩れから

くる問題であった。また、性の問題行動を起こした子どもは性に関する知識はほとんど無く、もっと性について知りたい、性の知識を得て安心して生きていきたいという思いを持っているという実態であり、このことはほかの多くの子どもに共通するねがいであることをつかんでいった。また、一人の子どもが訴える喘息やアトピーなどのアレルギー疾患や、糖尿病、心疾患などについてもクラス全員でその疾患を学びあうことを通してお互いの健康を守りあう力をつけるという実践が繰り広げられてきた。このように個の問題を集団の問題としてとらえたところから「保健教育」（第2章Ⅱ-1「保健認識形成」および「からだづくり・生活づくり」）や「性教育」（2章Ⅱ-2）のように集団への健康教育につなげるという新しい取り組みとして展開されていった。

(5) 子どもの問題を教職員・父母と共有する

子どもの抱える問題は、背景に地域、親、社会の現実を背負っているからこそ、その解決のためには問題をみんなで共有することが必要である。そのために養護教諭は保健室でつかんだ子どもの問題を「保健だより」、校内組織での会議、学校保健委員会、ＰＴＡの広報など、さまざまな方法を駆使しながら教職員、父母、地域に知らせていく。この時に重要なことは子どもの言動に現れる現象や事実のみを伝えるのではなく、その背景にある子どもの苦しみや悩み、子どものねがい、子どもの変容する姿などから養護教諭がつかんだ子どもの実態と、養護教論の子どもの見方や子どもへのねがいを伝えることである。子どもを発達の主体者とみて、そこに寄り添い自立を支えようとする立場から把握した子どもの実態や養護教諭のねがいが教職員・父母・地域の共感を呼び、子どもの実態と取り組みの方向性を共有することにつながっていくことがこの間の実践で明らかにされてきた。この視点が問題共有のために重要である。

教職員・父母・地域などみんなで取り組むことの意義は大きい。学校ぐるみ、父母・地域ぐるみで取り組むことによって問題の把握が的確になり、また協働して取り組むことで問題の解決がより一層進む。そしてそのことを通して人間の繋がり、絆が深まり、温かい関係づくりと子育てがみんなの力で進むといえる。

(6) 養護教諭の視点を学校づくりに生かす

課題を抱えた子どもたちに保健室で向かい合った養護教諭たちが、子どもの苦しみに寄り添って自立を支えて生きる力をつけていこうとすればするほど、教育への管理主義や新自由主義的な教育政策との闘いの連続にならざるを得なかった。養護教諭の実践の方向性は「国の発展のための人材づくり」とは正反対の本来あるべき教育の姿である「子どもの人間的な成長・発達の要求に応え主体者として生きる」ことを支えるものであったからである。管理主義・競争の教育の強化の下で暴力非行やいじめ、登校拒否・不登校の激増、低学力の問題、さらには自死を選ぶ子どもが増えるなど教育活動がまともに進められない中で、学校現場・教師集団は疲弊し、学校秩序の維持や子どもの命さえ守れない状況が広がり、精神疾患を病む教師が多発している。こうした中で保健室・養護教諭が荒れる子、閉じこもる子、心とからだを病む子など、様々な課題を抱えて保健室を訪れる子どもに丁寧に寄り添い、子どもの内面にあるものに耳を傾け、子どもの抱える生きづらさに共感し、ともに解決の道を探っていくという働きかけの中で子どもが落ち着きを見せ、前向きに変容していく姿を教職員が認識することで、子どもへの見方、かかわり方が変わっていく。子どもに寄り添う姿勢へと教職員集団が変化することで学校全体が落ち着き、本来の教育の姿を取り戻すことができる。養護教諭の子どもにかかわる視点が学校づくりに生かされていく。このこともこの間の実践が明らかにしてきたことである。

2　養護教諭の実践は、保健室を基地に、教員や保護者、地域との組織的取り組みである

(1) 組織的取り組みを進める視点

子どもの問題解決とそれを通して子どもの真の成長・発達、自立を支える取り組みを発展させるためには、担任や保護者、地域の関係機関や専門機関との協働・共同を必要としていること、そして子どもの真の成長・発達、自立をめざす学校づくり・地域づくりが必要、という二つの視点が同時に求められている。この二つの視点から〝保健室での取り組みから組織的な取り組みへ〟という実践が追求され、発展してきた。

(2) 連携の基礎におくものは

中央教育審議会が新しい学校組織論として「チーム学校」を提言（二〇一五年）した。この中で「多職種協働」が打ち出されたが、チーム学校構想の柱は「学校のマネージメント機能の強化」であり、校内でのフラットな関係としての多職種協働とはなりにくい。フラットな関係でそれぞれの専門性が生かされること、またそれぞれの専門性からお互いに学びあって協働することこそ、「多職種協働」といえるのではないか。そして、養護教諭については連携のためのコーディネーターの役割が期待されるという文科省の指導の下で、学校現場では〝まずは連携ありき〟という状況も生まれている。しかし、連携するには、何のための連携か、課題は何か、誰とどう連携するのか、などの視点を定めることが極めて重要である。

この間、実践的に蓄積してきた「連携」の考え方は、連携の基礎に置くものとして、子どもの発達支援を目的に取り組むこと、子どもの発達課題をつかみ、それを中心にいろいろな職種、人々がともに子どもの問題を読み解く、問題を共有する、明らかになった問題にそれぞれの立場の人々が協働して力を尽くして問題解決に当る、というこ

とである。

もう一つ重要なことは連携をするときにケアの概念を中心におくことである。現在の日本社会では国民の一人ひとりの人権よりも企業の発展や経済的な利益を上げることが最優先という政策や社会の流れの中でケアの概念はますます遠ざけられている。一人ひとりの子どもに丁寧に寄り添った連携を進めること、「一人の人格をケアするということは、最も深い意味で、その人が成長すること、自己実現することをたすけること（メイヤロフ）」という視点が求められている。また、子どもの発達困難の状況から見ても、社会的、経済的、人間関係的な視野、視点を見落とさない連携が求められている。現状では、労働規制緩和の中で苦しみ、子育ての矛盾が集中している親（特に母親）への支援を中心の一つに据えることも重要ではないかと考えられる。

(3) 校内での連携で求められるもの

この間の実践では、多くの学校でケース会議を行うなど、組織的に取り組むことが増えてきた。しかし、連携の目的である発達支援、そのための発達課題の把握が不十分だと思われるケースも少なくないように思われる。そうしたケースではせっかく会議を開いても、取り組みの方針として例えば「ケースの子どもに対して校長は厳しく当たる、養護教諭は優しく対応する」というような的外れな方針を出すことになり、子どもの発達支援のための組織的な取り組みが機能しないということも少なくない。

発達支援を目的に教職員が連携してともに子どもの問題に取り組むためには、子どもを主体にする子ども観・教育観・学校観を育み、共有することが重要である。連携においてこの「観」を共有することが連携のかなめになる。子どもを「経済発展のための人材」としてではなく、「社会に生きる主体者」として育てる視点を共有し、教職員が協働して学校ぐるみで組織的に取り組みを展開することこそが重要である。この間の実践では養護教諭が中心となってケース会議を提案したり、組織したりするなど、教職員が分断される状況の中でも子どもの問題解決のためにいやおうなしに教職員ぐるみで組織的な取り組みを展開する方向性が進められてきた。いつの時代でも子どもの問題で困難に出会ったとき、こうした取り組みが解決のための推進力になる。そこでの養護教諭の果たす役割は、子どもの発達課題をつかみ、子どもに働きかけつつ、これらの人々をつなげ、つながることである。

(4) 地域との連携で求められるもの

子どもの発達支援や抱える問題の解決を進めるうえで学校内だけで解決することが難しい事例は多い。地域には発達支援や問題解決のための専門機関が様々に存在している。そうした機関の専門的な機能を活用できると、子どもを見る目がより的確に、深く、多面的になることが実感されている。多領域の専門家の知恵と力を活用する術を養護教諭・教職員集団は持つ必要がある。この時に重要なのは、子どもの問題を専門機関に丸投げするのではなく、子どもの実態（現象と背景にあるものなど）や学校生活での支援内容、取り組みの方向性などをお互いに共有しつつ、専門機関の知見を学校内での取り組みに活かしていくことである。専門機関につなげつつ、養護教諭として教職員集団としてできる支援と援助を行うことが求められる。また、子どもの問題は背景に家庭や社会の問題を抱えている。取り組みを進めるためにも、背景にある大人の生活の厳しさを見つめ、大人社会のひずみを見つめるというマクロな視点で事例を考察することが重要である。制度や環境を含む包括的な視点での連携をすること、教育・医療・福祉の視点で見て連携することが、求められている。

3　養護教諭の実践が切り拓いてきたもの　次世代につなげるために

この間の実践を検討する中で、養護教諭が子どもの成長発達、自立支援に果たす役割の大きさをあらためて実感し確認することができた。このような養護教諭の実践は一般的にはなかなか公にされないことが多く社会的には目に留まりにくいが、全国の学校現場で意欲的な養護教諭の取り組みの底流となって生かされているのではないだろうか。養護教諭の仕事とは健康の課題への取り組みを通して子どもの人間的な成長発達・自立を進める教育の仕事であるといえる。

子どもの成長発達、自立支援に必要なこととして、子どもを観る目の確かさ（子ども観）、子どもの成長発達する力への限りない信頼感、子どもへの限りない愛情、人々の協働する力への信頼を持つこと、人々が繋がり・つながりあうことなどが重要な条件であることを確認することができた。また、養護教諭の社会観、労働観、人生観、人間的な誠実さなどが実践に確実に反映されることもわかった。

現在の学校現場が「人間を育てる」場として機能しにくい状況になっているからこそ、子どもとどう向き合ったらいいのかを伝えていくうえでこうした実践上の教訓を伝えていくことの意義が大きいと考える。

三　この半世紀ほどの養護教諭実践の蓄積から何を学びどう継承していくか

私たちの共同研究では、一九八〇年代〜二〇二〇年頃までに公表された養護教諭の実践記録をできる限り広く収集し、それらを分析検討する作業を通して、養護教諭の教育実践のあり方〔理念と方法〕について実践的裏付けをもって追究し、それをもとにした理論構築をめざして研究的作業と討議を進めてきた。

今回収集した実践記録は一一〇〇本余に及ぶが、この集積はこの時期の日本の養護教諭の実践のある実態を描き出していると考えている。「ある実態」と含みをもった言い方をしているのは、自らの実践を詳しく記述して公表することを意図して、ないしはそのことを十分に承知したうえで書いているものであるから、その人（養護教諭）が自らの実践（仕事）に対する省察心や向上心をもった自覚的な層の方々の実践を反映したものであると言えるからである。しかも、今回の共同研究では、これらの自覚的な層の養護教諭実践の中から、さらに、実践的教訓（養護教諭の教育実践としての質）を豊かにもっている実践を厳選（共同研の集団討議を経て選定）して分析検討し、理論化の作業につないでいった。

本稿では、これら一連の研究的作業を踏まえて筆者が抱いているいくつかの思い（本書の主たる読者となるであろう養護教諭の方々への願い）について述べることで、本書の結びに代えることにしたい。

一つは、冒頭で触れた共同研究作業を通して、この半世紀ほどの養護教諭の実践記録の蓄積から読み取った成果（養護教諭の教育実践のあり方についての理論化に挑んだ諸論稿）から、今後継承すべき「養護教諭の教育実践」の理念と方法（考え方と進め方）についての要点の確認、二つは、この一連の共同研究作業（蓄積された実践記録を読み、実践のもつ大事な実践要素＝実践的示唆や教訓を抽出して理論化につなぐ作業）を通して、改めて、実践記録を書くことの大事さを痛感したことにかかわって、三つは、このような実践検討（分析批評）ないしはその集団的議論の成果（実践検討から得られた理論化への手掛かりや理論的成果）を広く共有していくための具体的な進め方について、である。

1　養護教諭の実践の蓄積が示唆するもの――継承すべき理念と方法

本書の第2章と第3章には、その集団検討を通して得た成果をもとに、養護教諭としての教育実践のあり方（考え方と進め方）について理論的整理を試みた集団的労作が報告されている。それらの論稿と今回の共同研究で読み合った実践記録の数々、そして積み重ねてきた研究的討議などを踏まえつつ、養護教諭の教育実践のあり方にかかわって今後継承していくべきいくつかの要点について、筆者なりの理解で確認しておきたい。

もちろんこれらは、本書のこれまでの諸論稿で繰り返し、提起され、論じられてきたものに基づいて整理したものであることは言うまでもない。併せて、付言しておくべきは、これから整理する「養護教諭の教育実践」の要点は、あくまで今回の共同研究が分析対象にしたこの四〇年余りの間に営まれてきた（前出の）自覚的な層の養護教論実践の蓄積から学び取ったものであって、これからの時代変化の過程で、その創造的実践の新たな展開と変遷に伴って変化していく側面を持っているものであることも承知しておきたい。

(1) 養護教諭の子ども把握と子ども観――子どもをどうとらえ、子ども観をどうもつか

養護教諭に限らず、子どもの教育に直接携わる者（教師）にとって、当の子どもをどう捉えるか（子ども把握）は決定的に重要であり、その実践の質をうらなう、あるいはその成否にもかかわる決定的な要素である（子ども把握という語は、子どもを「どうつかむか」という行為をさす意味合いと、つかむことによって得た内容＝理解をさす意味合いとがあるが、ここではその両義を含んだものとして使う）。

殊に、子どもの身心の健康上のケアと教育を担う養護教諭にとっては、子ども把握は特段の重要さをもつが、こ

の点について、第2章の「I　保健室実践ジャンル」における諸論稿で、保健室での様々な実践の検討を通して確認されており、子ども把握の視点として、①子どもを発達の主体としてとらえる、②子どもを丸ごととらえる、③(子どもの問題を)構造的にとらえる、④(子どもの)からだと心を表裏一体としてとらえる、といった大事な要点が示されている(これらの詳細は、第2章の当該論稿を参照されたい)。

また、養護教諭として持つべき子ども観についても、保健室を訪れる子どもたちが、その時々の困難な状況に苛まれて、様々な否定的言動をするさなかでも、その子の言い分に耳を傾け、苦悩や苛立ちに共感的に対応しながら、粘り強く支援している実践から、養護教諭としての支援実践における「受容、傾聴、共感、理解」などの重要さと、否定的な言動の陰に潜んでいる回復力や発達力に信頼を寄せて働きかけ、支援していくことの大事さを説いている。

(2)「養護教諭の教育実践」としての考え方――その仕事観と目標観

この見出しは、むしろ本書の諸論稿全体を通して解を提示すべきテーマであるが、その核心部分に絞って若干の確認をすることにしたい。

一つは、養護教諭の仕事を端的に表現すると、子どもたちの健康を「守り育てる」仕事としてとらえることの確認である。守り育てるをあえて「」で括ったのは、養護教諭の仕事を、守る仕事と育てる仕事に二分してとらえるのではなく、両者を一体化して進める考え方を表したいためである。

ただ、この考え方にかかわって、最近、これと同じような言葉を、ある一般的な養護教諭の方々が参加する研究集会の場で耳にしたことがある。休憩時間中に数人の養護教諭が雑談風の会話をしているそばを通り過ぎる際に、ある中堅の養護教諭が数人の若い養護教諭に向けて、「私たちの仕事は子どもたちを守り育てる仕事なのよね」と、話されているのを小耳に挟んだのだ。これを聞いて筆者は、この考え方はかなり一般化しているのかな、と感じ入った次第である。従って、ここであえて強調するほどのものでもないほどに一般化されているのかもしれないとも考える。

しかし他方で、本章の一の2で問題指摘したように「養護教諭の標準的な職務の内容及びその例」のような旧態依然とした養護教諭の職務理解が行政指導の名においてなされているのであれば、あえて、守ることと育てることを一体化してとらえることの重要性を提起する意味は十分にある。殊に、この職務理解の違いが、来室する子どもの理解や校内での子ども把握のしかたに大きな違いを生み出し、その後の対応が大きく異なってくる（育てるという働きかけの後退が生じる）のではないかと案じられる。

二つめは、一つめの考えに導かれて確認されるべき思考（志向）であり、同時に、すでに(1)の後半で触れた「養護教諭の子ども観」とも重なるものであるが、養護教諭が子ども（たち）にかかわり、働きかける際に、「子どもをからだと健康・発達の主体に育てる」という目標観をしっかりと持つことの大事さについてである。これについては、第2章において検討されているいずれの実践ジャンルにおいても、それぞれの実践記録の分析とそこから読み取ったこの目標観がしっかりと打ち出されていることが確認できた。

(3) 養護教諭の実践は、子どもの実態把握が出発点であり、同時に実践過程で立ち返る原点でもある

多くの養護教諭の間で、「私たちの仕事は子どもの実態から出発する」という言葉がいわば合い言葉のように使われてきている。この言葉が端的に表明しているように、養護教諭の仕事は子どものからだや健康の実態をとらえることから始まる。保健室にやってきた子どもに的確に対応するためには、その子がどういう問題を抱え、何を求めているのか、あるいは何が必要なのかを正確につかみ取る必要があり、これが保健室での実践の基本である。このことは保健室実践に限らず、第2章と第3章で検討されたどの実践ジャンルにおいても、実践検討を通して確か

められてきている。

同時にこの言葉は、「はじめに仕事（職務）ありき」ではなく、当面している子どもたちの健康・発達をめぐる現実の様相把握が先にあるべきことを意味している。その様相がもつ問題の構造や背景を明確にし、その解決や解消が必要としていることは何かを見極め、そのためにはどのような仕事（対処、対応、あるいは取り組み）が必要かを判断して、仕事が推し進められていく。

また、子どもの実態把握は、実践の出発点であると同時に、取り組みの過程においても、子どもの実態に照らして不断に自らの実践や取り組みを問い直し吟味する必要がある。その意味では、子どもの健康実態把握は実践の出発点であると同時に、実践が展開していくその時々に立ち返るべき原点でもある。

(4) 養護教諭の実践は、周囲の関係者との連携と協働によってより確かに進められる

日本の学校では、大規模校など特異な条件を有した学校を除けば、養護教諭は一人配置が一般的であることは言うまでもない。この一人職種であることによる職務上の困難（孤立や無理解、時には差別など）は歴史的にも克服ないしは解消されるべき問題として、養護教諭自身をはじめ関係者の間で認識が共有され、問題解消に向けて取り組まれてきたことは、今日の学校における養護教諭の役割と仕事ぶりに十分に反映（証明）されている。その克服・解消の肝（核心）は、この項の見出しに表記された「周囲の関係者との連携と協働」を養護教諭自身が自らの仕事の進め方の中に組み込むことに成功してきたからではないか、と筆者はとらえている。このことは、本書の第2章と第3章の各論稿で紹介・検討された様々な実践が例証している。

⑸ 養護教諭の実践は、子どもと時代の変化に即して創造的に生み出されていくものである

前記⑶で触れたように、養護教諭の実践が子どもの現実態に即して進められていくということは、子どもたちのからだや健康とその背景としての生活の変化（大きくは、地域や社会の時代変化）に対応して、実践も創意工夫されて変化していくことになる。換言すれば、養護教諭の実践は、常に時代変化に即して新たに創り出されていくことになる。それ故、実態に即した実践の創出によって、時代の変化に即した養護教諭としての新たな職務が生み出されていくことにもなる。

これまでに検討してきたこの半世紀ほどの間に積み上げられてきた実践も、大戦後の高度経済成長によって日本社会が大きく変化したなかでの子どもたちをめぐる様々な問題と向き合いながら、その子どもたちと共に新たな実践を切り拓いてきたのであった。その様々な困難と向き合いながら切り拓いてきた実践を通してつかみ取ってきた養護教諭としての実践の手法は、①子どものからだと心から発する声を聴き取り、②子どもの心根にある「健康に生きたい」という欲求を引き出し、③子ども自身や子ども集団の力を発揮させ、④子どもを取り巻く大人（教職員・保護者・地域の専門家など）の力をも組織して、⑤それらの集約点として、子どもの中に健康に生きる力を育てる、ということにある。この一連の手法（実践の進め方の基本原則と言ってもよい）は今後どのような時代の困難に際しても、必ず実践を切り拓く力となるに違いない。

これからも、否、今、学校現場（職場）が当面している困難や子どもたちが見舞われている生きづらさや困難と向き合いながら、本書で確かめられた実践的教訓を活かしつつ、子どもたちを「守り育てる」営みを、この時代の変化に即して切り拓いて行かれるであろうことを期待している。

2　優れた実践から学び合い、それを共有財産にしていくために

二つめに述べておきたいことは、養護教諭の実践の質的向上とその広がりを生み出し、それによって「養護教諭の教育実践」の理論形成を推し進められていくことを意図しながら、今後もさらにその学び合い（実践交流）を通して確かめられた理論と方法（考え方と進め方）を共有財産にしていく営みを続けて行っていただきたいと願っている。

ところで、優れた実践から学び合い、それをみんなの共有財産にしていく方法としては、「形象化」と「理論化」があると言われている。形象化とは、実践者自身が仲間に語ったり、仲間がその実践を直に観察したり、あるいは、実践者が書いた実践記録を読んだり、ビデオ等に映像化して伝えたりなどして、実践そのものが具体的なイメージとして伝わることを指している。サークルや研究会等で実践報告を聞いたり、書かれた実践記録を仲間で読み合ったり。交流したりするのが、いわば「形象化」による共有財産化である。

他方、理論化は、言うまでもなく、個別の具体的な実践についての語りや記述を通して伝え、共有していくというのではなく、その実践、あるいは同種の実践のいくつかを元にして、そういう実践の共通する部分（考え方や進め方）を一般化して論理的に説明されることによって、実践のもつ大事な部分をより広く共有できるようにすることを指している。従って、理論化は個別の実践から離れて説明されるので、その説明は抽象化されて具体的な実践イメージを伝えることが難しく、そのイメージ形成は読み手あるいは聞き手に委ねられることになる。

ちなみに、本書の編成は、この形象化と理論化の両方を兼ね備えたものにするべく、優れた実践記録を引用・紹介しながら、それらの実践から学ぶべき（継承すべき）要点を整理して理論構築を試みたものである。その成否は読者の方々の評価に委ねるしかない。

3　実践記録を書くことの大事さとそのすすめ

今回、この共同研究作業（集積された養護教諭の実践記録を読んで分析批評をしあい、それをもとに養護教諭の教育実践理論の構築に向けて担当分野の理論化に挑んだ一連の作業）を通して、実践記録を書くことの大事さを改めて痛感したという思いがしている。この思いは、おそらく共同研究に参加された皆さんも共有しているのではないかと思う。

筆者が痛感する大事さは次の二つである。一つは、実践記録を書く実践者自身にとっての大事さである。実践者が自らの実践を書き綴る作業を通して、自らの実践的行為を振り返り、省察（反省的に考察）を促す機会を生み出すことになるからである（もちろん、実践者の慢心がその機会を奪ってしまうこともあり得ることを除いて）。大事さの二つめは、実践者にとってというよりも、その記録を周りの仲間で読み合い分析批評し合って、その記録から実践的示唆や教訓を学び取る（共有する）ことにある。つまるところ、実践記録を書くことの意義は、実践者が書いてその半分が果たされ、それを仲間で読み合って残りの半分が果たされる、ということになる。

実践に基づいた理論を構築し、さらにそれを絶えず更新していくために、併せて、養護教諭の実践自体も子どもたちの変化や学校・社会の時代変化に即して変わっていくものであるだけに、実践記録が書き続けられることの大切さを痛感するところである。この本に目を通されて、実践記録の大事さとそれを仲間で読み合って大事な点を学び合うことの必要性を感じられた方は、ぜひ近くの養護教諭のサークルや研究会に参加され、あるいは、近くの養護教諭仲間に呼びかけて、実践記録を書くことの大事さや実践検討の必要性について話し合ってみてください。その際に、本書を手にして話し合いをしていただければ、本書を編み執筆に参加した私たち共同研究者の本懐とするところである。

これにご賛同いただければ、次は、「さて、その実践記録をどう書けばいいのか、それに、その実践記録を仲間でどのように検討し、その話し合いから大事な教訓をどのように共有していけばいいのか？」という疑問を持たれる方もおられるかもしれない。ここでは、字数の制約もあるので説明を断念し、その点について比較的詳細に説明した拙稿があるので、それを是非ご参照いただきたい*。

*「実践から学び合うために――実践記録の書き方と実践検討のしかた」『養護教論が担う「教育」とは何か』（農文協、二〇〇八年）所収。

おわりに

二〇一八年の秋、藤田和也氏から「養護教諭の教育実践」についての理論的なまとめの研究会を立ち上げようというお誘いがありました。私自身も個人的には、半世紀にわたって養護教諭として生きてきた足跡をまとめたいという思いを持っていたこともあり、それを集団で研究できるならばなお良いと考え、研究会としての組織の立ち上げに大いに期待し、お誘いをお引き受けしたのでした。

出発時点では養護教諭と研究者とで、二十余名のメンバーで「養護教諭の教育実践理論の構築研究会」が立ち上がり、〝養護教諭の実践記録を分析・批評〟してそこから養護教諭の教育実践理論を構築するという、従来誰も踏み込んだことのない研究活動が始まりました。先行研究がない中で、行き先の見えない荒野をさまよいながらも、荒野の果てには必ず美しい花園があることを確信しながらの活動を展開していきました。

一一四〇本余りの実践記録を読みこむという途方もない作業は、一つひとつの実践から優れた実践要素を引き出すというまさに実践の宝の山に分け入る作業でもありました。この取り組みの中で、時には一人の作業の遅れをみんなで分担してカバーしあい、時には侃々諤々の議論をし、まさに集団での研究ならではの研究成果と、仲間同士の信頼を生み出すという大きな収穫をも得ることができました。

今回のこの書籍はまさに荒野の果ての花園にたどり着き、大きな果実を得た成果だと思っています。本文中にも述べてきましたが、この半世紀の間に子どもたちの生きづらさはますます深刻さを深めています。しかし、いつの時代も子どもの困難な問題に出会ったとき、養護教諭は子どもに寄り添って丁寧に問題を解きほぐし、子どもとともに課題を共有し、子どもの生きる力を引き出しながら、大人の力をも組織しつつ、課題解決に向かい、その力で子どもの人間的な自立を支えるという道筋を創り出してきました。今後もさらに大きな困難が待ち受けていることが予想されますが、この道筋をたどることで必ず、課題解決につながることに確信を持つことができました。この力を次の世代に受け継いでいきたいと思っています。

二〇二五年三月

実践記録一覧表

※この実践記録一覧は、本書に収められた諸論稿の作成にあたって参考にされた実践記録を掲載した。「はじめに」でも触れたように、本書の基になったこの数年にわたる私たちの共同研究は、これらの実践記録の収集・読み込み・分析と、それに基づく養護教諭実践の理論的整理を試みたものである。なお、本書の諸論稿がこれらの実践記録の全てに言及しているわけではない。

※表中の掲載誌名は略記。正式表記は以下のとおり。●全養サ・レポ集：全国養護教諭サークル連絡協議会・研究集会レポート集　●保健室：雑誌『保健室』（農文協・本の泉社）　●全教夏学：全日本教職員組合養護教員部夏の全国学習交流集会レポート　●教保学会：日本教育保健学会年報・講演集（日本教育保健研究会を含む）

●資料番号1（保健室実践ジャンル）

通番	実践者（筆者）	実践記録の表題（Title）	掲載誌	発表年
1-①-1	近江 和子	保健室にくる子どもの指導　多くの子どもたちへの働きかけを大切にしながら	全養サ・レポ集	1985
1-①-2	久保田 璨子 中野 法子	中学生の発達課題を明らかにするとりくみ―対話とノートを書くことを通して健康認識を高めるはたらきかけ―	全養サ・レポ集	1985
1-①-3	中島 勝代	うつ状態から脱したT子	全養サ・レポ集	1985
1-①-4	高山 みつる	性についての保健室での個別指導	保健室No.2	1985
1-①-5	内村 紀子	「高校生の健康相談」に取り組んで	全養サ・レポ集	1986
1-①-6	石郷岡 祥子	登校拒否を克服し、進路達成に向けてがんばり抜いたM子の事例に学ぶ	全養サ・レポ集	1986
1-①-7	坪田 恭子	保健室はからだの教室	保健室No.5	1986
1-①-8	新谷 一枝	子どもたちにあついおもいを	保健室No.6	1986
1-①-9	森 豊子	なぜ視力が急に下がったのか―K男君から学んだ日々	保健室No.6	1986
1-①-10	南部 多摩江	子どもの問題を出し合い、共通の課題にしていこう―子どものからだを発達の観点からとらえる―	保健室No.7	1986
1-①-11	児玉 君江	摂食障害（やせ症、無月経）生徒のグループ活動への取り組み	保健室No.8	1986
1-①-12	内村 紀子	からだの問題を自立の課題に―高校生の健康相談の取りくみから―	保健室No.13	1987

1-①-13	大塚 睦子	子どもが可愛いくならなければ教育は始まらない―障害のある子どもたち―	保健室No.13	1987
1-①-14	岸 美栄子	心のつまずきをのりこえる力を―登校拒否の子どもをどう指導したか	保健室No.20	1988
1-①-15	佐藤 美子	アレルギーの子どもに教えられながら大きな課題に向かって	保健室No.20	1988
1-①-16	中村 恵子	人や状況との関係に問題のあるA君への援助　担任や家族を通してのかかわり	全養サ・レポ集	1989
1-①-17	林 まり子	揺れる心とからだを見つめて	保健室No.21	1989
1-①-18	栗村 夏江	切ってはならない子どもの信頼の糸	保健室No.29	1990
1-①-19	渡辺 久美子	保健室登校の生徒と歩んで	全養サ・レポ集	1991
1-①-20	松本 洋子	保健室登校の児童を見守って―小児ヒステリーのA子とのかかわりの中で―	全養サ・レポ集	1991
1-①-21	我那覇 美智子	場面緘黙児とかかわって～保健室給食を通して～	全養サ・レポ集	1991
1-①-22	平田 トシ子	先生　教室へ行けた！　一カ月の保健室登校で元気になったY子	保健室No.33	1991
1-①-23	山岡 美代	悩める中学生によりそって	保健室No.33	1991
1-①-24	頼富 紀子	保健室へ通って来るT君とのかかわり　―進級を支援して―	全養サ・レポ集	1992
1-①-25	田浦 めぐみ	保健室を中心にした取組み　―保健室登校のA子とともに―	全養サ・レポ集	1992
1-①-26	杉江 道子	保健室登校のT子とかかわって	全養サ・レポ集	1993
1-①-27	中坊 伸子	自立の峠を越えるために―不適応生徒の援助体制づくりと養護教諭の役割―	全養サ・レポ集	1994
1-①-28	豊田 敦子	初めて不登校児と関わって	全養サ・レポ集	1994
1-①-29	大由里 玲子	女子中学生・C子の悩みと関わりながら	全養サ・レポ集	1994
1-①-30	松井 登志子	この道を歩まれるA子さんへ	保健室No.53	1994
1-①-31	熊沢 富美江	子どもたちのからだと心によりそって	全養サ・レポ集	1995
1-①-32	長谷川 法子	Mからもらったプレゼント―共に過ごした日々をとおして―	全養サ・レポ集	1995
1-①-33	松谷 初代	子どもの心と身体をみつめる養護教諭をめざして	保健室No.59	1995
1-①-34	市川 節子	保健室を中心としたとりくみ　ひんぱんに保健室に来た子への働きかけ	全養サ・レポ集	1996
1-①-35	梅木 智恵	発達保障のとりくみにするには―心身症・いじめ・不登校の子らと	全養サ・レポ集	1996

1-①-36	松村 泰子	保健室登校T子とともに	全養サ・レポ集	1996
1-①-37	渡辺 朋子	「いじめ」を乗り越えて子どもたちが変わった—突発性免疫不全症候群のS君から学ぶ	保健室No.67	1997
1-①-38	海口 富士江	M子とともに歩んだ自分探しの旅—2年間の保健室登校のかかわりを通して—	全養サ・レポ集	2000
1-①-39	富山 芙美子	愛と性を求めてゆれるA子をささえて	全養サ・レポ集	2001
1-①-40	中野 恵	からだとの対話でM子の心が少しずつ開いた	保健室No.91	2001
1-①-41	宮城県小学校養護教諭	アトピー性皮膚炎の治らないAが抱えていた親子関係	保健室No.92	2001
1-①-42	菊地 美奈子	義父からの暴力 Tの荒れの裏に潜む暴力の構図	保健室No.92	2001
1-①-43	加藤 玲子	プロジェクトチームで不登校・保健室登校に取り組む 中学二年・A子の事例	保健室No.97	2001
1-①-44	荒井 益子	あせらず孤立せず子どもの心に寄り添って 小四・サクラちゃんの保健室登校	保健室No.97	2001
1-①-45	高校養護教諭	中退させずに保健室登校に関わった一年間 音楽の授業に出られない高校生の事例	保健室No.97	2001
1-①-46	中田 泰子	みんなの心を一つにしてくれた苦闘の日々 保健室登校に寄り添いながら	保健室No.102	2002
1-①-47	後藤 奈穂美	ゆっくり 大人に なればいい ～出会った生徒から学んだこと～	全養サ・レポ集	2003
1-①-48	鳥谷 幸代	「そうだよ、A男君も保健室そうじの仲間だよ。」—心の悩みに寄り添い、個の心の成長を支える保健室の取り組みから—	全養サ・レポ集	2003
1-①-49	松村 泰子	子どもたちが、自らの成長の「主体」になるために—あらためて保健室実践の課題を考える—	全養サ・レポ集	2004
1-①-50	山本 希光	教室に行かれない子どもに寄り添って	全養サ・レポ集	2004
1-①-51	藤田 照子	からだに気付き、からだが動く場に	教保学会	2004
1-①-52	宮田 律子	保健室の役割論 —「癒し」の場を超えて「対話と自治」の世界— 生徒の「自分育て」の支援ができる保健室をめざして	教保学会・講演集	2004
1-①-53	澤地 妙	10歳の少女が死まで考えた大人の罪 かけがえのない命を守り育てるはずの学校で	保健室No.123	2006

1-①-54	中坊 伸子	今、子どもをどう理解し、向き合うか	教保学会	2006
1-①-55	片山 好子	チーム会議と支援シートによる支援体制づくり	全養サ・レポ集	2007
1-①-56	岡澤 久栄	教室復帰をめざして ～同じ方向に向かって関わる大切さ～	全養サ・レポ集	2007
1-①-57	湯田 厚子	保健室相談活動より事例紹介～在学中、そして卒業後も保健室に救いを求めてやってくる子ともたちへの支援について～	全養サ・レポ集	2007
1-①-58	北村 志津枝	保健室・わたげルームからの旅立ち・育ち合う子とも達 ～不登校・別室登校で生徒とのかかわりから～	全養サ・レポ集	2008
1-①-59	ひまわり	「生きていく力を育てる」ために ～生徒Aと向き合うことができたか～	全養サ・レポ集	2008
1-①-60	布施谷 留美子	ほけんしつでいいの？ ―関わりが困難な美香さんの課題は？―	全養サ・レポ集	2008
1-①-61	華	A君の育ちから「保健室で行うボランティア部」の可能性をさぐる	全養サ・レポ集	2008
1-①-62	高田 あおい	母親のごはんづくりが娘を変えた	保健室No.134	2008
1-①-63	落合 梓	子どもだけでなく私にも関わって！ B男の母親の抱える思い	保健室No.139	2008
1-①-64	新谷 ますみ	保健室を中心とした取り組みの課題	教保学会・講演集	2008
1-①-65	佐々木 彩華	あきらめずにかかわり続ける	保健室No.144	2009
1-①-66	ゆみこ	保健室登校のA子とのかかわり	全養サ・レポ集	2010
1-①-67	雪	リストカットするMに寄り添って	全養サ・レポ集	2011
1-①-68	中学校養護教諭	「秘密」と感じる感覚をみがく	保健室No.153	2011
1-①-69	片山 好子	教室に行けない子どもとともに～子どもの変化を喜び合える支援体制づくり～	保健室No.154	2011
1-①-70	松原 美穂	A子の心を開く ―保健室登校の取り組みから―	全教夏学	2011
1-①-71	真矢めぐみ	保健室がおこなう〝元気の出る〟支援	全養サ・レポ集	2012
1-①-72	かたつむり	教室に入りたい 教室に入れない子どもたち	全養サ・レポ集	2012
1-①-73	岩淵 華枝	震災後の子どもの心身の状況とケア	教保学会・講演集	2012
1-①-74	坂上 紀子	子どもに寄り添い、育ちを支える支援のあり方を考える ～保健室でのかかわりを通して～	教保学会・講演集	2014

1-①-75	藤田 照子	困難を抱えた子どもも人と人のかかわりの中で育つ～誰でも本音で語り合い安心できる人間関係を求めている～	教保学会	2014
1-①-76	海口 富士江	学校は自分らしく成長できる場所でありたい ―保健室登校Aを保護者とともに支えた2年間―	全養サ・レポ集	2014
1-①-77	たなかはるか	保健室登校のAくんとのかかわり	全養サ・レポ集	2015
1-①-78	はな	子どもたちの心に寄り添いたい	全養サ・レポ集	2015
1-①-79	有賀 朋子	保健室も居場所の一つ『あなたは大事な生徒だよ』	全教夏学	2016
1-①-80	藤坂 順子	保健室からつなぐ支援 ―A校での事例から―	教保学会・講演集	2016
1-①-81	中村 好子	教育としての健康相談活動	教保学会・講演集	2016
1-①-82	布施谷 留美子	保健室から広げたい ～みんなで子どもの成長発達を支えていく～	教保学会	2016
1-①-83	野間 みよこ	学校で育ちの壁を乗り越える子どもへの支援～そのとき保健室はどんな場所であったか～	全養サ・レポ集	2017
1-①-84	皐月	摂食障害のMとのかかわり	全養サ・レポ集	2017
1-①-85	濱田 純子	辛さを表現し始めた子どもたち	教保学会・講演集	2017
1-①-86	川井 幸子	自分の力で動き出したA男君 ～「A男の問題は、学校の課題」と考えて取り組む教師集団でありたい～	教保学会・講演集	2017
1-①-87	片山 好子	養護教諭の仕事を考える ～I型糖尿病のOさんとのかかわり～	教保学会・講演集	2017
1-①-88	布施谷 留美子	保健室が子どもの成長発達を支援する場として機能するために	教保学会・講演集	2017
1-①-89	富山 芙美子	保健室で見る子どもの発達困難とそれを克服するための連携・協働	教保学会・講演集	2019
1-②-1	池ノ上 洋子 大塚 睦子	重度重複児の危機的状況の把握	全養サ・レポ集	1983
1-②-2	名倉 真理子	自分で喘息をのりこえられる子に	全養サ・レポ集	1986
1-②-3	菅沢 明希	「菅沢先生」と呼んでくれた！ ―こちらの言うことが伝わりにくく、言葉による自己表現ができにくいと思われた智也君との関わり―	全養サ・レポ集	1997

1－②－4	岩城 裕子	ひとりひとりの育ちをみんなのものに	全養サ・レポ集	1999
1－②－5	堀川 いづみ	一対一の安心感があれば仲間集団へ飛び出せる―アスペルガー症候群・隆くんの成長に寄り添って―	保健室No.89	2000
1－②－6	高橋 富美子	「広汎性発達機能障害の疑いと診断されたA君」と関わって―支援の連携を考える―	全養サ・レポ集	2002
1－②－7	任海 園子	知的障害の子どもたちとの日々	保健室No.100	2002
1－②－8	阿部 寛美	一般校における「医療的ケア」を考える	保健室No.107	2003
1－②－9	田中 なつみ	基本は子どもに何をしてやれるか通常学校における医療的ケアと養護教諭	保健室No.107	2003
1－②－10	石田 澄江	軽度発達障害の生徒とともに～その現状と問題点～	全教夏学	2005
1－②－11	文月 空	学校だからこそ見えてきた子どもたちの様子～関西特別支援教育ネットワークに関わって～	全養サ・レポ集	2006
1－②－12	児玉 智子	疾病管理の支援をとおして子どもを育てる　心疾患の友也君とのかかわり	全養サ・レポ集	2007
1－②－13	松尾 裕子	～ADHDのAさんへの発達支援を通して～	全養サ・レポ集	2007
1－②－14	山本 浩子	特別支援教育における養護教諭の役割	教保学会	2008
1－②－15	田根 真木	共に生活することとは～病弱で車いすを使用しているYUIさんの支援を通して～	全養サ・レポ集	2009
1－②－16	所 朱美	養護教諭の職場づくり―教育相談主任として―	全養サ・レポ集	2009
1－②－17	月野 桂	お漏らしを繰り返すAさんとのかかわり	全養サ・レポ集	2010
1－②－18	川﨑 芽求美	「みんなで支えるいのち輝く子どもたちの健康と安全な学校生活のために」	全教夏学	2012
1－②－19	早瀬 尚子	医療的ケアと可能な支援との狭間にたって～脳性麻痺の翔くんに必要な支援を考える～	全養サ・レポ集	2013
1－②－20	中安 茂代	一歩をいっしょにふみだそう～保健室からの願い～	全教夏学	2013
1－②－21	三浦 美幸	玄関から始まる保護者支援　保健室から支えるこどもの発達と保護者支援	全教夏学	2013
1－②－22	浅見 喜代美	はじまりは「お困りB君」～困ったが言えるなんてすごいことなんだ～	全教夏学	2014

1-②-23	京教組（小学校）	登校しぶりを繰り返すA子への支援～「学校は嫌や」から学校大好きへ～	全教夏学	2015
1-②-24	千葉 なつみ	保健室でのA子との関わり～高校の特別支援体制～	全教夏学	2016
1-②-25	中西 美紀	「生きづらさ」を抱えるA子を保健室でサポートするって～保健室の機能を生かした発達支援～	全教夏学	2016
1-②-26	大木 彩子 安田 紀子	Sくんのメッセージはみんなのメッセージ～Sくんの理解やSくんへの関わり方が全校の児童理解と支援になった～	全教夏学	2017
1-②-27	ドリー	安心できる居場所として～3年間かかわったA男から学んだこと～	全教夏学	2017
1-②-28	澤田 理沙	健康課題に支援が必要な児童と保護者への支援のあり方～アレルギー疾患のある児童の対応から～	全教夏学	2018
1-②-29	新開 奏恵	慢性疾患の子どもを支える養護教諭の教育実践	教保学会・講演集	2018
1-②-30	仲村 千賀子	難病児童Aちゃんの成長を見つめて	全養サ・レポ集	2018
1-③-1	神奈川県小学校養護教諭	校内救急体制の不備からあわや大事故に	保健室No.88	2000
1-③-2	山内 英子	痛みは生きている証拠	全養サ・レポ集	2007
1-③-3	吉岡 裕子	突然死から学んだこと	全養サ・レポ集	2007
1-③-4	中島 美佐樹	［体育祭での事故］子どもと相談して対策を考える	保健室No.145	2009
1-③-5	並木 房子	［休み時間の事故］あそびのルールづくりから事故防止を	保健室No.145	2009
1-③-6	木下 いずみ	突然の食物アナフィラキシーに遭遇して対応策を考える	保健室No.149	2010
1-③-7	森 由子	調理実習中の食物アナフィラキシー	保健室No.149	2010
1-④-1	河村 圭子	保健室閉鎖について	全養サ・レポ集	1983
1-④-2	河村 圭子	保健室閉鎖から再開へ　ツッパリたちは新米の私を悩まし鍛えた	保健室No.1	1985
1-④-3	高田 百合乃	保健室閉鎖をのりこえて	全養サ・レポ集	1991
1-④-4	佐々木 恵子	模索する肢体不自由養護学校―保健室の役割と体制	保健室No.50	1994
1-④-5	須貝 真由美	保健室の改築にあたって―これからの保健室を施設、設備面から考える	保健室No.50	1994

1-④-6	渡邊 淑子	私の保健室	保健室No.50	1994
1-④-7	岡西 知実	保健室からみた生徒たち～みんながいきいきできる学校を目指して～	全養サ・レポ集	1995
1-④-8	飯塚 百合子	「子供のとらえをみんなのものに」—現場の支えの中で学んだこと—	全養サ・レポ集	1998
1-④-9	阿部 陽子	保健室から広げる学校づくり—学校を「安心」と「信頼」の空間に—	全養サ・レポ集	1999
1-④-10	菅原 由美子	とんでもない保健室になったら子どもたちが巣づくりをはじめた	保健室No.81	1999
1-④-11	小森 あけみ	心を開き 本音が話せる保健室づくり～息切れした「いい子」の殻を崩していき、本音の生き方をさせていくには～	全養サ・レポ集	2000
1-④-12	松原 みき子	生きているということ… We are pulling together.	全養サ・レポ集	2000
1-④-13	楠 寛子	命や身体、心を大切にする保健室づくり 子どものしんどさに寄り添い、子どもを信じて…素敵だよ子どもたち	全養サ・レポ集	2001
1-④-14	友好 恵	学校の荒れから再生へのとりくみの中で～学校組織の中で保健室とは、養護教諭とは～	全養サ・レポ集	2005
1-④-15	松山 弘子	「保健室閉鎖を経験して…」〝死なないで・殺されないで・殺さないでと言い続けて〟	全養サ・レポ集	2006
1-④-16	池岡 幸恵	子どもの「荒れ」と向き合う保健室の役割～保健室閉鎖から見えてきたもの～	教保学会	2006
1-④-17	増田 純子	二人でよかった!!～自分がやっていることに確信が持てた複数配置～	全養サ・レポ集	2007
1-④-18	海口 富士江	今、子どもをどう理解し、向き合うか	教保学会・講演集	2007
1-④-19	村上 直美 川村 美樹	お互いのよさが発揮できる複数配置を!	保健室No.142	2009
1-④-20	富山 芙美子	「養護教諭にとってのケアと教育」—大学生への保健室実践から考える—	教保学会	2010
1-④-21	川﨑 吹希子	保健室は、子どもが「みえる」「つながる」出発点	全養サ・レポ集	2011
1-④-22	田邉 美和子	保健室からの情報発信でつなぐ・ひろがる	全教夏学	2011
1-④-23	川崎 吹希子	赴任した学校が「保健室閉鎖」だったら、どうする?	保健室No.158	2012
1-④-24	山形 志保	苦悩を抱いて生きる高校生に希望を見出す	全教夏学	2012
1-④-25	大高 優美	一人ひとりを大切にする保健室づくりを目指して ～保健室からできること～	全教夏学	2013

1-④-26	さやか	子どもたちを笑顔で迎えたい～「先生あのね」ができる保健室を～	全養サ・レポ集	2016

●資料番号2（健康教育実践ジャンル）

通番	実践者（筆者）	実践記録の表題（Title）	掲載誌	発表年
2-①-1-1	重松 京子	望ましい成果感覚を育てるための養護教諭の役割	全養サ・レポ集	1984
2-①-1-2	庄司 ひろみ	人間のからだってふしぎやねぇ～体重測定時の「からだのはなし」の内容づくり	保健室 No.1	1985
2-①-1-3	渡部 美穂子	きをつけて、でこぼこ歯並びになる前に	保健室 No.4	1986
2-①-1-4	今村 芳江	みえるってどういうこと―からだの動きをみせる資料の工夫	保健室 No.5	1986
2-①-1-5	熊沢 富美江	「タバコの話」―タバコを通してからだを教える	全養サ・レポ集	1987
2-①-1-6	松田 信子	子どもをからだと生活の主体者に育てる―教育者としての養護教諭の仕事	保健室 No.13	1987
2-①-1-7	北村 志津江	「脳のはなし」にとりくんで―子どもの心に残るからだの学習をめざして	保健室 No.18	1988
2-①-1-8	小寺 サチコ	〝すばらしい人間の手〟の学習	保健室 No.18	1988
2-①-1-9	佐藤 美代子	アレルギーの子どもに教えられながら大きな課題に向って	保健室 No.20	1988
2-①-1-10	米沢 光子	体重測定時の〝からだの話〟～1年間とりくんで	全養サ・レポ集	1989
2-①-1-11	安部 みや子	体温の指導を通して生活リズムを考える	保健室 No.25	1989
2-①-1-12	斉藤 慶子	真美子さんとアレルギー	『のびよ葦』上巻	1990
2-①-1-13	佐藤 美代子	ひとりの子どもの課題からからだを学びあう―止まらない止まらない心臓の勉強	保健室 No.32	1991
2-①-1-14	横川 和子	保健室で試みたからだの学習	保健室 No.32	1991
2-①-1-15	白沢 章子	貧血ってなに？	保健室 No.32	1991
2-①-1-16	坂口 せつこ	「からだは、自分の原点」を子どもたちのものにする時	保健室 No.39	1992
2-①-1-17	伊藤 由美子	体重測定時のからだの学習	保健室 No.41	1992

2-①-1-18	山梨 八重子	保健授業「バテない山登りの方法」	保健室No.41	1992
2-①-1-19	中坊 伸子	Know Your Body	保健室No.45	1993
2-①-1-20	八木 はるよ	「わかったから、やってみた!!!」	全養サ・レポ集	1993
2-①-1-21	高橋 清子	学級活動における保健指導―体温・発熱ってなあに	全養サ・レポ集	1993
2-①-1-22	松田 さよ子	からだが「わかる」って―教材づくりを通して学んだこと	保健室No.47	1993
2-①-1-23	柳沢 祐子	毛様体筋の働き、網膜に映る像を実感することで近視がよくわかる	保健室No.47	1993
2-①-1-24	南辻 恵子	保健指導　大規模校転勤1年目のとりくみ	全養サ・レポ集	1994
2-①-1-25	塩澤 真穂美	自分のからだ見つめて・感じて・たしかめよう!~歯を通して	全養サ・レポ集	1994
2-①-1-26	北原 康子	学校全体で取り組む「からだの学習」~全校保健指導「健康の広場」	全養サ・レポ集	1994
2-①-1-27	福田 節子	中学校における健康認識を育てる取り組みを通して	全養サ・レポ集	1994
2-①-1-28	沖野 信子	学校全体で進めたい「からだの学習」	保健室No.51	1994
2-①-1-29	石田 法子	補聴器は宝だ~「耳の日の学習」それは障害を克服するからだと心の支え	保健室No.53	1994
2-①-1-30	畠山 理子	からだの学習の取り組み~「免疫のしくみと働き」の指導を通して	保健室No.59	1995
2-①-1-31	宍戸 州美	全校で取り組んだからだのカリキュラムづくり	教保年報4号	1996
2-①-1-32	石田 法子	子どもたちと作った教材・教具で物の隠された性質を探る	保健室No.73	1998
2-①-1-33	高橋 清子	熱が出ることの意味を問う発問の工夫~学習の場に沿ったQ&A	保健室No.73	1998
2-①-1-34	太島 眞知子	からだのすばらしさを知り、自分を大切にできる保健指導をめざして	全養サ・レポ集	1998
2-①-1-35	山崎 寿美代	胸囲測定値の活用による保健指導	全養サ・レポ集	1998
2-①-1-36	佐藤 洋子	子どもの納得する「せぼね」の学習から「姿勢づくり」へ	保健室No.84	1999
2-①-1-37	沖野 信子	父母、地域に広まる授業の実践	全養サ・レポ集	1999
2-①-1-38	梅津 幸代	「からだの学習」体重測定で行った「成長の話」	全養サ・レポ集	1999
2-①-1-39	佐々木 ひとみ	主体的な健康観づくりを6年間かけて	全養サ・レポ集	1999
2-①-1-40	斎藤 由利子	健康指導で「心の健康」に取り組む	全養サ・レポ集	1999

2-①-1-41	日置 香澄	掲示板にこだわってみえてきたもの	全養サ・レポ集	2000
2-①-1-42	喜田 貞	心（脳）のおしゃれ	全養サ・レポ集	2000
2-①-1-43	中沢 明美	共に生きる～いのちの時間の取り組みから	全養サ・レポ集	2000
2-①-1-44	高橋 清子	手話・絵本づくり・音楽療法　子どもたちの秘めた力を引き出す	保健室No.86	2000
2-①-1-45	山本 希光	「免疫ってなんだろう」～予防接種を教育活動に	全養サ・レポ集	2001
2-①-1-46	こうの れいこ	本当に痛感しています!!　からだがわかれば子どもは変わるんですねぇ！	全養サ・レポ集	2001
2-①-1-47	新聞 ゆき江	「思春期を支える小学校におけるからだ学習の取り組みを通して」	全養サ・レポ集	2005
2-①-1-48	山本 希光	『皮膚の働きを知ろう！』～感覚器としての皮膚	全養サ・レポ集	2006
2-①-1-49	平澤 加寿子	「からだのけんきゆうがたのしかったよ」と言ってくれる子どものキラキラした瞳が見たくて	全養サ・レポ集	2006
2-①-1-50	芝勢 朋子	うんことなかよく～「どうしたらバナナうんこに出会えるかな」～	全養サ・レポ集	2006
2-①-1-51	高橋 清子	「生と性の学習」に取り組んで―中学1年生の総合的な学習「いのちと性」を中心に	全養サ・レポ集	2006
2-①-1-52	南辻 恵子	「生活の中で成長を感じる健康意識を育てる」意識調査と3回「からだ学習」で見えてきたこと	全養サ・レポ集	2007
2-①-1-53	立花 秀美	自分の体を知ろう～自分の骨はどうなっている・心臓ってすごい働き者	全養サ・レポ集	2007
2-①-1-54	國保 いずみ	子どもたちが楽しめる　掲示物で保健教育	保健室No.130	2007
2-①-1-55	守谷 貴子	発育測定時のからだの学習より～血液・脳	全養サ・レポ集	2008
2-①-1-56	近江 真奈美/他	「わたしたちの体と命」（1年生）の学習に取り組んで	全養サ・レポ集	2010
2-①-1-57	辻 朋子	「よい姿勢」をテーマに保護者・担任とつながる	保健室No.154	2011
2-①-1-58	國保いずみ	「うんこ」と「排便」の指導で、からだと対話できる子に	保健室No.157	2011
2-①-1-59	西 加奈江	排泄に注目して～手作り教材を活かして	全養サ・レポ集	2015
2-①-1-60	京極 敦子	からだの保健指導～あっと驚く顔が見たくって	保健室No.199	2018
2-①-2-1	大塚・池上	障害児の肥満指導	全養サ・レポ集	1982

2-①-2-2	斉藤 茂子	姿勢の体感学習～机・いすのみなおし	全養サ・レポ集	1983
2-①-2-3	大友 富美	全校でとりくんだ朝のくらしと保健指導	全養サ・レポ集	1983
2-①-2-4	石田かづ子	発達の節を乗り越えさせるという観点に立って	全養サ・レポ集	1984
2-①-2-5	森 豊子	健康教室のとりくみ	全養サ・レポ集	1985
2-①-2-6	松尾 美津枝	発育測定時の保健指導を通して健康認識を高める	全養サ・レポ集	1985
2-①-2-7	岸 美恵子	「夢の機関車」になりたい～肥満指導	保健室 No.10	1987
2-①-2-8	馬場 富美子	主体的に健康管理ができる生徒に	保健室 No.10	1987
2-①-2-9	幸谷 友子	食教育の取り組み～減塩指導	全養サ・レポ集	1991
2-①-2-10	佐藤 しげ子	〝皮ふのびっくり作戦〟に取り組んで	全養サ・レポ集	1991
2-①-2-11	須田 敏子	からだの学習をとり入れた肥満児指導	全養サ・レポ集	1994
2-①-2-12	塚原 久美子	子どもの生活の主体者に～生活リズムづくりの取り組みを通して	全養サ・レポ集	1996
2-①-2-13	矢内 博子	バランス教室と子どもたち～肥満教室から健康教室へ	保健室 No.65	1996
2-①-2-14	松川 里美	生徒・家族とともに歩んだ肥満解消への試行錯誤	保健室 No.67	1997
2-①-2-15	藤田 美和	中学生の「食」の自立をやり遂げた肥満指導	保健室 No.74	1998
2-①-2-16	藤田 照子	うんこよ　きょうも元気に出てこい	全養サ・レポ集	1998
2-①-2-17	大川 信子	子どもの実態をつかみ生活リズムを取り戻す健康観察「朝の様子」	保健室 No.83	1999
2-①-2-18	小西 穎子	視力異常の男女逆転現象が起こったのはなぜ？	保健室 No.99	2002
2-①-2-19	田村 かおり	Aさんの肥満指導に関わって	全養サ・レポ集	2002
2-①-2-20	堀野 慶子	肥満の悩みに共感して～乗り越える「すくすく教室」	保健室 No.114	2004
2-①-2-21	上石 しょう子	ゲーム漬けで人間らしい脳の発育が心配	保健室 No.115	2004
2-①-2-22	佐々木 ひとみ	どうしたら野菜を食べられるかなあ	全養サ・レポ集	2006
2-①-2-23	小林 みどり	めざせ元気に遊べる子	保健室 No.141	2009
2-①-2-24	押鐘 美幸	「体調がいいって、気持ちがいい」	全養サ・レポ集	2012

2-①-2-25	中嶋 美智子	親子で体験する健康安全ウオークラリー	保健室No.159	2012
2-①-2-26	中込 美恵子	えがお　げんき　やる気いっぱい　キラキラキッズに変身させたい	全養サ・レポ集	2013
2-①-2-27	福島 景子	健康課題解決を目指して～生徒・教師・家庭・地域が手を携えて（中学）	全養サ・レポ集	2013
2-①-2-28	山咲 さくら	からだにこだわり、笑顔でつながる	保健室No.176	2015
2-①-2-29	宗石 麻実	その不調、どこからやってくるのでしょう?	全教夏学	2016
2-①-2-30	菱川 恭子	メディアコントロールと生活リズム	全養サ・レポ集	2017
2-②-1	鈴木 久美子	大事な命～性の学習を通して	全養サ・レポ集	1982
2-②-2	田中 なつみ	低学年の性教育	保健室No.2	1985
2-②-3	岡崎 敦子	生き方にせまる性教育をめざして	全養サ・レポ集	1987
2-②-4	岡 多枝子	いのちをありがとう―小学校の性教育	保健室No.15	1988
2-②-5	荒木 初代	中学校の性教育―いのち輝け	保健室No.15	1988
2-②-6	相馬 悦子	「心と体の学習だより」を通して子どもたちに命の大切さを育てたい	保健室No.22	1989
2-②-7	喜田 貞	性教育はたのしい	保健室No.28	1990
2-②-8	布川 百合子	他教科教師と連動した性教育の工夫	保健室No.28	1990
2-②-9	任海 園子	養護学校における性教育の取り組み	保健室No.38	1992
2-②-10	小森 あけみ	かけがえのないいのちを大切にする性の学習	保健室No.47	1993
2-②-11	三村 慶子	エイズで男と女の関係を考える	保健室No.48	1993
2-②-12	岡 多枝子	みんなでつくる性教育	全養サ・レポ集	1993
2-②-13	富山 芙美子	中学生の性の実態と取り組み	保健室No.49	1994
2-②-14	神谷 結子	女子の健康認識を高める指導	全養サ・レポ集	1994
2-②-15	寺嶋 理恵子	エイズと私たちを結ぶ具体的な教材を求めて	全養サ・レポ集	1994
2-②-16	中村 好子	生きることのすばらしさ・いのちと性を学びあう	全養サ・レポ集	1994
2-②-17	三田 有子	周囲時間の性の授業をはじめて	保健室No.59	1995

2-②-18	中村 好子	いのちと性を学ぶ性教育	保健室No.66	1996
2-②-19	松田 さよ子	「喜びの妊娠」と「悲しみの妊娠」とは	保健室No.66	1996
2-②-20	沖野 信子	エイズ学習の取り組み~からだの学習とTTの授業	全養サ・レポ集	1997
2-②-21	中野 靖子	人としての響き合いを大切に	全養サ・レポ集	1997
2-②-22	高山 みつる	心豊かに生きるための性教育	全養サ・レポ集	1998
2-②-23	佐藤 洋子	心のゆらぎと向き合う性教育	全養サ・レポ集	1999
2-②-24	岩辺 京子	みんなで一歩ずつ進めた生と性の学習	全養サ・レポ集	1999
2-②-25	松田 さよ子	子どもがわかる・変わる性教育	教保研年報・第6号	1999
2-②-26	井上 千代子	保健室へ行けば授業ができる—教材教具開発センターの役割を目指して	保健室No.84	1999
2-②-27	長谷川 郁子	「ふれあいの性」を学んで、自分自身を取り戻す	保健室No.94	2001
2-②-28	岩辺 京子	未知に立ち向かう子どもの変容が、教師集団を力づけた	保健室No.86	2000
2-②-29	岩辺 京子	『総合だからできる「生と性」の学習』	農文協・書籍	2000
2-②-30	松田 さよ子	『「エッチなこと」から「大切なこと」へ』	農文協・書籍	2001
2-②-31	澤井 尚美 細田 俊史	生き方を考えた性教育	全養サ・レポ集	2001
2-②-32	岡崎 敦子	本校の性教育—地域と父母と共に	全養サ・レポ集	2003
2-②-33	小森 あけみ	「生きる力」を育てる性の授業づくり~子ども、教師、親 みんなが主人公	全養サ・レポ集	2004
2-②-34	石幡 もと子	性教育から広がる健康教育	保健室No.118	2005
2-②-35	伊藤 晴美	いま、性教育を定着させるために必要なことは?	全養サ・レポ集	2006
2-②-36	島谷 恵子	人間の性交って何?	保健室No.124	2006
2-②-37	千尋	「命の授業」にとりくんで	全養サ・レポ集	2008
2-②-38	松田 さよ子	「いのちの学習」への取り組み~性教育への広がりを求めて	性協教セミナー	2000
2-②-39	松田 さよ子	「性と生を学ぶ」授業~自分のからだ・性に向き合い、これからを生きる力に	教保学会・講演集	2010

2-②-40	木下 めぐみ	ゲストティーチャーは赤ちゃんとお母さん	保健室No.160	2010
2-②-41	井鍋 治美	特別支援学校での性に関する指導の第一歩	全養サ・レポ集	2013
2-②-42	白澤 章子	性教育に「男の子の性」と「ふれあいの性」を〜まちかど保健室から	教保学会・講演集	2014
2-②-43	中村緑	生き方を考える性教育	全養サ・レポ集	2015
2-②-44	濵名 潤子	「生と自分の人生を考える」〜性と自分の生き方を考える指導	教保学会・講演集	2017
2-②-45	中村 好子	子どもの育ちを支える〝からだ・心・いのちの学習〟	全養サ・レポ集	2018
2-③-1	酒井 繁子	校内研究として取り組んだ保健指導のカリキュラムづくり	芽の会・各論「保健指導」	1978
2-③-2	吹野 順子	各学年の保健指導	全養サ・レポ集	1982
2-③-3	檜原 友子	生き方・生きる力へつながる健康教育をめざして	全養サ・レポ集	1989
2-③-4	加藤 玲子	切り口を変えた保健指導の実践をめざして	保健室No.51	1994
2-③-5	宍戸 洲実	健康教育を全校に定着させるために	教保学会・年報	1997
2-③-6	佐々木 ひとみ	未配置校に赴任して〜からだを見つめさせる学習を全校に	教保学会・年報	1999
2-③-7	佐々木 ひとみ	全児童を「保健室学級のこども」と思えば	教保学会・講演集	2001
2-③-8	伊藤 玲子	健康認識を育てるために〜保健学習・からだの学習として	全養サ・レポ集	2005
2-③-9	佐々木 ひとみ	生きる力をつける健康教育をめざして	教保学会・講演集	2016
2-③-10	藤田 照子	子どものやる気を育み、全校で取り組む健康教育	教保学会・講演集	2019
2-③-11	松下 育子	みんなに広げる教材づくり	教保学会・講演集	2019

●資料番号3（健康診断実践ジャンル）

通番	実践者（筆者）	実践記録の表題（Title）	掲載誌	発表年
3-1	奈良 靖子	健康診断を教育活動に〈からだと生活をみつめ，生活づくりにとりくむ〉	全養サ・レポ集	1988
3-2	所 朱美	自分のからだをよく知ろう	保健室 No. 24	1989
3-3	森田 恵子	歯科検査票の自己記録にとりくんで	保健室 No. 24	1989
3-4	奈良 靖子	健康診断を教育活動に—からだと生活をみつめ，生活づくりにとりくむ—	保健室 No. 24	1989
3-5	桑島 都子	子どもの人権と健康診断	全養サ・レポ集	1991
3-6	葉の会	からだを見つめる健康診断	保健室 No. 39	1992
3-7	中尾 こう	小児成人病予防検診に取り組んで	保健室 No. 39	1992
3-8	坂口 せつ子	「からだは，自分の原点」を子どもたちのものにする時	保健室 No. 39	1992
3-9	中坊 伸子	Know Your Body —スポーツドクターの健康診断を教育活動として，試みて—	全養サ・レポ集	1992
3-10	平岩 康子	教育としての健康診断を目指して—人間らしく生きる権利の保障のために—	全養サ・レポ集	1992
3-11	関 奈美子	からだをみつめる健康診断—実践を進めるための〝こだわり〟を求めて—	全養サ・レポ集	1994
3-12	大江 美恵子	健康診断を考える—取り組みを通して—	保健室 No. 53	1994
3-13	松谷 初代	健康診断は自分のからだを知るチャンス!!—子どもが自分のからだのことがわかり、自分のからだが好きになる健康診断をめざして—	全養サ・レポ集	1995
3-14	熊沢 富美江	自分の口の中を見つめてみよう —歯科検診を考える—	保健室 No. 56	1995
3-15	平井 みどり	歯科検診から広がる健康教育	保健室 No. 56	1995
3-16	吉田 アイ子	子どもによって必要な健康診断は——健康診断をチャンスに子どもにどんな力をつけさせるか——	保健室 No. 56	1995
3-17	片野 ミチ子	子どもの実態から健康診断を考える	全養サ・レポ集	1995
3-18	白沢 章子	身体観を育てる健康診断—本当に胸囲測定をやめてしまってよいのか—	保健室 No. 62	1996
3-19	林 秀子	生徒のための健康診断、胸囲にこだわって	保健室 No. 62	1996

3-20	渋谷 和子	健康診断元年、自分の学校の健康診断を創ろう	保健室No.62	1996
3-21	嶋 澄代	障害児学校における健康診断—生きる権利と全面発達をどう保障するか—	保健室No.62	1996
3-22	高橋 浩子	みんなで取り組んだ歯科検診～自分のからだ（口）と向き合うことができるように～	全養サ・レポ集	1996
3-23	林 秀子	学校保健統計「男女混合統計」で子どもの実態がつかめるか	全養サ・レポ集	1996
3-24	森尾 康子	定時制高校における健康診断、先進校に学んだ検尿100％の取り組みを中心として	全養サ・レポ集	1997
3-25	元木 千賀子	色覚異常の健康相談に関する一考察～色覚異常をもつ生徒をどう援助するか～	全養サ・レポ集	1997
3-26	斎藤 多恵子	健康診断を自分の体や健康について学ぶ場に—子ども達の要求から考え、工夫してみたこと—	全養サ・レポ集	1998
3-27	小林 篤子	生活習慣予防のとりくみ	全養サ・レポ集	2000
3-28	牧野 節子	地域ネットワークで守った子どもたちの健康診断	保健室No.93	2001
3-29	石田 法子	高校生の眼科検診におけるあたらしい取り組み「生徒の目を守る」という立場から	全養サ・レポ集	2002
3-30	高橋 芳子	健康診断でからだを学ぶ—健康診断ノートを使って—	全養サ・レポ集	2002
3-31	小西 穎子	視力異常の男女逆転現象が起こったのはなぜ？	保健室No.99	2002
3-32	梅崎 貴美子 元木 千賀子	色覚検査改定を受けて養護教諭に求められること（学校の3つの役割）	全養サ・レポ集	2003
3-33	安川 恵美子	子どもや親に還元できる健康診断をめざして	保健室No.105	2003
3-34	梅崎 貴美子 元木 千賀子	色覚検査改定を受けて教師に求められること	保健室No.105	2003
3-35	斎藤 早百合	「健康診断の見直し」の最終報告にどう向かっていくか	保健室No.105	2003
3-36	中村 富美子	子どもたちが主体的にのぞむ健康診断	全養サ・レポ集	2004
3-37	吉岡 宏美	子どもの健康実態をどうつかむか—視力検査を通して—	全教夏学	2005

3-38	中村富美子	子ども自身が主体的にのぞむ健康診断	教保学会・講演集	2009
3-39	矢内 博子	歯科検診を通して意識を高める	保健室No.152	2011
3-40	関 奈美子	眼科・耳鼻科検診―私の工夫―	保健室No.152	2011
3-41	柴田 和子	健康診断へ私の思いを持ち続けて	保健室No.152	2011
3-42	斎藤 早百合	教育としての健康診断を求めて～「健康の記録」で終わる取り組みの試行錯誤～	全教夏学	2012
3-43	大野 美幸	胸囲測定を続けてきて	保健室No.176	2015

●資料番号4（保健自治活動の指導ジャンル）

通番	実践者（筆者）	実践記録の表題（Title）	掲載誌	発表年
4-1	馬場富美子	健康問題を主体的にとりくめる委員会活動へむし歯予防を通して	全養サ・レポ集	1980
4-2	三浦節子	目的意識を持った高校生活とするために	全養サ・レポ集	1982
4-3	天木和子	スライドづくりと保健委員会活動	全養サ・レポ集	1983
4-4	安部秀子	自立する子を育てるために	全養サ・レポ集	1984
4-5	斎藤静栄	保健委員と私の熱中体験―学校保健委員会をやりきって―	全養サ・レポ集	1985
4-6	岩城裕子	からだがわかり、生活をかえていける子どもに―からだの劇をとおして、生活リズムを教える―	全養サ・レポ集	1986
4-7	青山悦子	仲間の中で成長する喜びを伝えるために文化祭のとりくみを中心に	保健室No.3	1986
4-8	天木和子	文化祭にむけてのとり組みから	保健室No.3	1986
4-9	近江和子	保健委員会が〝いじめ〟問題にとり組む	保健室No.3	1986
4-10	海口富士江	生き生きとした児童保健委員会活動をめざして	全養サ・レポ集	1987
4-11	斎藤茂子	生きる力を育てる健康教育の実践になり得るために―学校集団づくりをめざす自治活動―	全養サ・レポ集	1987

4-12	小久貫君代	トンネル式消化管模型づくりに取くむ中で	保健室No.9	1987
4-13	松尾裕子	「ぼくたち動物探検隊」——保健委員会活動を通して学校中に健康の文化を広げよう——	全養サ・レポ集	1989
4-14	松尾裕子	「僕たち動物探検隊」—保健委員会を通して学校中に健康の文化を広げよう—	保健室No.29	1990
4-15	桧原友子	〝だいじなめとわかるには〟—子どもの発想をほりおこす集会活動—	保健室No.30	1990
4-16	北岡和世	児童保健委員会についてグループで考え、自校でとりくんだこと	全養サ・レポ集	1991
4-17	坪井美智子	高等学校における委員会活動の一考察	全養サ・レポ集	1991
4-18	橋本喜美代	学校保健を高める共同の努力——健康文化活動をめざす保健委員会——	全養サ・レポ集	1991
4-19	南辻恵子	「子どもと創ってきた委員会活動」—寸劇発表を８年間取り組んできて—	全養サ・レポ集	1991
4-20	加藤秀子	忙しい中学生だってやればできる——意欲的に取り組んだ委員会活動の総まとめとしての文化祭展示発表——	全養サ・レポ集	1992
4-21	高岡信子	子どもとつくる保健委員会活動	全養サ・レポ集	1992
4-22	笹沼美知子	生徒会といっしょに取り組む保健委員会活動	保健室No.41	1992
4-23	南辻恵子	子どもとつくってきた委員会活動地域の二酸化ちっ素を調べてわかったことを全校に知らせよう	保健室No.41	1992
4-24	太島真知子	やりがいのある委員会活動をめざして	全養サ・レポ集	1993
4-25	岡本京子	文化祭でエイズの発表…DEBATE　私がエイズにかかったとき、私は家族、友人、恋人に言う言わない	全養サ・レポ集	1994
4-26	久米房代	生徒が主体的に取り組める保健委員会活動にするには	全養サ・レポ集	1994
4-27	鈴木典子	機会をとらえた喫煙防止の指導（生徒会専門委員会編）〜壁新聞制作と全校タバコ学習会のとりくみを通して〜	全養サ・レポ集	1994
4-28	天木和子	バラバラだった〝御集団〟が変わるとき——『インスタントの悲劇』に取り組んで——	全養サ・レポ集	1995
4-29	藤田道子	子どもの自主活動・保健委員会活動について——特別活動の取り組みを通して——	全養サ・レポ集	1995

4-30	石田法子	保健委員会が育ててきたもの——声なき声を受け止めて	保健室No.55	1995
4-31	大島真知子	なぜ委員会活動するの——考え合い、話し合いから出発	保健室No.55	1995
4-32	久保真理子	生徒とともに「たばこの害」を学んで	全養サ・レポ集	1996
4-33	檜原友子	子どもによる、子どものための「からだの教室」	全養サ・レポ集	1996
4-34	石倉文子	制靴を変えた生徒保健委員会活動	全養サ・レポ集	1997
4-35	膝館ひろ子	「いじめ」問題を解決するために~保健委員会活動での取り組み~	全養サ・レポ集	1997
4-36	芝出祐里	子どもたちでつくる委員会活動をめざして	全養サ・レポ集	1998
4-37	吉田悦子	保健委員会による劇の取り組みをとおして、健康認識を育てる ~一人ひとり輝いて~	全養サ・レポ集	1998
4-38	檜原知子	「むし歯」「たばこ」に目標を決めて子どものやる気が湧いてきた	保健室No.78	1998
4-39	宮本哲子	子どもの自治活動	全養サ・レポ集	1999
4-40	森田隆子	学校は生徒が主人公—自分が好きになる委員会活動をめざして	全養サ・レポ集	2000
4-41	浅間満佐子	——市工祭での取り組み——保健委員会によるプレゼンテーション	全養サ・レポ集	2001
4-42	吉田悦子	「反抗期」の舞台発表を自分たちでやり遂げた中学生—保健委員会でとりくんだ劇「青い翼」—	保健室No.94	2001
4-43	小久貫 君代	保健委員とともにからだ・生活の主体者として——生きる力を育てる取り組みをめざして	全養サ・レポ集	2002
4-44	古川 郁	保健委員であることに誇りを持っています~がんばる保健委員会、育ちあう子どもたち~	全養サ・レポ集	2003
4-45	牧野 節子	地域の祖父母と繋がった児童保健委員会の取り組み	全養サ・レポ集	2003
4-46	玉谷 幸子	小学二年生が動かす委員会活動	保健室No.106	2003
4-47	大場 美登里	秘められた力を引き出してプラスのメッセージを伝える場に	保健室No.109	2003
4-48	徳本 妙子	食べ物の脂質チェックで全校の健康リーダーを育てる	保健室No.109	2003
4-49	安藤 小夜	子どもにとって保健委員会活動とは何か	全養サ・レポ集	2006

4-50	石田 法子	出会いと成長の場～支え合う仲間の中で～	全養サ・レポ集	2006
4-51	重政 敦子	食生活改善推進員さんとの連携を通した保健委員会活動	全養サ・レポ集	2006
4-52	牧野 礼子	保健委員会活動から発信した学校変革への思い―自分の要求と委員会活動を重ね合わせて―	全養サ・レポ集	2007
4-53	武鎗 登美子	出番の多い保健委員会活動をめざして	全養サ・レポ集	2008
4-54	石川 美幸	生徒が達成感を感じられる委員会活動をめざして	全養サ・レポ集	2012
4-55	菊池 幸枝	委員会活動を通して原発事故と向き合う中学生たち	全養サ・レポ集	2012
4-56	小久貫 君代	保健委員会の生徒と共に考える東日本大震災岩手県立宮古工業高校との津波研修会・交流会の取り組みをとおして	全養サ・レポ集	2013
4-57	嶋村 学美	健康と生活の主体者を育てる健康教育	全教夏学	2013
4-58	寺尾 洋子	笑顔で進める委員会活動 一人ひとりを信じて、認めて、受け止めて	全養サ・レポ集	2014
4-59	古米 眸愛	保健委員会から広げる保健文化～子どもと向き合い、一緒に成長すること～	全養サ・レポ集	2016
4-60	黒澤 恵美	「ゲーム脳ってなぁーに?」の紙芝居づくり―小学校での保健委員会活動―	教保学会・講演集	2017
4-61	新開 奏恵	保健委員会は私の教室子どもが育ち、養護教諭が育ち、学校が変わる	全養サ・レポ集	2017

●資料番号5（保健の組織的取り組みジャンル）

通番	実践者（筆者）	実践記録の表題（Title）	掲載誌	発表年
5-1	原 美恵子	生徒の保健認識を高めるために―問題の把握と改善、そして予防とは―	全養サ・レポ集	1980
5-2	岩辺 京子	健康で賢く豊かな心の子どもに育てるために	全養サ・レポ集	1980
5-3	大友 富美	全校でとりくんだ朝のくらしと保健指導	全養サ・レポ集	1983
5-4	大塚 睦子 池ノ上 洋子	ひとり実践から集団でとりくむまで	全養サ・レポ集	1983

5-5	森 豊子	健康教室のとりくみ	全養サ・レポ集	1985
5-6	嶋貫 弘子	宗谷の合意運動にもとずく養教の役割について	全養サ・レポ集	1986
5-7	内村 紀子	本校の保健活動の現状と取組み―実態に即した保健活動の継続を支えにして―	全養サ・レポ集	1993
5-8	黒澤 恵美	父母・教師、みんなで子どもを育てていける学校に	全養サ・レポ集	1993
5-9	吉岡 やゆみ	子と親と教師と手を結びつつ	全養サ・レポ集	1995
5-10	畑中 憲子	お母さんと手を結ぶ学校保健委員会	保健室 No.63	1996
5-11	大浦 紀子	学校保健委員会をとおして	全養サ・レポ集	1997
5-12	梅崎 貴美子	教育相談委員会10年のあゆみ～保健室・養護教諭の関わりについての一考察～	全養サ・レポ集	1998
5-13	大庭 京子	保護者と学校が一体となった保健活動の創造をめざして	全養サ・レポ集	1998
5-14	吉藤 さゆり	種まく人になりたい	全養サ・レポ集	1999
5-15	星野 操	やりやすくやってよかった楽しい学校保健活動をめざして	全養サ・レポ集	2006
5-16	十勝葦の会Yu	学校に〝学校保健〟を	全養サ・レポ集	2007
5-17	五味 清枝	学校保健委員会の活動を中心にすえ、生活点検の取り組みを進める	全養サ・レポ集	2010
5-18	内田 廣子	気軽に、楽しく取り組む学校保健員会子どもと保護者、職員に寄り添って	保健室 No.159	2012
5-19	嶋村 学美	健康と生活の主体者を育てる健康教育	全教夏学	2013
5-20	村越 弓子	養護教諭の役割と教育実践～全校学校保健委員会を発信源とした健康教育～	教保学会Ⅰ=・講演集	2013
5-21	山崎 さくら	からだにこだわり、笑顔でつながる―子ども・保護者・教職員・地域がつながる学校保健―	全養サ・レポ集	2014
5-22	須永 道代	歯科保健にとりくんで～生涯の健康を見通した生徒を育てるために～	全養サ・レポ集	2016

●資料番号6　（その他の実践ジャンル）

通番	実践者（筆者）	実践記録の表題（Title）	掲載誌	発表年
6-1	川内 裕子	ほけんしつから先生方へ　ほけんしつだよりを発行して	全養サ・レポ集	1983
6-2	徳永 弘美	ほけんだよりを通して　教師、父母とのつながりを求めて	全養サ・レポ集	1984
6-3	狩俣 好子	自分のからだをみつめられる子に―保健だよりを出発点として―	全養サ・レポ集	1984
6-4	髙橋 多寿子	「からだ」を伝える「保健だより」	全養サ・レポ集	1986
6-5	川村 睦子	ほけんだよりを通して、考えて欲しい	全養サ・レポ集	1986
6-6	牧井 英理	子どもの実態をみんなのものに―教師むけの保健だより Heart を通して―	全養サ・レポ集	1986
6-7	西田 敦子	教師向けの保健だよりを発行して一年	全養サ・レポ集	1987
6-8	高木 陽子	日刊「保健通信」を三年間つづけて―「保健だより」を通しての指導―	保健室 No. 10	1987
6-9	相馬 悦子	「心と体の学習」だよりを通して子どもたちに生命の大切さを知らせたい	保健室 No. 22	1989
6-10	鈴木 雅子	高校生の心にきざむ保健だよりを	保健室 No. 22	1989
6-11	加藤 雅代	子どもが変わることを願って	保健室 No. 22	1989
6-12	島貫 幸子	健康を権利にできる賢さを育てる一助にと	保健室 No. 22	1989
6-13	飯塚 由美子	保健指導的意味を持った「保健だより」への挑戦	保健室 No. 40	1992
6-14	岩城 裕子	「からだ育て」の協同を願って子ども、父母、教師を励ます保健だよりを	保健室 No. 40	1992
6-15	児玉 智子	ともに生きる喜びと願いを込めて	保健室 No. 40	1992
6-16	松本 富美子	話のジェリーボックス―保健室　生き生きとしたエネルギーが湧いてくる保健だよりを求めて！	保健室 No. 40	1992
6-17	小野 美也子	転任1年目どんな保健指導ができるのかしら保健たより」を通しての保健指導	保健室 No. 51	1994
6-18	佐々木 好美	組織的に取り組むための土壌作り～保健だよりを通して～	全養サ・レポ集	1995
6-19	佐々木 好美	保健だよりを中心とした取り組み	保健室 No. 63	1996
6-20	田辺 美和子	発信！保健室から、生徒から	全養サ・レポ集	2001

6-21	二井 加代子	「からだの学習」の成果を交流する手段に	保健室No.98	2002
6-22	藤田 照子	「たより」を通して生きた人間として出会いたい	保健室No.98	2002
6-23	田辺 美和子	生徒が読みたくなる「保健だより」の工夫	保健室No.98	2002
6-24	田中 紀子	保護者との絆を意識した紙面づくり	保健室No.98	2002
6-25	渋谷 和子	通信とともに歩んだ養護教諭人生	保健室No.100	2002
6-26	こうの れいこ	大空へ飛んでけ！たんぽぽの綿ぼうし—気持ちが通じ合い、つながる通信実践をめざして—	全養サ・レポ集	2004
6-27	森本 智子	保健室のまなざしをみんなのものに	全養サ・レポ集	2005
6-28	こうの れいこ	気持ちが通じ合い、つながる「保健だより」をめざして——大空へ飛んでけ！たんぽぽの綿ぼうし	保健室No.117	2005
6-29	加藤 玲子	生徒一人ひとりに…思いを込めた保健だよりをとおした保健室実践	全養サ・レポ集	2009
6-30	森本 智子	保健室のまなざしをみんなのものに教職員むけ「保健だより」の実践から	保健室No.142	2009
6-31	平澤 加寿子	保健だよりでつながる	保健室No.154	2011
6-32	加藤 玲子	保健だよりを通した教育実践をめざして	保健室No.168	2013
6-33	神谷 結子	「わくわく！ドキドキ！」を大事にした保健だより	保健室No.168	2013
6-34	森本 智子	教職員用保健だより「どの子も見える魔法のめがねが欲しいなぁ」	保健室No.168	2013

※この一覧表に掲載された実践記録は旬報社の以下のウェブサイトから読むことができる。（https://www.junposha.com/news/n60287.html）

執筆者及び共同研究者一覧（五十音順）

論稿執筆者　所属・経歴等［執筆担当箇所］

有間梨絵○　目白大学人間学部児童教育学科助教［第2章Ⅰ-4］
数見隆生○　宮城教育大学名誉教授、元東北福祉大学養護教諭養成課程教授［第1章一、二、三／第2章Ⅱ-1／第2章Ⅱ-3／第3章Ⅳ／第4章二］
片山好子　元岡山県公立学校養護教諭［第2章Ⅳ］
鎌田克信　東北福祉大学福祉心理学科准教授（養護教諭養成課程）日本体育大学大学院博士後期課程［第3章Ⅱ］
小林央美○　元弘前大学教育学部教育保健講座教授、同大学教育学研究科教職実践専攻教授［第1章六-1／第2章Ⅰ-3］
佐藤洋子　元福島県郡山ザベリオ学園養護教諭［第2章Ⅴ（共同執筆）］
宍戸洲美○　帝京短期大学名誉教授、現同大学養護教諭養成課程非常勤講師、元東京都公立学校養護教諭［第2章Ⅱ-2／第3章Ⅴ］
新開奏恵　宇部フロンティア大学養護教諭養成課程教授、元山口県公立学校養護教諭［第1章六-2／第2章Ⅰ-2］
竹内理恵　徳島文理大学人間生活学部人間生活学科准教授、元公立学校養護教諭［第2章二-2］
富山芙美子○　元東京都公立学校養護教諭、元帝京短期大学養護教諭［第2章Ⅰ-1／第4章二／おわりに］
藤田和也○　一橋大学名誉教授［はじめに／第1章四、五／第2章Ⅲ／第3章一／第3章三／第4章三］
舟見久子　元東京都養護教諭、元日本体育大学非常勤講師（養護教諭教師論）［第2章Ⅴ（共同執筆）］
松本洋子○　元兵庫県公立学校養護教諭［第2章Ⅳ］

共同研究者

新谷ますみ　弘前大学教育学部教育保健講座教授

川井幸子　元山形県公立学校養護教諭

西原朋子　高知大学教育学部 非常勤講師、元高知県公立高校養護教諭

出水典子　大阪教育大学養護教諭養成課程 非常勤講師、帝塚山大学非常勤講師（養護概説、養護学等担当）、元公立学校養護教諭

中森あゆみ　兵庫県公立小学校養護教諭

増本由紀子　西南女学院大学保健福祉学部専任講師（養護教諭養成コース担当）、元山口県公立学校養護教諭

松田さよ子　元高知県公立学校養護教諭

※論稿執筆者のうち〇印は編集委員。

※本書の緒論稿は、冒頭の「はじめに」でも説明しているように、実践者（元／現養護教諭）と養護教諭養成に携わる研究者の二〇余名が三グループに分かれて、養護教諭関係の専門雑誌や学会・研究会誌等で公表された養護教諭の実践記録一一〇〇本余の分析検討と研究討議から得た成果をベースにして書かれたものである。また、上記の共同研究者とは、これらの実践記録の分析・検討と論稿化に向けての研究的作業や議論に参加された方々である。

子どものからだと健康を守り育てる
——養護教諭の教育実践の創造と希望

2025年4月10日　初版第1刷発行

編　　者　養護教諭の教育実践理論の構築研究会・藤田和也・富山芙美子・数見隆生
装　　丁　河田　純（ネオプラン）
発 行 者　木内洋育
発 行 所　株式会社 旬報社
〒162-0041　東京都新宿区早稲田鶴巻町544
TEL 03-5579-8973　FAX 03-5579-8975
ホームページ https://www.junposha.com/
印刷・製本　中央精版印刷株式会社

　ISBN978-4-8451-2055-0